Klaus Berger

Wie ein Vogel ist das Wort

Wirklichkeit des Menschen
und Parteilichkeit des Herzens
nach Texten der Bibel

Quell Verlag Stuttgart

ISBN 3-7918-1410-9

1. Auflage 1987
Umschlaggestaltung: Klaus Dempel, Stuttgart
Satz: Fotosatz Schmidt + Co., Weinstadt
Druck: Emil Daiber GmbH, Hemmingen

Inhalt

Einleitung

Dieser Band enthält Reflexionen und Auslegungen zu Texten der Bibel. Der Titel »Wie ein Vogel ist das Wort« nimmt Bezug auf ein orientalisches Sprichwort, das seit dem 5. Jh. v. Chr. belegt ist. Das Sprichwort ist auf menschliches Reden bezogen, es kann aber auch in ganz besonderer Weise das wiedergeben, was man in der Bibel und in ihrem Umkreis als »Wort Gottes« bezeichnet. Denn das Bild bedeutet: Das geäußerte Wort ist ein lebendiger Bote, es ist zielstrebig und frei, leicht und nicht gut gefangen zu setzen, es ist eine eigene Wirklichkeit und sucht seinen eigenen Weg; nur ausnahmsweise kehrt es zum Ursprung zurück. Nur scheinbar planlos bewegt sich der Vogel, in Wirklichkeit eilt er seinem Ziel zu. Der Titel bezeichnet damit Auslegungen, die sich als zielgerichtet verstehen. Angesichts des Wortes, das den Menschen erreichen will, nennt der Untertitel als erstes die »Wirklichkeit des Menschen«, weil sie der Bezugspunkt jedes Wortes und niemals zu verschweigen oder, und sei es aus »frommer« Absicht, zu übertünchen ist. In jedem Stadium geht es daher um menschliche Erfahrung angesichts des Wortes. Die »Parteilichkeit des Herzens« beschreibt die bleibende Eigenart des Hörers des Wortes; er wird niemals »neutral« sein, sondern stets auf irgendeine Weise »dafür« oder »dagegen«, und das Ziel dieser Auslegungen und Reflexionen ist es, das Maß dieser Parteilichkeit zu vertiefen.

Zu allen Auslegungen und Reflexionen wird der bezogene Bibeltext zitiert, und zwar in der Regel nach der revidierten Fassung der Luther-Übersetzung von 1984. Nur ausnahmsweise (für Röm 8,26-28 S. 95 bis 100, für Phil 2,6-11 S. 135 und für Lk 23,48b S. 22 bis 25) habe ich eigene Übersetzungen gebracht, da eine größere Nähe zum griechischen Text für die Auslegung nötig war.

Zwei Auslegungen betreffen das Thomasevangelium (S. 186 bis 189 und S. 287 bis 291), von dem man annimmt, daß es im 2. Jh. n. Chr. seine endgültige Gestalt gewonnen haben kann, das aber in vielen Fällen sehr altertümliche Jesusüberlieferung und mit ihnen wichtige, »radikale« Züge Jesu bewahrt hat.

Ich habe mich weniger durch bekannte und beliebte Bibeltexte zu einer »Meditation« oder »Auslegung« anregen lassen, sondern vor allem durch

solche, die gegenüber »Anwendungen« abweisend und spröde zu sein schienen. Diese Fremdheit war eine Herausforderung.
Unter »Meditation« verstehe ich dabei nicht (fromme) Assoziationen zur Pointe eines Textes, sondern diese in ihrem Bildgehalt anzureichern. Die Pointe, der inhaltliche Schwerpunkt, eines Textes wurde exegetisch ermittelt. Dann aber ging es darum, den Gehalt dieser Kern- oder Zentralaussage so in Bilder zu fassen, daß Tragweite und Bedeutung nachvollziehbar wurden. Als geeignete Bilder boten sich häufig solche an, die – zeitlich und geographisch gesehen – eine Art Brücke zwischen den heutigen Lesern in Westdeutschland und den biblischen Texten bilden konnten. Solche Bilder entstammen in der Regel bestimmten Lebenswelten, die teilweise auch heute noch bestehen, uns aber dennoch fremdartig, wenn auch zum Teil durch Literatur und Tourismus bekannt sind, ich meine die jüdisch-rabbinische Welt, die frühmittelalterlich-katholische und die byzantinisch-orthodoxe. Religions- und kulturgeschichtlich gesehen stehen diese Welten der biblischen teilweise näher als unsere, auf jeden Fall aber verfügen sie über reiche Schätze von Zeichen und anderen »Institutionen«, die man versuchsweise als Brücke benutzen kann, um neutestamentliche Texte zu verdeutlichen. Die wichtigste Rolle spielt der jüdische Bereich, da dort, wo das Milieu konserviert wurde, sich noch am leichtesten Analogien zur Lebenswelt Jesu herstellen ließen.
Was also in den Kommentaren zumeist als »religionsgeschichtlicher Vergleich« eine Kümmerexistenz in Anmerkungen fristet, sollte hier nach seinem Bild- und Erfahrungsgehalt aufgeschlüsselt werden.
Damit wird das, was in der »Exegese« ermittelt wurde, nicht einfach vergessen und durch etwas anderes ersetzt. Und andererseits sind diese »Meditationen« doch sicher keine wissenschaftliche Exegese. Vielmehr werden die Bilder – oft sehr frei – entfaltet und fortgeschrieben, die sich als Brücken anboten. Ähnliches wie für die »Meditationen« gilt auch für die themenbezogenen Auslegungen.
Auch diese Texte sind keineswegs wissenschaftliche Exegese, im Gegenteil wird sogar auffallen, daß der Bezug zum biblischen Text angesichts der Tatsache, daß hier ein Neutestamentler am Werk ist, sich jedenfalls nicht in häufigen Bibelzitaten äußert und auch nicht darin, daß der ganze Bibeltext zur Sprache gebracht wurde. So kam es mir überhaupt nicht auf die Menge an biblischen Gedanken an, sondern auf das, was ich für die Pointe eines biblischen Textes im Blick auf die Situation, in der ich jeweils stand, hielt. Stellt man sich unsere Welt und die des biblischen

Textes vor wie zwei Ufer eines Flusses, die durch einen breiten Strom getrennt sind, so ist die Aufgabe des Auslegers, je neue Brückenköpfe zu schaffen, immer wieder Analogien zwischen hüben und drüben zu finden, die für unsere Situation möglichst »nützlich«, für den biblischen Text möglichst zentral und wenig entstellend sind.

Besonders beim Zusammenfügen der Texte für diesen Band bemerkte ich, daß jeder einzelne Text ein Mosaikstein dessen ist, was meinen theologischen und religiösen Standort ausmacht. So könnte es sein, daß die »Theologie« dieses Exegeten sich weniger dort äußert, wo er philologisch und religionsgeschichtlich arbeitet, sondern viel eher im Mosaik der hier gesammelten Texte. Dieser Standort verdankt sich dem ganzen Reichtum von Judentum und Christentum, der mir durch verschiedene Menschen nahegebracht wurde.

I. Meditationen zu neutestamentlichen Texten

Verstockung

Zu Mk 4,12

12: *Damit sie es mit sehenden Augen sehen und doch nicht erkennen, und mit hörenden Ohren hören und doch nicht verstehen, damit sie sich nicht etwa bekehren und ihnen vergeben werde.*

Die Bilder, in denen Jesus spricht, sind nur denen verständlich, die ihm nachfolgen. Sie sind nicht unverbindlich schön, sondern ihre Wahrheit erschließt sich dem Jünger. Christliche Wahrheit ist nicht die der theoretisch Suchenden und Neugierigen, sondern die der Jünger. Und überhaupt nur dann wird sie einsichtig, wird sie wahr. Keine theoretische Lebensantwort auf alle Fragen, sondern eine Bindung. Das betrifft niemanden stärker als Theologen und ihr liebstes Publikum, die weltanschaulich Neugierigen, die alles wollen außer Verbindlichkeit.
Fast ist Mk 4 eine Predigt über die modernen Medien, die ja auch alle mit Bildern arbeiten. Sie sind uneingeschränkt notwendig. Mk 4 ist ein Ja zur Massenkommunikation in christlichen Diensten. Das ist das Bild des Sämanns. Und das ist, sachlich gewendet, die Bedeutung der Ästhetik, jeglicher Ästhetik in der Verkündigung. Liturgie und Musik, Baukunst und bildende Kunst, Gleichnisse und Predigtbeispiele – all dieses ist wie das Saatgut, das an alle ausgestreut wird. Dieser Vorgang wird bejaht, so muß es sein. Die Verkündigung muß und darf so breit angelegt sein und so weit, daß sie jeden erreicht, flächendeckend. Mk 4 ist damit auch ein Wort über die Weite des Angebots der Verkündigung. Sie ist menschenfreundlich, bildhaft, wie es die Gleichnisse alle tun, alltägliche Erfahrung. Aber dann: Verstockung. Dieser Gegensatz betrifft elementar unsere gesamte Technik der Verkündigung. Ist das Angebot wirklich weit – und ist dann die Verbindlichkeit wirklich streng? Bewegen wir uns nicht

ständig in einer Grauzone zwischen diesen beiden Polen? Wir sollten Markus nicht für dumm und Jesus nicht für naiv halten (dagegen sprechen u.a. auch die »kapitalistischen« Gleichnisse). Es geht um die Frage nach der Verkündigung in die Breite und nach verbindlicher Verkündigung. Beides wird mit gleicher Radikalität vollzogen, und darin erkennen wir etwas von der Handschrift Jesu: Alle sollen erreicht werden, und für alle ist in den Dimensionen der Ästhetik zu reden. Und zugleich wird Wahrheit nur erfahrbar in der engen und verbindlichen Nachfolge der Jüngerschaft, wird Wahrheit nur als Lebensstil und Lebensgemeinschaft, als Gemeinde erfahrbar. So hat Wahrheit eine horizontale und eine vertikale Dimension. In der Horizontale erreicht sie alle, in der Vertikale immer nur wenige. In der Horizontale gilt der fast verschwenderische Maßstab eines Säens, bei dem es immer viel mehr Saatkörner als neue Pflanzen gibt, bei der Vertikalen zählt nur die Verschwendung an Zeit und Leben, die jeder Jünger einbringt. Das Nebeneinander dieser beiden Dimensionen von Wahrheit ist nicht nur das Geheimnis des Gottesreiches, es ist auch das Problem der Volkskirche. Jeder, der nur eine Dimension sieht, verkürzt Entscheidendes. Weder ist das Gottesreich nur Ergötzung der Massen, noch ist es die unmissionarische Elite. Vielmehr ist Mission nur denkbar mit allen Mitteln der Ästhetik, Christsein selbst aber nur mit allem Einsatz der Existenz in konkreter Gemeinde. Weltoffene Mission und die Elite der Jüngerschaft sind aufeinander zu beziehen, aber auch nicht nebeneinander stehenzulassen. Und darin liegt die kritische Funktion des Textes: Die anschauliche Lehre ist zwar Voraussetzung, aber sie ist als ein nur erster Schritt völlig unzureichend.
Mk 4 ist ein Text über Auslegung und Applikation überhaupt. Die Freiheit jeder Anwendung erhält ihren Maßstab durch die Lebensgemeinschaft der Jünger. Die Freiheit jeder Auslegung wird hier gebunden an die Autorität Jesu selbst. Er ist der Lehrer, und dazu ist auch das Evangelium da, diese Beziehung ganz lebendig zu erhalten. Bei Mt wird sich dieser Zug noch verstärken. Jesus der Lehrer und die Jünger – diese beiden Elemente des MkEv bedeuten etwas für jegliche Relevanz Jesu: Jesu Worte und die Überlieferung seiner Taten führen weiter, und sein Jünger zu sein ist die lebensmäßige Verankerung aller Deutung und Bedeutung Jesu. So ist Jesus in Worten, Taten und Lebensstil der Bezugspunkt jeglicher Wahrheit. Deshalb ist das MkEv als christologisches Evangelium geschrieben.
So bewahrt das Evangelium nicht nur die Worte und Taten Jesu, um Jesus

in jede Gegenwart nach ihm hineinwirken zu lassen und um Christentum der Willkür der Ausdeutung zu entziehen – es sagt zugleich, daß dieses nicht genügt, daß vielmehr Jesus als Lehrer der Jünger noch darüber hinaus auch durch Jüngerschaft Maßstab der Deutung ist. Diese Lebenspraxis ist die Regel der Auslegung.
Christlich relevante Wahrheit ist nicht ohne Lebenspraxis zu erreichen, die darauf zuläuft.

Dämonenglaube

Zu Mk 5,1-20

1: *Und sie kamen ans andre Ufer des Sees in die Gegend der Gerasener.*
2: *Und als er aus dem Boot trat, lief ihm alsbald von den Gräbern her ein Mensch entgegen mit einem unreinen Geist,*
3: *der hatte seine Wohnung in den Grabhöhlen. Und niemand konnte ihn mehr binden, auch nicht mit Ketten;*
4: *denn er war oft mit Fesseln und Ketten gebunden gewesen und hatte die Ketten zerrissen und die Fesseln zerrieben; und niemand konnte ihn bändigen.*
5: *Und er war allezeit, Tag und Nacht, in den Grabhöhlen und auf den Bergen, schrie und schlug sich mit Steinen.*
6: *Als er aber Jesus sah von ferne, lief er hinzu und fiel vor ihm nieder*
7: *und schrie laut: Was willst du von mir, Jesus, du Sohn Gottes, des Allerhöchsten? Ich beschwöre dich bei Gott: Quäle mich nicht!*
8: *Denn er hatte zu ihm gesagt: Fahre aus, du unreiner Geist, von dem Menschen!*
9: *Und er fragte ihn: Wie heißt du? Und er sprach: Legion heiße ich; denn wir sind viele.*
10: *Und er bat Jesus sehr, daß er sie nicht aus der Gegend vertreibe.*
11: *Es war aber dort in den Bergen eine große Herde Säue auf der Weide.*
12: *Und die unreinen Geister baten ihn und sprachen: Laß uns in die Säue fahren!*
13: *Und er erlaubte es ihnen. Da fuhren die unreinen Geister aus und fuhren in die Säue, und die Herde stürmte den Abhang hinunter in den See, etwa zweitausend, und sie ersoffen im See.*
14: *Und die Sauhirten flohen und verkündeten das in der Stadt und auf dem Lande. Und die Leute gingen hinaus, um zu sehen, was geschehen war,*

15: *und kamen zu Jesus und sahen den Besessenen, wie er dasaß, bekleidet und vernünftig, den, der die Legion unreiner Geister gehabt hatte; und sie fürchteten sich.*
16: *Und die es gesehen hatten, erzählten ihnen, was mit dem Besessenen geschehen war, und das von den Säuen.*
17: *Und sie fingen an und baten Jesus, aus ihrem Gebiet fortzugehen.*
18: *Und als er in das Boot trat, bat ihn der Besessene, daß er bei ihm bleiben dürfe.*
19: *Aber er ließ es ihm nicht zu, sondern sprach zu ihm: Geh hin in dein Haus zu den Deinen und verkünde ihnen, welch große Wohltat dir der Herr getan und wie er sich deiner erbarmt hat.*
20: *Und er ging hin und fing an, in den Zehn Städten auszurufen, welch große Wohltat ihm Jesus getan hatte; und jedermann verwunderte sich.*

In der »Sonne Satans« von Bernanos sagt der Pfarrer von Lumbres dem jungen Kanonikus Sabiroux: »Unglückselige sind wir, die wir hier nur ein bißchen Hirn haben, und dagegen Satans Aufwand! Es gibt keinen Frieden hier unten, sage ich Ihnen, es gibt keinen. Ich habe unseren Herrn gebeten, mir die Augen zu öffnen, ich habe sein Kreuz sehen wollen; ich habe es gesehen. Sie wissen nicht, was das heißt. Da gehen Ihnen die Augen über. Sie sehen sonst nichts. Hüten Sie sich, Sabiroux, die Welt ist keine gut zusammengebaute Maschine. Gott warf sich zwischen uns und den Satan als seinen letzten Wall. Durch uns sucht seit Jahrhunderten und Jahrhunderten der gleiche Haß ihn zu erreichen; im armen menschlichen Fleisch wird das unaussprechliche Blutbad angerichtet. Ach! Ach! So hoch wir uns auch in Gebet und Liebe erheben, wir tragen ihn an unsere Flanken geheftet mit uns, den greulichen, vor unermeßlichem Gelächter berstenden Begleiter. Nein, sehen muß man, sehen, man muß die Gesichter sehen, darin sich alles abmalt, und die Blicke, Menschenaugen. Ich habe vielen Sterbenden beigestanden; das bedeutet nichts; sie haben keinen Schrecken mehr. Gott treibt sie ein. Doch die Elenden, die ich vor mir gesehen habe, – die streiten, lächeln, sich sträuben, lügen, lügen, lügen – bis eine äußerste Angst sie uns vor die Füße wirft wie leere Säcke. Es gibt etwas zwischen Gott und dem Menschen, und zwar keine Nebenperson, es gibt dies düstre, unvergleichlich verschlagene, harnäckige Wesen, für das kein Bild ausreicht, es sei denn der gräßliche Hohn und ein grausames Frohlocken. Dem hat sich Gott für eine Weile ausgeliefert. In uns wird er gepackt und verschlungen. Aus uns wird er herausgerissen. Seit Jahrhunderten liegt das Menschenvolk unter der Presse, das Blut wird uns in Strömen abgezapft, damit das winzigste Teilchen des göttlichen Leibes dem schrecklichen Henker zur Befriedigung und zum Gelächter diene ... Sie nehmen ja nur noch ihren Küstern die Beichte ab! Sie hören ihn nicht, den Schrei des allgemeinen Elends! Den Geizigen, angefressen von seinem Krebs, den Lüstling wie eine Leiche, den Ehrgeizigen, erfüllt von einem einzigen Wahn ...«

Eine Beichte alten Stils war wohl wie der Aufenthalt in einem mittelalterlichen Siechenhaus, Armseligkeit und Lüge. Weniger Sieg, als Fortsetzung der Ohnmacht des Gekreuzigten. Das kleine Gemach der Ratio, in dem wir uns behaglich eingerichtet haben, hat dünne Wände. Wo sie einen Riß bekommen, und das kann sehr schnell geschehen, sehen wir die gequälten Menschen; und das gilt auch für unseren politischen Friedenszustand in Westeuropa angesichts dessen, was sonst in der Welt los ist. Angesichts des Grauens zerstörter Menschen ist es ziemlich gleichgültig, ob man an den Teufel und an Dämonen glaubt oder nicht – eine schrecklich akademische Frage. Denn das Etwas zwischen Gott und Mensch ist größer als meine oder deine Schuld. Sein Sieg in der sichtbaren Wirklichkeit ist allumfassend und auf den Gesichtern der Menschen abzulesen. Mörder wie Ermordete sind gleichermaßen Opfer.

Unreinheit meint Isolation, und gerade der ganz Isolierte ist nicht allein, sondern die Unheimlichkeit ist mit ihm, wie eine Macht, wie eine Person. Die Einsamkeit der Ausgestoßenen und Verdammten ist nicht wie Einsamkeit als Ausruhen, sondern Begleitetwerden durch Gebilde der Angst und des Schreckens. Die ekelhaften Wesen in den Versuchungen des heiligen Antonius, wie sie Hieronymus Bosch gemalt hat, sie sind personifizierte Angst und Leere und Isolation.

Der Herr, der das überwindet, tut es nicht auf die sanfte und tolerante Art. Sondern er befiehlt und er erlaubt, er fragt nach dem Namen des Unheimlichen. – Wie mich einst ein hoher geistlicher Würdenträger fragte: »Wen habe ich vor mir?« Ganz selbstverständlich hat er so gefragt, ohne mit der Wimper zu zucken. Er war ein Herr. – Und die Rabbinen sagten darüber, was Gott den ganzen Tag lang tut, daß er sechs Stunden auf dem Stuhl der Barmherzigkeit sitzt und sechs Stunden auf dem Stuhl der Gerechtigkeit und sechs Stunden Nahrung schafft für alles Lebendige und sechs Stunden spielt mit dem Leviathan. Man denke: Der Leviathan ist der Chaosdrache, der Widersacher. Gott spielt wie ein

Hobbyzüchter, der in der Garage einen privaten Reptilienzoo gründet. Die Leute, die sich das so über Gott ausgedacht haben, wollten beim Weitererzählen selber lachen. Gott, das ist doch der Mächtige, der unfraglich ist in seiner Allmacht. Das Chaos ist lächerlich gegenüber ihm. Wenn Gott für uns ist, wer ist dann gegen uns? Und ob nicht die Leute gelacht haben, als sie die Sache mit der Schweineherde hörten? Ob das nicht auch Schadenfreude war: Wer als Nichtjude Schweine züchtet und noch dazu zweitausend, wird ganz schön gestraft dafür, das ist eine gefährliche Sache: Zweitausend Schweine rasen den Abhang hinunter und ersaufen. Jesus wechselt vorsichtshalber den Ort, von Gerasa aus geht er in die Gegend der Zehn Städte. Denn Haftpflicht gab es nicht. Die Schadenfreude hat der Leser. Ganz oft, auch bei Luther, schlägt die Angst vor dem Grauen bei den Erlösten um in Lachen, Satan ist der Quäler und der Ausgelachte. Auch die Tintenfaßlegende zeigt das – bewerfen Sie mal ihren Gegner mit einem Fäßchen Tinte. Angst und befreiendes Lachen, weil der Herr doch sicher der Herr ist.

Wir stehen immer zwischen beiden, zwischen Angst und Lachen. Jemanden, der nur lacht, halten wir genauso für wahnsinnig wie jemanden, der nur noch Angst hat. Auch Jesus lacht nicht nur, befiehlt nicht nur, sondern wird auch am Kreuz sterben. Doch das Sprichwort über den, der zuletzt und am besten lacht, hat vielleicht einen ganz tiefen und christlich-eschatologischen Sinn. Bis dahin aber ist es ein aufreibendes, verschleißendes und ernstes Drama. Eine Divina Comedia, in der es um Leben und Tod geht.

Was wir sehen, sind kleine, vereinzelte Siege und große Katastrophen. Auch Jesu kleine Siege konnten nicht seine große Katastrophe verhindern. Es ist immer dieselbe Macht, mit der er zu tun hat: Unreinheit, Tod, Einsamkeit und Gottverlassenheit am Kreuz. Dieser Kampf hat auch ihn alles gekostet.

Aber wenn Gott Jesus verläßt, wie Jesus es beklagt, dann ist doch Gott der Täter. Oder wir sind die Täter, wenn der Tod das ist, was natürliche Konsequenz all unseres Handelns wäre. Wir sehen es an dem, was uns durch den Umgang mit der Umwelt droht: Der Tod der Welt ist nur gerechte Konsequenz, da braucht kein Gott viel hinzuzufügen. Wenn man nachdenkt über die dämonische Macht, wird wie in einem Drama Shakespeares fraglich, wer Täter, wer Opfer ist. Sind nicht der Tod, das Leiden nur Gottes Gerechtigkeit, sofern sie straft? Ist es nicht nur der Abstand zwischen Gott und Mensch, der daran sichtbar wird? Wir sind nicht

Gott. Wenn die Rabbinen sagten, daß ein Streit sei zwischen Gottes Gerechtigkeit und Gottes Barmherzigkeit – ist nicht die Erfahrung des Schreckens nur die Erfahrung von Gottes Gerechtigkeit? Und ist die Hoffnung auf das Lachenkönnen am Ende nur die Hoffnung auf den Sieg von Gottes Barmherzigkeit über seine eigene Gerechtigkeit? Sind nicht Sünde und Elend, Verzweiflung, Dämonisches und Chaos so etwas wie der bittere Abstand zwischen Mensch und Gott, Gott erfahren als der schlechthin unbegreiflich Ferne? Wenn der Hebräerbrief sagt: Gott ist ein verzehrendes Feuer – dann ist alles Dunkel und alles unsägliche Leiden das schmerzvolle Verbrennen dessen, was nicht Gott ist. Dann gibt es gegen den Gott, der so grausam und fern ist, nur ein Gegenmittel: den Gott, der uns in Jesus Christus nahe gekommen ist, dann gibt es nichts anderes als um alles in der Welt diese Nähe zu ergreifen. Deshalb werden solche Geschichten von Jesus erzählt, weil es hier um den nahen Gott geht, nur hier und ganz sicher hier.
Deshalb sagt Jesus am Ende zu dem besessenen Geheilten: Gehe hin in dein Haus zu den Deinen und verkündige ihnen, wie große Wohltat dir der Herr getan und sich deiner erbarmt hat.

Jesus in der Geschichte Israels

Zu Mk 9,3-7

3: *Und seine Kleider wurden hell und sehr weiß, wie sie kein Bleicher auf Erden so weiß machen kann.*
4: *Und es erschien ihnen Elia mit Mose, und sie redeten mit Jesus.*
5: *Und Petrus fing an und sprach zu Jesus: »Rabbi, hier ist für uns gut sein. Wir wollen drei Hütten bauen, dir eine, Mose eine und Elia eine.«*
6: *Er wußte aber nicht, was er redete; denn sie waren ganz verstört.*
7: *Und es kam eine Wolke, die überschattete sie. Und eine Stimme geschah aus der Wolke: »Das ist mein lieber Sohn; den sollt ihr hören!«*

Im gesamten Auftreten Jesu ist die Verbindung mit Israel nirgends deutlicher, greifbarer. Er ist der wie Mose, auf den man hören sollte; nicht Josua, dessen Name auf Griechisch Jesus ist, sondern er ist der Prophet wie Mose. Und er ist der Elia der Endzeit. Er ist dieses beides in einem, was Gott seinem Volk vorhergesagt hatte, eine Gestalt wie diese beiden Propheten von unvordenklicher Zeit. Er ist der Wiederhersteller wie Elia, der den Tag des Herrn vorbereitet, und vielleicht ist er wie Josua der Anführer eines neuen Auszuges? Nicht Gott selbst sehen die Jünger, nur diese drei sehen sie, aber als Träger von Licht. Es ist doch über die Maßen kühn: der Zimmermannssohn aus Nazareth neben Mose und Elia, als die Erfüllung beider, als ihr Antitypos in der Endzeit selbst. Keine privaten, individuellen Züge erfahren wir, es genügt, daß sie da sind: Mose, Elia, der Christos. Der heiligste Augenblick in der Geschichte Israels.

Es ist eine leibhaftige Begegnung: Die Verklärung erfaßt sein Gewand, das Zentrum aber sind seine Augen. Was für Augen mag Jesus gehabt haben? So fragte sicher auch die Gemeinde, und Künstler aller Jahrhunderte wollten es darstellen. Hier wird das strengste Bild gezeichnet: Verklärung bedeutet, daß wir es bei diesem Mann auf irgendeine Weise mit Gott zu tun haben, daß er durchsichtig ist für ihn. Weder Privates noch Bedrohliches, sondern Licht. Die Perikopenordnung des ersten Jahrtausends verfuhr weise, indem sie am Sonntag Reminiscere dem Verklärungstext 1 Thess 4 zuordnete, wo es um die Gabe und Verpflichtung der Christen, um ihre Berufung zur Heiligkeit geht. Denn Heiligkeit bedeutet hier und auch bei der Verklärung, daß Gott restlos Besitz ergriffen hat. Daher sind Licht wie Heiligkeit nichts Romantisches noch nur ein Säuseln, sondern Reinheit, Erfahrung einer lebenstiftenden Ordnung. Daher benennt das Judentum spätestens seit Dtjes in immer stärkerem Maße die Thora als Licht und sieht darin Leben, Ordnung und Frieden.

Die Verklärung ist die Stunde *der* neutestamentlichen Offenbarung Gottes. Gott zeigt sich an Menschen, er tritt nicht irgendwie selbst naiv hervor, und er zeigt sich so, daß zugleich damit alle seine Wege mit Israel zusammenlaufen. Daß er als der eine Gott der ganzen Geschichte mit Israel greifbar wird. Daher redet die Stimme auch fast als Zitat: Es ist kein neuer Gott, sondern die Spitze der Offenbarung dieses einen Gottes Israels.

Gott offenbart sich, indem er an diesen drei Männern Licht ist für andere, für die Jünger, die zuschauen. Welch großartige und überhaupt nicht naive Theologie steht dahinter: Gott und sein Wort, die drei Männer und die Jünger als Adressaten. Wenn Mt später sagt: So soll euer Licht leuchten vor den Menschen, damit sie eure guten Werke sehen und verherrlichen euren Vater im Himmel (5,16) – dann ist ein Stück Verklärungsgeschichte darin: Ihr seid das Licht der Welt. Was bei den Christen

die guten Werke sind, ist bei der Verklärung Jesu Person und Botschaft in einem, und ebenso ist es bei Mose und Elia. Ihr Licht leuchtet vor den Menschen, daß diese dahinter Gott erkennen. Gott wird nicht greifbarer als so, daß diese drei Männer reines Licht sind für andere.
Die guten Werke, die unser Licht sein sollen, und die Worte der drei Männer Mose, Elia und Jesus, auf die die Jünger hören sollen, sie haben doch nur ein und denselben Inhalt: Gottes Willen, sein Reich, sie sind allesamt Vermittler seiner Herrschaft. Denn Dein Reich komme und Dein Wille geschehe sind zwei Aspekte derselben Sache: Präsenz Gottes unter Menschen.
Licht, Heiligkeit, Thorabefolgung – das ist alles immer Ausdruck der Nähe und der Herrschaft Gottes. Daher 1 Thess 4 neben Mk 9 als Lesung.
Aber warum gerade Jesus neben Mose und Elia? Warum gerade hier und jetzt und dieser? Ein kleines Wörtchen im Inhalt der Stimme sagt es: Dieser ist mein geliebter Sohn. Geliebt, das heißt: auserwählt vor allen anderen, willkürliche Bevorzugung, eben gerade diesen und keinen anderen. So wie nach Röm 9 Isaak und nicht Ismael, Jakob und nicht Esau erwählt sind, weil Gott es so will und wegen sonst nichts, eben aus diesem Grunde ist der heiligste Augenblick der Geschichte Israels mit diesem Jesus von Nazareth. Irgendwie ist das schon die Handschrift des Gottes des Alten Testaments, der just eben erhöht, wen er will, und verwirft, wen er will. Aber wie das Licht, so ist auch diese Liebe nicht für den Sohn allein bestimmt, sondern erwählt sind alle, die auf ihn hören.
Die Einheit aller endgültigen Zuwendung Gottes zu den Menschen ist hier – indem einer sein Licht vom anderen empfängt. Gott will es gerade so – das ist der letzte, der äußerste Grund. Aber diese Aussage über Gott ist nicht die über einen Tyrannen, sondern die Widerspiegelung der Erfahrung, daß alle Geschichte konkret und kontingent ist, nicht generell. Nicht herleitbar, sondern immer gerade so. Aber was Gott betrifft: immer in Zusammenhang mit Israel.
Diese Wahrheit hätten die Christen nie vergessen dürfen. Sie wird nirgends so deutlich wie an dieser Geschichte.

Gottes Ohnmacht

Zu Mk 14,41

41: *Und er kam zum dritten Mal und sprach zu ihnen: »Ach, wollt ihr weiter schlafen und ruhen? Es ist genug; die Stunde ist gekommen. Siehe, der Menschensohn wird überantwortet in die Hände der Sünder. Steht auf, laßt uns gehen! Siehe, der mich verrät, ist nahe!«*

Der äußerste Kontrast zwischen Vollmacht und Machtlosigkeit, zwischen Hoheit und Niedrigkeit. Gott ließ es zu, daß sein Repräsentant ausgeliefert wurde, und die Gemeinde soll auch und gerade in dieser äußersten Ferne zu Gott seinen Repräsentanten wiedererkennen.

Und die Gleichung geht auf: Wenn es stimmt, daß Gott und Sünde ganz entgegengesetzt sind, dann können wir Sünder Gottes Stellvertreter nur töten wollen. Dann kann dem Menschensohn, wenn er nur diese Würde hat, nichts anderes geschehen als der Tod. Jedes andere Geschick hätte Zweifel aufkommen lassen an seiner Hoheit und Würde. Jeder Kompromiß hätte gegen seine Göttlichkeit gesprochen.

Die Menschen, die Sünder, konnten Jesus nicht leben lassen, wenn denn Sündersein ihre Wirklichkeit war. Weil die Menschen Sünder sind, ist es mithin notwendig, daß der Menschensohn, daß alle Gerechten vor ihm und nach ihm verfolgt und getötet werden. Die Sünde als die gottfeindliche Macht wird keinen Unschuldigen, keinen Heiligen leben lassen. Sein Tod ist zugleich der Erweis seiner höchsten Würde. Denn Sünder und Menschensohn, das sind die äußersten Gegensätze, die es gibt. Gott schickte seinen Stellvertreter in die äußerste Ferne, um zu zeigen, was Sünde vermag. Um zu zeigen, daß Krieg herrscht zwischen Gott und Sünde, Menschensohn und Sündern.

Der paulinische Satz, daß die Wirklichkeit der Sünde der Tod sei, wird hier ebenso in die Nähe gerückt wie die Sätze von Joh 8, daß der Vater der Sünder und Mörder Gottes Widersacher selbst sei.

Das Leben unterliegt hier. Gott läßt seinen Repräsentanten zerstören. Das Äußerste wird vollbracht. Uns wundert vor allem, daß hier nichts dazu getan wird, die Sünder zu ändern. Sie können sich austoben, der Menschensohn wird nicht bewahrt, und in dieser äußersten Ferne zu Gott, in den Händen der Sünder bleibt dem Menschensohn nichts als der Tod. Der Richter des Weltgerichtes – hier in einem zweifelhaften provinziellen Gerichtsverfahren in äußerster Demütigung.

Kann es eine deutlichere Kritik an der Sünde der Sünder geben als den Hinweis auf das, was sie anrichten? Nach Markus wird niemand beschuldigt oder verflucht, der Jesus umgebracht hat. Nur dieses: der Menschensohn in den Händen der Sünder. Wer diesen Skandal nicht mehr zu fassen vermag, ist überhaupt blind. So führt dieser Satz in seiner Kürze durch seinen Kontext äußerst drastisch vor Augen, was es heißt, Sünder bleiben und als Sünder handeln. Es geht um Sach-und Systemzwänge: Als Sünder können sie nicht anders. An ihrer Tat erkennt man sie.

Es gibt nur einen Weg, aus diesem mörderischen Zusammenhang auszusteigen: eben sich von Jesus rufen zu lassen, der nach Mk 2 sagt, er sei gekommen, Sünder zu rufen. Damit aber wird auch sichtbar, wozu sich Gottes Repräsentant just in die Hände der Sünder begibt, was ihn veranlaßt, sich in diese Gottesferne zu begeben. Durch sich selbst hier am Ort der Sünder und dann insbesonders durch die Demonstration seines Todes die Sünder vor ihre eigene Konsequenz zu stellen, sie damit zu konfrontieren.

So ist Gottes Machtlosigkeit an dieser Stelle mehrfach motiviert: Zum einen kann der Gegensatz zwischen Gott und Machthabern hier nicht anders sichtbar werden als in der Ohnmacht seines Menschensohnes. Zum anderen muß, um die Konsequenz der Sünde deutlich zu machen, die Sünde den Skandal produzieren. Und zum dritten wird der Weg des Todes des Menschensohnes der Appell, diesen irrsinnigen Weg überhaupt aufzugeben. Die Gottesferne mordet den Gerechtesten, aber weil dieser, wenn es denn überhaupt eine Ordnung in der Welt gibt, der Richter sein muß, beschert sie sich damit den eigenen Untergang. War vielleicht die Konsequenz der Sünde bisher noch fraglich: Durch die Ermordung des Weltenrichters selbst ist das Unheil perfekt, das über aller Sünde aller Zeiten steht.

Wer auch immer den Weg der Sünder nicht verläßt – und wir begreifen allmählich, warum das Wort so pauschal von »den Sündern« spricht –, der gehört zu denen, die den Weltenrichter ermordeten.

Die Menschensohnworte beziehen daher Jesu Tod auf eine höchst eigene Weise mit ein in seine Umkehrpredigt (Mk 1,15): Die Umkehr zu Jesus könnte und kann als einziger Weg die unausweichliche Katastrophe verhindern. Denn in Johannes d. Täufer und Jesus sind die beiden Größen aufgetreten, die Umkehr fordern, Abwendung vom Weg der Sünder, die aus Sündern Gerechte machen wollen. Wer auf dem Weg der Sünder bleibt, sieht in Jesu Tod der Konsequenz seines Tuns entge-

gen und auch – da es sich um den Menschensohn handelt – der Vernichtung in der Zukunft des Gerichtes.
Jesus selbst also kam zu den Sündern, in die äußerste Gottesferne, um sie durch sich selbst und sein Wort zu verändern. Hier lag und liegt die einzige Chance, aus dem Weg der Sünde auszusteigen. Doch daraus wurde ein Machtkampf, der den Irrsinn der Sünde vollends herausstellte: Die Mächtigen töteten den Machtlosen, wer nicht auf ihn hörte, mordete ihn und damit auch für die Zukunft sich selbst.
So hat der Aufenthalt des Heiligsten am Ort der Sünder mehrere Aspekte: Sie ist die einzige Möglichkeit zur Umkehr, weil es nur diese Zuwendung gibt. Sie bedeutet das endgültige Gericht über die Mörder des Weltenrichters, sofern sie Sünder und Mörder bleiben. Und sie bedeutet seinen Tod, weil das Wesen der Sünde es ist, das Heiligste zu töten.
In dieser Welt, zu ihren Bedingungen, ist Gott daher verletzlich, tötet Sünde auch seine Gegenwart. So bedroht ist Leben, wenn man auf der Spur des Todes bleibt.

Jesus der Gerechte

Zu Lk 23,44-49

44: *Und es war schon um die sechste Stunde, und es war eine Finsternis über das ganze Land bis an die neunte Stunde,*
45: *und die Sonne verlor ihren Schein, und der Vorhang des Tempels zerriß mitten entzwei.*
46: *Und Jesus rief laut und sprach: »Vater, ich befehle meinen Geist in deine Hände!« Und als er das gesagt hatte, verschied er.*
47: *Als aber der Hauptmann sah, was da geschah, pries er Gott und sprach: »Fürwahr, dieser ist ein gerechter Mensch gewesen!«*
48: *Und als alles Volk, das dabei war und zuschaute, sah, was da geschah, schlugen sie sich an ihre Brust und kehrten wieder um.*
49: *Es standen aber alle seine Bekannten von ferne, auch die Frauen, die ihm aus Galiläa nachgefolgt waren, und sahen das alles.*

»Wirklich, dieser Mensch war gerecht« – das könnte die Mitte des Lukasevangeliums sein. Kein Hoheitsprädikat ist das endgültige Wort über Jesus, sondern dieses schlichte Attribut: »gerecht«. Denn Gerechtsein ist die letzte und tiefste Wurzel für alles andere, was Jesus ist. Damit gilt für ihn der Maßstab eines jüdischen Zadiq. Kein himmlischer Glanz, sondern nur dieses sehr Einfache: Er war gerecht. Der Prozeß Jesu ist damit entschieden. Alle Dramatik von Verrat, Golgatha, Tod, Auferstehung und Wiederkommen als Richter ist inbegriffen in der Aussage, daß er gerecht war. So als ginge es um die Frage, ob und wo es den einen, einzigen Gerechten gebe, um dessentwillen dann alles übrige verschont werden kann. Als sei die Weltgeschichte eine Art Sieb, das bewegt wird und dessen Bewegtwerden nur den einen Sinn hat, den Gerechten herauszufinden.

Das Wort »gerecht« ist nüchtern, trocken und sehr abstrakt, wie Paragraphen des Grundgesetzes. Es ist ein politischer Begriff, öffentlich-rechtlich. Ein sozialer Schlüsselbegriff, denn die Gerechtigkeit eines Gerechten könnte das Zentrum eines Gemeinwesens sein. Daher die soziologische Bedeutung der Zadiqim im Judentum und der Heiligen im Christentum. Wie froh sind wir, wenn ein Politiker einmal ausnahmsweise einen Hauch davon hat. Denn so ein Gerechter mit Gerechtigkeit zum Anfassen ist die lebendige Seele eines Gemeinwesens. Bewundert und ersehnt als greifbare Norm, wirklich als mit den Händen zu greifender Sinn. Was helfen alle Paragraphen, wenn es nicht solche gibt, die durch ihre Existenz zeigen, wie es ungefähr sein soll.

Gottes Gerechte sind wie Pfeiler im Strom. Strom, das ist hier und immer das Dunkle und Wilde, das Stunde für Stunde gewaltsam an den Pfeiler anprallt. Der dunkle Strom läßt gegenüber dem Pfeiler als die einzige Form des Sieges das Opfer zu. Jesus am Kreuz ist ein geborstener Pfeiler. Dieser steht nicht vor uns als Muster heroischer Unerschütterlichkeit, nicht als Triumphierender, sondern indem er an den Strom sein Leben lassen muß. Er triumphiert nicht, aber er ist und er bleibt als der Gekreuzigte vor uns. Alles steht in Frage außer dem Pfeiler. Und vor ihm bleibt auch nur er selbst als leidender, gepeinigter Gerechter.

Wir Menschen brauchen keinen pompösen König, sondern Gerechtigkeit. Weil wir soviel Ungerechtigkeit produzieren. Wir werden zurückgesetzt, uns kommt nicht zu, was wir erwarten könnten, es ist einfach immer wieder unmöglich, daß Gerechtigkeit ist. Wir sind so reich ausgestattet, so reich geschaffen, so vielseitig begabt – und wir gehen zugrunde, werden ungerecht, nicht unserer Qualität nach behandelt, Menschen werden wie Vieh behandelt und Vieh wie Sachen und Sachen wie lästiges Zeug. Und alles hätte immer wieder nur Gerechtigkeit verdient, weil alles viel herrlicher ist, als wir es ehren können. Im Kontrast zu unserer Ausstattung besteht der eigentliche deutliche Mangel darin, daß wir der Fülle, Vielfalt des Geschaffenen im Miteinander nicht gerecht werden können, seiner Würde nicht verehrend begegnen. »Zu Unrecht mißachtet« könnte die häufigste Überschrift über ein Leben sein.

Alles, was wir brauchen, ist in der Tat Gerechtigkeit, die alle in der Vielfalt gelten läßt und allen ermöglicht, ihrer Begabung nach zu existieren. Damit Schöpfung so sein kann, wie sie gedacht ist. Damit wir nicht gegenseitig unseren Reichtum zerstören, sondern zum Zuge kommen lassen. Vielleicht brauchen wir nicht Gerechtigkeit als Abstraktes, das wäre tatsächlich nur ein Paragraphenbuch, sondern wirklich den Gerechten, der wenigstens etwas davon wahr macht, Wirklichkeit werden läßt. Wie die ganze Geschichte der Menschen deshalb eine politische ist, weil sie der Kampf um Gerechtigkeit ist, so ist sie zugleich ein Jammern und Weinen, Hungern und Dürsten nach dem Gerechten, der ein Stück davon bringt.

Und weil es bei der Gerechtigkeit um die Frage der vielen Menschen geht, um die Frage, wie sie alle einzeln und doch dabei miteinander bestehen können, weil es um die Frage von Vielfalt und Einheit geht, deshalb ist Gerechtigkeit unauflöslich mit dem einen und einzigen Gott verbunden. Denn als der eine Gott ist er die Mitte alles Seins. Alle Vielfalt kann nur in dieser einzigen Einheit bestehen. Jeder andere Versuch, Einheit und Vielheit zugleich zu realisieren, ist nichts als grausamste Tyrannei. Verzerrtes Abbild des einen und einzigen Gottes, der den Reichtum jedes einzelnen so gewollt hat.

Ist Gerechtigkeit nicht einfacher zu haben als auf dem Wege des Martyriums? Ist der Gerechte notwendig der, den sie fertigmachen? Immerhin, sie haben es richtig bemerkt: Dem so Gerechten käme das Wort König zu. Gerechtigkeit ist nicht Privatsache, jede Art von Gerechtigkeit ist politisch. Hat daher etwas zu tun mit wie auch immer gedachter Herrschaft, mit Macht.

Jede Art von Gerechtigkeit, von Gerechtem lebt daher riskant. Weil mit dem Maß, in dem Gottes Gerechtigkeit sichtbar wird, auch automatisch der Anspruch auf Herrschaft angemeldet wird. Da hilft auch kein Sich-Zurückziehen ins äußerste Kloster – die Menschen spüren, wenn es um diese Gabe geht, diesen Anspruch, Frieden zu stiften. Jede Macht auf Erden fühlt sich dann in ihrem Anspruch provoziert, weil sie es ja auch ähnlich möchte, nur auf ihrem Weg und in ihre eigenen Taschen.

So geht es bei dem Wort Gerechtigkeit um Tyrannei oder um Gottes Herrschaft; so geht es hier um eine wahrhaft messianische Kategorie. So ist der Tod des Gerechtesten vorhersehbar, weil jede Art von Macht, jüdische und heidnische, kirchliche und unsere eigene, hier gefährdet ist und zuschlagen will.
Jesus als der Gerechte, das bedeutet in Wahrheit Identitätskrise aller Macht, die nicht die Macht Gottes selbst ist. Und deshalb ist der Gerechteste – Jesus, dem die Menschen am ehesten zutrauen, daß er jeden einzelnen und doch alle zusammen lieben könnte, daß er die Fragen unseres Miteinanders in Wort und Tat regeln könnte – in seinem Leben am meisten gefährdet, wird er Opfer, weil er auf schmalem Grat wandelt. Denn solche Gerechtigkeit provoziert alle Macht, die es anders und kurzsichtig für sich selbst will. Nur Gott und seinem Messias könnte das wirklich gelingen: Einheit und Vielfalt zugleich, Miteinander ohne Krieg und Tyrannei.
Der Pfeiler Jesus ist geborsten, sie haben ihn fertiggemacht wie alle Gerechten seit Abel und Sokrates. Und doch bemühen wir, die der Strom ergriffen hat, uns darum, diesen Pfeiler zu ergreifen. Der eine der beiden Schächer am Kreuz tut etwas, das wie Händeausstrecken der Verzweifelten ist. Das ist das einzig Notwendige: die Hände auszustrecken und nicht, nur uns selbst umschlingend, unterzugehen im dunklen Strom.

Der geliebte Sohn

Zu Joh 3,16

16: *»Denn also hat Gott die Welt geliebt, daß er seinen eingeborenen Sohn gab, damit alle, die an ihn glauben, nicht verloren werden, sondern das ewige Leben haben.«*

Es war ein Mann, der hatte einen Garten am Meer, den hatte er selbst gepflanzt und gebaut, und sein Herz hing an jeder Pflanze, die er eingesetzt, und er hoffte, daß der eine oder andere Baum alsbald Früchte tragen werde. Zwar kann man nicht sagen, daß er den Garten bitter nötig hatte, nein, das war es nicht. Allein die flache Öde der Landschaft nahe am Meer schien ihm traurig und nichtssagend. So war der Wunsch nach Freude der letzte Grund gewesen, den Garten anzulegen. Der Wunsch, sich über etwas freuen zu können, sein Herz an etwas hängen zu können. Es war aber in einer stürmischen Winternacht, daß Sturmflut drohte und der Mann, wodurch auch immer gehindert, nicht selbst sich um seinen Garten kümmern konnte. Die Wellen waren fast mannshoch, und jedermann warnte davor, ans Meer zu gehen. Doch ungeachtet alles dessen beschloß der Mann, seinen vertrauten und einzigen Sohn zu dem bedrohten Garten zu schicken. Der Sohn erhielt den Auftrag, mit Sandsäcken zu retten, was zu retten war. Indes mußte jedes Pfund Sand erst dem Meer selbst abgerungen werden, und es war nicht nur kalt und stürmisch, sondern der Mann wußte, daß sein Sohn sicher in Gefahr kam. Der älteste Knecht sagte: Es ist Wahnsinn, jetzt den Sohn zu schicken, er wird umkommen durch die Flut. – Und ein anderer sagte: Was ist dir mehr wert, der Garten oder der Sohn? Bist du so in deinen Garten verliebt, daß du deinen Sohn nicht schonst? – Und ein anderer sagte gar: Du bist wahnsinnig, das zu tun, du weißt ja doch, wie gefährlich es ist. Liebst du nicht deinen Sohn? Was liegt dir an dem Garten, den du doch gar nicht nötig hast? Wie kann man so närrisch in seinen Garten verliebt sein, daß man das Liebste dafür hingibt. Nein, wir verstehen dich nicht! – Und ein anderer sagte: Jedes Gericht würde dich schuldig sprechen wegen Fahrlässigkeit. Vielleicht würden sie dir mildernde Umstände geben, weil du verrückt bist. – Und der Mann sagte: Mein Sohn ist wie ich selbst. Meine Freude ist auch seine. Er weiß, wie sehr ich den Garten liebe, und er tut es für mich. Es geht darum, daß überhaupt Freude sein kann. Und den Garten liebe ich nun einmal, denn er ist mein Werk. – Und der älteste Knecht antwortete: Aber du kannst doch deinen Sohn lieben und dich an ihm freuen! Warum setzt du ihn aufs Spiel für das weit geringere Gut – einen Garten am Meer? – Und der Mann antwortete: Wenn ein Pflanze von Salzwasser überflutet und zerfressen ist, vom Meer verschlungen oder ihrer Blüte beraubt, dann ist sie unwiederbringlich verloren, meinem Sohn dagegen schadet das tödliche Salzwasser nicht, auch wenn es ihn berührt. – Und der Knecht sagte: Aber der Garten ist schon überspült, das Wasser ist schon bis an den Schaft der Pflanzen eingetreten. Es hat doch keinen Zweck mehr. – Der Mann: Wenn das Wasser nicht zu lange einwirkt, kann man den Garten noch retten. Um so eiliger werde ich meinen Sohn senden. Ich weiß, daß der Garten geflutet ist, aber man kann noch alles retten. – Ein Knecht: Vielleicht fasziniert dich gerade diese Möglichkeit zu retten? Vielleicht ist das noch faszinierender als die Anlage des Gartens, ihn gewissermaßen neu und nun aus der tödlichen Bedrohung zurückzugewinnen. Ihn noch einmal zu empfangen. – Der Mann: Ich gebe es zu: Retten ist doppelte Freude. Das Retten fasziniert mich in der Tat so, daß ich darüber die Gefahr für meinen Sohn, und das heißt ja am Ende: für mich selbst, gering achte. Ich kann mich selbst ganz vergessen dabei und damit auch die Gefahr für meinen Sohn, der ganz eng zu mir gehört. – Ein anderer Knecht: Freude am Werk und doppelte Freude über das Retten-Können wird jeder dir zugestehen, aber muß dafür der Sohn gesandt werden? – Der Mann: Nur der Sohn weiß in dem Garten Bescheid, er war maßgeblich bei der Anlage des Gartens, er hat den ganzen Plan in sich. – Ein anderer Knecht: Aber wie kannst du ihn so leiden lassen dafür, wie kannst du dich, und wie kann er sich mit dir so vergessen, daß man für ein wenig Freude so viele Strapazen auf sich nimmt? – Der Mann: Ich will dir ein Gleichnis sagen: Es ist wie mit einem Hirten, der eine Schafherde hatte, die von Wölfen bedroht wurde. Und er geht hin, als die Wölfe kommen, tritt vor die Tür des Schafstalls und lenkt die Wölfe auf sich, weg von den Schafen, und sie zerfleischen ihn. – Der älteste Knecht: Kein Hirte tut das! Denn ein Mensch ist mehr wert als Schafe. – Der Mann: Außer wenn er die Schafe so liebt, so irre und wahnsinnig liebt, daß er sich selbst vergißt und sich opfert. Es geht um die Liebe, die der hat, der so etwas tut. – Der Knecht: Aber es ist eine verrückte Liebe, die keine Verhältnismäßigkeit kennt, eine ungerechte und eine Liebe ohne Vorsicht und Augenmaß. – Der Mann: Kennst du eine Liebe, die anders ist? Ist diese meine Verrücktheit nicht mein letztes, tiefstes Geheimnis, ist sie nicht das, was ich bin? Nichts davon zu haben außer der Freude, daß die Schafe leben, und in dieser Freude selig zu sein ... ist das nicht das, was ich bin?

Gott ist das Leben

Zu Joh 4,14; 6,27

4,14: *Wer aber von dem Wasser trinken wird, das ich ihm gebe, den wird in Ewigkeit nicht dürsten, sondern das Wasser, das ich ihm geben werde, das wird in ihm eine Quelle des Wassers werden, das in das ewige Leben quillt.*

6,27: *Schafft euch Speise, die nicht vergänglich ist, sondern die bleibt zum ewigen Leben. Die wird euch der Menschensohn geben; denn auf dem ist das Siegel Gottes des Vaters.*

In Tolstois Roman »Krieg und Frieden« steht der Satz: Das Leben ist Gott. – Leben: Schrei und Flügelschlag des Vogels und nicht nur Sandwüste. Vielmehr: Eine Geschichte haben mit Wachsen und Vergehen. Dieses kostbare Lebendigsein, das wir genießen, solange es da ist – dieses ist in unserer Religion eins mit Gott.

Denn jedes Leben ist ein absolutes Geschenk, reines Wunder – solange sich noch etwas bewegen und sich wandeln kann. Verwandeltwerdenkönnen ist mit Leben identisch.

Wenn Theologen daher von Gott reden, meinen sie immer dieses Umgewandeltwerdenkönnen selbst: von Mutlosigkeit zur Hoffnung, von Finsternis zum Licht, vom Tod zum Leben. Und auch angesichts des Todes gilt: Wenn Gott das Leben ist, dann ist auch Tod nur eine neue Wandlung des Lebens.

Wenn wir sagen, daß Gott das Leben ist, so meinen wir etwas Wunderbares und Geheimnisvolles. Wir meinen ihn selbst, weil er der Triumph über jeden Tod ist. Zugleich aber wissen wir: Leben ist immerfort bedroht, sensibel und schutzbedürftig, jedes Leben.

Das ist für uns vielleicht ein neuer Gedanke, daß Gott schutzbedürftig ist und sensibel. Aber wir sehen es ja an seinem Sohn Jesus Christus und an dem, was sie mit ihm gemacht haben und machen konnten.

Nein, wir dürfen nicht machen, was wir wollen, sonst sind wir gottlos, und er kann nicht mehr da sein. Er kann nicht dort sein, wo Gewalt ist und Geschrei, nur dort, wo Leben entsteht und wachsen kann. Wo Sinn ist für Sensibilität und Zärtlichkeit, für Charme und Witz und Beweglichkeit, für Schönheit und für jede einzelne Phase des Lebendigseins. Denn dann und nur dann sind wir bei ihm. Nur dann kann das Leben Triumph über den Tod sein.

Ewiges Leben

Zu Joh 6,27

27: »Schafft euch Speise, die nicht vergänglich ist, sondern die bleibt zum ewigen Leben. Die wird euch der Menschensohn geben; denn auf dem ist das Siegel Gottes des Vaters.«

Zu einem Lehrer kam jemand und fragte: Was ist das, ewiges Leben? Der Lehrer fragte: Weißt du denn, was Leben ist? Wenn du es mir sagen kannst, so werden wir weiter sehen. – Der Schüler ging davon und kam nach einer Reihe von Tagen zurück: Ich habe darüber nachgedacht, was Leben ist. Man kann es deshalb nicht genau sagen, weil man oft nicht weiß, ob etwas nur getrieben ist oder ob es wirklich lebt. So bei den Fischen im Wasser, die mit dem Strom schwimmen. Wer weiß, ob sie tot sind? Nur dann, wenn sie gegen den Strom schwimmen, dann weiß ich: Sie sind lebendig. – Der Lehrer: Und das ist nur ein Kriterium. Und wenn du schon so lange Zeit nötig hast, um zu wissen, was Leben ist, da erstaunt es mich um so mehr, daß ihr die Rede vom ewigen Leben im Munde führt wie eine wertlose Münze. – Der Schüler: Ewiges Leben ist doch ein Widerspruch in sich! Denn das Leben gewinnt seine Ordnung von der Zeit her, und die ist begrenzt. Ewiges Leben kann es nicht geben, weil das keinen Widerstand mehr am Tode hat. – Der Lehrer: So wie Leben darin besteht, daran erkennbar ist, daß man gegen den Strom schwimmen kann, so ist ewiges Leben Aufhalten der vergänglichen Zeit selbst. Aufhalten der Vergänglichkeit. So wie eine schöne Frau, die sich vor dem Altwerden fürchtet, nachts aufsteht, heimlich, um die Pendel der Uhr festzuhalten aus Furcht vor dem gnadenlosen Verfall durch die Zeit. Ewiges Leben ist das Aufhalten der Abschüssigkeit aller Zeit, die man Vergänglichkeit nennt. – Der Schüler: Nun sehe ich, daß die Idee, es könne ewiges Leben geben, die phantastischste und absurdeste Idee aller Zeiten ist. Die Zeit in der Zeit vernichten wollen. Alles muß sterben. Das ist die selbstverständlichste Wahrheit. Der Glaube an ein ewiges Leben ist ein Traum, ein Grundirrtum, der nur deshalb unbemerkt bleibt, weil wir alle gewöhnt sind, davon täglich zu reden »... und das ewige Leben, Amen.« – Der Lehrer: Du hast mich aber doch gefragt, was es sei. – Der Schüler: Ist es vielleicht etwas Zukünftiges, das wir nur jetzt noch nicht wissen können? – Der Lehrer: Du meinst, weil alles Ewige zukünftig ist, das Gegenwärtige aber vergänglich – deshalb sei ewiges Leben etwas Zukünftiges? Aber das ist nicht so, wenn es das nicht jetzt gibt, dann ist es auch nicht ewig. Das ist vielleicht der größte Irrtum, der entscheidende, den ein Mensch haben kann, wenn er meint, das ewige Leben sei erst zukünftig. Das ist wie die Geschichte von dem Rabbi, der ein Leben lang vor der Tür wartete, geduldig und voll Hoffnung. Und als er zum Sterben kam, wurde ihm gesagt: Dieses war deine Tür, die Tür, durch die du hättest gehen müssen. – Der Schüler: Was hat das mit dem ewigen Leben zu tun? – Der Lehrer: Nun, wir warten immer darauf, voll Hoffnung warten wir auf den Himmel, auf Zukunft, auf bessere Zeiten, auf Überwinden des Todes. Und dann, mit einem Male, ist unser Stündlein gekommen. Und wir sind davor geblieben, vor dem Eigentlichen. – Der Schüler: Also hätten wir die Türe öffnen müssen, beherzt und voll Mut, um das Entscheidende zu gewinnen, bei dem uns auch der Tod nichts mehr anhaben kann. – Der Lehrer: Jeden Tag die Tür zu öffnen, hier und jetzt, ganz konkret das zu tun, was für einen bestimmt ist, den Weg. Die Tür muß jetzt geöffnet werden oder niemals. – Der Schüler: Bedeutet das Gewaltsamkeit? – Der Lehrer: Nein, aber es bedeutet: Nicht nach anderen oder anderem schielen, sondern jetzt, immer jetzt wird Gottes Bau errichtet. – Der Schüler: Aber ist ewiges Leben nicht eine allgemeine Qualität, eine allgemeine Eigenschaft? – Der Lehrer: Leben gibt es nicht allgemein, sondern nur deine Tür gibt es. Ein alter Rabbiner, mit Namen Susja, pflegte seine Lehrmeinung über das Leben mit folgendem Satz zu erklären: »Wenn ich einmal im Jenseits ankomme, wird man mich nicht fragen: Warum bist du nicht Moses gewesen? Man wird fragen: Warum bist du nicht Susja gewesen? Das ist ein wunderbares, schwerwiegendes, beängstigendes Wort: Warum ... du ... warum bist du nicht Susja gewesen? Warum warst du immer bloß mehr oder weniger dies, mehr oder weniger das, nur nie das Richtige. Immer bloß schlechte Kopie, immer nur verschnitzte Figur, kümmerliche menschliche Halbfertigware. Statt das zu werden, was dir bestimmt war: Susja zu sein. Bloß Susja, aber dies ganz. Immer mehr, immer besser ein guter Mensch auf die einzige Art, wie dir das möglich war: als guter Mensch Susja mit allem Drum und Dran, so, wie Gott ihn gewollt hat. Warum bist du nicht Susja gewesen? Der liebe Gott hat ihn eben so gemacht, diesen Susja, grobkörnig, nicht in Luxusqualität. Warum ... warum bist du nicht Susja gewesen? – Der Schüler: Aber was hat deine Geschichte mit der Frage nach dem ewigen Leben zu tun? – Der Lehrer: Weil das ewige Leben nicht nur jetzt und hier ergriffen werden muß, sondern weil es auch kein anderes ist als eben deines, dein Weg, dein Leben, dein eigener Weg, deine Türe, nicht die eines anderen. Ewiges Leben ist nicht etwas Allgemeines wie ein Goldfluß oder eine liebliche Luft. Ewiges Leben ist: Daß Gott gerade dich so, wie du bist, ersonnen hat und liebt und nicht will, daß dieser einmalige Mensch, da er ihn doch liebt, verlorengeht. Und dieses Nicht-Verlorengehen ist ein anderes Wort für Ewigkeit. – Der Schüler: Aber ich verstehe noch immer nicht, was Ewigkeit ist, du hast sie nur negativ beschrieben, als Aufgehaltenwerden der Zeit. – Der Lehrer: Vielleicht bist du einmal verliebt, und mit dem Mädchen zusam-

men vergißt du, was Zeit ist. Oder: Wenn man der Richtung eines hohen gotischen Fensters folgt, das durchströmende Licht genießt, jede Einzelheit beobachtet, darin versunken ist, nicht weiß, wieviel man schon angeschaut hat, nur weiß, daß noch schier endlos viel vor einem liegt, wenn man nur jede Einzelheit genau anschaut, das Vorher und das Danach vergißt und nur die Richtung kennt, der Sonne zu. Die Farben jedes Teilstücks genießend. Herrliche Fenster gibt es, mit riesigen Rosetten im Westchor, die Tausende und Abertausende kleiner Flächen umfassen, in denen es funkelt von überirdischem Blau und Purpur und Rot. Bei den Tausenden von Bildern staunen vor dem Glanz und alles andere vergessen – auch das ist wie ewiges Leben. – Der Schüler: Aber wie hängt das zusammen, mit dem, was du zuerst gesagt hast, mit dem Susja-Sein, mit dem eigenen Leben? – Der Lehrer: Man selbst kann man nur sein, Susja kann man nur sein, wenn man sich selbst vergißt, sich wirklich vergißt, im Staunen aufgibt und fähig ist, überwältigt zu sein.
Man kann den eigenen Weg nicht direkt haben, die Tür nicht so direkt öffnen. Nur im Blick auf einen anderen oder im Staunen geht das. Beides zusammen erst ist ewiges Leben jetzt.

Weisheit, mit Löffeln zu essen
Zu Joh 6,52-54

52: *Da stritten die Juden untereinander und sagten: Wie kann der uns sein Fleisch zu essen geben?*
53: *Jesus sprach zu ihnen: Wahrlich, wahrlich, ich sage euch: Wenn ihr nicht das Fleisch des Menschensohnes eßt und sein Blut trinkt, so habt ihr kein Leben in euch.*
54: *Wer mein Fleisch ißt und mein Blut trinkt, der hat das ewige Leben, und ich werde ihn am Jüngsten Tage auferwecken.*

Wir begreifen dieses Stück erst richtig, wenn wir wahrnehmen, daß dieses Kapitel auch uns an die Grenze des Zumutbaren führt. Wir sind nur dann nicht überheblich, wenn wir die Anstößigkeit, die offene Frage, in uns wahrnehmen. Ist Jesus das wirklich?
Wir kennen den Ausdruck »jemand hat die Weisheit mit Löffeln gegessen«. Das ist spöttisch und skeptisch gemeint. Genau dazu werden wir in diesem Stück aufgefordert. Aber was noch schlimmer ist: Diese Weis-

heit, alle Weisheit, wird mit Jesus identifiziert. Nicht nur die Gläubigen erheben einen ungeheuren Anspruch, die Weisheit mit Löffeln gegessen zu haben oder dieses hier anhand dieses Evangeliums zu können – entscheidend ist der Anspruch, der mit Jesus verbunden wird. Dieser Mensch soll aller Weisheit Inbegriff und Ende sein. Weisheit: Das ist das, was die Welt im innersten zusammenhält. Wie der Logos: Er hält das All zusammen, das durch ihn wurde und in ihm besteht. Das ist doch das Ärgernis, welches das der drei anderen Evangelien weit übertrifft: Alle Weisheit, aller Sinn, das Geheimnis der Welt – das alles ist in diesem einen Menschen anschaubar. Auf ihn konzentriert. Alle Suche nach Sinn und Geheimnis des Seins hat hier und jetzt ein Ende. – Wie wenn der Mensch durch die Welt wie durch große Hallen wanderte, immer rufend und fragend, suchend nach Antwort auf seine Frage nach dem Sinn und nach dem Geheimnis des Seins. Und hier wird mit einem Male gesagt: Ich bin die Antwort. Diese Antwort hat Menschenantlitz. Von Ezechiel bis Dante wird die Vision überliefert: In dem Feuer, das Gott ist, wird eine Menschengestalt, ein Menschenantlitz sichtbar. Der Anspruch von Joh 6 ist also wie der des Prologs. Doch er wird weitergeführt: Dieses Geheimnis ist kein totes, abweisendes, es ist für die Menschen. Es ist lebensbejahend, es will radikal Leben für Menschen, sogar ewiges und ihre Auferstehung. Es ist wie Brot. Mein großer alter Freund Karl Rahner hat es einmal eindrücklich gesagt: Die Summe des Christentums, das, wovon er wirklich lebe, sei: Daß das Geheimnis, das man Gott nennt, für uns und nicht gegen uns sei. Das Geheimnis ist menschlich, ist in Jesus erschienen, bedeutet Leben und nicht Tod.

Wie ist dieser Anspruch Jesu vermittelbar? Das Evangelium sagt so wenig über Jesus, gewiß, er heilt Kranke und Blinde, weckt Lazarus auf, durchschaut Menschen und wäscht den Jüngern die Füße. Nicht unwichtig ist auch der hier von Anfang an betonte Widerstand der Menschen. Das spricht eher dafür, daß es sich um Gottes Gesandten handelt. Denn seit dem Deuteronomisten weiß man, daß es Gottes Boten so ergeht.

Aber das Entscheidende ist diese Botschaft: Gott wendet sich mit menschlichem Antlitz den Menschen zu und will ganz und gar nur ihr Leben. Das Johannesevangelium spricht in eine Welt hinein, in der die Kinder dahinsterben wie die Fliegen, in der die durchschnittliche Lebensdauer 30 Jahre ist. Leben bedeutet hier alles. Nicht Gericht, sondern Leben, das ist Jesu Botschaft. Diese schlichte und grundsätzliche Botschaft aber kommt an, sie macht die Menschen froh. Das Geheimnis ist für uns.

Mit Jesu anstößigem Anspruch ist es wie mit Israels Auserwähltheit. Sie ist unbegründbar, nichts spricht dafür. Allein die Auserwähltheit selbst ist das Anstößige und zugleich Staunenswerte: Anstößig, weil hier wie bei Jesus gesagt wird: Hier hat Gott sich festgemacht, hier ist er zu einem Ende gekommen. Gott liebt dieses Volk eben einfach. Das ist anstößig, doch staunenswert ist dabei, daß Gott sich überhaupt Menschen zuwendet, verliebt sein kann in dieses Volk ohne Grund wie ein Mann in eine Frau. Daß Gott verliebt sein könnte ist eine wunderbare Ahnung. – Und im Johannesevangelium: Daß Gott in einem Menschen als Leben sichtbar wird, von Heilungen über Speisung mit Brot bis hin zur Auferwekkung, daß er auf diese Weise Leben will, das ist Jesu Botschaft. Gott also, das ist hier die Botschaft, ist menschlich – im doppelten Sinne des Wortes: Er verschmäht es nicht, sein Wort einem Menschen wie Jesus anzuvertrauen, sich selbst in ihn zu geben, und dieses Sich-Zuwenden bedeutet zugleich Heil unter der einzigen Bedingung, daß man es annimmt. Das ist die »Gnade«, von der Joh 1,17 spricht.
Diese Weisheit sollen wir mit Löffeln fressen, ihr können wir nicht nahe genug sein. Denn wie anders sollten wir dieses hier aufgebrochene Leben Gottes erhalten, wir, die wir dem Tod nahe sind, als dadurch, daß wir sein Wort verschlingen? Es geht um eine Botschaft über Gott anhand von Jesus.

Absurdität des Mordens
Zu Joh 8,44

44: *Ihr habt den Teufel zum Vater, und nach eures Vaters Gelüste wollt ihr tun. Der ist ein Mörder von Anfang an und steht nicht in der Wahrheit; denn die Wahrheit ist nicht in ihm. Wenn er Lügen redet, so spricht er aus dem eigenen; denn er ist ein Lügner und der Vater der Lüge.*

Absurdität ist hier das Thema. Das Absurde als Unzugänglichkeit jedes Sinnes. Die Erfahrung des Absurden als die Erfahrung des stählernen Himmels. Wahrheit – das wäre genau das Offenstehen eines Sinnes, des Sinnes von Lebendigsein. Aber wo das Absurde wiederholt erfahren wird und allmählich in das Handeln der Menschen eingeht, wo Absurdität dann auch noch vollzogen wird, dort wird es so überwältigend, so mit Händen greifbar, daß der Evangelist darin den großen Widersacher mit

personaler Methapher benennen muß. Es war absurd, vollendete Absurdität, Jesus, den Gerechten, zu töten, ihn, den Heiligen, Schuldlosen, den Boten Gottes. Absurd ist es, Unschuldige überhaupt zu töten, das Leben selbst, das doch die große Ausnahme ist angesichts allen Todes ringsum, gewaltsam zu töten. Der Sinn von Lebendigsein ist eben das Leben selbst, ewiges, nicht spirituelles, sondern göttliches Leben selbst. Leben ist die Ausnahme, und Jesus als göttliches, reinstes Lebendigsein, der den Tod vom Ursprung des Lebens her überwindet, er ist die intensivste Erfahrung dessen, was Leben selbst bedeutet, ja sogar grenzenloses, ewiges.
Untrennbar mit dem Anfang des Christentums verbunden ist die Tatsache, daß genau diese Gewalt sinnlos gewaltsam getötet wird. Der Anfang des Christentums hat die Spuren des sinnlosesten aller sinnlosen Morde. Der Tod setzt sich durch, er demonstriert hier, daß er nicht Wahrheit ist, sondern Sinnlosigkeit. Der Wunsch, Leben, solches Leben zu töten, ist absurd, ist pervers.
Woher kommt dieser perverse Wunsch? Nur Menschen haben ihn, aber, sagt der Evangelist, dieser Wunsch übersteigt sie selbst, das ist mehr als nur Kleinkariertsein, das ist eine Macht, die hier durchdringt, deren Planen die reine Zerstörung alles Sinnes ist. Es ist mehr als nur ein Mensch kann, es ist etwas, das in ihm aufbricht, eine Gegen-Inspiration, daher die Rede von Kindschaft. Wer immer so sinnlos handelt, hat sich der verschlingenden, überwältigenden Macht des Absurden verschrieben. Dieser überwältigende Sog, genau das wird hier Teufel genannt. Keine Orientierung mehr haben, nicht mehr in der Wahrheit stehen, nur noch Selbstzerstörung wollen, die Schlange, die sich in den Schwanz beißt, als Symbol für das Böse in romanischen Kirchen.
Verdursten ist immer wieder ein Bild für die Erfahrung dieser Absurdität. Die Dämonen schreien vor Durst. Und nach den Evangelien verdurstet Jesus bei der Erfahrung des Todes am Kreuz. Daher spricht der Evangelist immer wieder vom Wasser des Lebens. So vor allem will er Jesus und dann jeden Christen verstehen. Wer das Wasser abstellt, ist wahnsinnig – in einer Welt, die durch Versteppung bedroht ist. Statt dessen wird hier zu Jesus gesagt, er sei wahnsinnig. Der Wahnsinn derer, die das Wasser abstellen und der Wahnsinn derer, die dann verdursten – das gehört zusammen. Was soll denn sonst teuflisch sein, wenn nicht dieses? Genau dieses beides zusammen ist hier Lüge. Lüge ist nicht irgendeine Unwahrheit oder falsche Aussage hier, sondern die völlige Verdrehung von Ursache des Lebens und Ursache des Todes. Lüge ist hier Wahnsinn.

Wer sich den Teufel zu harmlos vorstellt, kann eine solche Vorstellung natürlich nur als lächerlichen Kinderglauben abtun. Vor allem rühren unsere Schwierigkeiten daher, daß er als Person geschildert wird. Nun, ein Ding ist er gewiß nicht. Und warum soll man eine Macht, die so fasziniert und zu kaltem oder heißem Wahnsinn führt, sich nicht mindestens so zielbewußt wie eine Person vorstellen? Das Absurde wird hier so hart, so greifbar, so bedrohlich nahe erfahren, so mit Händen zu greifen in diesem Mord, daß es fast oder mindestens eine Person sein könnte.
Sinn oder Absurdität sind keine theoretischen Standpunkte. Das will der Evangelist immer sagen. Das Wort wurde Fleisch, und in 1 Joh 1 wird der Verfasser sagen, daß er das Wort des Lebens gehört, gesehen mit den eigenen Augen und mit den Händen betastet hat. Und genauso ist es mit der Absurdität auch: Sie ist als Mord mit Händen zu greifen. Der stählerne Himmel der Sinnlosigkeit ist keine Weltanschauung allein, das Resultat ist unzweifelhaft Mord. War das nicht wirklich so in zwei Weltkriegen und Judenvergasung? Die Auswirkungen sind mit Sicherheit konkret. Und genau deshalb will der Evangelist keine Nur-Sympathisanten wie Nikodemus, die irgend etwas schön finden, aber nicht handeln. Alle Nicht-Wahrheit wird Mord. So konkret sind die Folgen der Wahrheit oder Nicht-Wahrheit. In diesem Evangelium ist nichts spiritualisiert. Ganz dicht, materiell und konkret wird die Absurdität. So wie Jesu erste Lehre ein Weinfest ist, die Ausgelassenheit einer Hochzeit, so agiert die Gegenseite mit der Praxis des Mordens. Konkreter geht es beide Male nicht.
Gott als Vater – das ist genauso metaphorisch wie Satan als Person und als Vater. Was wir sehen, sind allemal nur Menschen und ihr Handeln. Der Evangelist sagt ausdrücklich, daß Gott niemand gesehen, auch von Jesus sagt er es nicht: Er war im Schoße des Vaters; er hätte sich umdrehen müssen, um ihn zu sehen. Genau das aber wird nicht gesagt – er hat ihn nur ganz nahe erfahren. Er umgibt ihn von allen Seiten. Er gibt dieses Leben weiter, und Bruderliebe ist die Konsequenz aus dieser Geborgenheit. Und umgekehrt ist es Haß und Mord, wenn die Absurdität weitergereicht wird. Gedanke und Tat liegen nahe beieinander. Genau an Jesus selbst wird das deutlich.
Das großartige, monomanische Beharren des Evangelisten auf der Christologie wird uns gerade an dieser Stelle verständlich: Genau an seiner Person wird deutlich, was Absurdität heißt, Beseitigung der Quelle in der Wüste. Und dagegen: Leben selbst als Sinn, kostbares Leben, verbunden

mit dem Traum, der Gewißheit des Nichtendigens, gezeichnet mit dem Bild des fröhlichen Festes. So ist Jesus.
Und daß gerade er getötet wird, das macht alle Radikalität seiner vorösterlichen Botschaft noch um eine ganze Qualität radikaler, und das meint das Johannesevangelium: Es geht nicht nur um Überbietung hier wie in der Bergpredigt, sondern wenn dieser Gerechte, dieser Mensch, der wie aus dem Schoße Gottes war, ermordet wurde, dann gibt es fortan nur noch die klare und unerbittliche Alternative zwischen dem Leben von ihm oder der Ermordung von Leben überhaupt. Dieser Mord beseitigt jede Unklarheit: Es geht um Tod oder Leben, das Absurdeste brachte die Stunde der Wahrheit, die keinen Grauschleier möglich macht. Zu Jesus Nein sagen heißt den sinnlosesten Mord für Recht halten. Tertium non datur.

Herrscher dieser Welt

Zu Joh 12,31

31: *»Jetzt ergeht das Gericht über diese Welt; nun wird der Fürst dieser Welt ausgestoßen werden.«*

In der Ostersequenz der Liturgie heißt es: Tod und Leben kämpften in staunenswertem Zweikampf. Der Fürst des Lebens – tot – regiert lebendig. In der Sprache des Johannesevangeliums: Der Fürst der Welt ist der Mörder von Anbeginn, aber sein scheinbarer Sieg ist das Ende seiner Herrschaft. Der Bringer des Lebens (Jesus) erweckt den toten Lazarus zum Leben auf dem Weg zum eigenen Tod. Den zum Leben erweckten Lazarus wollen die Hohenpriester töten. Jesus, den Lebensbringer, wird man töten. Aber sein Tod ist das Leben der Welt, weil er das Ende des Todes ist. Denn als Erhöhter wird er lebendig sein und lebendig machen. Herrscher dieser Welt zu sein ist Inbegriff des Menschentötens. Alles, was mit Töten von Leben, mit Umbringen von Wahrheit und Gerechtigkeit zu tun hat, wird in diesem Namen zusammengefaßt: Herrscher dieser Welt. Dieses ist die dunkle Macht im Herzen von Mördern, im Herzen aller Menschen, die töten statt lieben. Er heißt Herrscher dieser Welt, weil so das Gesetz ist, das die Welt regiert. Äußerster Realismus ist das Merkmal eines Denkens, das dieses so klar erfaßt. Wer sich nichts vormacht über die Regeln von Fressen und Gefressenwerden, von Mord und Totschlag in der Welt, von Haß, der nur Tod will, jeder der Ahnung davon hat, wird zugeben: Der Evangelist Johannes sagt die Wahrheit. Jesus war der Präzedenzfall.

Der Triumph des Todes scheint ungebrochen. Jesus haben sie geschafft und nach ihm noch viele andere wie ihn. Ist kein Ende abzusehen? Alle werden von diesem Herrscher in seinem Triumphzug mitgeführt, die Verehrungswürdigsten oft als die am meisten Gebeutelten. Auch das Versagen des Christentums ist immer wieder Sieg des Herrschers dieser Welt und seiner Gesetzmäßigkeiten, die wie Gesetze erscheinen. Dieser Herrscher ist wahrhaftig die stärkste Macht, der wir hier begegnen.

Die Frage nach dem Sinn von Christentum und nach dem Sinn von Leben selbst läuft darauf hinaus, ob und inwiefern diese Macht und Herrschaft wirklich die stärkste ist. Das ganze Johannesevangelium klärt die Jesusüberlieferung im Horizont dieser Frage auf dieser grundsätzlichen Ebene: Gibt es eine Ausnahme vom Gesetz des Mordens in der Welt? Der Aufbau des Evangeliums dient vom Prolog an den kirchen- und konfessionspolitischen Fragen nur der Oberfläche nach. Vielmehr ist erst mit der Frage nach der Herrschaft des Tötens seine theologische Dimension und Tiefe erreicht: Wie verhalten sich zueinander der Gesandte des lebendigen Gottes und die Macht des Todes? Alle Zeugnisse über Jesus, die nach juristischer Manier gesammelt werden, dienen dem Erweis, daß es eine Ausnahme gibt: Wenn Gott das Leben ist, wenn Jesus sein Gesandter für uns war, dann hatte er mit Gott zu tun. Denn so erklärt sich beides, sein Leben und sein Sterben, sein Wirken und sein Geschick, bis hin zu seiner Erhöhung. Denn wenn Gott und Welt entgegengesetzt sind, dann kann der, der zu Gott gehört und von ihm her kommt, nur Leben schenken – das tut Jesus mit Worten und Zeichen – und den ungerechten Tod erleiden. Und wenn es überhaupt eine Alternative gibt zu den Gesetzen dieser Welt, zu Mord und falschem Schein, dann können wir diese Alternative Gott nennen. Und Jesus ist ein Argument für diesen Gott und umgekehrt auch. Denn Jesus hat wirklich konsequent genau das dargestellt, was dieser Welt entgegen ist: Er hat Leben geschenkt, was wir sonst alle nicht tun, und er wurde dafür mit dem Tode bestraft. Während man üblicherweise für das Tun des Gegenteils belohnt wird. Entweder hat »die Welt«, unsere normale Nachlässigkeit, recht oder er.

Weil es um diese Rechtsfrage geht, erklären sich die vielen prozeßhaften Elemente des Johannesevangeliums. Durch die Sammlung von rechtlichen Beweisen, von juristischen Zeugnissen selbst, die das Evangelium ist, soll gerichtsnotorisch dokumentiert werden, daß der Gegner diesen Prozeß verloren hat, daß der Todbringer verurteilt werden muß. Denn die Alternative ist glaubwürdig in Jesus in Erscheinung getreten. Die unweltliche, unglaubliche Botschaft wird durch die völlig absurde Weise glaubhaft, in der man hier mit dem Lebensbringer verfahren ist. Den, der Lazarus auferweckt hat, bringen wir um, und Lazarus selbst noch dazu: Das kann, das darf doch nicht wahr sein, wenn nicht alles sinnlos sein soll. Aus diesem Grunde steht im Johannesevangelium mit Jesus die Frage nach Gott selbst auf dem Spiel. Diese Frage selbst ist der Schlüssel zur Theologie des Evangeliums. Wer sich aufbäumt gegen die Sinnlosigkeit, daß der Lebensbringer getötet wird, der optiert damit dafür, daß Jesus recht hatte, daß es überhaupt einen Gott gibt, der ganz anders ist als unser sinnloses Morden.

Der Glaube an die Erhöhung Jesu fällt daher mit dem Glauben an Gott zusammen. Denn Erhöhung heißt: Jesus ist ins Recht gesetzt worden, die Absurdität hat nicht das letzte Wort gehabt. Mit ihm und durch ihn ist die Absurdität so unerträglich geworden, so offenkundig, daß man sagen kann: An Jesus ist die Alternative zur Welt, zu unserem alltäglichen Morden, nämlich Gott selbst, sichtbar geworden.

Wenn es Gott gibt, dann ist Jesus erhöht. Weil nämlich das Rechthaben gegenüber der Welt im gleichen Maße konkrete Wirklichkeit sein muß, wie Jesus selbst wirklich war. Wenn Jesus erhöht ist, dann gibt es Gott. Dann ist das sinnlose Morden nicht das letzte Wort, dann ist der Herrscher der Welt nicht die stärkste Macht.

So ist in Jesus und ablesbar an seinem Geschick das Kontra zur Welt konsequent und lückenlos sichtbar geworden, damit aber auch das Kontra zum Todbringer. Wer nicht bei der Sinnlosigkeit des Mordens verbleiben will, der kann und darf sich auf die mit Jesus erschienene Wirklichkeit einlassen. So ist die Herrlichkeit, die wir an ihm gesehen haben, mit der Erhöhung zu Ende geführt. Diese eine Ausnahme hat die Herrschaft des Herrschers dieser Welt ein für allemal und prinzipiell in Frage gestellt. So muß sinnloses Morden, sinnloses Leiden, Zerstörung auch des Gerechtesten nicht das einzige sein und nicht das letzte. Denn glücklicherweise gibt es Gott, wie an Jesus sichtbar wurde.

Der Messias als Weinstock
Zu Joh 15,1-14

1: *Ich bin der wahre Weinstock, und mein Vater der Weingärtner.*
2: *Eine jede Rebe an mir, die keine Frucht bringt, wird er wegnehmen; und eine jede, die Frucht bringt, wird er reinigen, daß sie mehr Frucht bringe.*
3: *Ihr seid schon rein um des Wortes willen, das ich zu euch geredet habe.*
4: *Bleibt in mir und ich in euch. Wie die Rebe keine Frucht bringen kann aus sich selbst, wenn sie nicht am Weinstock bleibt, so auch ihr nicht, wenn ihr nicht in mir bleibt.*
5: *Ich bin der Weinstock, ihr seid die Reben. Wer in mir bleibt und ich in ihm, der bringt viel Frucht; denn ohne mich könnt ihr nichts tun.*
6: *Wer nicht in mir bleibt, der wird weggeworfen wie eine Rebe und verdorrt, und man sammelt sie und wirft sie ins Feuer, und sie müssen brennen.*
7: *Wenn ihr in mir bleibt und meine Worte in euch bleiben, werdet ihr bitten, was ihr wollt, und es wird euch widerfahren.*
8: *Darin wird mein Vater verherrlicht, daß ihr viel Frucht bringt und werdet meine Jünger.*
9: *Wie mich mein Vater liebt, so liebe ich euch auch. Bleibt in meiner Liebe!*
10: *Wenn ihr meine Gebote haltet, so bleibt ihr in meiner Liebe, wie ich meines Vaters Gebote halte und bleibe in seiner Liebe.*
11: *Das sage ich euch, damit meine Freude in euch bleibe und eure Freude vollkommen werde.*
12: *Das ist mein Gebot, daß ihr euch untereinander liebt, wie ich euch liebe.*
13: *Niemand hat größere Liebe als die, daß er sein Leben läßt für seine Freunde.*
14: *Ihr seid meine Freunde, wenn ihr tut, was ich euch gebiete.*

Es gibt eine verbreitete rabbinische Überlieferung, daß der Messias schon da sei, nur daß er unerkannt auf der Erde weile und sich erst spät, am Ende der Zeiten offenbaren werde. – So denken wir uns, daß einst in einem kleinen Fischerdorf an der Küste ein alter Rabbiner seinen Schülern diese Lehre anvertraute als das tiefste und geheimste Geheimnis, das er ihnen zu sagen habe. Als sie es vernahmen, waren sie begeistert und nachdenklich zugleich: Wenn es ihn gibt, wenn er in Wahrheit schon gekommen ist, sagten sie, dann müssen wir ihn suchen, dann dürfen wir nicht hier bleiben, weil ja die ganze Welt der Ort sein kann, wo er ist. Und dann müssen wir darüber nachdenken, wie man zu ihm gehören kann. Denn wir wissen wohl, sagten sie, daß nicht jeder Mensch zu den Glücklichen gehören wird, die bei ihm sein dürfen. – Da nun dieses das Letzte ist, das ich euch anvertrauen kann, sagte der Rabbiner, muß ich euch jetzt wirklich in die Welt entlassen, damit ihr ihn sucht und damit ihr darüber weise werdet, was die Bedingung sei, zu ihm zu gehören. So verabschiedeten sich die Jünger von ihrem Meister, und erst nach einer langen Reihe von Jahren kamen sie verabredungsgemäß dort wieder zusammen, um von dem zu berichten, was sie erkundschaftet hatten. – Der Älteste der Schüler sagte: »Für mich war das Wichtigste, daß ich in eine Verfolgung geriet wegen meines Glaubens und gefoltert wurde und gequält wurde, daß ich den Glauben preisgäbe. Man versprach mir große Vorteile dafür, und einmal, als ich besonders schlimm gepeinigt wurde, war ich nahe daran. Aber ich hatte die Kraft, nein zu sagen. Es war eine Kraft, die ich nie zuvor so klar und rein gespürt habe. Ich konnte nicht mich selbst wegwerfen, es war auch die Kraft, ich selbst zu sein, indem ich bei dem Glauben meiner Väter blieb.« – Dann trat der nächste der Schüler des Rabbi auf und sagte: »Und mir war vergönnt, daß ich in einer großen heidnischen Stadt lebte, in der die Menschen ohne Orientierung waren, nicht wußten, wozu sie da waren und keinen roten Faden ihres Lebens hatten. Gottes Gebot aber und die Psalmen und Lieder waren mir Orientierung, und es war wie eine Befreiung jeden Tag für mich, daß Gott so in meinem Leben gegenwärtig war, daß mein Glaube immer wieder in meinem Alltag zu finden war. Und ich war froh darüber.« Und der dritte sagt: »Und mir geschah es, daß ich zwar eigentlich das Gesetz studieren und den Messias suchen wollte. Aber dann war es so, daß der Vater der großen Familie, in deren Haus ich wohnte, krank wurde und starb. Und da bin ich an seine Stelle getreten und habe ein halbes Leben lang diese Familie versorgt, bis die Kinder groß waren.« – Und der vierte sagte: »Ich habe etwas Leichtfertiges getan. Ich habe Lieder gemacht und sie den Menschen vorgetragen, und ich habe mich gefreut, und sie haben sich gefreut. Und viele kamen zu mir und sagten, daß meine Musik ihr Leben leicht und froh gemacht habe.« – Da sprach der alte Rabbi, der bislang zugehört hatte: »Ihr seid alle Beweise dafür, daß es den Messias gibt, daß er da ist. Denn ihr habt etwas von dem erfahren, was er gebracht hat.« Und zum Ältesten gewandt, sagte er: »Deine Kraft im Martyrium, diese Kraft der Treue, das warst ganz du selbst, und doch war es nicht nur deine eigene Kraft. Denn so standhaft bleiben kann man nur, wenn man zu ihm gehört, weil man zu ihm gehört und so daß man zu ihm gehört.« – Und zu dem zweiten gewandt sagte er: »Und daß Gottes Gebote und unsere Religion für dich Licht war, eben das ist messianisch, denn der Messias ist das Licht und der Weg, und er wird auch das Licht der Heiden sein.« – Und zu dem dritten sagte er: »Daß du für einen Familienvater eingetreten bist und dein halbes Leben für diese Familie gegeben hast, eben das hatte in deinem Fall mehr mit dem Messias zu tun als das Studieren des Gesetzes. Denn dieses, sein Leben für andere zu geben, das ist die Reinheit messianischer Liebe.« – Und zum vierten sagte er: »Du hast die Menschen durch Schönheit begeistert, durch zweckfreie Schönheit, die ihren Sinn in sich selbst hat. Und eben dieses ist messianisch, und dann, wenn du und deine Hörer eins waren in der Freude, dann und so gehörtet ihr zum Messias.«

Da erwiderte der Älteste: »Aber dem Messias selber sind wir nicht begegnet. Und die größte Frage ist für mich: Warum muß all das messianisch sein, was wir erfahren haben. Warum sagst du, daß wir in allen diesen Dingen den Messias gefunden hätten, jeder auf seine Weise?« – Da erwiderte der Rabbiner: »Wenn Gott den Messias schickt, dann tut er das nicht für den Messias selbst, zu dessen eigenem Vergnügen, sondern damit andere Menschen etwas davon haben. Dann sind es Gaben, die er den Menschen schenkt, und zugleich sind es Weisen, in denen sie sich verhalten und glücklich sein können.« – Da erwiderte der Schüler: »Aber Gaben gibt Gott auch ohne den Messias.« – Der Rabbi sagte: »Dann und nur dort, wenn an Gaben etwas sichtbar wird, das man sich schöner nicht vorstellen kann, dann, wenn man das Gefühl hat, etwas nicht mit Geld bezahlen zu können, wenn man nicht mehr auf andere schauen muß, dann, wenn die Zeit still steht oder wenn man sich das wünscht, dann ist messianische Zeit. Das Bleibenkönnen, die Treue, die geschenkte Identität ist – die Freude über die Orientierung und das Licht, die Kraft zu selbstloser Liebe und reine Freude selbst. Das gibt es nur, wenn der Messias da ist, weil es alles Vollkommenheiten sind. Und die, denen es geschenkt ist, gehören zum Messias.« – Der Schüler: »Aber wie kann man sich nun den Messias selber denken?« – Der Rabbi: »Der Messias ist wie ein Weinstock: Sie gedeihen nur im Frieden, wenn der Boden ruhig ist und wenn sie gut gepflegt sind, sie sind Zeichen des Friedens, eines lange währenden Friedens. Denn ein Weinstock und seine Frucht, das hat nichts mit Hektik zu tun. Dann aber bringt der Weinstock überreiche Frucht mit süßem Saft. Und der Wein, den man daraus macht, ist für die

Freude der Herzen der Menschen. – Und das ist wichtig: Der bloße Weinstock ist nicht für sich selbst da, sondern für die Reben, die an ihm sind. Und alles das, wovon wir gesprochen haben, kannst du am Verhältnis von Weinstock und Trauben sehen: Es geht um das Bleiben, um die Kraft zur Identität durch ihn, und es geht darum, daß man nicht ziellos herumliegt, sondern einen Sinn hat, und das heißt Frucht bringen, schöpferisch Gottes Gebot erfüllen, und es geht um das Füreinanderdasein, so wie Weinstock und Trauben für einander da sind: Der Weinstock nährt die Trauben, und die Trauben sind der Sinn des Weinstocks. Und schließlich, und das ist vielleicht das Wichtigste, geht es um Freude. Denn lebensnotwendig ist nur Wasser. Wein aber macht die Menschen froh und ausgelassen und gesprächig. Und wo immer es diese reine Freude ohne Zweck gibt, wo immer die Menschen die Not vergessen können, ist ein Stück Messias selbst und sind solche, die zu ihm gehören.« – Der jüngste Schüler: »Also sollen wir alle Tage Feste feiern?« – Der Rabbi: »Der Weinstock ist doch nur ein Zeichen für diese Freude, und ihr selbst habt doch erfahren, daß es diese auf verschiedene Weisen gibt, immer dann, wenn Menschen erfüllt sein können von etwas und nicht mehr an sich selbst denken müssen. Und genau das heißt »im Messias« sein und daß der Messias »in ihnen ist«: Dem anderen alles verdanken, so daß man sich selbst vergessen kann und befreit ist. Der Messias ist für uns, nicht für sich, und damit sind wir sein wahres Ich und Ziel, indem er uns alle diese Gaben selbstlos schenkt. Und wir sind dann nicht mehr für uns, und unser altes Ich ist weg und statt dessen ist er unser Ich und unser Ziel, weil wir ihm gehören.« – Der Schüler: »Das ist schwer zu begreifen.« – Der Lehrer: »Solange man unerlöst und unfrei ist, ist man durch sich selbst ausgefüllt. Da hat man nur das eigene Ich in der Brust. Aber wenn ein anderer an dessen Stelle tritt und uns ganz ausfüllt, dann ist er in uns. Dann leben wir für ihn, dann ist er wie unser Herz. Dann kann man sagen: Er ist in uns, nicht mehr unser altes Ich. Er füllt uns aus, das, was er ist, was er brachte und wollte.

Und auch umgekehrt: Wir sind sein Herz, und das heißt: Wir sind in ihm. Wir sind für ihn die Mitte. Er ist ganz für uns da. Er verschenkt sich an uns. Wenn er uns liebt, dann sind wir sein Herz, wir der Maßstab seines Tuns. Dann lebt er für uns. Und er hat damit angefangen: Er schenkt uns alles, was er zu geben hat, Identität und Erfülltseinkönnen und Begeistertseinkönnen und zwecklose reine Freude haben können. Er gibt uns messianische Güter, die uns von uns selbst frei machen. Und diese

Freiheit verdanken wir ihm. Und wenn wir ihm dafür danken, dann nimmt er das als unsere Liebe.
Wir sind in ihm: Das heißt: Wir sind ganz und gar sein Ziel. Er ist ganz für uns da. – Und er ist in uns, das heißt: Er, nicht mehr unser kümmerliches Ich, er mit seinen Gaben und mit aller Freiheit von uns, die nur er uns schenkt. Mit unserem alten Ich war das nicht zu machen, was man Glück nennt, aber jetzt wohl. Denn wenn er in uns ist, dann heißt das: Die Freiheit und reine zweckfreie Freude, die er schenkt.
Jeder von euch hat das auf seine Weise erlebt: Über seinen Schatten und über die Erdenschwere weg hat er springen können. Das heißt: Frei geworden sein vom alten Ich.«
»So wollen wir«, und damit schloß der Rabbi seine Rede, »dem verborgenen Messias danken für alle Freude und alle Freiheit, die ihr erfahren habt. Freiheit zu selbstloser Gerechtigkeit, und das kann man auch Liebe nennen.«

Leiden der Auserwählten
Zu Joh 15,18-19

18: »Wenn euch die Welt haßt, so wißt, daß sie mich vor euch gehaßt hat.«
19: »Wäret ihr von der Welt, so hätte die Welt das Ihre lieb. Weil ihr aber nicht von der Welt seid, sondern ich euch aus der Welt erwählt habe, darum haßt euch die Welt.«

Unser Alltag ist grau, nicht so klar zu scheiden in Schwarz und Weiß. Jesus wußte das, und sein Wort ist darin wie eine klärende, befreiende Offenlegung dessen, was sonst verborgen ist und verdeckt unter der Oberfläche. Die Worte des Evangeliums ziehen den Dunstschleier von der Wirklichkeit. Sie sagen, daß bis ins letzte hinein alles parteilich ist, nichts im Niemandsland zwischen Gott und der Gegenseite geschehen kann. So ist es also: Die Welt und das Jüngersein, wir haben beides in uns, es ist beides nichts von außen.
Bedenken wir, daß der Text von Judenchristen formuliert worden ist, so erschrecken wir über seine Klarheit: Die einzige wirklich veränderte Aktion darin ist das Auserwählen. So wie Israel auserwählt ist. Und der Text sagt doch nur dieses: Auserwähltsein und Leiden gehören zwangsläufig zusammen. Wer zu Gott gehört, muß leiden. Jahrhundertelange

Erfahrung Israels, der Juden, bedrängter und verfolgter Juden steht bereits hinter diesem Satz. Das Martyrium Jesu fügt sich nur ein in diese Konsequenz. Für den Auserwählten gibt es nur die Möglichkeit des Leidens.

Kabbala und Chassidismus lehren die Fortdauer der Messiasseele durch die Zeiten. Sie verkörpert sich von Generation zu Generation in einzelnen Menschen. Und am Ende, so sagt Rabbi Nachman in einer Lehrrede, nachdem der Messias seit der Erschaffung der Welt erfahren hat, was er erfahren hat und erlitten hat, was er erlitten hat, da sagt Gott zu ihm: »Mein Sohn bist du, heute habe ich dich gezeugt.« Alle Zeit des Messias in der Welt ist in diesem einen Heute dann aufgehoben.

Aber warum ist das notwendig, warum muß das so sein, daß der Messias leidet, daß seine Auserwählten eo ipso leiden müssen in der Welt, die doch von Gott ist? Warum ist der rechte und zukommende Platz der Kirche an der Seite des leidenden Israels?

Wenn dieser Konflikt in uns ist – was ist dann Welt, die nur das Ihre liebt? Ist das Materialismus? Ist das Selbstbehauptung vor Gott? Vielleicht müssen wir doch subtiler fragen: Was ist denn das in uns, das wir gerne zurückdrängen, nicht wahrhaben wollen?

Unser Text fängt das andersherum an: Er sagt, daß es darum geht, die Jünger, Jesus und am Ende daher Gott zu hassen. Und nun kann man sich ein Gespräch vorstellen, in jüdischer Überlieferung etwa, in dem ein Rabbi mit dem anderen darüber redet und streitet, ob es das überhaupt geben kann: Gott hassen. Und der eine sagt, das sei etwas so Gewaltiges, daß dazu kein Mensch fähig sei, vielleicht noch am ehesten ein großer heidnischer Kaiser, der die Juden verfolgte und auszurotten versuchte. – Doch sein Gegenüber antwortet, das sei fraglos falsch, denn sonst sei es nicht das große Gebot der Thora, Gott zu lieben aus ganzem Herzen, das Hauptgebot, das man dreimal am Tage betet. Also sei einerseits das Hassen wohl sehr verbreitet und andererseits nicht Sympathie und Antipathie, sondern ein konkretes Handeln. Die ganze Thora, alles ist Gott lieben. – Da antwortete der erste: Aber Hassen, das ist doch Leidenschaft, Kraft und Konsequenz. – Der andere: Vielleicht gibt es ein gemeineres Hassen der Nichtbeachtung, des Totschweigens, des Übergehens. Und vielleicht liegt es in uns, wenn wir Gebot und Verheißung so behandeln, als gebe es sie nicht. Durch jede unserer Handlungen läuft die Trennlinie, denn es heißt: Du sollst lieben aus ganzem Herzen. Nur das ist Liebe: aus ganzem Herzen.

Jetzt können wir zu unserer Frage zurückkehren: Wo in uns ist dieses, daß wir nicht leiden wollen, konform gehen wollen mit Welt? Was ist das, was wir in uns selber gerne zurückdrängen wollen und was doch zu Gott gehört?
Gibt es nicht, seit wir von Jesus wissen, etwas in uns, das heimlich mit ihm sympathisiert? Das wir aber nicht mögen, das Weltfremde in uns? Das ist das Weltfremde in uns: Kindlich sein, so naiv sein, alles zu erhoffen, noch nicht abgebrüht sein, ja, mehr sehen, als da ist. Wer weltfremd ist und glaubt, hat ganz ohne Zweifel etwas von Don Quichotte: Er sieht mehr als das, was da ist: In einem heruntergekommenen Frauenzimmer sieht er die reine Geliebte, in den Menschen das Königliche, er nimmt Namen für Sachen, er macht sich lächerlich, er glaubt an eine unsichtbare Stadt, ein unsichtbares Königreich. – Wäre das nicht christlich im Sinne von Weltfremdheit: Mehr zu sehen als das, was ist, alles verbinden mit Hoffnung und Erinnerung. In dem Kind, das pubertiert und mit sich nicht eins ist, die Frau, den Mann, der es werden soll, sehen. Und in der Lebensgefährtin, die alt wird, noch immer die strahlende Geliebte von einst.
Ist das nicht weltfremd: Mehr zu sehen als was ist? Keine Rolle zu spielen, sondern naiv von Erinnerung und Hoffnung zu leben.
Unser Text sagt, daß es nur Parteilichkeit gibt. Es geht um das Weltfremde in uns, das wir gerne unterdrücken und hassen. Der eine Rabbi könnte dem anderen sagen: Gott lieben oder hassen, das bedeutet Kompromißlosigkeit im Kleinen. Das bedeutet: Immer geht es um die Frage, wie wir uns zu der zukünftigen Stadt, zu dem unsichtbaren Reich stellen. Mit jeder Handlung wird das entschieden. Der Verfolgung der Gerechten ging schon immer die Verfolgung des Weltfremden in uns selbst voraus. Aus ganzem Herzen lieben und nicht hassen – das heißt: die himmlische Stadt, die Vision des unsichtbaren Reiches, Schalom, ist der Maßstab für jede Handlung. Dies sagt unser Text: Wer nicht liebt, der haßt, und Gott lieben, das ist Gehorsam aus der Gabe heraus, mehr zu sehen als was da ist.
In jeder Handlung geht es um Lieben oder Hassen, jede ist ein Baustein für das Reich. Wie in dem Gleichnis von der Frau, die einen Mehlkrug auf dem Kopf trägt, und das Mehl rinnt aus, unbemerkt, und am Ende ist das Gefäß leer. Und so, sagt Jesus, ist das Reich Gottes. Am Ende wird nur offenbar, was jetzt immer schon läuft. Nichts Neues ist dann. Mit jedem Mehlkörnchen geschieht etwas in dieser Richtung.

Jesus als König
Zu Joh 18,33-38

33: *Da ging Pilatus wieder hinein ins Prätorium und rief Jesus und fragte ihn: »Bist du der König der Juden?«*
34: *Jesus antwortete: »Sagst du das von dir aus, oder haben dir's andere über mich gesagt?«*
35: *Pilatus antwortete: »Bin ich ein Jude? Dein Volk und die Hohenpriester haben dich mir überantwortet. Was hast du getan?«*
36: *Jesus antwortete: »Mein Reich ist nicht von dieser Welt. Wäre mein Reich von dieser Welt, meine Diener würden darum kämpfen, daß ich den Juden nicht überantwortet würde; nun aber ist mein Reich nicht von dieser Welt.«*
37: *Da fragte ihn Pilatus: »So bist du dennoch ein König?« Jesus antwortete: »Du sagst es, ich bin ein König. Ich bin dazu geboren und in die Welt gekommen, daß ich die Wahrheit bezeugen soll. Wer aus der Wahrheit ist, hört auf meine Stimme.«*
38: *Spricht Pilatus zu ihm: »Was ist Wahrheit?«*

War es unbedingt nötig, diesen Titel für Jesus zu verwenden? Ging es nicht ohne diese fragwürdigste Metapher? Königtum heißt Macht über Menschen, eine Macht jedenfalls dubiosen Ursprungs. Wie Papa Doc und Baby Doc in Haiti, so sind antike Könige vorzustellen. Ein König hat niemals etwas mit Demokratie zu tun, seine Macht ist immer unkontrolliert, er ist immer auf Lebenszeit, solange man ihn nicht umbringt. Attentate sind der normale Weg, Könige zu beseitigen. Auch der scheinbar selbsternannte König Jesus wird auf eine für Könige übliche Weise beseitigt, durch einen unnatürlichen, gewaltsamen, vorzeitigen Tod. So ist das die Regel, von Shakespeares Königsdramen bis zur Metaphorik des Schachspiels, denn »schachmatt« heißt auf arabisch: der König ist tot. Wo die Macht, die er hatte und allein auf seinen Schultern trug, sich mit einem Male verselbständigt und sich gegen ihn wendet. Es ist die eigene Macht, die tötet, der Dolch wendet sich gegen den Täter. König und Tod gehören zusammen, weil es um unnatürliche Machtkonzentration geht, von der wir normalen Sterblichen nur träumen können oder, wenn die Macht uns zu nahe kommt, nur zittern können. Träumen und Zittern, Wohltäter und Mörder, Ermordeter und Träger des Glanzes – Könige sind immer irgendwie beides. Es geht um die dubiose Macht über

Menschen, und jedem, der König ist, haftet etwas von der Ambivalenz des Märchens an. Das geht hin bis zum König unter meinen Kasperlefiguren, der einen purpurnen Mantel hat und der ein fester Punkt ist in diesem weltanschaulichen Koordinationssystem zwischen Teufel und Kasper. Der König ist ebenso unersetzbar wie die beiden anderen. Nie werde ich einen Präsidenten oder Ministerpräsidenten an seiner Stelle verwenden können. Kasperletheater ist konservativ, die Mythen sind nicht ersetzbar.

Um dubiose Macht über Menschen geht es auch bei Jesus: Er sagt, daß man auf seine Stimme hören müsse, und seine Aussage über die Herkunft der Macht »nicht aus dieser Welt« ist mehr als dubios. Und daß er König sei, bezeichnet er schlicht als »die Wahrheit«, die er eben nur sagen könne. Das ist alles, außer einem kleinen Zusatz: »Wenn mein Reich aus dieser Welt wäre, würden meine Diener kämpfen, daß ich nicht den Juden übergeben würde.« Das wird hier als Beweis genommen. Die schlichte Tatsache, daß Jesus sich nicht wehrt, bezeugt die Besonderheit seines Reiches. Dabei ginge es um nichts weiter als den Kampf für die gerechte Sache. Der Satz hat etwas Sozialanarchistisches an sich: Für die gerechte Sache darf man doch Gewalt gebrauchen, nicht wahr? Noch dazu, wenn es um ein Menschenleben geht? Wenn wir heute sehen, daß eine Justiz so vorgeht wie gegen Jesus, würden wir sehr schnell »auf die Barrikaden gehen«. Wenn Unschuldige hingerichtet werden, versuchen wir das mit allen Mitteln zu verhindern. Wenn unschuldiges Leben auf dem Spiel steht, darf man doch Gewalt gebrauchen, nicht wahr? Zumindest moralisch protestieren und Druck ausüben, wie Amnesty International das tut? Für Jesus hat sich eine derartige Organisation nicht eingesetzt, noch hat er sie erfunden oder hätte sie für sich gewollt. Der Jesus, dem wir hier begegnen, sagt: Auch nicht, gerade nicht für die gerechte Sache kämpfen. Keine Gewalt, reines Martyrium. Skandalöserweise deutet er auch nicht an, daß die Jünger sich für die gerechte Sache mit Gewalt einsetzen dürfen. Denn er redet ja nicht nur von sich, sondern von seinem Reich. Im Klartext hieße das: Weder Polizei darf für die gerechte Sache Gewalt ausüben noch irgendein Attentäter, sei er auch noch so unschuldig gegenüber seinen Mördern. Auch wenn man unschuldig ist, darf man noch nicht einmal die Gefängniswärter k.o. schlagen, um zu entkommen. Das gerade nicht, sagt Jesus. Und es ist wohlüberlegt: Es geht gar nicht um Selbstverteidigung hier, sondern darum, für den anderen, Unschuldigen zu kämpfen. Jeder Kasuistik ist hier der Weg abgeschnitten. Unsere moderne Theorie von der begrenzt erlaubten Gewaltanwendung hat keine Stütze im Johannesevangelium, und das sollte man durch kein Hintertürchen in den Text hineinmogeln. Die Täter des 20. Juli können sich nicht auf das Johannesevangelium berufen, sie stehen allein.

Die Botschaft des Johannesevangeliums ist daher von unglaublicher Härte. Weil sein Reich nicht von dieser Welt ist, gilt hier radikal nicht, was sonst diese Welt ausmacht: Gewalt. Wir erinnern uns: Der Fürst dieser Welt ist einer, der zum Tode bringt. Und der Triumph über ihn besteht in Lebendigmachen und Leben. Zum Tode bringen, das ist Gewalt, und jetzt wird deutlich, wie beides zusammengehört. Gewaltlosigkeit und Leben hängen so zusammen wie Gewalt und Tod. So stehen sich Gott und Satan gegenüber. Die Trennlinie verläuft genau bei Jesus. An seinem Tod demonstriert er beides: Gott und Satan sind unversöhnlich, die Feindschaft geht bis zum Tod. Wer von Gott kommt, für den bedeutet diese Welt Verfolgung, Trauer und Tod. Und gleichzeitig zeigt er am Wie seines Sterbens: Was zielsicher zum Tod bringt, ist das Gesetz der Gewalt. Es ist ganz richtig, wenn Jesus daher seine Funktion in dieser Welt als die eines Zeugen beschreibt: Durch seinen Weg ist er konsequent Zeuge für eine ganze Art von Herrschaft. Er ist einsamer Zeuge - durch den Widerspruch, den er erfährt, und durch die Gewalt, die er nicht anwendet. Was ist das für ein Gott, der sich und seinen Boten so bis zuletzt ausliefert, der die Welt daran exerzieren läßt, wie sie ist? Das ist wahr: An ihrem Verhalten zu Jesus zeigt die Welt, wie sie ist. Sie entlarvt sich schonungslos. Jesus ist der Katalysator, der befreiend ein für allemal deutlich macht, wohin unser alltäglicher Gewaltgebrauch führt. Was ist das für ein Gott, der so anders ist, daß sein Bote hier nur sterben kann?

Es ist der lebendige Gott, der zeigen will, daß es so nicht weiter geht. Der konsequent und umfassend zeigt, was Tod ist, wie er entsteht und wohin er führt. Leben - das ist etwas, das ganz leicht getötet wird durch das, was wir so tun. Leben ist etwas unwahrscheinlich Sensibles, Zartes, Angreifbares, ist die Ausnahme.

So schnell wird es in die Ecke gedrängt, so schnell zu Tode gebracht. Jesus ist König des Lebens. Daß er ein Königreich beansprucht, soll zeigen: Leben gibt es nicht durch Unverbindlichkeit, Sympathisantentum, so nebenher und irgendwie, sondern nur in strenger und totaler Einordnung in sein Königtum, Leibeigenschaft, Halten seines Gebotes der Bruderliebe.

Jesus ist ein einsamer Zeuge, ein einsamer König geblieben. Der Verlauf der Weltgeschichte seitdem entspricht dem. Gerade angesichts dessen ist er der Weg und die Hoffnung.

Das Neue geschieht jeden Tag

Zu 2 Kor 4,16-5,10

4,16: *Darum werden wir nicht müde; sondern wenn auch unser äußerer Mensch verfällt, so wird doch der innere von Tag zu Tag erneuert.*
17: *Denn unsere Trübsal, die zeitlich und leicht ist, schafft eine ewige und über alle Maßen gewichtige Herrlichkeit,*
18: *uns, die wir nicht sehen auf das Sichtbare, sondern auf das Unsichtbare. Denn was sichtbar ist, das ist zeitlich; was aber unsichtbar ist, das ist ewig.*
5,1: *Denn wir wissen: wenn unser irdisches Haus, diese Hütte, abgebrochen wird, so haben wir einen Bau, von Gott erbaut, ein Haus, nicht mit Händen gemacht, das ewig im Himmel ist.*
2: *Denn darum seufzen wir auch und sehnen uns danach, daß wir mit unserer Behausung, die vom Himmel ist, überkleidet werden,*
3: *weil wir dann bekleidet und nicht nackt befunden werden.*
4: *Denn solange wir in dieser Hütte sind, seufzen wir und sind beschwert, weil wir lieber nicht entkleidet, sondern überkleidet werden wollen, damit das Sterbliche verschlungen werde von dem Leben.*
5: *Der uns aber dazu bereitet hat, das ist Gott, der uns als Unterpfand den Geist gegeben hat.*
6: *So sind wir denn allezeit getrost und wissen: solange wir im Leibe wohnen, weilen wir fern von dem Herrn;*
7: *denn wir wandeln im Glauben und nicht im Schauen.*
8: *Wir sind aber getrost und haben vielmehr Lust, den Leib zu verlassen und daheim zu sein bei dem Herrn.*
9: *Darum setzen wir auch unsere Ehre darein, ob wir daheim sind oder in der Fremde, daß wir ihm wohlgefallen.*
10: *Denn wir müssen alle offenbar werden vor dem Richterstuhl Christi, damit jeder seinen Lohn empfange für das, was er getan hat bei Lebzeiten, sei es gut oder böse.*

Mitten im Leben sind wir vom Tod umfangen – Paulus sagt es noch drastischer: Unser Leben ist ein Prozeß des Zerstörtwerdens. Wir sind

hinfällig und vergänglich, das Vergehen des Leibes ist nicht aufzuhalten. Gibt es eine Perspektive über diese sicherste aller Wahrheiten hinaus? Paulus sagt: Es geht um Abnehmen und Wachsen. Das Abnehmen ist der Verfall, das Los des sterblichen Menschen. Aber mitten in diesem Wenigerwerden gibt es die Erfahrung der Sehnsucht, von all diesem Schmerz, von diesen unsäglichen Leiden frei zu werden. Kann es eine Weise leiblicher Existenz ohne diese Schmerzen und Leiden geben? Paulus deutet das Stöhnen in unserem Leiden nicht nur als Schmerz des Augenblicks, sondern gewissermaßen zielgerichtet. Stöhnen hängt mit Sehnsucht zusammen, ist nur schmerzvolles Sich-Ausrichten auf etwas, das man noch nicht hat.
Paulus wagt es: Zukünftige leibhafte Existenz ohne Jammer ist nicht irgendwie allgemein für die »Welt« verheißen, sondern sie wächst schon im Leib jedes einzelnen von Tag zu Tag. Der Leib wird, je älter er wird, durchsichtig, indem anderes, Neues in ihm Gestalt gewinnt. An manchen alten Menschen erfahren wir es: Sie sind körperlich hinfällig, Wracks. Aber die Geistesgegenwart in ihnen läßt erahnen, daß sie freier geworden sind. Es ist dasselbe wie die franziskanische Fröhlichkeit in der Freiheit der Armut. – Hier geht es Paulus noch viel zentraler um unsere leibhaftige Existenz selbst, und Ziel ist eine befreite Art von Leiblichkeit. Gibt es Argumente, die diese kühne These des Paulus stützen? Paulus selbst nennt sie: Die Auferweckung Jesu ist das eine Argument, denn hier ist das Ziel ja schon umfassend Wirklichkeit geworden. Das zweite Argument ist die Sehnsucht nach Freiheit. Denn wenn nicht alles Stöhnen sinnlos sein soll, gilt der Satz: Wenn es soviel Durst gibt, muß auch irgendwo Wasser sein. Paulus setzt immer wieder voraus, daß Schöpfung nicht sinnlos ist. Schließlich weist Paulus auf die eigenartige Sache, daß das Hinsterben des Apostels Leben auf der Seite der Gemeinde zur Folge hat. Sterben endet nicht in der Sinnlosigkeit, sondern immer, wo Sterben unter dem Vorzeichen des Christus geschieht, ist Leben der nächste Schritt. Wieder einmal ist die Existenz der Gemeinde ein entscheidendes Argument paulinischer Theologie.
Paulus macht auf diese Zusammenhänge aufmerksam, und das ist eigentlich Offenbarung, daß ein notwendiger Zusammenhang aufgewiesen wird zwischen Dingen, die man nicht zusammenreimen kann oder die vorher als sinnlos erscheinen. Der Tod Jesu, die stets gefährdete und aufgeriebene Existenz des Apostels, ja Leben selbst als fortwährendes Altern und Zerstörtwerden – das alles hat, wenn es nur in Christus

geschieht, mit einem Male einen neuen positiven Sinn. Aus der Aussichtslosigkeit und Sinnlosigkeit wird der Vorhof des Heils. Wenn es nur im Namen Jesu geschieht, wird in aller Auflösung der Kreatur neues Leben gewonnen, jetzt und dann und wie auch immer, jedenfalls mit wachsender Herrlichkeit.

Aber es ist die Eigenart dieses Prozesses, daß wir es genau erst am Ende wissen werden. Erst das Ende wird auch die Vollendung unseres Erkennens sein. Was wir wissen können, sagt das Gesetz, der Wille Gottes, das Gesetz Christi – hier vertreten durch das »ihm wohlgefällig sein« (5,9). Das Verhalten jetzt ist die greifbarste Weise, den Zusammenhang von Abnehmen und Wachsen als Wachsen zu erfahren. Stöhnen und Sehnsucht bleiben nicht theoretisch. Greifbar wird das Wachsen von Tag zu Tag, wenn und weil unser Leben durchdrungen wird von Gottes Gebot. Zwischen dem voraussehbaren Tod unseres Leibes jetzt und dem neuen Leib dann stehen die »Früchte des Geistes«. Da sie leibhaftig und konkret getan werden, sind sie ein Ausdruck dafür, an welcher Leiblichkeit wir uns orientieren. Wenn Paulus sagt: Was wir durch und mit unserem Leib getan haben, empfangen wir mit und an unserem Leib (5,10), dann ist der konkrete Leib jetzt der Ort des entscheidenden Übergangs vom Tod zum Leben. Die Gegeninstanz gegen das Hinsterben des Leibes ist die konkrete gute Tat. So entscheidet sich alle Zukunft an der Hingabe dieses Leibes, sei es im Dienst des Apostels, sei es in der Liebe, die jeder einzelne wirken kann. So ist das Sterben nicht trostloses Aufgelöstwerden, sondern selbst verwandelt zu zielgerichteter Hingabe. Und eben dieses bedeutet: Unser neuer, pneumatischer, geisterfüllter Leib wird aufgebaut.

Paulus sagt hier sehr viel über den Leib. Denn der Leib ist der Ort des Handelns und des Leidens, und er ist »unser Schicksal«. Das heißt: Durch den Leib und am Leib vollzieht sich unser Geschick. Und für Paulus als Juden wäre Unleiblichkeit die äußerste Strafe.

Christus spielt in diesem Text eine Rolle als Erstauferweckter und als Richter. In beiderlei Hinsicht ist er der Maßstab, an dem die Christen gemessen werden. Das Offenbarwerden im Gericht bedeutet dann nichts Neues, sondern nur Offenlegen der Art von Gleichförmigkeit, die unser Leib mit seinem Auferstehungsleib gewinnen konnte. So steht Christus am Anfang – als Auferstandener und damit als Vermittler, als Einbruchstelle des Geistes Gottes in die Welt – und am Ende als letzter und einziger Vergleichsmaßstab. In der Zwischenzeit geht es um den Prozeß, in dem das Wirken des Geistes sich in unserem Tun Wirklichkeit und Raum schafft. Was bei Jesus Christus in Tod und Auferstehung ganz eng zusammen lag, vollzieht sich bei uns über den Prozeß eines ganzen Lebens hin: Hingabe als zielgerichtetes Sterben, indem wir Gutes für andere verschwenderisch tun unter Preisgabe unserer leiblichen Existenz – und unmittelbar dabei und darin erfüllt werden von Gottes Geist, der unsere Hingabe nicht sinnlos macht, sondern der in Wahrheit konkrete Verheißung befreiter Leiblichkeit ist. Das sichtbare Sterben in der Hingabe für andere ist daher nicht Selbstquälerei, sondern nur der sichtbare Ausdruck eines überaus hoffnungsvollen, wenn auch noch unsichtbaren Geschehens: Daß nämlich Gott selbst durch dieses Sterben hindurch in uns Zukunft, unsere eigene zukünftige Existenz baut, weil er mächtiger wird in uns.

Paulus liegt sehr viel daran zu sagen: Wenn Gott so Realität wird in uns, dann ist das nicht nur Geistiges, Theoretisches, sondern es ist genauso leibhaftig – nur anders – wie unser Leib jetzt. Kein Zweifel: Unsere Schmerzen sind leibhaftig. Aber es gilt doch auch: Unsere Taten, mit denen wir Gottes Willen tun, sind leibhaftig. Und eben dieses weist darauf, daß es leibhaftig weitergehen wird, am Ende steht nicht irgendein Zustand, sondern genauso konkrete Leibhaftigkeit, nur ohne Stöhnen und Kummer, wenn wir denn mit dem Auferstandenen gleichförmig wurden. Und das ist alles nicht erst Zukunftsmusik, sondern es geschieht doch jetzt schon. Jede Hingabe jetzt ist schon völlig identisch mit dem Raumgewinnen der neuen, von Gottes Geist erfüllten Leiblichkeit in uns. Das Ende sind nach diesem Text nicht irgendwelche merkwürdigen Ereignisse, sondern nur Offenbarwerden dessen, was jetzt und immer geschieht. Paulus fragt hier auch nicht nach unserer Gewißheit dabei, sondern es geht um die Evidenz des Leibhaftigen.

Die schmerzhafte Trennung vom Leib unter dem Vorzeichen Christi ist nicht irgendwelche Askese, sondern Dienst in der Welt mit seinen Gefah-ren und Leiden. Und »Gott wohlgefällig sein« (5,9) bemißt sich nicht einfach an der Übereinstimmung mit der Norm des Gesetzes, sondern sozial, am Leben der Gemeinde (4,12). Diese lebendige Gemeinde selbst ist der Maßstab. Denn das Ziel aller Dinge ist die Mehrung der Herrlichkeit Gottes durch die Vielzahl von Menschen (4,15).

Paulus liefert daher in diesem Abschnitt einen Entwurf über den Sinn und die Perspektive des Daseins im ganzen. Dieser Sinn ist: Wir sollen leibhaftig einbezogen werden in die Herrlichkeit Gottes.

Aber ist das wahr mit dieser Hingabe? Erfahren sich Christen so? Erfahren wir nicht vielmehr Trägheit als die Gefährdung, Sattheit als die Auflösung, Lust und Unlust statt Miteinander in einer Gemeinde? Ist unser Leiden im alten Leib nicht sehr verschieden von dem des Paulus? Wir sterben nicht durch Hingabe, sondern wir faulen doch eher dahin! – Paulus geht aus von der Erfahrung des unaufhaltsamen Vergehens, die uns schmerzt und bekümmert. Keine Wahrheit ist sicherer als die des Todes, keine Erfahrung konkreter als der Schmerz. Paulus sagt: Ob diese Wirklichkeit eine Perspektive auf Zukunft hat oder mit dem Todesschmerz verlischt, das hängt von dem Vorzeichen ab, das wir jetzt diesem Prozeß geben. Wer das – in jedem Falle – unaufhaltsame Sterben umgewandelt werden läßt als Engagement für Menschen, der gewinnt eine neue Realität. Denn er hat Anteil am Sterben und an der Auferstehung Jesu. Denn in ihm gewinnt Gottes Geist Macht und Leibhaftigkeit. Jede konkrete Tat ist ein Stück einer freien, neuen Existenz, der die ganze Zukunft gehört.

II. Auslegungen zu biblischen Themen

A. Der verborgene lebendige Gott

Einführung

In anderer Weise als im Neuen Testament steht in unserer Gegenwart die Frage nach der Wirklichkeit Gottes in der Mitte religiösen und theologischen Fragens. Denn wer leichtfertig immerzu von Gott spricht, wie Pfarrer und Theologen es oft tun, verwechselt den Endpunkt eines Weges mit seinem Anfang. Wer formelhafte Auslegung vermeiden will, muß sich mit seinen Hörern wieder an den Anfang des Weges begeben, an dessen Ende das Bekenntnis zu Gott steht. Auch in der Schrift geht es nirgendwo darum, Gott zu erweisen, vielmehr wird Gottes Wirklichkeit einfach vorausgesetzt. Eben dieses meine ich mit dem »Anfang des Weges«. Inwiefern ist Gott eine Wirklichkeit, auf die sich Menschen schon immer beziehen, der sie nur aus Verlegenheit, Scheu und Schüchternheit nicht Sprache geben wollen und können? Ein Grund für die bleibende Namenlosigkeit der Gotteserfahrung könnte das religiöse Sprachmonopol der kirchlichen Ausdrucksweise sein.
In dieser Sprachnot hat dennoch biblische Botschaft eine unersetzliche Funktion: Anhand der Gotteserfahrung der großen Gestalten (Abraham, Mose, Propheten, Jesus, Paulus) offenbart sie, daß Gott nicht das unbekannte Geheimnis ist, welches schrecklich oder liebend sein kann, sondern der definitiv sich immer wieder für uns entscheidende Vater.
Dabei geht es immer wieder um die Frage danach, was Glauben ist. Eine dogmatisch orientierte Orthodoxie ist ebenso am Dogma als Lehrsatz ausgerichtet wie ein dogmenfreies, unverbindliches Christentum. Beides entspricht kaum dem biblischen Sinn von Glauben, welches in höchstem Maße etwas mit »Identität« und Sich-Finden in einer Geschichte seit Abraham zu tun hat. Das Entschlüsseln dieser Geschichte schafft für den

einzelnen, der glaubt, zugleich einen Freiraum, so daß er sich nicht mehr von der Last kirchlicher Glaubenstradition erdrückt weiß. Das Geheimnis Gott steht zu Menschen niemals in unverbindlicher Beziehung. Denn entweder ist Gott der Grund, um Halt zu finden, oder er ist der Schatz, auf dem man Ruhe finden kann, er ist der schonungslos Gerechte, der gleichzeitig Gerechtigkeit uns gratis anbietet. Er wird im Staunen über Schönheit zugänglich, von ihm kommt die Zusage bedingungsloser Liebe zu jedem einzelnen, und zugleich bietet er mit der Gabe seines Geistes eine abenteuerliche, riskante und glücklichmachende Freundschaft an. Dem langen Atem auf seiten Gottes entspricht auf seiten der Menschen jenes zähe und nicht nachlassende Sich-Mühen in unangenehmer Kleinarbeit, das man »indirekte Aktion« nennen kann.

Bild Gottes
Gen 1,27

27: *Und Gott schuf den Menschen zu seinem Bilde, zum Bilde Gottes schuf er ihn; und schuf sie als Mann und Weib.*

Mein exegetischer Lehrer und Doktorvater stattete einst seinem Tübinger Kollegen, einem sehr bekannten Gelehrten, einen Besuch ab. Beide Herren waren schon über das Alter hinaus, in dem man sich über Einzelfragen streitet, und kamen so bald aufs Grundsätzliche. Was denn nach Anwendung aller exegetischen Methoden auf den Text von Schrift und Christentum noch übrigbliebe, hatte mein Lehrer gefragt. Und der Tübinger Kollege hatte geantwortet: »Ihr werdet sein wie Gott.« – Ist das nicht der Traum der Wissenschaft, des Menschen und am Ende auch des Christentums selber? Daß der große Gott, der das Universum mit vielen Welten schuf, sich ausgerechnet den zweibeinigen Adam nebst seinem Weibe Eva zum Partner ausgesucht haben soll – ist das nicht ebenso Ausdruck von Vermessenheit wie alles, was dann in der Bibel über das Verhältnis zwischen Gott und Menschen geschrieben ist? Ist es nicht die Grundsünde von Religion überhaupt, sich einen Gott zu denken, der ausgerechnet mit den Menschen etwas zu tun gehabt haben will? Müßte man nicht eher sagen: Der Mensch schuf Gott nach seinem Bild, nicht umgekehrt?
Das Neue Testament macht die biblische Lehre von der Ebenbildlichkeit

noch in weiterer Hinsicht peinlich. Paulus berichtet im 1.Korintherbrief von der Erschaffung Adams, er sei zu einer lebendigen Seele geworden, und die Menschen hätten dann das Bild des irdischen Adam getragen. Also keine Rede vom Bild Gottes, sondern davon, daß wir das Bild des irdischen Adam sind. Gottes Bild ist dagegen bei Paulus nur Jesus Christus selbst und alle, die ihm gleichgestaltet werden. Nimmt das Christentum damit nicht die Aussage über die Ebenbildlichkeit aller Menschen sehr deutlich zurück? Sind am Ende nur Christus und die Christen Gottes Bild? Wird der menschliche Hochmut hier noch einmal einen Schritt weiter vorangetrieben – daß nämlich nunmehr nur noch die Christen behaupten, die Ebenbildlichkeit gepachtet zu haben?

Aber wenn es heißt: »Gott schuf den Menschen nach seinem Bild«, dann ist dort nicht der Mensch Subjekt, sondern Gott. Von Gottes Tun ist die Rede. So müssen wir nicht fragen, was hier über den Menschen gesagt wird, sondern was Gottes Absicht bei diesem Entschluß gewesen sei. Dann geht es darum, daß Gott etwas schafft, das in Beziehung zu ihm steht, zu dem er reden kann und das ihn hören kann. Ähnlich wie dann für Adam ein Partner geschaffen wird. Aber im Unterschied zu Eva ist Adam nicht Gottes Helfer, sondern sein Diener, Hörer seiner Anrede, seines Wortes. Und damit beginnt eine besondere Geschichte, in der wir darinstehen. – Vielleicht war die Fragestellung der beiden Theologieprofessoren falsch, denn die Frage nach Gott haben wir uns nicht selbst ausgedacht. Wir finden sie vor, stehen in einer Geschichte darin, in der alles immer schon eine Vorgeschichte hat, in der niemand am Punkt Null anfangen kann.

Daher haben wir uns die Frage nach Gott nicht irgendwann eingebildet, damit auch nicht die »besonderen Beziehungen« des Menschen zu Gott. Sondern wir haben immer schon Erfahrungen gemacht, kritische und ermunternde, bedrohliche und tröstende. Es kommt nur darauf an, diese Erfahrungen als religiöse, als Dialog mit Gott zu entdecken. Denn die Sprachen des Alltags wie der Dichtung sind seit Menschengedenken von der kirchlichen, religiösen Sprache geschieden. Es gibt weit mehr Erfahrungen, die wichtig sind für unseren Glauben, als sie sich in der kirchlichen Sprache ausdrücken lassen.

Denn woher kommt in dieser Geschichte das immer wieder aufbrechende Vertrauen, daß alles doch gut enden werde? Woher rührt die Erfahrung, daß man sich nach allem, was war, dennoch auf fast jeden neuen Tag freuen kann? Woher die Gewißheit, daß wir nicht tiefer fallen können als in Gottes Hand? Woher der Widerstand des wehrlosen Geistes – wie wenn ein Komponist seine Waffe gegenüber allen Kränkungen und Zurücksetzungen durch die Mitmenschen einfach darin sieht, daß er immer schönere, immer himmlischere Musik erschafft? Und dient Christentum wirklich dazu, den Menschen zu verklären – klärt es ihn nicht vielmehr kritisch auf über sich, sagt es ihm nicht immer wieder schonungslos die Wahrheit?

Ebenbildlichkeit, besondere Beziehungen des Menschen zu Gott, besagt eben dieses: Heimlich oder offen gibt es immer diesen Dialog. Keineswegs natürlich nur als akademischen oder sanften. Schon die Klagepsalmen des Alten Testaments enthalten ein wichtiges, und oft verlorengegangenes Element dieser Beziehung zu Gott: die Klage, das Anschreien aus Not, die Möglichkeit, auch alle Wut und Verzweiflung vor Gott zu sagen, gegen ihn, aber ihm gegenüber zu reden. Das Anrennen gegen die Mauer der Sinnlosigkeit in der mordernen Dichtung ist wie verzweifelte Klage vor dem verborgenen Gott.

Erfahrung ist auch etwas Weiteres, das an dieser Stelle der Bibel formuliert ist: daß Gott den Menschen nach seinem Bild als Mann und Frau erschuf. Denn hier geht es um die Ahnung, daß vor aller Unterschiedenheit Mann und Frau eine Einheit sind. Eben weil sie beide Bild Gottes sind. An der Stelle der heidnischen Mythen über eine ursprüngliche körperliche Einheit von Mann und Frau steht hier der schlichte Satz, daß sie darin eins sind, Gottes Bild zu sein. Und deshalb dürfen sie ohne Angst voreinander sein, und alles Einswerdenkönnen von Mann und Frau rührt her von dieser Gemeinsamkeit. Und wo immer die Liebe zueinander diese Einheit stiftet, ist sie als Liebe Widerschein Gottes selbst. Weil beide ihre Einheit darin haben, Gottes Bild zu sein, ist jede Liebe zwischen ihnen göttlich, weil sie wieder an diese Einheit rührt. Die gemeinsame Herkunft aus Gott gibt ihnen einen gemeinsamen Vorschuß an Geborgenheit, bedeutet für ihre Liebe, bevor sie etwas wollen oder tun, bevor sie aufwachen, Geschütztsein, Geborgensein, Gesegnetsein von dem, der die Liebenden schützt, weil er das Leben selbst ist. Denn nur zu zweit, wenn sie eins werden, sind sie das ganze Bild des einen Gottes. Und wenn es wirklich Liebe ist, dann rührt von hierher auch ihre Irrtumslosigkeit. Heloise war es, die die Irrtumslosigkeit der Liebe in Konkurrenz stellte zur Irrtumslosigkeit der Kirche, mit Recht. Denn wenn es tatsächlich um Einswerden geht, wenn es sich wirklich um Liebe handelt, dann besteht Grund zu einer mythischen paradiesischen Gewißheit, die all unser Tun

und Zweifeln als Geborgenheit schon immer überholt hat. Diese mythische Gewißheit liegt dann vor jeder Vereinzelung und quer zu allen anderen Arten von Wahrheit.
Zugleich erkennen wir an diesem Text: Mann und Frau sind in ihrer Beziehung nicht alleine. Sie sind nicht nur einander nicht grundsätzlich fremd, immer ist etwas Drittes, Größeres dabei. Gott ist Ursprung ihrer Beziehung zueinander und damit die Bedingung der Möglichkeit von Liebe – und zugleich sind sie nicht endgültig einander ausgeliefert, denn es gibt einen Herrgott, von dem sie kommen, vor dem sie stehen, durch den sie sich lieben können und der immer präsent ist, segnend oder seinen Segen abwendend. Wie wenig ist darüber nachgedacht worden, daß nach diesem Text Gott vor allem erfahren wird im Miteinander von Mann und Frau. Denn das, was in diesem hautnahen und sehr konkreten Miteinander erfahren wird, ist kein Etwas, sondern Gott selbst, der Anstifter des Lebens, der dabei ist. Denn die Antike kann einen Gott nicht entfernt von seinem Ebenbild denken. Immer hat man es bei dem Bild mit Gott selbst zu tun. Jubel und Glücklichsein, Kummer und Verzweiflung gerade hier sind ganz direkt auf den zu beziehen, der zwischen uns steht und der vor uns ist, den wir nie, so nahe wir auch einander kommen, aus diesem Zwischen werden verdrängen können. Alle Liebe ist am Ende Liebe zum Widerschein Gottes. Wobei das Wörtchen »Widerschein« den Reiz ausmacht, denn dieser ist, da es der große Gott ist, auf unendlich verschiedene Weisen möglich. Und jede Weise ist ein einzelner Mensch.
Zwei Linien haben wir verfolgt. Nach der einen besteht Ebenbildlichkeit darin, daß wir uns in einer Beziehung zu Gott schon immer vorfinden, weil wir in einer Geschichte seit eh und je mit ihm zu tun haben, weswegen wir uns auch gar nicht »für« oder »gegen« ihn entscheiden können. Die andere Linie war bezogen auf das Miteinander von Mann und Frau, die zusammen das eine Bild des einen Gottes sind. Was auch besagt, daß wir Gott nur im Antlitz des anderen haben, oder richtiger: in der Gemeinschaft miteinander. Beide Linien, die vom Darinstehen in der Geschichte und von der Beziehung unter Menschen, kommen zusammen in einer Anekdote über Cyrill von Jerusalem.
Als ihn jemand fragte, wie er einen Menschen zum Christentum bekehren könne, sagte er: »Ich lasse den Betreffenden ein Jahr bei mir wohnen.« Denn nicht um das Rechthaben geht es in der Frage nach Gott, sondern um das Zurechtkommen. Leben und sterben können, zurecht-

kommen mit Schwächen und Tod. Das kann man sich abgucken. Geschichte – das ist hier das Miteinanderleben. Nicht Argumente, sondern die Geschichte formt uns. Und die Beziehung zu Menschen, die sich etwas von uns abgucken wollen, ist nötig auch für uns selbst.
Und wenn es wahr sein sollte, dieses größte aller Wunder, daß Gott an uns gedacht und uns zu seinem Bild erschaffen hat, dann können wir uns nie durch uns selbst finden, indem wir uns wie eine Schlange in den Schwanz beißen. Dann können wir uns immer nur an einem Gegenüber finden, dann brauchen wir Gott und die anderen eben dazu. Dann gehören zu diesem Umweg, auf dem wir zu uns kommen, gerade auch die Menschen, die bei uns wohnen, um Christen zu werden.
Denn niemand konnte sich selbst helfen – und unser einziges Nest sind unsere Flügel.

Grenzzwischenfälle oder: Was Glauben ist
Gen 15,1-6

1: *Nach diesen Geschichten begab sich's, daß zu Abram das Wort des HERRN kam in einer Offenbarung: Fürchte dich nicht, Abram! Ich bin dein Schild und dein sehr großer Lohn.*
2: *Abram sprach aber: HERR, mein Gott, was willst du mir geben? Ich gehe dahin ohne Kinder, und mein Knecht Elieser von Damaskus wird mein Haus besitzen.*
3: *Und Abram sprach weiter: Mir hast du keine Nachkommen gegeben; und siehe, einer von meinen Knechten wird mein Erbe sein.*
4: *Und siehe, der HERR sprach zu ihm: Er soll nicht dein Erbe sein, sondern der von deinem Leibe kommen wird, der soll dein Erbe sein.*
5: *Und er hieß ihn hinausgehen und sprach: Sieh gen Himmel und zähle die Sterne; kannst du sie zählen? Und sprach zu ihm: So zahlreich sollen deine Nachkommen sein!*
6: *Abram glaubte dem HERRN, und das rechnete er ihm zur Gerechtigkeit.*

Der Anfang des Dialogs zwischen Gott und Abraham ist sehr hart für unser Gefühl. Gott gibt eine große, pauschale Verheißung: Er will Abrahams Schild sein und ihm großen Lohn geben.
Abraham weist das zurück: Was soll ich denn damit, fragt er. Was soll das, wo doch die Kinderlosigkeit der Schuh ist, der mich drückt.

Die Antwort Abrahams ist nicht fein. Gott sagt etwas Freundliches, und Abraham reagiert mit einem Vorwurf, mit der Klage des Kinderlosen. Wider Erwarten geht Gott auf Abrahams Not ein, freilich mit einer offensichtlich utopischen Verheißung: Es ist von einem leiblichen Sohn die Rede. Und nicht nur das: Zahlreich wie die Sterne werden Abrahams Kinder sein. Der Blick auf den Himmel ist nicht etwa ein Beglaubigungszeichen, sondern er macht die Lage noch unerträglicher: Der Gegensatz kann nicht größer sein zwischen Nichtshaben und dem Sternenhimmel. Abraham läßt sich auf diese Zusage ein. Sein Anteil an dieser Verbindung mit Gott ist eben dieses Sich-Einlassen auf das scheinbar Absurde. So heißt es denn, sein Glaube sei ihm zur Gerechtigkeit angerechnet worden. Gerechtigkeit heißt: sein Anteil an der Gemeinschaft mit Gott, seinem Gegenüber. Sonst waren das Opfer. Hier wird der Glaube wie ein Opfer angerechnet.

Gott reagiert auf die wirkliche, konkrete Not Abrahams. Und dieser vertraute sich Gott an, obgleich die Lage aussichtslos war.

So, auf dieser Basis, existiert das Volk Gottes, sagt der Text. Wir kennen alle ein Spiel: Zwei gehen miteinander, und der eine schließt die Augen. Der andere führt ihn, und er geht mit geschlossenen Augen mit, ohne Mißtrauen, ohne Angst. Nur wenn er ängstlich die Augen auftut, hat er verloren.

Das Geheimnis Abrahams besteht darin, sich so Gott anzuvertrauen. Die Verheißung gilt ihm, wenn er nur so glaubt.

Wir kennen das auch aus Jesusworten: Was immer ihr bittet, glaubt nur, daß es euch zuteil wird, so wird es geschehen. Glaube ist unser Anteil an dieser Verheißung.

Die Verheißung an Abraham wurde ausgeweitet, aber immer blieb dieses ihr Inhalt: Leben. Denn Nachkommen zu haben ist für die Erzväter die Frage des Lebens, des Weiterlebens. Und diese Verheißung des Lebens bekommt dann mancherlei Gestalt, bis man begreift, daß sie auch auf das Leben jedes einzelnen als Auferstehung sich bezieht. Um Leben geht es allemal, in der Verheißung an Abraham wie in unseren Gebeten. Nur – da wir nicht allein sind, sondern Gott unser Partner ist, bestimmt er auch, in welcher Weise er unsere Bitte um Leben erfüllt. Aber er erfüllt sie sicher. Das ist der ganze Sinn des Alten und Neuen Testaments: Leben ist stärker als der Tod, Leben kommt von diesem Gott, und dieser und dieses wird siegen.

Aber warum ist Glauben die Bedingung? Was hat dieses Glauben mit

Leben zu tun? Glaube ist hier und auch sonst nicht mit einem Glaubensbekenntnis zu verwechseln, das man hersagt.
Glaube richtet sich gegen den Augenschein: Abraham erwartet seinen Tod ohne Nachkommen. Wir sind von Tod und Todesdrohung umstellt. Glaube ist ein Ja dagegen, das sich auf Stärkeres gründet. Auf eine letzte, äußerste Ahnung, daß Tod nicht das Endgültige ist. Daß es weitergeht. Dieses Weitergehen, über die engen Grenzen des Ich und meiner Möglichkeiten hinaus, über die Grenzen meines Lebens hinaus – in Nachkommenschaft oder in Auferstehung – dies ist Glauben und seine Konsequenz. Dieses ist die Essenz der Gemeinschaft von Gott und Mensch. Und diese Ahnung reicht in die innerste Kammer unseres Herzens, sie ist nur dort möglich, kann nur dort entstehen, Glaube ist Spürsinn für etwas anderes, zugleich hat er etwas mit Dankbarkeit zu tun, daß Leben geschenkt ist und daß von diesem, der schenkt, noch mehr zu erwarten ist als nur die 60 oder 80 Jahre hier: Wenn man sich nur dieser Ahnung öffnet, dann wird dieses Leben stärker, dann kann der, der Leben gibt, weit über dieses kleine irdische Ich hinauswirken: Dann gibt es mit einem Male Größen wie ein ganzes Volk oder wie Auferstehung.
Es geht beim Glauben um einen Kampf an meinen Grenzen. Wenn ich mich einer Lebenszusage anvertraue, die offensichtlich sehr viel weiter geht als beim besten Willen alles, was ich aufbieten kann, dann hängt das ebenso mit Glauben zusammen, wie wenn ich die Grenzen zu den anderen hin durchlässiger werden lasse.
Diese grenzüberschreitende Erweiterung unseres Lebensraumes geschieht nicht sanft und schon gar nicht von selbst oder ohne Konflikte und leidvolle Erfahrungen. Grenzzwischenfälle sind es, die uns zum Glauben führen.
Wir kennen das von der Liebe her: Nur bei radikaler Öffnung für den anderen können wir glücklich sein und sind es dann über die Maßen. Dieses allein ist die Spielregel: der Sehnsucht nach Lebendigsein und Heil sich offen anvertrauen.
So ist das auch mit Gott: Der hat gewonnen, den erwartet Herrlichkeit wie die des Sternenhimmels, der sich der Hoffnung ganz anvertraut, daß der, der Leben gibt, stärker ist als *jeder* Tod.

Sodom und Hiroshima
Gen 18,20-33

20: *Und der* HERR *sprach: Es ist ein großes Geschrei über Sodom und Gomorra, daß ihre Sünden schwer sind.*
21: *Darum will ich hinabfahren und sehen, ob sie alles getan haben nach dem Geschrei, das vor mich gekommen ist, oder ob's nicht so sei, damit ich's wisse.*
22: *Und die Männer wandten ihr Angesicht und gingen nach Sodom. Aber Abraham blieb stehen vor dem* HERRN
23: *und trat zu ihm und sprach: Willst du denn den Gerechten mit dem Gottlosen umbringen?*
24: *Es könnten vielleicht fünfzig Gerechte in der Stadt sein; wolltest du sie umbringen und dem Ort nicht vergeben um fünfzig Gerechter willen, die darin wären?*
25: *Das sei ferne von dir, daß du das tust und tötest den Gerechten mit dem Gottlosen, so daß der Gerechte wäre gleich wie der Gottlose! Das sei ferne von dir! Sollte der Richter aller Welt nicht gerecht richten?*
26: *Der* HERR *sprach: Finde ich fünfzig Gerechte zu Sodom in der Stadt, so will ich um ihretwillen dem ganzen Ort vergeben.*
27: *Abraham antwortete und sprach: Ach siehe, ich habe mich unterwunden, zu reden mit dem Herrn, wiewohl ich Erde und Asche bin.*
28: *Es könnten vielleicht fünf weniger als fünfzig Gerechte darin sein; wolltest du denn die ganze Stadt verderben um der fünf willen? Er sprach: Finde ich darin fünfundvierzig, so will ich sie nicht verderben.*
29: *Und er fuhr fort mit ihm zu reden und sprach: Man könnte vielleicht vierzig darin finden. Er aber sprach: Ich will ihnen nichts tun um der vierzig willen.*
30: *Abraham sprach: Zürne nicht, Herr, daß ich noch mehr rede. Man könnte vielleicht dreißig darin finden. Er aber sprach: Finde ich dreißig darin, so will ich ihnen nichts tun.*
31: *Und er sprach: Ach siehe, ich habe mich unterwunden, mit dem Herrn zu reden. Man könnte vielleicht zwanzig darin finden. Er antwortete: Ich will sie nicht verderben um der zwanzig willen.*
32: *Und er sprach: Ach zürne nicht, Herr, daß ich nur noch einmal rede. Man könnte vielleicht zehn darin finden. Er aber sprach: Ich will sie nicht verderben um der zehn willen.*
33: *Und der* HERR *ging weg, nachdem er aufgehört hatte, mit Abraham zu reden; und Abraham kehrte wieder um an seinen Ort.*

Sodom, das ist wie Hiroshima. Das geht wie ein Schreckenswort durch das Alte Testament, das Judentum und das Neue Testament. Sodom, das heißt pure und gänzliche Vernichtung. Es gab dann viele Sodoms, besonders in den beiden Weltkriegen dieses zu Ende gehenden Jahrhunderts. Bei diesen Massen sterbender Menschen haben wir es mit Gott zu tun, meint der Verfasser unseres Textes. Er denkt angesichts dieses Elends krepierender Kreatur an Gott. Nur bei ihm findet er eine Lösung. Katastrophen sind wie Wegweiser. Von der zerstörten Stadt blieb sozusagen nur ein Wegweiser in Richtung des Fragens nach Gott übrig. Er hat es getan. So eine katastrophale Zerstörung rührt an die Grundlage des Lebens selbst, sie kann nur vom Ursprung selbst her beantwortet werden. Sodom, das ist wenn heute ganze Familien durch Autounfälle ausgerottet werden oder wenn Kinder und Jugendliche sterben müssen. Sodom ist Ausrottung des Lebens – von Gott her? Wir wissen jedenfalls keine andere Antwort auf so etwas als die Frage nach Gott.

Unser Text will sagen: Wenn das Gericht kommt, gab es keinen Unschuldigen. Der Verfasser läßt Abraham fragen: Kommen nicht immer auch Gute mit um? Ist das so einfach, daß Strafen nur die Bösen treffen? Wir wissen, daß in der Spätzeit Israels dieser Zweifel immer wieder entsteht: dem Guten geht es nicht selbstverständlich gut. Traf die Zerstörung Sodoms nur Böse und nicht auch Gute? Ist Gott wirklich gerecht bei seinen Massenvernichtungen? Gott, der Massenvernichter.

Unser Text sagt, daß dort, wo Gericht war, auch die Schuld umfassend war. Also auch, als Freiburg zerstört wurde, als Hamburg zerbombt wurde? Es hat nie Unschuldige getroffen, und es wird nie Unschuldige treffen.

Was aber ist hier Sünde und Schuld? Der Abstand zu Gott. Und was ist das Gericht? Theophanie, Erscheinen Gottes selbst in seiner Herrlichkeit, vernichtendes Feuer zu sein. Den Schein der Atombombe hätte der Verfasser unseres Textes als Hinweis auf diesen Abstand von Gott und Mensch aufgefaßt. Und unser Sodom ist günstigstenfalls eines Tages, wenn wir sterben. Weil wir nicht Gott sind. Es trifft keinen Unschuldigen. Gott, der Massenvernichter – durch die ganze Geschichte hindurch.

Abraham, unser aller Erzvater, leistet in dieser Situation nicht etwa Fürbitte. Er handelt und feilscht auch nicht mit Gott. Er fragt nur: »Würdest du Sodom zerstören, wenn ...« Gott ist in der Tat gerecht: Gäbe es auch eine noch so kleine Gruppe von Guten, so hätte Gott, damit sie nicht ungerechterweise mit zugrunde gingen, die Stadt verschont.

Gott vernichtet nicht Frevler und Fromme zusammen. Wo Gericht ist, sind alle schuldig.

Man kann einwenden, daß die scharfe Trennung in Gerechte und Ungerechte für uns ungeläufig ist. Man kann sagen, daß ja gar keine Kriterien für das Gerechtsein genannt werden. Und daß Gott ja auch die hätte akzeptieren können, die wenigstens manchmal gerecht waren oder gute Absichten hatten. All das verfehlt den Sinn unserer Geschichte. Es gibt keine Zwischenstufen. Gottes Gerichte sind insofern ungerecht: Wer hat, dem wird gegeben, wer nichts hat, dem wird auch das Wenige, was er hat, genommen. Gute Absichten helfen nichts.

Jetzt könnte das Christentum als wohltuende Befreiung von diesem allzu alttestamentlichen Bild von Gott angeführt, die Spannung aufgehoben werden. Das darf man jedoch nicht tun. Auch wir sind Sodom. Das Sicherste, was wir zu erwarten haben, ist der Tod, ob einzeln oder alle zusammen, ist nur eine Frage der Optik. Es trifft keine Unschuldigen.

Nun kommt doch etwas Christliches, aber etwas, das vielleicht in diese Landschaft paßt: Was am Kreuz uns vorgeführt wird, ist ebenso Theophanie als Gericht. Zerstörung eines Menschen. Auch dieses hat mit Gott zu tun, mit dem Abstand zwischen Sündern und Gott und mit dem unausweichlichen Gericht der Vernichtung. Es traf jedoch wahrscheinlich einen Unschuldigen. Wenigstens einmal.

Aber wenn er doch gerecht war – hätte Gott nicht ihn und uns alle verschonen müssen? So wie er es in unserer Geschichte sagt. Wenn es nur zehn Gerechte gäbe, würde ich der Stadt vergeben. Doch Gott hat es sich hier anders gedacht: Jesus kommt mit uns um. Auch der Gerechte also mit den Ungerechten? Was macht Gott aus dieser seiner Inkonsequenz? Wird er zu seinem Denken von Gen 18 eines Tages zurückkehren und alle um des einen willen schonen? Wir glauben: ja. Das ist die bleibende Wahrheit dieses Textes: Den einen, der mitstarb, läßt Gott nicht unvergessen. Das ist unsere Hoffnung auf Gottes Gerechtigkeit. Daß er uns um des einen willen schont vor dem wahren Zorn und vor dem ewigen Tod. Der Tod jetzt ist davor nur relativ.

Gott wird also dabei bleiben: Bedingungslose Gerechtigkeit ist der Ausweg. Wir sind Sodom. Die wahre Katastrophe, vor der wir stehen, ist nicht der leibliche Tod, vielmehr der Verlust unserer selbst und unseres ewigen Glückes. Wir wissen, unter welcher Bedingung wir die pure Gerechtigkeit erlangen können. Jeder von uns weiß genau, was das ist. Tun wir nicht so, als müßten wir darüber noch belehrt werden.

Der Gott, der in Sodom am Werk war, handelt sehr konkret. Es ist die handfeste Frage nach Sein oder Nichtsein. So erfahren wir Gott auch als den, der Leben gibt. Auch das ist nicht irgend etwas Sanftes. Wenn ein Neugeborenes blutverschmiert und strampelnd das Licht der Welt erblickt, dann ist das genauso brutale, konkrete Wirklichkeit am Scheideweg zwischen Sein und Nichtsein. So ist das auch mit der Gestalt, die wir selber gewinnen müssen: Eindeutigkeit, Klarheit und bedingungslose Gerechtigkeit. Dann wird Gott uns über den Tod hinaus wegen dieses einen und einzigen Gerechten verschonen. Und von ihm allein her können wir diese Gerechtigkeit erlangen. Und mit ihm, als seine Jünger, sie bewahren.

Gott als Geheimnis

Gen 24,1-27

1: *Abraham war alt und hochbetagt, und der HERR hatte ihn gesegnet allenthalben.*

2: *Und er sprach zu dem ältesten Knecht seines Hauses, der allen seinen Gütern vorstand: Lege deine Hände unter meine Hüfte*

3: *und schwöre mir bei dem HERRN, dem Gott des Himmels und der Erde, daß du meinem Sohn keine Frau nehmest von den Töchtern der Kanaaniter, unter denen ich wohne,*

4: *sondern daß du ziehest in mein Vaterland und zu meiner Verwandtschaft und nehmest meinen Sohn Isaak dort eine Frau.*

5: *Der Knecht sprach: Wie, wenn das Mädchen mir nicht folgen wollte in dies Land, soll ich dann deinen Sohn zurückbringen in jenes Land, von dem du ausgezogen bist?*

6: *Abraham sprach zu ihm: Davor hüte dich, daß du meinen Sohn wieder dahin bringest!*

7: *Der HERR, der Gott des Himmels, der mich von meines Vaters Hause genommen hat und von meiner Heimat, der mir zugesagt und mir auch geschworen hat: Dieses Land will ich deinen Nachkommen geben– der wird seinen Engel vor dir her senden, daß du meinem Sohn dort eine Frau nehmest.*

8: *Wenn aber das Mädchen dir nicht folgen will, so bist du dieses Eides ledig. Nur bringe meinen Sohn nicht wieder dorthin!*

9: *Da legte der Knecht seine Hand unter die Hüfte Abrahams, seines Herrn, und schwor es ihm.*

10: *So nahm der Knecht zehn Kamele von den Kamelen seines Herrn und zog hin und hatte mit sich allerlei Güter seines Herrn und machte sich auf und zog nach Mesopotamien, zu der Stadt Nahors.*

11: *Da ließ er die Kamele sich lagern draußen vor der Stadt bei dem Wasserbrunnen des Abends um die Zeit, da die Frauen pflegten herauszugehen und Wasser zu schöpfen.*

12: *Und er sprach: HERR, du Gott Abrahams, meines Vaters, laß es mir heute gelingen und tu Barmherzigkeit an Abraham meinem Herrn!*

13: *Siehe, ich stehe hier bei dem Wasserbrunnen, und die Töchter der Leute in dieser Stadt werden herauskommen, um Wasser zu schöpfen.*

14: *Wenn nun ein Mädchen kommt, zu dem ich spreche: Neige deinen Krug und laß mich trinken, und es sprechen wird: Trinke, ich will deine Kamele auch tränken– das sei sie, die du deinem Diener Isaak beschert hast, und daran werde ich erkennen, daß du Barmherzigkeit an meinem Herrn getan hast.*

15: *Und ehe er ausgeredet hatte, siehe, da kam heraus Rebekka, die Tochter Betuels, der ein Sohn der Milka war, die die Frau Nahors, des Bruders Abrahams war, und trug einen Krug auf ihrer Schulter.*

16: *Und das Mädchen war sehr schön von Angesicht, eine Jungfrau, die noch von keinem Manne wußte. Die stieg hinab zum Brunnen und füllte den Krug und stieg herauf.*

17: *Da lief ihr der Knecht entgegen und sprach: Laß mich ein wenig Wasser aus deinem Kruge trinken.*

18: *Und sie sprach: Trinke, mein Herr! Und eilends ließ sie den Krug hernieder auf ihre Hand und gab ihm zu trinken.*

19: *Und als sie ihm zu trinken gegeben hatte, sprach sie: Ich will deinen Kamelen auch schöpfen, bis sie alle genug getrunken haben.*

20: *Und eilte und goß den Krug aus in die Tränke und lief abermals zum Brunnen, um zu schöpfen, und schöpfte allen seinen Kamelen.*

21: *Der Mann aber betrachtete sie und schwieg still, bis er erkannt hätte, ob der HERR zu seiner Reise Gnade gegeben hätte oder nicht.*

22: *Als nun die Kamele alle getrunken hatten, nahm er einen goldenen Stirnreif, sechs Gramm schwer, und zwei goldene Armreifen für ihre Hände, hundertzwanzig Gramm schwer,*

23: *und sprach: Wessen Tochter bist du? Das sage mir doch! Haben wir auch Raum in deines Vaters Hause, um zu herbergen?*

24: *Sie sprach zu ihm: Ich bin die Tochter Betuels, des Sohnes der Milka, den sie dem Nahor geboren hat.*
25: *Und sagte weiter zu ihm: Es ist auch viel Stroh und Futter bei uns und Raum genug zu herbergen.*
26: *Da neigte sich der Mann und betete den HERRN an*
27: *Und sprach: Gelobt sei der HERR, der Gott Abrahams, meines Herrn, der seine Barmherzigkeit und seine Treue von meinem Herrn nicht hat weichen lassen; denn der HERR hat mich geradewegs geführt zum Hause des Bruders meines Herrn.*

Eine schöne orientalische Geschichte: Kamele am Brunnen vor dem Dorf, Nomadenzelte, Brautwerbung und eine Braut, die sich verschleiert, bevor sie den Mann trifft, für den sie bestimmt ist. Von Gott ist in dieser Geschichte nur am Rande die Rede – nur in dem Gebet, daß Gott es fügen und lenken möge. Gerade deshalb finde ich diese Geschichte so schön. Denn sie handelt von der unsichtbaren, verborgenen Führung Gottes. Er leitet zu einem guten Ende. Nicht neben den Ereignissen her durch Donner und Getöse, sondern heimlich durch die Geschichte hindurch. Sichtbar wird Gott nie.
Was meinen wir eigentlich, wenn wir von Gott reden? Wir Pfarrer reden zu leichtfertig davon, so wie wir mit Markstücken umgehen, doch niemand kann sie wechseln. Unser Kollege Augustinus, Bischof in Nordafrika, ging einst am Strand spazieren und traf auf einen Jungen, der mit der Schaufel einen kleinen Hafen für das Wasser baute. Was tust du? fragte Augustinus. Ich will das Meer in meinen Hafen leiten, war die Antwort. Und bevor Augustinus antworten konnte, das sei doch Quatsch, fragte der Junge von sich aus: Und was machst du? Was ich als Theologe tue, ist etwas Ähnliches, überlegte Augustinus: Wie man das Meer nicht in ein Sandloch einfangen kann, so auch nicht das unendliche Geheimnis Gottes in einem Menschenverstand.
Vor allem Geheimnis ist Gott. Sollten wir deshalb darüber schweigen? Ist es wirklich die letzte Aussage: Glauben heißt wissen, was man nicht weiß? Dies ist doch nicht irgendein Geheimnis, sondern das Eigentliche, auf das ich immer wieder stoße, wenn ich frage nach dem Warum und dem Wozu. Lohnt sich diese Frage? Doch wohl nur dann, wenn ich mich nicht gleich abspeisen lasse mit der Antwort, das sei eben der liebe Gott. Dann habe ich die Frage sofort wieder zugedeckt.
Wer ist das denn: Gott? Gibt es ihn? Ist er jemand neben allen Dingen,

und wenn das stimmt: Wo ist er? Aber Sie wissen, daß man diese beiden Fragen nicht überzeugend mit ja oder mit nein beantworten kann, ob es Gott gibt und in welchem Jenseits er denn sei. Bei unbeantwortbaren Fragen muß man überlegen, ob man sie nicht falsch gestellt hat. Nein, man kann nicht beweisen, daß es Gott gibt. Und auch nicht das Gegenteil; man könnte höchstens wetten. Die Fragestellung war falsch. Statt dessen: Wir stoßen immer wieder auf das Geheimnis des Warum und Wozu. Ein Geheimnis in unserem Rücken, Grenze des Verstandes. Dann besonders, wenn wir uns als grundsätzlich abhängig erfahren, als bedingt, als bedroht oder als beschenkt. Wir fragen, da wir nun einmal Verstand haben, nach dem Warum: wenn wir den Abgrund des Bösen erfahren oder den Abgrund des Glücks. Oder Schönheit: wenn wir staunend fragen, wie kann es sein, daß ein Mädchen so schön ist? Und wir fragen auch bei uns selbst: Wir wissen doch nicht einmal, wer wir selbst sind. Menschen haben immer wieder gesagt, daß das Geheimnis, das sie Gott nennen, mit beidem zu tun hat: mit dem Schrecklichen und mit dem Schönen.

Die Angst vor dem Atomkrieg und vor dem Absterben unserer Umwelt hat etwas mit Gott zu tun. Das Alte Testament nennt Gott den »Schrekken Jakobs«. Und Hiroshima hat in der mit menschlichen Maßen nicht mehr erklärbaren Übermacht des Schreckens genauso etwas mit Gott zu tun wie Sodom im Alten Testament: Ausrottung einer Stadt durch Feuer und Schwefel vom Himmel als Mahnzeichen für das Gericht. Bei der Frage nach dem Warum und Wozu stoßen wir unweigerlich auf das Geheimnis, das die Christen Gott nennen. Was sich in der Friedensbewegung artikuliert, ist auch Angst vor Gott. Wir haben gemerkt, daß wir uns auf einem Ritt über den Bodensee befinden. Das Eis ist dünn. Die Auskunft, das Böse stamme eben vom Teufel, verharmlost das Problem, denn auch der Teufel müßte irgendwie von Gott kommen oder zugelassen sein. Von Gott sprechen wir aber auch, wenn die Brautwerbung für Isaak gelingt. Wenn wir glücklich sind. Muß es dabei bleiben, daß wir sagen: es ist eben so, daß beides, Liebes oder Leides, aus Gottes Händen kommt? Ist Gott nur ein Name für die Übermacht in unserem Rücken, für Willkür, Gefahr oder Geschenk?

Gewiß, wer von Gott redet, meint damit so etwas wie das Geheimnis der Zuteilung. Was uns zukommt und begegnet, hat einen geheimnisvollen Ursprung. Aber kann man mehr über Gott sagen? Woher will man dann jetzt noch mehr über ihn wissen? Der einzige Weg, auf dem wir jetzt

weiterkommen, ist, auf Menschen zu hören, bei Menschen nachzufragen, die davon erzählen, wie sie mit diesem Geheimnis näher in Kontakt gekommen sind. Ich denke an Menschen wie Abraham, Mose, Jesus und Paulus. Nach dem, was diese Menschen erfahren haben, braucht man nicht dabei zu bleiben, daß eben alles, Schreckliches wie Herrliches, irgendwie etwas mit Gott zu tun habe. Denn der Verdacht der Willkür bleibt und daß die Verteilung blind geschehe, und man könnte hier ja auch mit Mächten oder guten und bösen Göttern rechnen.
Der entscheidende Schritt ist die Ahnung: Das Ganze wird von einer einheitlichen Hand geführt, ist nicht ein chaotisches Gegeneinander, ein Sinn wird wenigstens erahnbar. Gott ist nicht nur irgendwie der Liebe und der Schreckliche, sondern hier entsteht die Ahnung, daß am Ende die Liebe die Oberhand behalte. An sich selbst kann man das freilich kaum merken; all diese biblischen Gestalten beziehen sich bei ihrer Ahnung und Erfahrung mit dem Geheimnis Gottes auf die Geschichte Israels: Trotz allen Schreckens, trotz Gefangenschaft, Tod und Zerstreuung, trotz Auschwitz und unsäglicher Leiden ist und bleibt am Ende Gott seinem Volk immer nahe, seinem auserwählten Volk. Am Ende, trotz aller katastrophalen Erfahrung mit dem Schrecken Jakobs und seiner Übermacht und der Entfernung zwischen Gott und Mensch, trotz all dem wird das unsagbare Geheimnis *für* die Menschen sein und nicht *gegen* sie.
Wir können uns vorstellen, wie glücklich, ja selig diese Menschen waren, als sich diese Gewißheit in ihnen verstärkte: wenigstens ein Stück Sinn erahnt zu haben, die Spur eines roten Fadens durch die Weltgeschichte hindurch. Daß das Geheimnis am Ende *für* uns sein wird, das ist Evangelium.
Die großen Lehrer Israels haben aus dieser Ahnung drei Konsequenzen gezogen:
Erstens: Sie haben gewagt, dieses Geheimnis wie eine Person zu denken. Sie haben gedacht: Was so einen siegreichen Sinn stiftet, kann keine Sache sein, sondern müßte mindestens so etwas sein wie eine Person. Das zu sagen, ist kein *Wissen* über Gott, wenn man ihn Vater, Herr oder König nennt, sondern jubelnder *Lobpreis*. Wer so treu ist wie der Gott Israels, ist keine dunkle Macht trotz aller Unerforschlichkeit, sondern mindestens so etwas wie eine Person.
Zweitens: Wenn Gott das Ja ist trotz aller Übermacht und trotz allen Neins, dann bedeutet das österliches Christentum. Dann ist der karfrei-

tägliche Schrei aus tiefer Not nicht das Letzte. Dann bedeutet die Nähe zu diesem Geheimnis Imprägniertsein gegen Zerstörung. Wo wir hinblicken, ist hoffnungslose Vergänglichkeit. Wie eine Sandburg, die die Flut am nächsten Morgen spurlos beseitigt hat, so ist der Mensch. Aber wenn Gott das Ja ist, das Ja für uns, dann kann trotz Tod das Nein der Zerstörung nicht das Letzte sein. Nichts anderes ist Glaube an Auferstehung; kein lästiges, schwieriges Dogma, sondern die innerste Konsequenz daraus, daß Gott am Ende das Leben ist und stärker als der Tod.
Drittens: Wenn die entscheidende Frage die nach der Bewahrung vor der Zerstörung ist, dann gilt das nicht für das Jenseits erst, sondern für die Verantwortung gegenüber allem um uns herum, wie Leben, Liebe und Schönheit vor der Zerstörung zu retten sind. Wenn Gott das Ja zum Leben ist, dann gibt es, von Gott her gedacht, eine Regel des Lebens, des Überlebens im Chaos des Untergangs. Im Alten wie im Neuen Testament ist das »Gesetz«, Thora genannt, Bollwerk und Deich gegen die Zerstörung.
Die Angst ist heute überall groß. Aber Angst verdrängt man leicht. Und doch ist gegen diese Angst nicht einfach das Bild vom lieben, gütigen Gott festzuhalten. Nein, Gott ist und bleibt, wie es im Neuen Testament heißt, verzehrendes Feuer. Er ist und bleibt schrecklich und verzehrend für den, der ihm nicht standhalten kann. Aber das Geheimnis ist uns so nahe gekommen, daß wir ein Stück von seiner Lebenskraft in uns haben dürfen, daß Gott uns teilgibt an sich selbst, so daß wir vor ihm, vor seinem Feuerbrand bestehen können. Gott ist der schreckliche Gott: Deshalb sterben wir noch. Aber nur auf diesem Hintergrund ist die Erfahrung von Mose, Abraham und Jesus eine Erfahrung, die uns froh macht: daß alles einen Sinn hat, daß der geheimnisvolle Gott am Ende der bewahrende Gott sein wird. Sonst wäre in der Tat alles sinnlos. Weil Gott das endgültige Ja ist, können wir auch sagen: Auch wenn morgen die Welt untergeht, werde ich heute noch mein Apfelbäumchen pflanzen. Denn nichts Gutes ist vergebens, und über allem Leben steht Verheißung.
So kehren wir zurück zur Geschichte von Isaaks Brautwerbung: Der geheimnisvolle Gott führt mit verborgener Hand alles zu einem guten Ende. Und denken Sie noch bitte ein wenig darüber nach, wie wichtig es in dieser Geschichte wird, daß die junge Frau nicht nur an den fremden Mann denkt, sondern auch an die durstigen Kamele. Und daß sie gerade deshalb in Gottes Geschichte hineingehört, weil sie sich für mehr verantwortlich fühlt als nur das Nächstliegende.

In Gottes Hände geschrieben
Jes 49, 13-17

13: *Jauchzet, ihr Himmel; freue dich, Erde! Lobet, ihr Berge, mit Jauchzen! Denn der HERR hat sein Volk getröstet und erbarmt sich seiner Elenden.*
14: *Zion aber sprach: Der HERR hat mich verlassen, der HERR hat meiner vergessen.*
15: *Kann auch ein Weib ihres Kindleins vergessen, daß sie sich nicht erbarme über den Sohn ihres Leibes? Und ob sie seiner vergäße, so will ich doch deiner nicht vergessen.*
16: *Siehe, in die Hände habe ich dich gezeichnet; deine Mauern sind immerdar vor mir.*
17: *Deine Erbauer eilen herbei, aber die dich zerbrochen und zerstört haben, werden sich davonmachen.*

Wenn Kinder ein Spiel machen, in welchem immer je zwei zusammenspielen: Und zu Anfang schreibt jeder den Namen seines Partners mit Kreide auf die Handfläche. Daran ist dann erkennbar, zu wem er gehört, dann können sich beide immer wieder daran erinnern, wer zusammen spielt. Dann kann einer den anderen daran erinnern: Mein Name steht doch in deiner Handfläche. Dann kann man selbst seinen Namen auf der Hand des anderen lesen, sich darin wiedererkennen: Dieser gehört ganz sicher zu mir. Wer den Namen des anderen auf die Hand geschrieben hat, kann ihn nicht so leicht vergessen – und wie könnte er mit seiner Hand etwas gegen ihn tun? So sagt in unserem Text Gott über Jerusalem: Siehe, in die Hände habe ich dich gezeichnet, ich habe deinen Namen auf meine Hände geschrieben. Es geht um Erinnern und Vergessen, um Vergessen und Nicht-Vergessen.
Ferien und jedes Wochenende bedeuten für uns zunächst einmal Vergessen. Wenn ich zur Insel fahre, jedes Jahr zu Beginn der Sommerferien, stelle ich mich immer gern hinten an das Heck des Schiffes und blicke der Furche nach, die das Schiff im Wasser gezogen hat – für mich ein eindrückliches Bild von Zeit und von dem, was Menschen darin bewirken. Abschied von einem weiteren Jahr Arbeit, Beginn der Ferien, der Zeit, in der man sich zunächst an das Vergessen gewöhnen muß. Schon die langen Wartezeiten auf oldenburgischen und ostfriesischen Bahnhöfen sind, wenn man mit der Bahn kommt, in ihrer Weltvergessenheit und Verlorenheit eine gute Einübung. – Wie die Insel vom Land getrennt ist,

so trennt uns ein breiter Streifen Vergessen von unserer Arbeit und von unseren Sorgen. Das alles rückt weit weg. Wie bei einem König, der nur glücklich sein kann, wenn er für eine Zeit oder überhaupt alle Beschäftigung mit seinem Reich vergessen kann. Vergessen von Ärger und Sachzwängen, des Kampfes um Macht.

Es gibt einen umfangreichen modernen Roman von Robert Musil: Der Mann ohne Eigenschaften. Wie kann man ein so dickes Buch schreiben über einen Mann ohne Eigenschaften? Eben das aber ist der Witz bei der Geschichte: Da ist jemand, der vergessen hat, wer er ist, der keine Eigenschaften mehr vor sich herträgt, der Abschied genommen hat von Eigenschaften wie »geschäftstüchtig«, »reich«, »Salonlöwe« oder »ehrgeizig«. Und erst nach diesem Abschied ist der Damm gebrochen, erst nach diesem Abschied kann eine lange, lebendige Geschichte beginnen, die dann der Dichter erzählt. Denn bloße Eigenschaften sind langweilig, machen keine Geschichte, sind starr. Kinder sind noch nicht auf Eigenschaften festgelegt, sie erleben noch. Also: Wie Kinder spielen können. Auch Christen sagen uns, daß man vergessen darf, jeden Tag neu beginnen darf wie der Tag selbst beginnt mit einem herrlichen und klaren Sonennaufgang am Meer. Neu beginnen, weil es Vergebung, Vergessen gibt für all den Mist, den wir gebaut haben. Daß es Vergebung gibt, das ist so sicher wie auf die Nacht der Morgen folgt.

Vergessen, können um glücklich zu sein – das gilt auch außerhalb des Urlaubs, wenn wir wirklich glücklich sind. Das Stichwort heißt dabei: Unterbrechung. Daß es nicht einfach immer so weiter geht, indem wir Schicht auf Schicht, Jahr auf Jahr häufen. Nach der Pensionierung wird es zu spät sein, nach dem Sinn zu fragen und mit Glücklichsein anzufangen. Der Sinn wird jetzt nur greifbar in der Unterbrechung, in der Freiheit des Vergessens. Sicher können wir überhaupt nur glücklich sein, wenn uns Unterbrechungen gelingen, in denen wir vergessen, daß es Zeit gibt. Das war der Irrtum des Doktor Faust: Er meinte, nur glücklich sein zu können, wenn er dem Teufel seine Seele verschrieb. Denn er kannte nur das Vorwärtsdrängen, nicht das Innehalten und Unterbrechen. Das Kreuz am Altar ist Zeichen für die eindrücklichste Unterbrechung, das eindrücklichste Vergessen und den wichtigsten Neuanfang. Was Doktor Faust suchte, war Liebe. Ist das nicht eben dieses Kennzeichen von Liebe, zwischendurch immer wieder zeigen zu können, in den unmöglichsten Alltagszusammenhängen, daß man die Freiheit sich nehmen kann, diese Beschäftigung zu unterbrechen, um dem, den man liebt, ein Zeichen zu geben? Vergessenkönnen mitten im Alltag wie Anrufen, eine Blume kaufen, ein paar Zeilen schreiben. Wir sehen: Vergessen und Erinnern hängen zusammen. Nur wenn wir das eine für eine Unterbrechung vergessen können, werden wir uns wirklich an das Wichtige erinnern.

Aber können wir uns das wirklich leisten, unseren Alltag, unsere Welt für eine Weile zu vergessen? Angesichts der Zustände überall auf der Welt feiern zu können, Pause und Ferien zu machen? In Wahrheit können wir uns das nur leisten, weil der uns nicht vergißt, der sagt, daß er uns in seine Hände geschrieben hat. »Selbst wenn eine Mutter ihres Kindes vergäße, so will ich doch deiner nicht vergessen«. Das gehört zu den mütterlichen Zügen Gottes, die wir über all den väterlichen nicht geringachten sollten. Können wir uns das leisten, zu vergessen?

Es geht um ein Spiel, haben wir gesagt: Gott hat unseren Namen auf seine Hand geschrieben, und sein Name ist auf unsere Hand gezeichnet, bei der Taufe, bei der Konfirmation und immer, wenn wir seinen Segen empfangen. Wir müssen uns nicht entscheiden, ob es Gott gibt oder nicht.

Denn wir stehen schon immer in diesem Spiel darin, und er sagt, daß wir uns durch alles hindurch auf ihn verlassen können, er wird sich an uns erinnern. Wenn wir nur auch selbst die Freiheit zu diesem Spiel haben. Aber stimmt das wirklich, daß er uns in seine Hände geschrieben hat? Stimmt es bei den Menschen, die so unsägliches Leid ertragen müssen? Die alle nur denkbaren Qualen erleiden – stimmt es, daß er sie nicht vergißt? – Neulich habe ich ein eindrückliches Gespräch mit einer Studentin geführt, die sagte, sie habe sich schon lange vom Christentum abgewandt und der indischen Seelenwanderungslehre zugewandt, wie man sie auch bei den Anthroposophen hat, denn dort werde das rätselhafte Leiden und unerklärliche Ergehen eines jeden einzelnen dadurch erklärt, daß man annehmen müsse, dieses habe er wohl vor allem in einem früheren Leben verschuldet. Nur so sei das überhaupt zu erklären. Ich habe der Studentin geantwortet: Ihr indischer Entwurf mag für Inder plausibel sein, aber er verträgt sich nicht mit unserer Auffassung von der Person: daß jeder bei seinem Namen gerufen ist und von Gott auf seine Hand geschrieben ist, daß jeder einzelne unersetzliche Person ist und nicht nur Durchgang für ein Karma. Und auch wenn jemand Unsägliches und Absurdes erduldet, dann ist dieses sein Weg, der Weg dieses einzelnen, auch sein Weg mit Gott. Und wir können mit vielen Absurdi-

täten nur fertigwerden, indem wir sagen: Auch wenn eine Mutter ihr Kind vergäße, Gott wird ihn nicht vergessen. Niemand geht verloren, und tiefer als in Gottes Hand können wir nicht fallen.
Ich weiß, man hat das Leiden damit nicht erklärt, wer wollte schon erklären und begründen? Aber es bleibt so nicht ein Etwas, eine Sache, sondern ist die Geschichte jedes einzelnen und damit auch seine Geschichte mit Gott. Auch Jesus hat nicht erklärt, aber er hat in äußerster Not und Verzweiflung am Kreuz sich an Gott gewandt und ihn angeredet: Mein Gott, warum hast du mich verlassen?
Es gibt eine französische Terroristengruppe, die einen sehr interessanten Namen hat: »Action directe« – direkte Aktion, ohne Umwege wird alles direkt erreicht. Was für eine paradiesische Verheißung! Und doch kommen nur Blut und Tränen dabei heraus. »Action directe« – der Name steht für alles, was wir als Christen nicht wollen können. Für uns gibt es fast immer nur die »action indirecte«. Denn »action directe« bedeutet: keine Geduld, kein langer Marsch, alles auf einmal und mit Gewalt, total und terroristisch.
Was aber ist »action indirecte«? Es sich leisten können zu vergessen, weil der uns nicht vergißt, der uns in seine Hände geschrieben hat. Alle Sorgen auf den Herrn werfen. Aber das auch wirklich tun. Das mag uns irgendwie merkwürdig fromm vorkommen.
Ist das nicht geradezu gotteslästerlich, auf das Elend in der Welt zu reagieren, indem man alle Sorgen auf den Herrn wirft? Ja, ich meine das ganz ernst: Veränderung in der Welt und Freiheit gibt es aus meiner Sicht nur über diesen frommen Umweg, und weil es sich um einen Umweg handelt, deshalb nenne ich das »action indirecte«.
Wie verführerisch das Wort »action directe« ist, das zeigt sich daran, das man es leicht mit der befreienden und spontanen Tat verwechselt. Das ist jedoch hier nicht gemeint. »Action directe« meint die gewaltsame Tat, die mit einem Schlag das Paradies überhaupt bringt. – Die christlichen Helden dagegen sind solche des Gewaltverzichtes und damit auch des Ertragens in einem langen, selbstlosen Weg der Tat.
Wer vergessen kann, sieht schärfer, was wichtig ist. In der Freizeit und in den Ferien haben wir oft Zeit, an Wichtiges wohl auch einmal einen Tag lang zu denken, immer wieder. Genau das bezeichnet man aber auch mit dem hochtrabenden Wort »Meditation«. Das ist nichts Exotisches, sondern etwas Einfaches. Wenn man durch den Sand wandert oder am Meer entlang und ohne direktes Thema einfach vor sich hindenkt, was einen

selbst betrifft, woran zu denken man sonst keine Zeit hat, die Monate und Jahre im Denken einholen und wieder Vertrauen gewinnen zu diesem meinem Weg mit den Menschen und mit Gott. Am Ende ahnen, daß man sich und seinen Weg dem verdankt, das oder den die Theologen Gott nennen.

Veränderungen in der Welt wird es nur geben, wenn wir uns von irgendwoher den langen Atem holen, mit dessen Hilfe wir die Erfolglosigkeiten aushalten können, den langen Atem und die Geduld, die nicht nur die Politiker brauchen, um dicke Bretter zu bohren. Was kann man schon mit »action directe« erlangen? Kindererziehung zum Beispiel nicht, Liebe zum Beispiel nicht.

Wenn wir die Unterbrechung, die Freizeit und Ferien sind, nutzen zum Träumen und Nachdenken – und nicht nur zum Rummel und Konsum – dann bezieht sich das auf etwas ganz Einfaches: daß wir selbst wieder hinterherkommen können hinter dem, was alles war, uns selber einholen und unseres Weges gewiß werden. Und dabei sagt uns die Kirche, daß Gott uns in seine Hände geschrieben hat und nie vergessen wird.

Auf diesem frommen Umweg bekommen wir die Kraft zu allen kleinen Schritten, den Mut, auch kleine Brötchen zu backen, was immer noch besser ist als gar keine. Den Mut, lieber vom Salzkorn, vom Senfkorn und von der Mücke statt vom Elefanten zu reden – und das bedeutet auch: nicht immer gleich von Gott oder von Gnade oder vom Gottesreich zu reden, wie wir Theologen es oft, viel zu oft leichtfertig tun. Machen Sie unsere schlechten Gewohnheiten nicht nach! Reden Sie lieber erst einmal über Ihren Weg, über Ihre Hoffnungen und über den ganz individuellen roten Faden, der alles zur Einheit zusammenbindet. Denn wir dürfen vertrauen, daß gerade dieses Individuelle aufgehoben ist und nicht vergessen wird bei dem, der uns auf seine Hände geschrieben hat.

Abstand gewinnen und sich hier den langen Atem holen, die Gnade vergessen zu dürfen, Gelassenheit gewinnen, die etwas ganz anderes ist als Laschheit. Indirekte Aktion – das ist die großartige Konzeption des Evangeliums von Menschen, die von innen heraus die Kraft haben, wirklich ganz, ganz frei zu sein. Weil sie wissen, daß sie absolut geborgen sind.

Ablenkung

Hiob 7,12-20; 9,17-22.29-35; 10,2-3; 12,4.7-9

Hiob sprach zu Gott: Bin ich ein Meer oder ein Seeungeheuer, da du wider mich eine Wache aufstellst? Wenn ich dachte: Mein Bett soll mich trösten, meine Ruhestatt soll meinen Jammer mittragen, dann ängstigtest du mich mit Träumen und erschrecktest mich mit Wahnbildern. Meine Seele möchte lieber ersticken, lieber den Tod als diese meine Schmerzen. Ich schwinde dahin. Nicht für ewig werde ich leben: Laß ab von mir, denn meine Tage sind eitel Dunst! Was ist der Mensch, daß groß du ihn achtest und deinen Sinn auf ihn richtest? Daß du alle Morgen ihn heimsuchst, ihn prüfst jeden Augenblick? Wie lange schaust du schon von mir nicht mehr weg, läßt nicht so lange mich frei, bis den Speichel ich schlucke! ... Warum stellst du mich dir als Zielscheibe auf, und wurde ich dir zur Last?

Wollte ich rufen, gäbe er mir Antwort? Ich glaube nicht, daß er hörte auf meine Stimme! Er, der im Sturm mich niedertritt und grundlos meine Wunden vermehrt, der nimmer mich zu Atem kommen läßt, vielmehr mit Bitternis mich sättigt ... Es ist einerlei, darum sage ich: Den Schuldlosen und den Frevler vernichtet er. Ich muß nun einmal schuldig sein ... Hätte ich mich auch in Schnee gewaschen und meine Hände mit Lauge gesäubert, dann würdest du doch in den Kot mich tauchen, daß sogar mein Gewand mich verabscheuen würde ... O daß es doch zwischen uns einen Schiedsrichter gäbe, der seine Hand auf uns beide legte. Ich sage zu Gott: Sprich mich nicht schuldig! Laß mich wissen, warum du mir feind bist! Ist es gut für dich, daß du gewalttätig bist?

Zum Gelächter für seinen Nächsten wird, wer Gott anruft, er solle ihm antworten; zum Gelächter wird der Gerechte, der schuldlos ist.

Doch frage die Tiere, daß sie dich lehren, die Vögel des Himmels, daß sie es dir künden! Oder betrachte die Erde, daß sie dich lehre, und die Fische des Meeres erzählen es dir! Wer wüßte nicht unter diesen allen, daß die Hand des Herrn dies erschuf, in dessen Hand aller Lebendigen Seele ruht und jedes Menschenleibes Geist?

Eine Frau in unserem Hochhaus ist deswegen aus der Kirche ausgetreten: Ihr erster Sohn starb durch einen Unfall im Schwimmbad. Das kann keine Mutter vergessen. Die Frau sagt: Wenn Gott so grausam ist, was soll dann Kirche? Wozu darum herumreden? Hiob redet nicht darum herum, sondern zur Sache: Was er tut, ist Gottesbeschimpfung. Keine vorschnelle Beschwichtigung. Gott piesackt durch Angstträume. Gott bestraft, ob man schuldig ist oder nicht. Gott ist wie ein Löwe, der die Menschen jagt (10,16). Der Mensch ist seine Zielscheibe, er läßt ihn keine Luft holen. Er kümmert sich leider immerzu um ihn, als ob er sein Feind wäre. So fragt Hiob schließlich: Ist es gut für dich, daß du gewalttätig bist? Das heißt auf deutsch: Brauchst du das, mußt du so grausam sein? So fragt Hiob: Warum ließest du mich aus dem Mutterschoß kommen? Und er bittet, ihn ein wenig in Ruhe zu lassen, damit er noch einmal froh sein könne.

Ich finde es ganz wichtig, daß man im Gottesdienst nicht nur Beruhigendes hört, sondern auch das, was wir sonst verdrängen. Wir staunen, daß es in der Bibel auch so ehrliche Texte gibt wie diesen. Daß hier nichts unter den Teppich gekehrt wird. Der Mensch darf seine Empörung sagen. Nur dann nimmt er Gott ernst, nur dann nimmt Gott ihn ernst. Religion will uns nichts vormachen. Auch beim gekreuzigten Jesus ist das so: Der Ruf »Mein Gott, warum hast du mich verlassen« richtet sich als Anklage an den Gott, der fern ist, wenn ein Mensch stirbt. Der nicht antwortet.

Unsere Not: Vielleicht erfährt einer von uns gerade in diesen Tagen und Wochen die große Enttäuschung, das Zerbrechen der Liebe seines Lebens, daß der Abschiedsbrief kommt. – Vielleicht erfährt einer gerade in diesen Wochen die Wahrheit über seinen Gesundheitszustand, daß er nie mehr auf der ungehindert aktiven Seite des Lebens stehen wird, daß viele Türen des Lebens ihm von nun an verschlossen bleiben werden. – Vielleicht begegnet einer gerade jetzt dem Tod, der einen geliebten Menschen wegreißt, daß hartes Leid hereinbricht und die Schatten des Todes alles zu verdunkeln drohen. – Vielleicht erhält einer gerade in diesen Monaten gleichsam in einer geballten Ladung die Quittung seines ganzen bisherigen Lebens, seines Versagens, seiner Untreue, seiner Versuche, andere zu überspielen, sich selbst zu überspielen, daß ihm nun die Wahrheit über sich selbst klar wird und er, der so fest zu stehen schien, wankt unter der Erkenntnis seiner Versäumnisse und seiner Schuld, aller nicht wieder gutzumachenden und unaufholbaren Dinge.

Christentum heißt nicht nur, daß diese Not gesehen wird, daß wir sie vor Gott tragen dürfen. Sondern auch, daß er der Partner unserer Empörung ist. Früher hat man gedacht, der Teufel sei der Schuldige, aber auch er müßte ja von Gott erschaffen sein. Im Namen Gottes dürfen wir nicht jede Not sofort mit schönen Worten zudecken, Gott ist nicht nur der harmlose, liebe. Die Beter aller Zeiten schreien und klagen vor ihm. Wir genieren uns davor, meinen, das dürfe man nicht. Aber das ist falsch. Viele Psalmen und andere Texte legen uns die Worte der Empörung in den Mund. Wir meinen viel zu oft, vor Gott nur feierlich verkrampft und brav sein zu dürfen, wie in der Kirche. Gerade das weist aber darauf, daß er nicht in unser Leben wirklich hineingehört, daß wir nicht mit ihm leben. Ordentlich und perfekt wollen wir sein vor Gott. Wir meinen, daß unsere Aggressionen und unsere Wut auf die Schattenseite gehörten und nicht vor Gott. Aber er ist das Gegenüber auch unserer Schattenseiten. Unsere Empörung führt nicht von Gott weg, sondern geradewegs auf ihn zu.

Hiob ist unschuldig. Der von Gott verlassene Jesus ist unschuldig. Gott deckt ganz offensichtlich die Übeltäter. Vielleicht erwarten Sie jetzt, da ein Theologe spricht, daß nun die Auflösung gegeben wird: Jesus sei ja schließlich auferweckt worden. Aber so einfach können wir uns das nicht machen. Und an die Auferstehung zu glauben ist fast noch schwieriger, als an Gott zu glauben.

Um vielmehr ehrlich zu bleiben, wie Hiob es ist: Auf die Frage, warum Unschuldige leiden müssen, gibt und weiß Hiob keine Antwort – außer daß er Gott deswegen anklagt und so immerhin die Verbindung mit Gott hält. Weder Gott noch er gibt eine Antwort. Statt dessen tut er etwas sehr Wichtiges, das auch wieder direkt mit uns zu tun hat. Hören wir noch einmal:

»Doch frage die Tiere, daß sie dich lehren, die Vögel des Himmels, daß sie es dir künden! Oder betrachte die Erde, daß sie dich lehre, und die Fische des Himmels erzählen es dir! Wer wüßte nicht unter diesen allen, daß die Hand des Herrn sie erschuf, in dessen Hand aller Lebendigen Seele ruht und jedes Menschenleibes Geist.«

Im gleichen Zusammenhang (K.9) heißt es: »Er ist es, der Berge versetzt, ohne daß sie es merken (der die Erde erschüttert aus ihrer Lage, der zur Sonne spricht, und sie strahlt nicht auf und die Sterne unter Siegel verschließt), der den Himmel ausspannt ganz allein und über die Wogen des Meeres schreitet, der das Sternbild des Löwen erschuf sowie den Orion, das Siebengestirn und die Kammern des Südens, der große Werke schuf, ganz unerforschlich, und Wunderdinge ohne Zahl«.

Was Hiob hier tut, Hiob, der keine Antwort auf das Warum des Leidens weiß, ist ganz einfach und doch ganz weise: Er lenkt ab.

Ablenken, das heißt: Jemand nimmt unseren Kopf in seine Hände und richtet ihn auf, in eine andere Richtung. Unsere Anklage hat ihr Recht. Aber wenn Gott hier nicht antwortet, müssen wir uns an den Bereich halten, wo er redet. Wie wäre es, wenn er in der Schöpfung zu uns redet? Dann bedeutet Ablenkung: Wir sehen nicht nur uns und unseren Kummer, auch nicht nur die Menschen, sondern die gesamte uns umgebende Wirklichkeit.

Mich hat es immer neugierig gemacht: Welche Antwort Hiob auf die Hiobsbotschaften findet, die wir kennen. Und mich hat es dann sehr erstaunt, in einem Seminar gemeinsam mit Studenten herauszufinden: Hiob findet eine Antwort nur auf ganz anderer Ebene, er lenkt ab, führt auf andere Gedanken. Hiob verweist auf die Ordnung, die wir nur bestaunen können, auf die Vögel des Himmels, die Erde, die Fische des Meeres. Auf das Himmelszelt, das Gott gespannt hat.

Wer von uns denkt dabei nicht an wichtige Erinnerungen, an Meer und Berge und den weiten Himmel, an die klaren Sternbilder des Nachts und an viele herrliche Sonnenaufgänge.

Hiob weiß keine Antwort auf die Frage, warum wir so leiden müssen. Warum auch Jesus leiden mußte und die Verschleppten in Argentinien und Millionen Juden. Aber er verweist auf eine Ablenkung. Gewiß, wir möchten vielleicht nicht abgelenkt werden, es genau wissen, sind nicht zufrieden mit unserem Nichtwissen. Wir werfen der Kirche vor, daß sie keine Antwort weiß, aber schon Hiob wußte sie nicht. Statt dessen sollte man bereit sein, sich ablenken zu lassen, auf diese schlechthin wunderbare Ordnung schauen, die möglicherweise umfassender ist. Im Grunde leben wir ja naiv, als hätte es Kopernikus nie gegeben, und deshalb können wir vielleicht noch staunen über den Rhythmus von Ebbe und Flut, Winter und Sommer, über das, was in all dieser Ordnung verborgen ist und das man meinetwegen als eine große, umfassende Intelligenz bezeichnen könnte.

Vielleicht bemerken wir das gerade jetzt, da wir begonnen haben, seit rund 150 Jahren diese Ordnung systematisch zu zerstören, welches Gleichgewicht in ihr herrschte, welches Geschenk das war. Niemand glaubt, daß die Welt in siebentägiger Handarbeit von Gott gemacht wurde, aber es geht um ganz Einfaches: Um Dankbarkeit für diese Schöpfung, Dankbarkeit für das Geschenk des Daseins. Aus dieser Dankbarkeit heraus fordert Franziskus in seinem Sonnengesang die Schwester Sonne in ihrer Herrlichkeit, die Quellen und Felder auf, Gott zu loben mit großer Demut.

Dankbar sein können, staunen können, sich ablenken lassen ... das bedeutet: Trotz Auschwitz Gedichte schreiben können, trotz des Kreuzes Gottes Herrlichkeit wahrnehmen. Wenn man im Hochgebirge gerade an besonders schönen Stellen auf ein Kruzifix stößt, so erinnert dies in seiner Umgebung an die beiden Seiten, die wir von Gott erfahren, ohne ihren Zusammenhang ergründen zu können: Unschuldiges leidet, und das soll man nicht vergessen. Aber daneben, vielleicht einfach daneben soll und darf man das andere stellen. Erst beides zusammen weist auf den geheimnisvollen, großen Gott.
Vielleicht kommen wir noch einen Schritt weiter, wenn wir daran denken, daß der, der wirklich lernt zu staunen und dankbar zu sein – und vielleicht ist das eine ganz sinnvolle Aufgabe, wenn wir einmal Zeit haben – auch nicht allein bleibt, auch dankbar sein kann für Freundschaft und Menschen in seiner Umgebung. Biblisch ausgedrückt heißt das: gemeinsam Gott loben schafft Gemeinschaft. In unserem Vollzug ist das sehr viel schlichter: den anderen aufmerksam machen auf etwas, das schön ist. Gemeinsam mit Verstand genießen. Und all das darf man genießen, für das man dankbar sein kann.
So lassen wir uns von Hiob ablenken von all dem, was uns drückt, und was wir doch nicht lösen können, von aller Anklage gegen Gott ob der Ungerechtigkeit in der Welt und in der Kirche. Und auf dem Wege der Ablenkung finden wir mit einem Male eine neue Basis: Bruderschaft und Schwesternschaft im Staunen. So sind wir dann auch nicht mehr allein, wenn wir lernen, wieder gemeinsam zu staunen.
Und am Ende entdecken wir, daß diese Gemeinschaft auch in das unerklärbare Leiden hinein trägt, daß sie zwar nicht seinen Sinn klärt, aber uns darin hält und nicht umkommen läßt. Denn wer gemeinsam Gott loben kann, wird auch im Leiden solidarisch sein. An Jesus hat uns Gott gezeigt, daß dieses auch der Weg ist, auf dem wir mit Jesus vor ihm stehen: Seit es Jesus gibt, braucht kein Gottverlassener mehr allein zu sein. Seine Solidarität im äußersten Dunkel weist uns darauf, daß Dunkel vielleicht dazu da ist, geteilt zu werden, durch Liebe und Solidarität zwar nicht aufgehoben, aber doch verwandelt zu werden. Damit wir nicht mehr allein sind.
In Jesus ist das sinnlose Leiden auf die Spitze getrieben. So ist er der Gefährte aller derer, die sinnlos leiden. Diese Gemeinsamkeit ist, was mit ihm verbindet. An ihm leuchtet auf und wird Wirklichkeit, was sinnloses Leiden überhaupt soll: Wenigstens dieses, Menschen mit ihm und unter-

einander eins zu machen, Trösten durch Dabeisein und Nicht-Alleine-Lassen als äußerste Möglichkeit, die wir haben.
Denn wenn nichts mehr helfen kann, so doch wenigstens das.
Und bei allem Helfen ist die Befreiung aus der Einsamkeit das Entscheidende und ebenso bei aller Freude, bei allem Staunen, bei allem Genießen.
Leiden ist dazu da, geteilt zu werden. Also: Nicht Erklärung, sondern Solidarität.
Weniger Aufhebung unvermeidlicher Leiden – vieles läßt sich nie beseitigen – als Beseitigung der Einsamkeit.
Nicht zudecken mit frommen Worten und dann mit den wirklichen Nöten aus der Kirche auswandern, sondern Klage *in* der Kirche und *vor* Gott.
Nicht überall Antworten zurechtlegen, sondern das Unbegreifliche unbegreiflich sein lassen. Sich ablenken lassen.
Und mit dankbarem Staunen wieder ganz neu anfangen.

Jedes Gebet wird erhört
Mt 7,7-11

7: *Bittet, so wird euch gegeben; suchet, so werdet ihr finden; klopfet an, so wird euch aufgetan.*
8: *Denn wer da bittet, der empfängt; und wer da sucht, der findet; und wer da anklopft, dem wird aufgetan.*
9: *Wer ist unter euch Menschen, der seinem Sohn, wenn er ihn bittet um Brot, einen Stein biete?*
10: *Oder, wenn er ihn bittet um einen Fisch, eine Schlange biete?*
11: *Wenn nun ihr, die ihr doch böse seid, dennoch euren Kindern gute Gaben geben könnt, wieviel mehr wird euer Vater im Himmel Gutes geben denen, die ihn bitten!*

Wer da bittet, der empfängt – das ist eine Zumutung für uns, und das widerspricht all unserer Erfahrung. Denn mit der Bitte ist noch nichts über die Gewährung entschieden, und Suchen garantiert nicht Finden und Anklopfen, nicht Öffnung.
Vielmehr kann doch einer Bitte höchstens erst später entsprochen werden. Aber Jesus sagt: Wer bittet, der empfängt. Das Verhältnis von

Gegenwart und Zukunft ist hier nicht mehr in Ordnung. Denn wenn ich suche, gebe ich üblicherweise zu erkennen, daß ich noch nicht gefunden habe. Gerade die Zukunft ist dabei das, über das ich noch nicht verfüge. Bei Jesus empfängt der Bittende aber in der Gegenwart. Auf irgendeine Weise ist für den, der bittet, die Zukunft real gegenwärtig.
Und was ebenso erstaunlich ist: Jesus fordert uns zu einer eigentlich geringen Sache auf: Bittet, sucht, klopft an. Doch die Verheißung, die darauf steht, ist schlechthin unbegrenzt.
Wir fragen: Wer denkt so? Wer denkt an die Realpräsenz der Zukunft und an die Unbegrenztheit der Verheißung? – Wir werden sagen: Bestensfalls Kinder denken so. Aber wir? Als Kind habe ich auch manchmal gedacht, diese Worte müßten wahr sein. – Aber wir bitten Gott um etwas, und es kommt nichts. Wir sind nicht mehr naiv. – Wenn ich mit meiner Tochter Kathrin in der Stadt war, als sie noch kleiner war, zeigte sie mir bei jedem Schaufenster die vielen Dinge, die sie sich zum Geburtstag wünschte. Vielleicht wußte sie dabei sogar, daß sie das nicht alles oder daß sie sogar gar nichts davon bekommen würde. Aber sie durfte wünschen, und sie wußte, daß der Vater zwar nicht unbedingt dieses oder jenes, wohl aber auf seine Weise alles schenken konnte und wollte.
Die vielen Wünsche stehen für alles und für Unendlichkeit. Aber das ist auch bei uns so. Wir wollen eigentlich alles haben, Glück und Seligkeit. Und Jesus sagt, daß wir uns in dieser Hinsicht verhalten dürfen wie das kleine Mädchen vor dem Schaufenster: Daß unsere Sehnsucht überhaupt nicht sinnlos ist. Die Frage, ob unser Dasein überhaupt Sinn hat, hängt davon ab, ob unsere Sehnsucht irgendwie sinnvoll ist. Aber was hat das mit Gott zu tun, und was soll er uns jetzt schenken? Fragen wir uns, wo und wann wir wirklich etwas von Gott erwarten: doch da, wo wir merken, daß wir unser Leben nicht selbst in der Hand haben: Wenn jemand geboren wird. Wenn sich zwei Menschen lieben. Wenn Gott jemandem das Leben noch einmal schenkt. Und wenn er es von ihm fordert. Ich glaube, daß die erste und letzte Bitte immer wieder ist: Herr, laß mich am Leben, laß mich leben! Hier versagt noch immer unser Machen. Hier sind wir abhängig wie Kinder. Hier müssen wir alles von dem erwarten, der schenkt.
Vielleicht fangen wir mit dem letzten an: Auch angesichts des Todes geht es wohl noch immer um diese Bitte: Herr, laß mich am Leben. Und die Weise, wie die Bitte hier erfüllt wird, macht deutlich, wie Gott überhaupt Bitten erfüllt. – Unsere Sehnsucht geht auf Leben, auf unzerstörbares

Leben. Und Jesus sagt, daß diese Sehnsucht sinnvoll ist, wenn wir seinen Gott darum bitten. Denn sein Gott ist der, der Tote auferwecken kann. Gott erfüllt unsere grenzenlose Sehnsucht auf seine überlegene Weise. Das ganze Christentum ist nichts anderes als mit dieser Möglichkeit zu rechnen: Daß das Leben, daß der Lebendige stärker ist als der Tod.
Auch kluge Eltern erfüllen nicht dieses oder jenes, und wir wissen wie die Kinder oft heute nicht mehr, was wir gestern haben wollten. Gott gibt uns mehr als dieses und jenes und mehr, als wir erwartet haben. Denn Gott wird von Jesus als der erfahren, der uns weiter liebt, der uns nicht aufgeben will, in dessen Liebe wir geborgen sind wie Kinder.
Wer bittet, empfängt: Nur ein Gott, der Tote auferweckt, kann diese und alle unsere Bitten und damit unser Leben selbst überhaupt sinnvoll machen. Wobei ich das Auferwecken Toter auch so benennen könnte, daß wir am Ende in Gottes Hand fallen. Unendlichkeit der Verheißung – das sagt auch: Gott wird mehr geben, als wir bitten, und die ganze Welt in seine Herrlichkeit verwandeln, so daß keine Träne sein wird.
Gott reagiert auf seine Weise und über unsere Möglichkeiten hinaus. Und wenn wir hier in unserer Sehnsucht Güter erstreben, die nur scheinbar sind, und dabei Ordnung überspringen, so ist auch dieses Überspringen in der Sünde nur Ausdruck fehlgeleiteter Sehnsucht. Mit dem Überspringen bei der Sünde ahnen wir schon etwas Richtiges: Daß die endgültige Erfüllung unserer Bitten nur im Überspringen unserer Möglichkeiten liegen kann. So ist noch das Überspringen der Ordnung, das in der Sünde geschieht, Hinweis auf die Weise, in der Gott unsere Sehnsucht erfüllen wird: über unsere Möglichkeiten hinaus.
Und gegenwärtig ist dieses als *Freiheit*: in der Freiheit von sich, in der Freiheit zum Bitten und von der Sorge, in der Freiheit von den Bindungen des natürlichen Lebens, vom Konsum und von der Meinung der Vielen. In dieser Freiheit ist die Zukunft bereits real präsent.
Was passiert da eigentlich beim Bitten? Hier sind wir ja nicht in der Rolle dessen, der sich durchsetzen muß, der keine Schwäche zeigen darf. Bitten gehört nicht zu den herrscherlichen Fähigkeiten, mit denen wir sonst die Schöpfung und andere Menschen uns untertan machen. Wer bitten kann, ist nicht unverletzlich und nicht unangreifbar. Vielleicht können wir aus der Ausweglosigkeit des herrscherlichen Vorgehens, aus den Sackgassen, in die es immer wieder führt, nur herausgeführt werden durch die nichtherrscherlichen Tugenden wie Dankbarkeit, Zärtlichkeit und Bittenkönnen. Durch eine radikale Umkehr dieser Art.

Verwirklichen läßt sich dieses wohl am ehesten im gemeinsamen Beten. Denn die Zusage, Gott werde die Bitte erhören, verbindet Jesus in demselben Evangelium damit, daß *zwei* um eines bitten. Wir wissen alle, was es uns bedeutet, wenn bei einer Trauung oder auch am Grabe das gemeinsame Vaterunser gesprochen wird. Oder wenn ein Christ mit einem Sterbenden gemeinsam ein Vaterunser betet. Hier, in der Gemeinsamkeit des Betens, wird das alles Wirklichkeit, von dem wir bislang geredet haben: Beim gemeinsamen Vaterunser werden wir gewahr, daß die anderen Menschen, die bislang neben uns standen, angesichts des gemeinsamen Vaters Brüder und Schwestern sind. Vor Gottes Gegenüber ist das Nebeneinander verwandelt zur Solidarität der Bittenden, die dann nicht nur die präsente Gemeinde umfaßt, sondern alle und auch jene, die in vielen Jahrhunderten so gebetet haben.

Das gemeinsame Beten ist wohl auch deshalb für uns so eindrücklich und damit wichtig für unser Herz, weil wir uns auf einer anderen Ebene der Wirklichkeit wiedererkennen. Dieses Sich-Wiedererkennen in einem Text hat man auch für das antike Drama beobachtet und sie »katharsis« genannt: Am Text geht einem etwas auf über die eigene Situation, das sonst verborgen ist, das man nur geahnt hat, und das jetzt, da es ausgesprochen ist, uns anrührt, tröstet und verändert. Daß Gott der Vater und die Beter Geschwister sind. Die Befreiung aus der Einsamkeit, gerade auch angesichts der Einsamkeit vor dem eigenen Tod im Beten mit dem Sterbenden. – Wir sehen, wie Beten hier *Kirche* wirklich macht. Und sie umfaßt dann nicht nur die zwei, sondern alle, die zuvor je ähnlich gesprochen, Gemeinschaft der Lebenden und Toten.

Und was empfangen die zwei, die gemeinsam beten, jetzt? Miteinander beten heißt: Daß man sich nicht nur immer gegenseitig beschenken kann. Daß man eigentlich immer angesichts eines Dritten und in ihm den gemeinamen Nenner finden kann. Der Raum, der immer in der Mitte zwischen zweien oder auch mehreren bleibt. Wenn man angesichts des gemeinsamen Gegenübers eins wird, so ist dieses auch ein indirektes Reden miteinander und vielleicht dadurch das direkteste. Und da dieses ein Prozeß ist, bedeutet dieses Miteinander zu Gott Reden auch ein Verändertwerden. Die Wünsche werden anders, sie bewegen sich auf Konsens hin, können dabei nicht egoistisch bleiben. Dieser Konsens ist es auch, der die gemeinsame Hoffnung und den gemeinsamen Dank zustande bringt. Geteilte Freude ist doppelte Freude. Ein Konsens, in dem man sich gemeinsam führen läßt durch Gottes verborgene Führung – in

jene Dimension hinein, in der Gott unsere Bitten erfüllen möchte. – Ein Konsens, der warten kann im gemeinsamen Abwarten, bis Gott auf seine Weise unser Gebet erhört. Ein Konsens, der trägt und erträgt, der auch Gott erträgt. Wissen, daß das unendliche Ziel ein gemeinsames ist. Wissen, daß man miteinander leichter ertragen kann.
Viele haben große Scheu zu bitten und zu beten. Sicher ist auch diese Scheu etwas Religiöses. Aber Beten ist nicht nur Frommsein im oft belächelten Sinn. Es ist auch dort, wo etwa Eltern gemeinsam schluchzen, weil ihr Kind in Lebensgefahr ist. Aus der Tiefe schreien.
Aber die Scheu zu beten haben wir vor allem, wenn wir es alleine vor anderen tun müssen. In einer Gemeinschaft, in der man sich nicht durchsetzen muß und in der man geborgen ist, ist das leichter. Und umgekehrt stellt Beten auch solche Gemeinschaft her. In der Gelöstheit und Geborgenheit kommt das Beten, das wir vielleicht öfter tun, als wir denken, aus seiner Innerlichkeit heraus.
Dann aber wird dieser Gemeinschaft eben jetzt schon das geschenkt, was Heil bedeutet und dem Frieden dient: eine Alternative zu herrscherlichem Vorgehen, Solidarität miteinander in der Kirche der Lebenden und Toten, Freiheit zum Konsens und eine Gemeinschaft des Lebens, die weiter reicht als bis zum Tod.
Unsere Bitte, am Leben zu bleiben, wird Gott dann bestimmt erhören. Wir lernen von ihm den langen Atem. Vor allem aber auch dies: Daß zu jeder Gemeinsamkeit Gnade gehört – daß wir gnädiger gegeneinander sind.

Glaube und Zweifel

Mt 14,29-31

29 *Und er sprach: Komm her! Und Petrus stieg aus dem Boot und ging auf dem Wasser und kam auf Jesus zu.*
30: *Als er aber den starken Wind sah, erschrak er und begann zu sinken und schrie: Herr, hilf mir!*
31: *Jesus aber streckte sogleich die Hand aus und ergriff ihn und sprach zu ihm: Du Kleingläubiger, warum hast du gezweifelt?*

Bei einer Begegnung zwischen Konrad Adenauer und dem amerikanischen Prediger Billy Graham eröffnete der letztere das Gespräch: »Ich glaube und davon rede ich. Gott hat mich gerufen, und dazu habe ich mich entschieden.« Der alte Kanzler antwortete etwas vorsichtiger: »Wissen Sie, Herr Graham, ich kann dieses so einfach von mir nicht sagen. Ich kann nur sagen, daß ich gerne glauben möchte. Aber ich weiß nicht, ob es mir gelingt.«

Beide Ausprägungen von Christentum gibt es nebeneinander, Glaubensfrohe, für die es Bekehrung und Entweder-Oder gab, und Skeptiker, die zu dem Helldunkel des täglichen Lebens stehen, deren Horizont nicht ein Himmel als Goldgrund ist, sondern eine sehr realistische Landschaft wie auf den Gemälden der Spätgotik. Die Christen vom Typ des Billy Graham pflegen viel von uns zu verlangen, und sie sagen oft: Bis zu einem bestimmten Punkt läßt sich's diskutieren, aber dann, von da ab muß man einfach glauben. Denn Gott fordere eben Gehorsam wie von Abraham bei Isaaks Opferung, Unterwerfung gerade unter das Unsinnige, das Aufgeben aller unserer Vorstellungen und deren Ersetzen durch Gottes Wort. Und wer sagt, es sei schwierig für ihn, sich so »unter Gottes Wort zu stellen«, erhält zur Antwort, eben in dieser Schwierigkeit spiegelten sich Eigensinn und falsche Selbstbehauptung. Christentum aber beginne mit Demut und Gehorsam. Und Denken habe gegenüber Glauben keine ernsthafte Chance, da schon Paulus es als Menschenweisheit verworfen habe.

Der andere Typ Christen dagegen hat Schwierigkeiten zu glauben, jedenfalls in dem eben genannten Sinn. Und sie fühlen sich in die Enge getrieben durch die bibelfesteren Glaubensfrohen. Schwierigkeiten gibt es, das Glaubensbekenntnis nachzusprechen oder gar die Bekenntnisschriften als Basis der Theologie anzunehmen. Gerade vielen Theologiestudenten geht es im Laufe ihrer ersten Semester immer stärker so. Sie fragen: Wie soll ich später alles das vertreten, was ich gar nicht glauben kann? Wie soll ich mich unter Gottes Wort stellen, wo es doch in Wahrheit nur um kirchlichen Zwang und bestimmte konfessionelle Bekenntnismeinungen geht? Wo der Zusammenhang zwischen Glaubensfestigkeit und der Art, in der man gesellschaftlich zum Christentum gehört, doch so offenkundig ist? Warum soll ich die Selbstbehauptung aufgeben, wo ich doch gerade auf der Suche nach Identität bin? Wozu soll ich soviel Widersinniges annehmen und glauben, was doch nur in Kirchenmauern widerhallt, während die Kluft zwischen kirchlichem Reden und wirklichem Leben immer größer wird? Und Glaubenmüssen – das widerstrebt mir vollends.

Für diese letztgenannten Christen hat man den schrecklichen Ausdruck

»Suchende« geprägt. Darunter faßt man im Falle verlegener Begräbnisansprachen dann eben jene fünfundneunzig Prozent Christen, die mit Kirche nichts zu tun haben wollten: »Er (sie) war in seinem (ihrem) ganzen Leben ein(e) Suchende(r).« Und das gilt, gleich ob der Betreffende nur zu geizig war, Kirchensteuern zu zahlen, oder ob er zu den Deutschen Christen gehörte und danach die Wende nicht rechtzeitig begriff oder ob jemand einfach an Goethe und Pearl S. Buck glaubte und so – im übrigen recht bequem – eben einfach suchte und sich hütete zu finden. Oft ist es, wenn man von Suchenden redet, eine barmherzige Umhüllung – schlechten Gewissens vorgenommen – mit unerträglichem Heldenpathos. Verzeihen Sie mir also bitte, wenn ich nie und nimmer ein Suchender sein möchte. Denn ich bin nicht »erweckt« wie Billy Graham, kann mich nicht einfach unter das – von »oben« kommende – Wort Gottes stellen und habe dennoch bezüglich meines Wunsches, Christ zu sein, kein schlechtes Gewissen, so daß ich mich als heldenhaft umherirrenden ewigen Wanderer auffassen müßte.

Denn vielleicht kann es das auch geben: Verbindlichkeit ohne peinliche Rechtgläubigkeit, Glauben, ohne daß man den Verstand an der Kirchentüre abgeben müßte, Christentum, ohne daß man an alle Dogmen »glaubt«, Kirchlichkeit ohne die Klippen frommer Rede. Muß die Angst des Theologiestudenten vor Kirche und Dogmatik, vor Frömmigkeit und Bibelstunde unbedingt dadurch gelöst werden, daß er in Soziologie und Psychologie flüchtet? Aber diese modernen, deutlich moralisch motivierten Beschäftigungen treffen – bei aller teilweisen Nützlichkeit – doch nie den Kern religiösen Glaubens, so daß der junge Pfarrer dann unter dem Druck dieser Einsicht und knapper Zeit häufig einfach zu unbedachter, nie verarbeiteter frommer Rede zurückkehrt. Gibt es nur immer wieder Flucht und Mode als Ausweg aus allen Zweifeln?

Aber Glaube ist doch im Kern ganz sicher etwas anderes als Aufnehmen und Nachsprechen kirchlicher Lehransichten. Glaube ist auch nicht, eine Summe von Wahrheiten zu »fressen«, die dem Verstand widersprechen und die man dann in für einen selbst und für andere unverständlicher frommer Sprache wiederholt. Glaube ist nicht Ersetzen der Wirklichkeit durch blasse Gedanken- und Wortgerüste, ist nicht Aufgabe des Verstandes.

Nach biblischem Verständnis ist Glaube: Festigkeit haben können und beweisen. Glaube ist daher weder Salto mortale in absurde Lehren noch unverbindliches Umherirren, sondern bedeutet: in und zu etwas stehen.

Nicht: den Verstand aufgeben, sondern sich festmachen, Halt gewinnen in etwas. Das ist doch ganz etwas anderes als in den Bereich frommer Worte überzuwechseln, die sich nie in das im Alltag nötige Kleingeld umwechseln lassen. Glaube ist daher nicht verkrampftes Springen, sondern im Gegenteil bei uns, die wir seit Generationen getauft sind, eher das Sich-Verhalten zu einem Grund, auf dem man schon lange steht. Wahrmachen der Geschichte seit Abraham, in der wir darinstehen. Glauben hat daher sehr wesentlich etwas mit Identität zu tun und weniger mit Selbstaufgabe. Glaube heißt Halt finden und bewahren in dem, der uns von allen Seiten umgibt. Und dieses Haltfinden ist dann höchst verbindlich.

So ist Glaube nicht vor allem, daß wir Bekenntnisse, die uns unlogisch erscheinen, annehmen müßten, sondern: Halt finden und einen Standort gewinnen in der Geschichte des Heils, von der die Bibel erzählt und die weiter geht bis heute. Annehmen dessen, was gut war, und damit rechnen, daß es gut enden wird. Glauben heißt: Gottes Ja zu entdecken und zu übernehmen, entdecken, daß wir nie ohne dieses grundsätzliche Ja auskommen können, daß wir es, wenn wir uns auf etwas freuen, schon immer ständig mitvollziehen. Entdecken, daß Leben und nicht Tod gewollt ist und daß auch jeder einzelne gewollt und geliebt ist.

Gibt es von hier aus einen Weg zur Kirche und zu ihren Lehren? Vielleicht stoßen wir nie ganz ohne die anderen auf dieses Ja. Aber die Lehren der Kirche sollten wir nicht auffassen als den dann folgenden nächsten bitteren Schritt, der nach dem Motto »Friß oder stirb« uns vorgeschrieben wird, nicht als erdrückende Masse an Theorie. Sondern unser Glaube verhält sich dazu wie das Kerzenlicht hinter den vielfältigen bunten Fenstern einer Laterne. Die Lehren der Kirche sind wie diese bunten Fenster. Sieht man sie nur von außen, ohne den Halt gefunden zu haben, der Glauben ist, dann sind sie wie fremde, dunkle, abweisende und sinnlose Wände. Dann möchten wir am liebsten diese Bilder stürmen, denn die Lehren der Kirche sind wie Bilder um die Mitte herum. Nur durch Glauben können wir uns diese Bilderfenster der Laterne transparent machen, uns und anderen.

Das Licht der Kerze im Inneren der Laterne ist daher keineswegs mit den Bilderfenstern identisch oder gleichzusetzen. Es ist in Wahrheit etwas anderes, lebendige Flamme, die diese Bilder von innen her erleuchtet, als sinnvoll erscheinen läßt. Und wie in der Laterne, so sind diese Bilderfenster eine Art Lebensraum des Glaubens. Zugleich aber gewinnt der

Glaube so Gestalt nach außen, gewinnt Form für einen selbst und für andere.
Und die Kirchengeschichte wie die Geschichte jedes einzelnen besteht auch darin, immer neue Fenster, Muster und Bilder zu entwerfen, in denen das Licht transparent wird. Da wir aber auch wissen, daß die Kerze nicht dasselbe ist wie die Bilder, ergibt sich auch eine gewisse Gelassenheit gegenüber den Einzelheiten der Bilderfenster. Denn die kirchlichen Lehren sind so nicht einfach dasselbe wie unser Glaube, und niemand muß durch alle Fenster zugleich oder nur durch die alten Teile blicken. Man kann die kirchlichen Lehren gelassen gelten lassen, wenn man sie auf das hin transparent macht, was man unter Glauben versteht. Wenn man sich nicht erdrücken läßt von der Masse der aufgehäuften Sätze, sondern einen Bezugspunkt hat, von dem aus und auf den hin man die Lehrtradition und die Bekenntnisse ordnen und »organisieren« kann, dann sind die Dogmen und Bekenntnisse nicht das Geheimnis selbst, sondern nur relativ zum Geheimnis. Dann geht es nicht unbedingt darum, diese Bilder zu stürmen – man sollte sie nur ersetzen, aber das dann auch wirklich tun, wenn man neue, schönere zu haben meint –, sondern man kann frei und gelassen gegenüber allen diesen Bildern sein, weil man einen Bezugspunkt hinter ihnen entdeckt.
Das Geheimnis selbst aber, die lebendige Flamme, kommt zustande, wie es ein alter kirchlicher Brauch anzeigt, den jetzt auch die Evangelischen übernommen haben und der aus der Osternachtsfeier stammt: In die dunkle Kirche wird ein einziges brennendes Licht hereingetragen, das Christus, das Licht, darstellt. An diesem Licht werden dann die Kerzen entzündet, und einer entzündet seine Kerze am Licht des anderen. Seitdem Jesus da war, gibt es diese Kette der Lichter, die mit ihm seinen Anfang genommen hat, und einer empfängt den Glauben vom anderen. Es ist sein Glaube – und doch vom anderen empfangen, und am Ende ist es das Licht, das der Christus selbst ist.
Und wenn Sie fragen, was dieses Licht denn sei, das zwischen Empfangen und Weitergeben besteht und das nur Lebendigsein des einen, ersten Lichtes selbst ist: Es ist Geliebtsein, Lieben können und Hoffnung haben dürfen. Ich kann das nur so allgemein sagen, weil es seine ganze Füllung in der Geschichte jedes einzelnen und des Volkes Gottes aus Juden und Christen, wirklich eben in dieser Geschichte erhält. Diese Geschichte bekommt einen Bezugspunkt, fällt nicht in sinnlose Einzelstücke auseinander.

Es geht daher am Ende gar nicht oder nur vordergründig um Glaube und Zweifel. Das wahre Problem ist das ungelöste, ungeklärte Gegenüber der Institution Kirche mit ihrer Tradition und dem einzelnen, der sich erdrückt und überfordert fühlt, der keinen Ausweg sieht zwischen totaler Unterwerfung und rettender Distanz.
Wer das Gefühl hat, erdrückt zu werden, hat auch den Argwohn, ihm würde Wichtiges vorenthalten. Und daher finden dann immer wieder »aufklärerische«, außerhalb der Kirche stehende Journalisten und Popularwissenschaftler so sehr viel Gehör, die die »neueste«, enthüllende Wahrheit über Jesus und das Urchristentum verbreiten. Jeder Theologe hat in seinem Studium umfassender und solider solche Art Kritik gelernt. Doch aus lauter Rücksicht auf Glaubenslehre und angebliches Desinteresse für Kritik (Unterschätzung) und aus Unverständnis dessen, was eigentlich Glauben ist, kommt sie in der kirchlichen Verkündigung, die »von oben« her und alternativlos zu geschehen pflegt, dann nicht mehr vor. Das wahre Problem ist, daß wir uns noch immer erdrücken lassen, weil wir noch keinen Bezugspunkt hinter der Bilderwand der Dogmen und Traditionen gefunden haben. Noch stehen sie uns drohend gegenüber, noch können wir sie nicht gelassen betrachten vom Licht eines eigenen Glaubens her.
Es geht daher um Selbstsein, um Identität innerhalb unserer Heils- und Unheilsgeschichte. Selbstsein angesichts der Tradition geschieht aber dadurch: daß wir den Punkt wahrnehmen, der uns daran etwas bedeutet und der ein Tor sein kann zu einem eigenen schöpferischen, befreiten Standpunkt in und nicht außerhalb dieser Geschichte. Und man wird dann bemerken, daß der Punkt, an dem man zustimmen kann, genau das ist, von dem man und aufgrund dessen man schon je und je gelebt hat. Eben das zu erkennen und wissen zu wollen, schafft auch den Freiraum, in dem man selbst eine Mitte gefunden hat. Weil es um das geht, von dem her wir je und je gelebt haben, das uns schon immer zugekommen ist in der Geschichte des Heils, ist Glaube nicht Sprung ins Ungewisse und nicht Leistung. Sondern er ist eben darin Annahme all der Gnade, die wir schon immer erfahren haben. Die Substanz, von der wir geistig gelebt haben, hängt auf irgendeine Weise mit der christlichen – vielgeschmähten – Umwelt zusammen, der wir tausend Eindrücke verdanken. Kindertaufe ist ein m. E. sinnvoller Ausdruck des Hineingeborenseins in diese Geschichte. Glauben heißt, dieses Hineingestelltsein an einem, an unserem Punkt zu erkennen und dem, was wir selbst sind, anzuverwan-

deln. Deshalb hängt Glauben sehr intensiv mit unserer Freiheit zusammen und von daher auch mit Handeln.
Glauben heißt auch: Sehen, daß ich an meiner Stelle geliebt und gut bedacht bin, daß mir eine Aufgabe mitgegeben wurde in der Geschichte des Heils.
Wir nehmen wahr: Unsere Zweifel an Gott und Kirche hängen auch zusammen mit Unzufriedenheit mit uns selbst, weil wir (noch) nicht recht mitmachen können. Glaube hat mit Freiraum zu tun. Diesen gibt es nur, wenn man Weg und Ort kennt, an dem man steht. Dieser Weg und dieser Ort, sie sind nicht weit weg. Man muß sie nicht suchen. Man muß sich nur erinnern. Und unser Gedächtnis ist so gebaut, nur das Beste zu bewahren.
Dann sind wir auch frei, das Notwendige zu tun, weil keine Zeit bleibt, nur immer an uns selbst zu denken. Denn nur wenn wir das Licht weitergeben, für andere Licht sind, stirbt die Kette nicht, die von Jesus her ihr Licht nimmt.

Gottes Geist
Lk 11,5-13

5: *Und er sprach zu ihnen: Wenn jemand unter euch einen Freund hat und ginge zu ihm um Mitternacht und spräche zu ihm: Lieber Freund, leih mir drei Brote;*
6: *denn mein Freund ist zu mir gekommen auf der Reise, und ich habe nichts, was ich ihm vorsetzen kann,*
7: *und der drinnen würde antworten und sprechen: Mach mir keine Unruhe! Die Tür ist schon zugeschlossen, und meine Kinder und ich liegen schon zu Bett; ich kann nicht aufstehen und dir etwas geben.*
8: *Ich sage euch: Und wenn er schon nicht aufsteht und ihm etwas gibt, weil er sein Freund ist, dann wird er doch wegen seines unverschämten Drängens aufstehen und ihm geben, soviel er bedarf.*
9: *Und ich sage euch auch: Bittet, so wird euch gegeben; suchet, so werdet ihr finden; klopfet an, so wird euch aufgetan.*
10: *Denn wer da bittet, der empfängt; und wer da sucht, der findet; und wer da anklopft, dem wird aufgetan.*
11: *Wo ist unter euch ein Vater, der seinem Sohn, wenn der ihn um einen Fisch bittet, eine Schlange für den Fisch biete?*

12: *Oder der ihm, wenn er um ein Ei bittet, einen Skorpion dafür biete?*
13: *Wenn nun ihr, die ihr böse seid, euren Kindern gute Gaben geben könnt, wieviel mehr wird der Vater im Himmel den heiligen Geist geben denen, die ihn bitten.*

Ob das Christentum am Ende sei, wurde gefragt. – Im Prinzip ja, war die Antwort. Nur dem heiligen Geist könne man nie trauen. – Jesu Rede nach diesem Text zeigt ein deutliches Gefälle: Zuerst sagt er: Bittet, und es wird euch gegeben werden, jeder, der bittet, empfängt. Dann aber grenzt Jesus den Gegenstand der Bitte drastisch ein: »Um wieviel mehr wird der Vater vom Himmel heiligen Geist denen verleihen, die ihn bitten.« Nicht beliebige Wünsche also werden erfüllt, kein Schlaraffenland wird eröffnet. Aber das wußten wir schon längst. Was wir nicht wußten: daß die wichtigste, die einzig diskutable, die immer erhörte Bitte die um den heiligen Geist ist. Die Gleichnisse vom mitternachts bittenden Freund, vom Brot und vom Stein, vom Fisch und von der Schlange, vom Ei und vom Skorpion sagen: Gott schenkt nichts Geringeres als dieses, wenn wir nur darum bitten. Auch in dem lukanischen Vaterunser, das direkt vorangeht, heißt es in vielen alten Handschriften statt »Es komme dein Reich«: »Es komme dein heiliger Geist und reinige uns«. Unsere Lage ist doch wohl eher die, daß wir diese Gabe gar nicht haben wollen. Unser Problem ist gar nicht, daß dieses Gebet nicht erhört würde, wir wissen sehr genau, daß es erhört wird. Unser Problem ist, daß wir lieber gar nicht darum beten. Weil wir genau wissen, daß Geist eine gefährliche Gabe ist, eine mitreißende und verwandelnde, die uns trägt und uns fordert. Denn Gott selbst bei den Menschen, das ist heiliger Geist. Diese unwahrscheinliche Nähe zu Gott geben wir lieber zurück, wie ein an den Absender zurückgesandtes Weihnachtsgeschenk. Kein Bedarf. Wir wollen etwas anderes. Und sind unsere Wünsche nach Sachgütern nicht allzu verständlich: mehr Bafög, eine sichere Stelle, keine Arbeitslosigkeit, weniger Gewalt, keine Raketen. All dieses Beten wird offenbar in nur sehr geringem Maße erfüllt. Statt dessen werden wir auf den heiligen Geist vertröstet. Was ist das für ein Gott, der uns auf diesen makabren, unsichtbaren und anstrengenden Ausweg verweist? Wir erinnnern uns an den Anfang der Apostelgeschichte: Auch dort fragten die Jünger nach dem sichtbaren Reich für Israel, und die Antwort: Den Geist werdet ihr empfangen, und ihr werdet und sollt Zeugen sein. Dieselbe Art von frustrierender Vertröstung.

Mit den ansprechenden Gleichnissen macht uns Jesus das Bitten um den heiligen Geist schmackhaft. Die Güter, die hier für den heiligen Geist stehen, sind Teile eines Verhältnisses von Freund zu Freund, von Vater zu Sohn. Das ist die Art von Sicherheit, um die es hier geht: Freundschaft und Kindschaft. Sie wissen, daß beides nicht immer leicht ist für die beteiligten Partner, aber durch Dauer und per definitionem durch Treue gekennzeichnet ist. »Dein treuer Vater« schrieb man früher unter die Briefe an Tochter und Sohn. Von Freundschaft und noch viel weniger von Verwandtschaft kommt man einfach nicht los. Und sie bestehen in der Regel in etwas ganz anderem als in der Erstellung von Sachgütern. Sachgüter sind zweideutig, und man kann damit immer dieses oder jenes anstellen. Freundschaft und Kindschaft dagegen haben ihren Sinn in sich selbst und sind eindeutig.

Wenn Gabe des Geistes Gott selbst bedeutet, wie er uns nahe ist, dann sagt Jesus uns hier: Diese Nähe ist das sicherste Netz, die unverbrüchlichste Geborgenheit, der Geist ist Gottes definitive Treue zu uns. Sehnen wir uns nicht nach einer solchen Freundschaft, in der man auch mitternachts noch kommen kann und wie Kind im Hause ist, nach einer heilen Beziehung zwischen Vater und Kindern? Ist das nicht das Kostbarste, was es gibt? Und nach meiner Theorie kann man intakte Menschen nur erwarten, wenn sie aus solchen intakten Beziehungen hervorgehen. Oder sind solche Beziehungen der erste und einzige Weg, Menschen wieder ganz zu machen. Solidarität und Freundschaft gehen über Sachgüter, die Dauerhaftigkeit einer Beziehung, auch wenn sie durch Leid und Tod führt, macht uns schlechthin glücklicher als alle direkten guten Gaben zusammen. Daher ist das, was uns als frustrierender Umweg erschien, in Wirklichkeit Korrektur unseres Wunschzettels. Auch unseren eigenen Tod hat Jesus nicht aufheben wollen, auch nicht die schrecklichen Krankheiten und Verstümmelungen von Geburt an. Doch als der am Kreuz Verstümmelte ist er uns nahe, als der am Kreuz Gestorbene leistet er uns Solidarität in unsere einsamste Stunde hinein. Gott ist dort, wo das Leiden ist. Abschaffen wollte es dieser rätselhafte Gott nicht ganz, um uns anzudeuten, daß es Wichtigeres gibt als Schmerzfreiheit. Dieses Wichtigere ist Solidarität, das Nichtalleinsein. Wir gehen nicht verloren, da er uns in seine Hände geschrieben hat.

Wenn wir daher um den heiligen Geist bitten, dann sind wir bereit, uns auf eine abenteuerliche und riskante Freundschaft einzulassen, die doch in sich die größte nur denkbare Geborgenheit bietet, auf das Wagnis des

Vertrauens ins Dunkel hinein, dem doch die Verheißung striktester Treue hilft. Und wir bitten darum, daß wir diese Geborgenheit weitergeben können.

Die Grenze der Sprache
Röm 8,26-28

26: *Ebenso hilft aber auch der Geist unserer Schwäche. Denn was wir beten sollen, wie es sich gebührt, wissen wir nicht. Doch der Geist selbst tritt für uns ein mit Ausrufen des Stöhnens, die nicht mit Worten sagbar sind.*
27: *So weiß, der die Herzen erforscht, was das Anliegen des Geistes ist, weil er Gottes Willen gemäß für die Heiligen eintritt.*
28: *Wir wissen aber, daß Gott denen, die ihn lieben, alles zum Guten ausgehen läßt. Denn sie sind nach seinem Vorsatz berufen.*

Pfingsten läßt uns an das Sprachenwunder denken: Der Geist kam auf die Jünger herab, diese konnten reden und wurden von allen verstanden. Der Paulustext, den wir hörten, durchkreuzt jedoch diese Erwartung. Hier geht es nicht um ein Sprachenwunder, sondern um das Gegenteil. Denn »wir wissen nicht, was wir beten sollen«. Paulus denkt nicht an den Jubel der Vollendung, sondern an die Schwäche unserer Worte. Im paulinischen Kontext ist diese Schwäche aber nur Hinweis auf eine umfassende, gemeinsame Not: Daß nämlich Menschen und Welt in einer Sklaverei von Vergänglichkeit liegen. – Und wir können nicht einmal in der Weise um Befreiung aus dieser Not bitten, daß Gott uns hören könnte. Wir wissen nicht, was wir beten sollen, wie es sich gebührt. Den einzigen, der uns aus dieser Sklaverei erretten könnte, erreichen wir nicht. Wir sind eingemauert. Unsere Stimme kann nicht zu Gott dringen. Wir können nicht vor Gott hintreten, um ihn zu bitten. Denn wir sind nicht Partner im Umgang mit ihm und nicht seinesgleichen. Es gibt keinen direkten Weg zu Gott.
Wer ist dieser Gott? Er ist unerreichbar. Die Mystiker sagen, Gott sei Feuer, Wüste, kochender Strom. Wenn viele daher nicht beten oder das Wort Gott nicht hören wollen, ist das vielleicht der unfaßlichen Größe Gottes angemessen. Aber daß wir nicht beten können, gilt für uns alle. Alles, was wir vorbringen können, ist Stöhnen und Seufzen, sind brü-

chige Worte, Jammer über Jammer, Klage der ganzen Welt. Klagen und jammern können wir, beten jedoch nicht.

Wer ehrlich ist, verzichtet auch lieber darauf, das namenlose Leid oder die Fülle der Verbrechen auf der Welt in Worte zu fassen. Weder das Ausmaß unseres Elends noch Gott selbst können wir in Worte fassen. Vor dem Leid der Welt wie vor der Größe Gottes ist eher Verstummen angemessen. In der Unaussagbarkeit begegnen sich daher die Unaussagbarkeit des Elends der Welt und die Unaussagbarkeit Gottes.

Daß wir unsere Not nicht in Sprache fassen können, zeigt nur, daß wir sie überhaupt nicht bewältigen können. Und daß wir von Gott nicht reden können, zeigt ebenso, daß wir ihm überhaupt nicht gewachsen sind. Die Sprache verrät unsere wahre Situation. Denn wo Sprache möglich ist, bestehen auch Brücken.

Die Wende vom Unheil zum Heil ereignet sich nun aber darin, daß unser Jammer jetzt nicht mehr verhallt, daß unser Stöhnen nicht mehr verloren ist. Unsere Klage hat eine Richtung, ein Ziel und ein absehbares Ende bekommen. Unser Stöhnen hat jetzt ein Gegenüber, denn Gott hat sich grundsätzlich dafür entschieden, uns anzuhören.

Diese Hinwendung Gottes zu uns faßt Paulus im Bilde des *Anwalts*. Es ist, wie wenn ein Anwalt für uns vor Gott getreten wäre. Dieser übersetzt unser Klagen in die Sprache Gottes. Und weil diese Sprache Gottes mit menschlichen Worten nicht aussagbar ist, redet Paulus im Kontext des Römerbriefes von den Ausrufen eines unaussagbaren Stöhnens. Der Anwalt spricht für uns in der Sprache, die Gott gemäß ist. Er kann vor Gott hintreten. Durch den Anwalt übersetzt Gott unsere Sprache für sich. Noch nicht wir selbst, aber unser Jammern ist bereits vor Gott angekommen. Denn wir Schwachen und Sprachlosen haben einen Anwalt. Die Grenzen unserer Sprache sind zugleich der Ort des Anwalts. Dieser Anwalt ist der Geist Gottes, denn er ist von Gott und doch bei uns. Wenn Paulus vom Anwalt spricht, meint er, daß Gottes Geist nun endgültig und ein für allemal bei uns ist und für uns ist. Gott hat sich endgültig für uns entschieden – eine kühne und erstaunliche Aussage. Und daß Gott sich für uns entschieden hat, bedeutet, daß er bei uns ist. Dies aber ist die Gabe des Geistes Gottes. Gott hat sich für immer uns zugewandt und ist so schon bei uns. Denn Eigenart des Geistes ist es, sich mitten in die Kreatur einzufügen, ihr Leben mitzuleben und dort sichtbar zu werden, wo die Not am größten ist. Und wir begreifen: Dieser Anwalt ist Gott selbst. Dieser Anwalt hat entschieden für uns Partei ergriffen.

Dieser Anwalt ist ein Gegenüber und nicht unser eigener Geist. Heiliger Geist, das ist nicht irgendeine Erfahrung oder Projektion von Sehnsucht. Der Geist Gottes setzt auch nicht da an, wo wir am geistigsten sind, sondern dort, wo unsere Not am größten ist. Denn er ist der Anwalt der Schwachen und Sprachlosen. Er hilft, wo wir an unsere Grenzen gekommen sind. Dem gemeinsamen Elend entspricht der eine, uns allen gemeinsame Anwalt.

Daß dieser Anwalt unser Klagen zu Gott bringt, bedeutet auch: Das christliche Heil besteht nicht darin, daß immer nur Gott auf uns einredet. Vielmehr ist auch für uns jetzt eine heilvolle Freiheit der Rede eröffnet, da unsere Klage zu Gott kommt. Es geht nicht darum, daß wir Gottes Sprache verstehen, sondern auch darum, daß er unsere Sprache jetzt und immer verstehen will.

Doch was hat der Anwalt eigentlich verändert? Unsere Schwäche dauert an, deshalb brauchen wir ja den Anwalt. Wir sind noch immer sprachlos. Es gibt noch immer keinen direkten Weg zu Gott. Das Elend ist nicht aufgehoben, und die Klage dauert fort. Zeit des Anwalts bedeutet offenbar nicht, daß das Heil schon da ist. Vielmehr ist uns zunächst nur die Versicherung gegeben, daß der, der alles ändern kann, für uns ist, daß unsere Klage ein Gegenüber hat. Pfingsten bedeutet daher vor allem, daß uns Hoffnung gegeben ist. Unser Elend ist so tiefgreifend, daß wir nicht anders können, als uns auf diese einzige Alternative einzulassen. Was konkret geschah, ist Veränderung durch Hoffnung. Und wissen wir nicht selbst, daß nichts so sehr Menschen verändern kann wie Hoffnung? Nicht der Besitz einer Sache verändert, sondern die Hoffnung darauf. All unser Tun geschieht aus Hoffnung. Und da unsere Klage nur für all unser Tun steht, vertrauen wir nicht nur unseren Jammer, sondern vertrauen wir alles Handeln dem Anwalt an: Daß er die Richtung lenkt, in die es seine Wirkung nimmt. Eine Richtung auf Leben, nicht auf Zerstörung hin. Hoffnung heißt, daß wir dem Anwalt alles anvertrauen. Der Geist hat nicht die Vollendung gebracht, aber die einzige Hoffnung. Wir sind nicht darüber belehrt worden, wie es nun genau weitergeht, sondern nur darüber, daß es überhaupt weitergeht, und zwar *für uns.*

Die Hoffnung ist aus demselben Stoff wie der Geist. Die wahren Wunder geschehen dort, wo aus Trostlosigkeit Hoffnung entsteht. Ein stiller und verborgener Pfingstjubel also ist es, von dem Paulus im Römerbrief spricht.

Und wir fragen noch einmal: Wer ist dieser Gott? Der Gott, vor den wir nicht treten können und dürfen, der unaussagbare Gott, dieser Gott ist nun nicht mehr gegen uns, sondern für uns. Daß er unfaßbar ist, braucht uns nicht mehr zu ängstigen. Denn er ist ein Geheimnis, vor dem wir ruhig werden können wie vor einem unermeßlichen Schatz. Gott ist also gar nicht der unerreichbare und unweltliche. Wer Gott so bestimmt, hat ihn schon wieder festgelegt. Unsere Sprache reicht nicht hin: Gott ist weder in der Welt noch außerhalb aller Dinge faßbar. Gott ist auch nicht so vor unseren Augen, daß wir sagen können, was er nicht ist.

Gott ist vielmehr stets in unserem Rücken, er ist hinter uns. Er ist weder faßbar noch unfaßbar, sondern selbstverständlich da. Und Glauben heißt daher auch nicht, sich zu entscheiden, ob es diesen Gott geben soll oder nicht, sondern Glauben heißt: Sich-Festmachen in dem, der uns schon immer trägt. Denn daß Gott in unserem Rücken ist, heißt doch nichts anderes, als daß er uns trägt, hält und führt. Pfingsten sagt etwas über diese Nähe. Das Bild vom Anwalt bedeutet, daß Gott unwiderruflich bei uns ist und uns nicht allein lassen wird. Der als Schöpfer unser Anfang ist, wird als Erlöser unsere Zukunft sein. Paulus beschreibt diese Erfahrung von Hoffnung, wenn er sagt, daß Gott alles für uns zum Guten ausgehen läßt. Das ist kein allgemeiner Optimismus, sondern eine Erfahrung, die auf einem Gegenüber gegründet ist.

Wenn man aber fragt, worin sich diese Hoffnung ganz konkret äußert, heißt da die Antwort nicht doch wieder: abwarten und vertrösten? Ein Anwalt muß aber verlangen, daß man sich ihm anvertraut, nicht dauernd dazwischenredet und nicht ständig fragt, wie der Ausgang der Sache genau sein wird.

Sören Kierkegaard vergleicht daher die Glaubenden mit Menschen, die in einem Boot sitzen und einem Ziele zurudern. Ruderer sehen nicht das Ziel, denn sie rudern mit dem Rücken zum Ziel. Sie können auch nicht hinblinzeln, sonst vergessen sie das Rudern. Wir sehen: Gott ist *immer* in unserem Rücken, auch als das Ziel. Uns bleibt nur das Rudern aus aller Kraft und die Gewißheit, daß der, der uns trägt, auch das Ziel ist. Und niemand steht dem Weg zum Ziel im Wege als wir selbst. Die Hoffnung aber äußert sich gerade darin, daß wir nicht an das Ziel oder an uns selbst denken, sondern daß wir aufgehen in dem, was notwendig getan werden muß, was hier und jetzt von uns verlangt wird.

Aber worin besteht die konkrete Wirklichkeit unserer Erlösung? Wo ist der Anwalt, der Gott, der bei uns ist? Wo können wir ihn suchen?

Am nächsten ist er uns an unseren Grenzen. Wo wir am Ende sind, kann er neu anfangen. Auf den einen Weg zu unseren Grenzen werden wir unfreiwillig geführt durch Katastrophen, Angst und Tod. Aber den anderen Weg zu unseren Grenzen müssen wir selber gehen, indem wir uns den radikalen Forderungen Jesu wirklich stellen und erkennen, daß wir überfordert sind. Dies erkennen wir aber nicht als Zuschauer, sondern nur mitten im Engagement selbst. Nicht zufällig steht in der christlichen Botschaft höchster Anspruch neben dem Angebot der helfenden Nähe Gottes. Beides ist an unseren Grenzen. Denn die Grenzen unserer Kraft erfahren wir nur, wenn wir uns fordern lassen. Gefordert aber ist unser Herz. Nur wer engagiert ist, erfährt, wie wenig er kann. Und zugleich führen Entschiedenheit und Begeisterung zu der Erfahrung, daß Hoffnung uns trägt.

Unsere Genügsamkeit mit alltäglichen Pflichten verdeckt unsere Grenzen und zugleich die Möglichkeiten, glücklich zu sein. Denn nur wer nicht an sich denkt, kann sich finden. An einer Erfahrung aus dem Studium läßt sich dies verdeutlichen: Wer an einem Punkte kreativ geworden ist und sich engagiert hat, findet seinen eigenen Ort. Wer in einer Aufgabe aufgehen kann, findet sich selbst. Wenn wir unsere kümmerliche Mittelmäßigkeit durchbrechen, wird das aufgedeckt, was wir immer wieder verdecken, nämlich unser wirkliches Elend und das Prinzip unserer Hoffnung.

Die christliche Botschaft ist deshalb unattraktiv geworden, weil wir uns nicht mehr bis an die Grenzen gefordert wissen. Freilich hängt es von uns ab, die Augen aufzumachen. Dann könnte unser Verstummen vor dem Elend umschlagen in spontanes Handeln aus mitmenschlicher Solidarität. Jede Spontaneität überschreitet die Grenzen des Gewöhnlichen. Wir sollten daher die spontanen Regungen von Menschlichkeit nicht in uns unterdrücken. Denn spontanes Handeln durchbricht die Grenzen unserer Mittelmäßigkeit. Auch darum geht es, wenn wir von Gottes Geist sprechen.

Der Anwalt wird unser Tun zum Ziele lenken. Von uns ist nur gefordert, daß wir Ruderer sind, die mit ihrem Tun eins sind und an nichts anderes denken als an das, was notwendig getan werden muß. Jeder weiß, was das Notwendige ist. Es zu tun erfordert Mut, Entschlossenheit und Begeisterung. Nur dann können wir glücklich dabei werden. Einige Gleichnisse der Evangelien sind der Sache sehr nahe, wenn sie von *dem* Eifer und *der* Entschlossenheit sprechen, mit denen man sonst das Verbotene tut.

Wenn die christliche Botschaft für uns attraktiv werden soll, müssen wir

sie zuvor tun. Wer die Rede vom Geist Gottes verstehen will, muß zuvor selbst Anwalt der Schwachen geworden sein. Dazu ist alles von uns gefordert. Aber nur an unseren Grenzen wird Gott auch sichtbar. Nur wenn wir alles daransetzen, wissen wir, wem wir uns anvertrauen können. Nur so ahnen wir, von welcher Qualität unsere Hoffnung ist. Der Preis ist hoch. Doch nur mitten in unserem Engagement selbst können wir auch der einzigen Hoffnung gewiß werden, die es gibt.
Dann können wir nicht anders als geben, was wir empfangen haben: wärmen, was erkaltet ist, tränken, was da dürre steht, beugen, was verhärtet ist, heilen, was verwundet ist – den Geist nicht auslöschen, der unsere Hoffnung und Zukunft ist.

Frömmigkeit

Röm 14,7-9

7: *Denn unser keiner lebt sich selber, und keiner stirbt sich selber.*
8: *Leben wir, so leben wir dem Herrn; sterben wir, so sterben wir dem Herrn. Darum: wir leben oder sterben, so sind wir des Herrn.*
9: *Denn dazu ist Christus gestorben und wieder lebendig geworden, daß er über Tote und Lebende Herr sei.*

Ich denke bei diesen Versen an die schönste romanische Krypta Norddeutschlands. Seit der Schulzeit schon bin ich immer wieder dort gewesen, auch jetzt noch alle ein bis zwei Jahre. Die Krypta gehört zur Ruine einer Kirche, die im Park eines Herrenhauses einer großen Domäne liegt, wie sie die norddeutsche Tiefebene kennt. Die Kirche ist bis auf eine Apsis und das Westwerk abgerissen, aber an dem Verbliebenen erkennt man die Züge Hirsauer Bauart. In die Krypta steigt man vom Park aus ein paar Steinstufen hinunter. Das Mittelschiff wird gebildet durch je vier mannshohe romanische Säulen rechts und links. Es empfängt sein Licht durch ein einziges romanisches Fenster an der Ostseite. Die übrigen Fenster spenden weniger Licht und erhellen den seitlichen Umgang. Das Licht erhält seine Farbe durch die hohen Buchen und Kastanien des umgebenden Parks. Die Kapitelle der Säulen aber, die je verschieden gemustert sind, zeigen Figuren, Wülste, Engelsköpfe und Dämonen, Löwen und Greife, Fabelwesen, Seraphim, Mächte und Gewalten, auch ein wilder Eber ist dabei, und ein Menschenantlitz gen Osten. Das einzige Fenster, das dem Mittelschiff sein Licht gibt, läßt das Auge die Säulen erst nach einer Weile erkennen. Hier geht es um Chaos und Ordnung. Die Kraft der wilden Tiere und dämonischen Geister ist gebändigt im Rhythmus der Säulen, durch das Gebanntsein in Stein, durch die Herrschaft des einzigen Lichtes. Dieses Licht hat die Kraft des Chaos zu unvergleichlicher Schönheit gewandelt. Es ist eine einsame Krypta, draußen vor den Harzbergen, und jetzt im Herbst sind wieder ein paar bunte und welke Blätter durch den offenen Eingang hineingeweht. Dieser Ort ist wie ein Bezugspunkt in meinem Leben, es gibt so etwas wie gegenseitige Zugehörigkeit über die vielen Jahre hin. Vielleicht, weil der Raum dem entspricht, was im Innern ist: Das Halbdunkel und das einzige Licht, die handgreiflichen Mächte des Chaos, die Freude am Aufblitzen paradiesischer Schönheit und die Leichtigkeit, mit der die geformten Säulen das schwere Gewölbe tragen. Das Licht läßt die Gestalten erkennen und bannt sie zugleich. Es läßt sie nicht in ihrer Unbestimmtheit, sondern ruft sie beim Namen, schenkt ihnen ihre Form seit fast tausend Jahren. Sie werden fragen, wo hier die soziale Verantwortung und die Nächsten überhaupt vorkämen. Aber alles dieses, die mythischen Figuren und das Spiel von Licht und Dunkel, liegt weit davor, dort wo sich Identität entscheidet, aus der heraus wir erst geben und schenken können. Wo wir allein sein wollen und müssen. Keine Antwort in Sätzen, sondern vielleicht: sich Wiedererkennen in Bildern, die uns geprägt: die steinerne Predigt der Romanik von Christus, das Spiel von Dunkel und Licht mit dem Resultat paradiesischer Schönheit. Das zu Gestalt verwandelte Chaos. Es geht um die Kraft, die uns trägt, um Gestalten, die uns prägten, über denen der Herr sichtbar wird, dem alles dient. Irgendwo in den vielfachen Predigten die Stelle zu finden, an der wir zu Hause sind. Zuerst in der Tiefe, vor allem Handeln, müssen wir erreicht worden sein. Paulus verschweigt es nicht: Es geht auch um den Tod dabei, um einen Sinn, der uns auch über diese Schwelle zu tragen vermag. In dieser Krypta von Riechenberg im Harzvorland wurde im 12. Jahrhundert der letzte Augustinerabt beigesetzt. Eine Krypta will auch als Bauwerk Deutung des Todes sein. Das einzige kleine romanische Fenster, das den Mittelgang erhellt, war für mich nie etwas anderes als die Botschaft von einem Licht, das *jede* Dunkelheit und *jedes* Chaos betrifft, auch den Tod. Das ist doch Auferstehung: Ergriffensein von dem Licht, das noch jedem Dunkel Gestalt zu geben vermag. Christentum verschweigt keine Finsternis und kein Chaos, vielleicht sieht man es wegen dieser Ehrlichkeit oft als finster an. Aber es kennt dieses einzige sanfte Licht, das stärker ist als die vielen Tode des Daseins.

Wir haben über Frömmigkeit geredet in einem Blockseminar neulich, über eine Größe, mit der nur wenige Studenten etwas anfangen konnten. Aber was heißt es konkret: Wenn wir leben, so leben wir dem Herrn? Ich habe ihnen gesagt, daß Frömmigkeit etwas anderes ist als Nachdenken, Selbstkritik üben oder Tagebuchschreiben. Daß damit aber auch nicht einfach die Übernahme vorhandener Form verbunden ist. Aber: Mozart hat von der Melodie des lateinischen Vaterunsers gesagt, ein wahres Genie müsse sie erfunden haben. Manchmal kommt sie mir in den Sinn, und dann singe ich es leise vor mich hin. Oder ich erinnere mich an eine der Präfationen wie an die, wo es heißt, daß denen, die glauben, das Leben nicht genommen, nur gewandelt wird. Oder ich singe leise die Melodie des Gloria, »Gloria in excelsis Deo«, von der ich weiß, daß auch Alfred Delp sie in seiner Gefängniszelle sang, bevor die Nazis ihn ermordeten.

Frömmigkeit hat etwas zu tun mit dem Ansingen gegen Angst. Wie wenn man nachts durch den Wald geht und singt. Und das Singenkönnen selbst ist schon Antwort auf die Gabe der Geborgenheit. Aber es bedarf wohl dieser Form und Gestalt, es kann nicht beim Gefühl bleiben. Sehr alte und einfache Formen gibt es, die der peinlichen Direktheit entzogen sind, abgeklärt sind, so daß nur das Wesentliche blieb. Ihnen kann man sich doch mehr anvertrauen, als man oft wagt. Denn sie sind wie altgediente Boote auf einem Wasser, dessen ungewisse Strömung eigenes Schwimmen oft kaum möglich macht. Sie geben zugleich Raum und bieten Gehäuse für mein eigenes Subjektives jetzt, das ich nicht so einfach in Sprache bringen kann.

Ich sage Ihnen zu unserem Text alles dieses, weil es doch keinen Sinn hat zu sagen »Ich lebe dem Herrn«, wenn das nirgendwo vorkommt. Und wenn es heißt »leben dem Herrn«, dann müßte oder könnte es etwas mit Leben zu tun haben, mit Identität vor aller Vernunft. Dort schon, wo es um mich selbst geht, müßte sich das darstellen. Von dorther bestimmt sich auch, was evident sein kann für mich. Wir nennen das oft den Bereich der Religion, der Frömmigkeit, des Betens.

Ein bedenkenswertes Sprichwort sagt: Es gibt keinen, der nicht betet. Sollte das wahr sein: Es gibt keinen, der nicht betet? Beten und Frömmigkeit, das konkrete dem Herrn Leben, sie sind mehr als je zuvor in diesem Jahrhundert ein Sprachproblem geworden. Das sieht man daran, daß

Beten für uns alle etwas Offizielles und etwas Orthodoxes ist. Der Satz, daß es keinen gibt, der nicht betet, scheint für uns einfach nicht wahr zu sein. Das kommt daher, daß der gesamte Bereich der Religiosität unter einer tiefen Klerikalisierung leidet. Daß er durch die Sprache und die Regeln der Pastoren immer wieder beherrscht und gesäubert wurde, so daß wir meinen, fromm sei nur alles das, was biblizistisch, dogmatisch, vorsichtig und abgewogen, irrtumsfrei und wirklich nach allen Seiten hin abgesichert ist. Statt dessen bin ich für eine Emanzipation der Frömmigkeit der Laien, der vielen Nichtkirchgänger. Denn diese Frömmigkeit erdrücken wir Theologen mit unserer Sprache, die wie Beton ist, verbarrikadiert gegen kritisches Denken, gegen Gefühle und gegen jede Wirklichkeit, die sich den erstarrten Begriffen nicht fügt.
Die Frömmigkeit aber, die ich meine, sie wagt sich kaum zu artikulieren, sie ist viel kindlicher und viel erwachsener zugleich, es gibt sie zwischen Schweigen und Anklage, nicht brav, sondern verlegen. Hier wird Gott noch wirklich als Geheimnis erfahren, als eine Mauer, als die Mauer.
Das leichtfertige Gerede der Theologen von Gott als Person, hier ist es wieder aufgebrochen und fraglich geworden. Hier gibt es die tausend Zwischentöne, und das meiste davon wird nie Sprache. Hier gilt der Satz des Paulus, daß wir nicht wissen, was wir beten sollen, wie es sein soll. Hat man schon einmal daran gedacht, daß Rechtfertigung auch die der Sprachlosen und Schweigenden ist, der Hilflosen und aller derer, die mit unseren griffigen Formeln nichts anfangen können? Sicher ist nicht schon jedes Nachdenken Beten. Aber ist es nicht schon Beten, wenn unsere Hoffnung und Verzweiflung eine Richtung haben? Religion nicht als Opium, sondern als Strohhalm? Und ist nicht das Ansingenkönnen gegen die Angst selbst schon Gnade, Ausdruck von Geborgensein – auch wenn man nicht über Gott redet, wie es Theologenart ist, sondern wenn man ihn eher im Rücken hat wie Rückenwind?
Diese 95% draußen, sie kommen zur Kirche, wenn sie am ärmsten dran sind, in Todesfällen oder zu Weihnachten. Müssen wir uns unbedingt über diese Armut erheben? Wenn Weihnachten Fest der Liebe ist und doch Liebe so schwer möglich ist, kommen sie nicht da zur Kirche wie Leute, die auf ein Wunder warten, daß Liebe vielleicht doch noch möglich sei? Selbst auf Wunder können sie in aller Trostlosigkeit noch warten. Und ist nicht gerade das Ausdruck von eigenster Religiosität? Warum müssen wir jede Frömmigkeit an der des Psalmendichters oder des Augustinus oder Luthers messen? Kleinere und ehrlichere Brötchen

backen, statt immer nach den Klassikern schielen. Wirklich Emanzipation des Laien in der Pastorenkirche vollziehen.
Ein Student hat zum Heidelberger Universitäts-Jubiläum (1986) gesagt: Ich bitte die Professoren, daß sie uns mehr mitteilen von sich selbst bei ihrem Tun. Daß sie uns etwas sagen über ihre Motivation, ja über ihre Leidenschaft. – Dieses, meine ich, gilt genauso für Pfarrer und Lehrer, es ist das Herz des gesamten Ausbildungswesens, auch des Miteinanders in der Kirche. Denn wenn man sich gegenseitig sein Interesse bekennt, kann es kein Gegeneinander geben. Dann ist aller Bann gebrochen, wenn wir uns selbst geben, den Punkt benennen, an dem Freude noch rein ist, denn in der Tiefe gibt es ja *doch* das Nichtegoistische, wo uns das einzige Licht erreicht hat. Dieses Offensein hat auch etwas mit der Art von Frömmigkeit zu tun, die ich nannte. Denn in beiden Fällen geht es darum, zu dem zu stehen, was sich direkt unter der Oberfläche regt. Man denkt oft, es sei eigentlich nicht so wichtig und könne sogleich und schamvoll verschwiegen werden. Aber genau dieses bedarf der Emanzipation. Und das sind dann eine ganze Menge Dinge: das spontane und noch nicht weggedeutete Gefühl, irgendwo helfen zu müssen, das spontane und nicht hinuntergeschluckte Staunen, Sichfreuen, Anklagen und Beten. Auf das hören, was unter der Oberfläche ist und was wir viel zu schnell abtun. Ich meine unser Herz damit. Unsere Leidenschaft, unsere Sensibilität, unsere Mitmenschlichkeit, alles das ist ja nicht tot, und auch unser Beten ist nicht tot, unser Vertrauen auf Gott, unser Hoffen auf jeden schönen neuen Tag. Aber auch unsere Anklage und unser Protest. Neulich war von einer Demonstration in Cattenom ein Plakat zu sehen: »Widerstand braucht Phantasie«. Bei Phantasie denke ich auch an die reichen Kapitelle der romanischen Krypta, an das Reich der Möglichkeiten, die der Wirklichkeit ganz nahe sind. Meinen Sie nicht, daß das alles zusammengehört: Phantasie und Geistesgegenwart und Emanzipation der eigenen Frömmigkeit und einfach dies: Zu allem dem stehen, was das Herz sagt. Dann entdecken wir, daß der, den die Theologen Gott nennen, uns viel näher ist, als wir denken, weil dies oder dieser, der uns trägt und uns hoffen läßt, der uns lebendig und frei reagieren läßt, nicht wir selbst sind, sondern der, dem wir gehören. Jede neue Emanzipation, jede Freiheit, die wir erringen, jedes Stehen zu unserem Herzen macht deutlicher, daß alle Unruhe unseres Herzens ein Woher hat und ein Wohin. – *Das Mögliche ist ganz nahe,* denn ob wir leben oder sterben – wir gehören dem Herrn.

Gott ist für uns

2 Petr 1,12-21

12: *Darum will ich's nicht lassen, euch allezeit daran zu erinnern, obwohl ihr's wißt und gestärkt seid in der Wahrheit, die unter euch ist.*

13: *Ich halte es aber für richtig, solange ich in dieser Hütte bin, euch zu erwecken und zu erinnern;*

14: *denn ich weiß, daß ich meine Hütte bald verlassen muß, wie es mir auch unser Herr Jesus Christus eröffnet hat.*

15: *Ich will mich aber bemühen, daß ihr dies allezeit auch nach meinem Hinscheiden im Gedächtnis behalten könnt.*

16: *Denn wir sind nicht ausgeklügelten Fabeln gefolgt, als wir euch kundgetan haben die Kraft und das Kommen unseres Herrn Jesus Christus; sondern wir haben seine Herrlichkeit selber gesehen.*

17: *Denn er empfing von Gott, dem Vater, Ehre und Preis durch eine Stimme, die zu ihm kam von der großen Herrlichkeit: Dies ist mein lieber Sohn, an dem ich Wohlgefallen habe.*

18: *Und diese Stimme haben wir gehört vom Himmel kommen, als wir mit ihm waren auf dem heiligen Berge.*

19: *Um so fester haben wir das prophetische Wort, und ihr tut gut daran, daß ihr darauf achtet als auf ein Licht, das da scheint an einem dunklen Ort, bis der Tag anbreche und der Morgenstern aufgehe in euren Herzen.*

20: *Und das sollt ihr vor allem wissen, daß keine Weissagung in der Schrift eine Sache eigener Auslegung ist.*

21: *Denn es ist noch nie eine Weissagung aus menschlichem Willen hervorgebracht worden, sondern getrieben von dem heiligen Geist haben Menschen im Namen Gottes geredet.*

Nicht Christus ist nach diesem Text das Licht in unserer Finsternis, sondern das Wort. Auch nicht das des Neuen Testaments, sondern das des Alten: Prophetenwort als Fackel. Christus ist der Morgenstern, der dann kommen wird und der auf Erden verherrlicht war. Aber jetzt ist noch nicht Zeit des Morgenstern, sondern Dunkel und Nacht, Advent. Anhand der Worte der Propheten sollen wir uns vorwärts tasten. Nicht ohne die Apostel, denn sie sind die Zeugen der Herrlichkeit des Christus. Und sie waren es auch, die die Auslegung des Prophetenwortes hörten: »Dies ist mein Sohn, den ich liebe. Ihm habe ich mein Wohlgefallen zugewendet.« Dieses Prophetenwort wird auf Jesus angewandt. Und damit ist der Schlüssel gegeben für alle Prophetenworte überhaupt. Nein, Propheten haben nicht irgendwelche besseren Zustände vorhergesagt, sondern es gilt nur der Fingerzeig auf den einen geliebten Sohn. So wissen es die Apostel als Zeugen. Es geht nur um den einen, den Gott liebt.

Eine neue »Summe« des Alten Bundes wird hier geboten. Wir kennen nur die aus den Evangelien: Du sollst Gott und den Nächsten lieben. Hier aber ist die Summe anders: Daß Gott es ist, der liebt, daß er diesen Jesus liebt. Das ist die Summe der Propheten, das ist der Schlüssel. Er ist auserwählt, er ist verherrlicht wie keiner. Petrus bezeugt es uns, in ihm kommt alles zusammen, was Gott an Liebe aufbieten kann. Petrus redet nicht von Ostern und vom Kreuz, sondern von der Verklärung: Daß Gott an einem Menschen seine Herrlichkeit zeigt. Er verherrlicht ihn. Menschenverherrlichung, das ist also die Summe aller Propheten. Gott will jemanden, er kann lieben und hat geliebt.

Aber was ist mit uns? Wir stehen im Dunkeln, das wird nicht beschönigt. Wie auf einem Rembrandtbild sind Licht und Dunkel deutlich verteilt. Auch bei uns geht es immer um die Frage: Wer hat Glück oder nicht, wer kann leben oder nicht, wer ist von Gott geliebt oder offenbar nicht? Und wir denken: Wenn Gott überhaupt einen von uns liebt, dann fällt etwas für uns alle dabei ab. Dann tut er es nicht für den allein. Wir fragen oft, wann der Morgenstern endlich da sein wird. Und das ist dann auch das weitere Thema unseres Briefes. Aber hier gilt es zuerst zu begreifen, daß alle Vorgeschichte im Alten Bund konzentriert rekapituliert und aufgehoben ist in Jesus Christus.

Bedeutet das, daß wir das Alte Testament nur mit christlichem Schwänzchen lesen dürfen? Gewiß nicht. Sondern dies: Alle Rede von Gott, von Gottes Taten, von seinem Volk und seiner Verheißung wird an Jesus entschlüsselt: Daß es sich um Liebe zu dem einen und in ihm zu uns allen handelt. Der eine und mit ihm und durch ihn wir alle. Das Geheimnis der Schrift ist Sohnschaft, ist die in Jesus entschlüsselte Absicht Gottes, Menschen zu seinen Kindern zu machen.

Das ist nicht selbstverständlich. Das ist eine großartige Summe der Schrift des Alten Bundes. Man darf es nur nicht christlich-konfessionell sehen, sondern so: Daß Gott überhaupt Kindschaft will und daß er diesem Willen in Jesus seine klarste Gestalt und seine gültige Enthüllung gegeben hat. Gott sei Dank in unserer finsteren Nacht.

Daß Gott einen Menschen und in ihm alle liebt, das ist die Summe der

Schrift. Das ist erstaunlich genug und überhaupt nicht selbstverständlich. Der Gott, der Hitler schuf und nicht einschritt, als Juden vergast wurden. Der Gott, der jeden Tag Millionen Menschen verhungern läßt. Der Gott, der offensichtlich mit den meisten Menschen schwere Fehler gemacht hat dadurch, daß sie überhaupt da sind. Dieser Gott, sagt uns das Evangelium, will Sohnschaft und Liebe. Er sorgt für den Morgenstern. Er hat uns durch die Verklärung Jesu die Worte der Propheten entschlüsselt. Dieser Gott will Menschen verherrlichen. Mit unausdenkbarer Herrlichkeit und Freude uns beschenken. Dieses abgrundtiefe Geheimnis Gott liebt, ist verliebt in uns. Offenbar hängt es von uns ab, ob das eine unglückliche, tragische Liebe wird. Aber wenn das verborgenste Geheimnis allen Seins für uns ist, dann wird am Ende alles gut sein. Dann brauchen wir keine Angst mehr zu haben. Dann sagt uns jede Zeile der Schrift, daß wir gewollt sind, Wunschkinder.

B. Jesus Christus, der Mittler und Versöhner

Einführung

Jesus ist vor allem und zuerst Messias Israels und König Israels wie David. Er ist die Art, in der Gottes Herrlichkeit bei seinem Volk ist. Damit aber hat er unausweichlich politische Bedeutung, und zwar als der einzige König der Weltgeschichte, dessen Verständnis von Macht nicht mit Gottes Anspruch konkurrierte.

Aufgrund religionsgeschichtlicher Vorarbeiten konnte ich nicht davon ausgehen, daß mit Jesu Auftreten und Anspruch alle jüdische Messiashoffnung einfach »zerbrochen« sei. Und ebenso, aus demselben Interesse, Aussagen über Jesus überhaupt verständlich werden zu lassen, werden immer wieder Bilder gewählt, die gewissermaßen »von unten her« nachvollziehen möchten, weshalb Jesus die Menschen begeistern konnte und noch immer fasziniert. Die wichtigsten dieser Bilder sind:

Jesus ist ganz und gar Bote Gottes, das ist seine Hoheit, aber auch seine totale Abhängigkeit vom Vater. So ist er Anwalt der Einzigkeit Gottes, gerade als sein wahrer Bote der letzten Stunde. Der eine, durch den einzigen Boten verkündete Gott ist Bedingung und Möglichkeit der Erfassung von Sinn und der Wirklichkeit von Liebe.

Jesus ist der Versöhner, und er läßt deutlich werden, daß Versöhnung ein grundlegendes, anfanghaftes Geschehen ist. Segen wird wieder zugänglich. Jesus ist der, an dem Gottes sichtbare Unsichtbarkeit in die Geschichte eingreift. Die biblischen Begriffe »Herrlichkeit« und »Epiphanie« (Sichtbarwerden zu helfendem Eingreifen) werden immer wieder aufgegriffen und damit ein Stück (auch liturgischer) byzantinischer Wirkungsgeschichte des Neuen Testaments.

Jesus ist der Leidende, und darin wird Gott durch ihn solidarisch mit aller leidenden Kreatur. Dieses Dabeisein Gottes erscheint als Weise seiner Zuwendung. Hier konnte ich an spätmittelalterliche Frömmigkeit anknüpfen.

Schließlich und vor allem ist Gott in Jesus den Menschen nahe gekommen, Jesus erscheint als der seligste aller Menschen. In der Art, wie Gott sich hier präsentiert, wird ein Stück Himmelreich greifbar. Vermittelt wird es vor allem durch das (Abend-)Mahl der Gemeinde. Mit der Betonung der »Präsenz« Gottes in Jesus und der »Teilhabe« am Himmel durch ihn, wird griechisch-byzantinisches Denken aufgegriffen.

Menschwerdung

Mi 5,1

1: *Und du, Bethlehem Efrata, die du klein bist unter den Städten in Juda, aus dir soll mir der kommen, der in Israel Herr sei, dessen Ausgang von Anfang und von Ewigkeit her gewesen ist.*

In dem Roman »Die Pest« von Albert Camus erleben zwei Personen das Sterben eines Kindes, ein atheistischer Arzt und ein Priester. Der Arzt empört sich darüber, daß ein unschuldiges Kind leiden mußte, der Priester antwortet: »Es ist empörend, weil es unser Maß übersteigt. Aber vielleicht sollten wir lieben, was wir nicht begreifen können?« Dagegen protestiert der Arzt leidenschaftlich: »Nein, ich habe eine andere Vorstellung von Liebe. Und ich werde mich bis in den Tod hinein weigern, die Schöpfung zu lieben, in der Kinder gemartert werden.« – Auch der in der Krippe geborene Messias gehört dazu, denn auch ihm war kein langes Leben beschieden, und die Schreie der Unschuldigen stören auch unser Fest. Und wir müssen vorläufig dem atheistischen Arzt Recht geben: Was geschieht, dürfen wir auf gar keine Weise rechtfertigen, auch nicht als Geheimnis.

Aber unser Gott gab sich nicht damit zufrieden, Geheimnis zu sein. Er redet zu uns, und er redet so, daß wir erkennen: In Jesus Christus leidet er selbst unter der Welt. Von der Krippe bis zum Kreuz: Leiden wird hier nicht zugedeckt, sondern schonungslos offenbar. Und Gott leidet unter unserer Gemeinheit nicht nur aus Höflichkeit oder zum Schein. Sondern Menschwerdung Gottes heißt: Gott wurde uns in allem ähnlich, er weiß nicht nur um unsere Existenz, er hat sie geschmeckt, er weint und klagt mit uns. So zeigt er sich uns. Im Messias ist Gott auf diese Weise bei uns. Der Messias wird buchstäblich »in der Mitte der Nacht« geboren. So betet die Alte Kirche in der Weihnachtsliturgie: »Als die Mitte des Schweigens alles umfangen hielt und die Nacht in ihrem Lauf die Mitte des Weges vollendet hatte, da kam dein allmächtiges Wort, Herr, vom Königsthron.« Doch sagen wir von unserem Messias, daß er dieses

Leiden der Welt nicht sogleich geändert habe. Sondern daß er zuerst und zunächst bis zum Letzten solidarisch mit unserer Wirklichkeit wurde. Man konnte daher fragen, ob er überhaupt der Messias sei. Denn der ohnmächtige Gott ändert ja nichts. Ändert er nichts? Wir werden ja ungeduldig: War Gott nicht allzu sparsam mit seiner Heilsgabe? Nur *diesen* als Messias? Warum nicht mehr, nicht durchgreifender Erfolg? Nur ein hilfloser Mensch, kein Held. Und dann so weiter: Seit zweitausend Jahren faule, verführbare und zerstrittene Christen, die sich in nichts vom nur Menschlichen unterscheiden. War Gott nicht allzu sparsam mit diesem Messias? Lohnt es sich, dafür zu danken? Aber vielleicht geht es tatsächlich vor allem um dieses: Daß wir nicht allein sind in unserer Ohnmacht, daß Gott sie brüderlich teilt.

So bleibt wohl vor allem dieses: Weihnachten heißt, nicht allein sein. Uns nicht allein zu lassen war das Höchste, Letzte und Äußerste, was der unter dieser Welt leidende Gott für uns tun konnte. So ist er in Jesus mit uns auf unserem Weg, auch in der äußersten Verlassenheit. Daher tritt das Christentum nicht als Revolution auf oder als Sozialprogramm. Gott verzichtet auf all das und leistet nur das Letzte, um uns zu zeigen, was das einzig Wichtige ist und was durch nichts anderes ersetzt werden kann, weil auch wir, wenn wir es weitergeben, dieses nur ganz persönlich tun können: Solidarität in der letzten und äußersten Not leisten. Am Ende aller Wege, wo nichts mehr machbar ist, wo wir endlich mit leeren Händen dastehen und nur noch uns selbst haben, dort und nur dort begegnet er uns. Diese letzte Gemeinsamkeit leistet er uns. Wie wir wird er unter Schmerzen geboren, wie wir stirbt er unter Schmerzen. Das ist nichts von den Dingen, die wir für groß halten, es ist etwas sehr Schlichtes: Da sein, nicht allein lassen, das Menschlichste teilen. »Ich bin doch da«, sagt er, wenn wir uns freuen und wenn wir traurig sind, wenn ein Kind geboren wird und wenn wir sterben.

Bei Gott wird das Lieben nicht zum Zudecken der Ungerechtigkeit. Denn sein Leiden ist so echt wie seine Liebe offenbar ist. Er ist zunächst einmal solidarisch, so daß wir in jedem, der schreit, auch ihm begegnen. Er läßt sich durch unser Geschick prägen, und so zeigt er, daß unser Leiden, gerade auch unsere Kleinheit, Bedeutung für ihn hat. Damit sagt er uns, wo Veränderung überhaupt beginnen kann und was ihr letzter Sinn ist: Wir kommen oft nicht weit mit unseren Reformprogrammen, denn ihnen fehlt der Maßstab. Gott gibt uns zu Weihnachten diese Zielvorstellung in strenger und großartiger Sparsamkeit, die allein den einen Punkt betrifft: Menschliche Nähe, elementares Mitsein, Solidarität. Unsere Bemühungen um Gesundheit sind notwendig. Doch Gott sagt uns, daß alle großen Werke klein sind angesichts dessen, was wir am nötigsten brauchen, nicht allein zu sein, nicht allein zu lassen. Dann wissen wir, warum und wozu wir überhaupt etwas in unserer Gesellschaft tun. Dieses unersetzbare, unablösbare Wozu sagt Gott uns zu Weihnachten. So ist das schlichte Mit-dabei-Sein das Einfachste und das Letzte, was wir leisten können und was Gott uns geleistet hat. Gott mit uns – das heißt auf Hebräisch »Immanuel«, und so heißt auch der Messias. Mitsein, das ist der letzte Maßstab und die letzte Norm. Allein hier kann die Wurzel für alle echte Veränderung sein, in der Befreiung der Einsamkeit. Weil Gott nicht als Held vom Himmel kommt, sondern weil Jesus Christus sehr schlicht und wie wir alle geboren wird, deshalb darf es auch zu Weihnachten menschlich zugehen. Im Reden und Spielen, im Singen und sich Freuen. Der Messias wird mit uns geboren. Daher sollten wir lernen, Gott da zu suchen, wo es um das Menschlichste geht und um das Menschliche. Und wo dieses auf dem Spiel steht, geht es auch um Gott. Denn gerade an diesem Punkt hat Gott sich in unsere Gesellschaft gegeben. Hier und nirgend anders treffen wir ihn. Gott nimmt es uns nicht übel, daß wir Menschen sind, er teilt die elementarsten Bedürfnisse mit uns. Deshalb dürfen wir uns auch über Geschenke, über Lichter und Besuch freuen.

Wenn irgendwo ein Kind geboren ist, dann spricht das die Nachbarschaft an. Dann wollen alle wissen, ob es »gut gegangen« ist und wie das Kind ist. Verfeindete Verwandte lassen sich wenigstens zur Geburt eines Kindes hören. Wenn nichts anderes die Herzen der Menschen mehr anspricht, so doch vielleicht wenigstens die Geburt eines Kindes. Zu Weihnachten spricht Gott auf diesem Wege zu uns. Er will uns zeigen, daß er nichts anderes will als unser Leben teilen und es durch schlichte Solidarität verändern. Der große und unbegreifliche Gott begibt sich in die Gemeinschaft von Menschen, man kann sagen: Er braucht uns Menschen, damit wir sein Dabeisein weitergeben, damit er so wirklich für alle Gott werden kann. Denn eigentlich wollen alle geliebt werden und keine Angst mehr haben.

Wir haben oft Angst vor Familienfeiern, vor christlicher Gemeinschaft, vor den vielen Menschen am Fest. Doch der menschgewordene Gott wollte nicht den Krampf, sondern das Elementarste. Er ist von jetzt ab nicht mehr nur im Jenseits, sondern im Elementarsten, was wir haben und das zugleich auch das Wunderbarste ist. Und er ist bei uns im Schlichtesten, welches zugleich auch das Notwendigste ist. Das Schlichte, Wesentliche und Notwendige aber ist das Menschliche. Deshalb ist Gott Mensch geworden.

Herrlichkeit Israels und Licht der Heiden

Lk 2,29-32

29: *Herr, nun läßt du deinen Diener in Frieden fahren, wie du gesagt hast;*
30: *denn meine Augen haben deinen Heiland gesehen,*
31: *den du bereitest hast vor allen Völkern,*
32: *ein Licht, zu erleuchten die Heiden und zum Preis deines Volkes Israel.*

Eine jüdische Apokalypse aus dem 1. Jh. n. Chr. sagt: »Die Jugendzeit der Welt ist vergangen, und die Vollkraft der Schöpfung ist schon längst zu Ende gekommen. Und das Herbeikommen der Zeiten ist beinahe schon da und fast schon vorübergegangen. Denn nahe ist der Krug dem Brunnen und das Schiff dem Hafen und die Karawane der Stadt und das Leben dem Ziel und dem Ende.«

Wenn der Krug nahe am Brunnen ist und wenn das Schiff nahe am Hafen und die Karawane nahe bei der Stadt ist, dann ist die Erfüllung fast da, dann ist das Ziel greifbar nahe, für das man den ganzen Weg gemacht hat. Die Zeit der Gefahr und Entbehrung ist zu Ende. Das, was kommt, wird nicht mit Angst, sondern mit sehnsüchtiger Hoffnung erwartet. Simeons Erwartung ist in Erfüllung gegangen, er steht für die vielen, die vor ihm waren und sich danach sehnten, einen der Tage des Messias zu sehen. Sein Leben ragt noch in die neue Zeit hinein. Und so hat er vor dem Tod keine Angst, weil er weiß, daß der Messias da ist. Man kann nicht sagen, daß nach diesem Text das Heil im Jenseits liegt, sondern der Messias ist auf Erden. Gott hat sich erbarmt und sein Volk geliebt, dieser Glanz überstrahlt das Dunkel des Todes. So stirbt Simeon als ein von Gott Geliebter. Alle Sehnsucht seines Volkes vor ihm und nach ihm war nicht vergeblich. Der prophetische Greis ist am Ende seines Lebens – mit dem messianischen Kind ist das Morgenrot des Heils angebrochen.

Simeon sagt, Jesus sei »Licht zur Erleuchtung der Heiden und Herrlichkeit deines Volkes Israel«. Ein glückliches Wort über Israel: Jesus ist Herrlichkeit Israels, Verherrlichung von Gottes Volk. Zuerst den Juden gehört Jesus. Er ist Gottes Herrlichkeit bei ihnen und für sie, er ist Ruhm Israels, er ist damit das ersehnte Heil. – Alle Gegenwart Gottes in Israel vom Auszug aus Ägypten und vom Sinai her ist immer Anwesenheit von Gottes leuchtender Herrlichkeit. Und alle Bilder, die wir aus der Geschichte des Alten Bundes kennen, werden eingeholt und überstrahlt vom Glanz dieses Lichtes.

So also hat Gott sein Volk geliebt und mit Herrlichkeit geehrt. Damit hat es Teil an Gottes eigener Würde und Hoheit. Herrlichkeit Israels heißt: Durch Jesus hat Israel Anteil an Gott selbst, ist er bei ihnen.

Vergessen wir nicht, daß Jesus zuerst der Messias der Juden ist, daß sie und nicht wir Gottes Volk waren. Wir sind nur die Ausnahme. In allem, was Christen über Juden sagten, hätte man diesen Satz nicht vergessen sollen, daß Jesus Präsenz Gottes für Israel ist und so Israel vergöttlicht. Das Strahlen der Herrlichkeit Gottes fällt zuerst auf Israel. An Israel können wir sehen, was es ist, wenn ein Volk von Gott geliebt und geehrt wird.

Wenn ein Judenkind beschnitten wird, sagte und sagt man ihm: »Glück sollst du haben und die Tage des Messias sehen.« Simeon hat gesehen, und unser Text ist voll von Beschreibung des Sehens. Denn Licht, Erleuchtung, Sehen, Angesicht und Herrlichkeit sind insgesamt auf Sehen bezogen. Ganz offenkundig ist das Heil hier. Hier wird nicht geheimnisvoll an Menschen herangeredet, sie werden nicht aufgefordert, etwas Verhülltes gehorsam anzunehmen. Sondern es gibt Jesus Christus als die Gestalt Gottes in der Welt. Und Herrlichkeit Gottes ist hier und immer die Befreiung aus der verzweifelten Unanschaulichkeit des Glaubens. Hier geht es um mehr als um Hören und Gehorchen. Und auch die Wirkung dieses Messias sind nicht nur Worte, sondern ist eine Gemeinde. Aber diese Herrlichkeit Gottes in Israel ist ein kleines Kind. Nicht mehr in Feuer und Rauch, sondern erstmals als Mensch wird Gott sichtbar. Daher hat sich Gott in dieser Offenbarung in Fleisch und Blut unüberbietbar und ohne die Möglichkeit eines Zurück engagiert. Dennoch wird er gerade so als der Wehrlose begreiflich. So gab sich Gott als Mensch in die Hände von Menschen, und umgekehrt: Er hat keine anderen Hände als die unseren. Aber weil es allgemein nicht schwer fällt, ein Kind zu lieben, knüpft Gott so an unser menschliches Herz an.

Und seither kann Gottes Herrlichkeit auch weiterhin nur an und in Menschen erscheinen. Nicht mehr werden in einer Theophanie Elemente erschüttert, geschmolzen und verändert, sondern seither eben

Menschen. Und seit Simeon wird die Herrlichkeit auf diesem Wege durch Zeugen weitergetragen. Jeder Zeuge seit Simeon ist daher Widerschein der offenbaren Herrlichkeit Gottes. Diese Herrlichkeit Gottes zeigt sich darin, daß es trotz allem Gemeinschaft und Liebe in der Kirche gibt, daß die Kirche es nicht vermocht hat, das unbequem in ihrem Inneren Unruhe stiftende Evangelium zu exkommunizieren, daß es immer wieder Zeugen gibt. Das sind die wahren Wunder, das ist Gottes Herrlichkeit bei seinem Volk aus Juden und Heiden, daß wir trotz allem einander ansehen können.

Es gibt den Satz »Im Dunkeln sind die Lichter heller als am Tag«. Während jüdische Apokalypsen trotz aller Unsicherheit mit einem positiven Ende und einer Erfüllung für bald rechnen, ist die apokalyptische Erwartung heute eher ganz negativ besetzt, und dies, obwohl wir Christen uns nach dem gekommenen Messias Jesus Christus nennen. Nicht nur die Welt ist alt geworden, sondern, im Gegensatz zum Judentum und zu Simeon, auch die Hoffnung der Menschen ist fast vergangen und fast am Ende. Ist dieses Volk noch zu trösten? Wenn im Dunkeln die Lichter heller sind, dann wäre gerade jetzt die Zeit und die Stunde für die Zeugen der Herrlichkeit des Messias. Dann kann ein wenig Licht schon viel bewirken.

Wir haben seine Herrlichkeit gesehen

Joh 1,14

14: Und das Wort ward Fleisch und wohnte unter uns, und wir sahen seine Herrlichkeit, eine Herrlichkeit als des eingeborenen Sohnes vom Vater, voller Gnade und Wahrheit.

Haben wir wirklich seine Herrlichkeit gesehen – oder nur unsere Trostlosigkeit? Und: Kann man überhaupt Gottes Herrlichkeit sehen? Waren die Theologen des Alten Testaments nicht weit ehrfürchtiger und vorsichtiger: Wert Gottes Herrlichkeit zu sehen bekäme, müsse tot umfallen (und auch die Griechen reden so über Semele vor Zeus). Mose mußte sein Antlitz nach Auffassung des Judentums verhüllen, weil selbst der Widerschein der Herrlichkeit nicht zu ertragen war.

Herrlichkeit als das vornehmlichste Attribut Gottes, das bedeutet schlechthin überwältigenden Sonnenglanz. So ist er gefährlich, verbrennend, wie Hochspannung und Blitz. Ganz nahe bei Gott, in der Brunnenstube des Lebens, geht es nicht traut zu wie bei Großeltern. Am Ursprungsort der Schöpfung und alles Lebendigseins ist bergende Liebe und reißender Strom zugleich. In dieser Weise haben immer wieder Menschen von Gott geredet. In diese Linie gehört auch das Johannesevangelium; Herrlichkeit Gottes sehen ist sein Thema, und bei der Auferweckung des Lazarus sagt Jesus ausdrücklich, daß Lazarus zuvor gestorben sei »für die Herrlichkeit Gottes«, die bei der Auferweckung durch den Sohn sichtbar würde. Und Jesus sagt dann einfach: »Lazarus komm heraus!«

Was hilft alle kleinliche Diskussion über die Historizität dieses Wunders, wenn doch in Jesus unzweifelhaft Gott am Werk ist, er, der allein aus jeglichem Tod Leben schaffen kann?

Weil Gott, wie er von Juden und Christen erfahren wird, Leben schenkt, begegnet er nicht so, daß er erschlägt. Und die Umwandlung der Welt beginnt er mit dem Unsichtbarsten und Schwersten, indem er bei den Herzen der Menschen beginnt. Und eben hier muß ansetzen, wer die Botschaft dieses Evangeliums heute verstehen will. Denn die Auferwekkung des Lazarus ist auch in der Abfolge des Evangeliums nicht der Anfang, sondern nur letzte Konsequenz.

An Jesus Christus wird Herrlichkeit Gottes sichtbar, weil er sich ganz und gar in seine Sendung einfügt und nichts von sich aus tut, sondern in allem Gott die Ehre gibt. Sein Kommen und sein Gehen (seine Erhöhung in Kreuz und Auferstehung) werden verständlich als der Weg des gehorsamen Boten Gottes. – An Jesus wird ferner Herrlichkeit Gottes sichtbar, weil er den Widerspruch der Welt gegen Gott leibhaftig erträgt. – Und schließlich wird deshalb an Jesus Gottes Herrlichkeit greifbar, weil er ganz und gar zugunsten der Menschen wirkt in seinen Taten, von der Hochzeit von Kana an bis zur Fußwaschung gegenüber seinen Jüngern. Was im Verhältnis zu Gott das Gesandtsein ist, bedeutet für die Menschen, daß Jesus ihnen Leben von Gott her gibt. Leben gibt er durch Worte und Taten.

Das Eindrückliche an diesem johanneischen Christus ist die Strenge, mit der er gezeichnet wird: die Eindeutigkeit seines Rufs, die Reinheit seines Dienstes, die Klarheit der Alternative, die er vorlegt. In alledem und mit alledem gibt er allein Gott die Ehre. Und zu den Menschen hin: Völlig eindeutig wird er als der gezeichnet, der von Gott her Leben gibt. Seine Worte sind Wasser des Lebens, sein Tod ist wie sein irdisches Wirken eine einzige reine Hingabe zu unseren Gunsten. So verwirklicht er und verkündigt er nichts anderes als das alttestamentliche Gebot der Gottesliebe aus ganzem Herzen und aus aller Kraft, und er läßt sehen, wie dafür die ebenfalls alttestamentliche Verheißung konkreten, umfassenden Lebens auf neue Weise Wirklichkeit wird.

Das ist der ganz einfache Sinn dieses Evangeliums: Ehre Gottes und Leben für die Menschen hängen eng zusammen, sind verbunden durch diese Gestalt des Christus. Beides zusammen ist Gottes Herrlichkeit an ihm.

Diese Einfachheit ist Predigt vom einen und einzigen Gott. Ich denke, wir benötigen diese Strenge. Wo der Himmel mit vielen Göttern bevölkert ist, kann man sich durchlavieren, den einen gegen den anderen ausspielen (wie man Papst und Kaiser im Mittelalter gut gegeneinander ausspielen und inmitten beider dann ganz gut leben konnte). Es mag sein, daß man den Glauben an einen einzigen Gott zu Dogmatismus und Intoleranz ausnutzen und mißbrauchen kann, aber das ist nicht die Substanz dieses Glaubens. Seine Substanz ist vielmehr, daß wir selbst nur eins mit uns und eindeutig werden können im Blick auf ihn, daß Gottes Volk und die ganze Welt der Menschen nur eins werden können in der Orientierung ihrer Vielheit an dem einen Gott und daß auch die Rede von der Geschwisterlichkeit von Menschen und Schöpfung nur im Blick auf einen einzigen Gott und Ursprung aller unter die Haut zu gehen vermag, »Allein Gott die Ehre« – das ist Voraussetzung jeglicher Identität. Denn die erahnbare Einheit in aller Vielheit, der rote Faden in den vielen Stationen und Situationen unseres Lebens, der ihm Sinn zu geben vermag, und schließlich Liebe als die Möglichkeit der Einheit unter Menschen überhaupt – alles dieses, was Einheit horizontal und vertikal, unter Menschen und in der Geschichte, im Nebeneinander und im Nacheinander zu stiften vermöchte, bezeichnet man mit der Rede vom einen und einzigen Gott. Die Frage nach dem Sinn hängt damit zusammen, denn die Alternative ist, daß alles sinnlos nach- und nebeneinander stehen bleibt.

Was für den Philosophen nur erahnbar und vielleicht ein Postulat ist, wurde für das Johannesevangelium als Mensch, an einem Menschen anschaubar und ergreifbar. So geht es hier nicht um den »roten Faden« nur als Prinzip, sondern um die sichtbare, erschienene, bezeugbare Herrlichkeit des Vaters. Die nötige Eindeutigkeit wird glücklicherweise als Person greifbar, der rote Faden, der alles zusammenhalten kann, als lebendiger Mensch, an dessen reinem Dienst man sich orientieren soll.

Und es ist nur konsequent, wenn Jesus nach Joh 17,22 die Rede von der Herrlichkeit – jetzt in bezug auf die Jünger – wiederaufnimmt und sagt: In ihrem Einssein miteinander, in ihrer gegenseitigen Bruderliebe, stellen sie Einheit Gottes dar und verkündigen damit seine Herrlichkeit. Daher kann es nur dieses eine Gebot geben, weil dieses der Einheit und Einzigkeit Gottes selber entspricht.
Es ist also ganz deutlich, was wir an dieser johanneischen Theologie haben: Die Frage nach Sinn in Richtung auf die Frage nach der Möglichkeit der Einheit in aller Vielheit wird aufgegriffen und mit der Botschaft von Jesus überraschend und menschlich beantwortet: Einheit unter allen Menschen und einen »roten Faden« in allen Dingen kann es nur geben, wenn dieses Einheitsstiftende nicht eine Sache, sondern mindestens eine Person ist. Und eben an dieser sympathischen und demütigen, kompromißlosen und Sünden vergebenden Gestalt Jesu ist dieses, wenn überhaupt irgendwo, erschienen.
So betet die Alte Kirche im Advent zu ihm: Du bist der Morgen, der Glanz des ewigen Lichtes und die Sonne der Gerechtigkeit. Komm und erleuchte, die im Finstern sitzen und im Schatten des Todes.
Du bist die Wurzel Jesse, der du stehst als Zeichen für die Völker, und vor dir verstummen die Könige, und die Völker flehen um Gnade vor dir: Komm, uns zu erlösen und säume nicht.
Du bist der Schlüssel Davids und Szepter des Hauses Israel, der du schließt und niemand öffnet, der du öffnest und niemand schließt. Komm, und führe die Gefesselten aus dem Gefängnis, die sitzen im Finsteren und im Schatten des Todes.

Das geschlachtete Lamm

Joh 1,29

29: *Am nächsten Tag sieht Johannes, daß Jesus zu ihm kommt und spricht: Siehe, das ist Gottes Lamm, das der Welt Sünde trägt!*

»Christe, du Lamm Gottes, der du trägst die Sünd der Welt, erbarm dich unser. – Christe, du Lamm Gottes, der du trägst die Sünd der Welt, erbarm dich unser. Christe, du Lamm Gottes, der du trägst die Sünd der Welt, gib uns deinen Frieden.«
Sanft und klagend, weich und inbrünstig, fast zart ist die Melodie aller

Jahrhunderte zu diesem Teil der Liturgie. Die Tränen der Menschen sind in diesem Lied gesammelt. So wie für die gotischen Kruzifixe echte Dornenkronen und echte Haare genommen wurden, weil er wirklich unser Leid gelitten hat.
Gesungen wurde das Lied beim Zerteilen des Brotes beim Abendmahl. Das Brot selbst, das in kleine Teile zerteilt wurde, nannte man »Lamm«. So zerteilt wurden Opfertiere, und das Lamm ist das gewöhnlichste Opfertier. Brechen und Zerteilen des Brotes ist Abbild seines Sterbens. Das Lamm, das wir anrufen, ist der Geopferte, ein geschlachteter Mensch. Das könnte fast aus diesem Jahrhundert stammen. Doch das Merkwürdige ist: Der Geschlachtete wird um Erbarmen angerufen, das Opfer soll den Frieden geben. Der Hilfloseste soll retten, der Märtyrer, der Gepeinigte und schändlich Hingerichtete soll die Wende bringen.
Mit unserem Flehen richten wir uns hier nicht an den himmlischen König, sondern an das Opfer. Dem entspricht, daß das Lied, wie das Kyrie, als Gesang des Volkes in die Liturgie gekommen ist. Während der Priester im ganzen ersten Jahrtausend nur Gott anrief, ruft das Volk zu Jesus mit der Bitte um Erbarmen.
Hier, im geopferten Lamm, kommen wir vor. Die Wahrheit über uns ist die Erbarmenswürdigkeit dieses Hingerichteten. Und hier ist Gott ganz nahe. Wo immer Menschen preisgegeben sind, ist Gott nahe – wie könnte er auch dort sein, wo stolze Gewalt triumphiert? Bei den Geopferten von Auschwitz, bei den Sterbenden und Witwen und Waisen ist Gott selbst zum Opfer geworden. Überall dort, wo Leben und Hoffnung kaputtgemacht werden, wird er kaputtgemacht, der doch das Leben selbst ist. Wo Ungerechtigkeit ist, leidet er am meisten, der doch die Gerechtigkeit ist.
So ahnen wir, daß Geopfertwerden Unschuldiger immer etwas mit Gott zu tun hat, weil die Opfer buchstäblich nach der Wende schreien, weil diese blutige Wahrheit über uns vielleicht doch nicht die letzte Wahrheit ist. Weil, wenn nicht alles sinnlos sein soll, dieser Schrei vielleicht doch eine geheimnisvolle, leise Antwort findet: Dies wird nicht das Letzte sein, du wirst nicht in Ewigkeit allein sein. All eure Schreie seit Abels Tod, sie und ihr selbst seid geborgen in meiner Hand. Und von diesem Frieden her sollt ihr Frieden machen.
Kirche ist seit Abel die Kirche der Opfer, der Verlassenen und der Letzten. Dazu gehören übrigens auch die Abergläubischen und sogenannten Frommen, die nicht durch ein gereinigtes Credo salonfähig

sind. Dazu gehören die Millionen Menschen unserer Volkskirche, die nicht das Vaterunser sprechen können. Die mutlos und sprachlos sind und geistlich verlassen.

Vielleicht begreifen wir eines Tages, daß wir in ihrer Hilflosigkeit und Verlassenheit, in ihrer geistlichen Ohnmacht ganz neu und wieder anders dem verlassenen und leidenden Herrn begegnen. Vielleicht ist die in unseren Augen faule, unwillige, unkirchliche, materialistische und reaktionäre Majorität unseres Volkes in Wahrheit eine riesige Masse hilfloser, preisgegebener Menschen, die nicht die Kraft haben, gegen den Strom zu schwimmen. Sind wir das nicht selbst? Keine stolzen Märtyrer rechten Glaubens wie Justin, Cyprian und Bonhoeffer, sondern statt dessen massenweise psychisches und geistliches Elend. Wer die Volkskirche verachtet, verachtet die stummen Opfer aller möglichen subtilen Verführer und Tyrannen. Diese Massen genau sind es, die von den Wundererzählungen des Neuen Testaments an über die Volksgesänge der Kirche des Mittelalters bis heute nur noch dies hervorbringen können: Schreie um Erbarmen, uns steht das Wasser bis zum Hals, Herr, erbarme dich. Vielleicht nur noch Schreie und Tränen, wenn die Fassade einmal zerbrochen ist.

Und wir hören sie nicht, weil wir meinen, es käme auf den rechten Glauben nach Augsburgischer Konfession an. Und fordern den Glauben an Auferstehung und Abendmahl und Gottessohnschaft und alles mögliche. Ohne zu sehen, daß auch das Augsburgische Bekenntnis im Kern genau dies meint: die Rechtfertigung des Schreiens aus Not, Antwort auf die seelische Not aller Zeiten.

Das Abfragen nach dem rechten Glauben aber hat mancherlei Gestalt: Ist er nun schwarz oder grün oder vielleicht nur rot? Theologen sind dann immer beruhigt, wenn sie das genau wissen, denn dann ist angeblich sicher: Es handelt sich um einen anständigen Kerl. Ich pfeife auf solche Lippenbekenntnisse. Denn hier begegnet dogmatische Härte der Kirche nur in neuer Gestalt. Wann hören wir auf, den Nichtkirchgängern zuerst als die Fordernden gegenüberzutreten? Statt ihre Not zu sehen und artikulieren zu helfen? Ihre Sprachlosigkeit, ihr Preisgegebensein an Video und Konsum? An Verherrlichung der Gewalt und Verherrlichung des Wegwerfens? An Verödung und Analphabetismus in allem, was die Frage nach Sinn und nach Gott betrifft? Wann merken wir, daß das alles immer viel zu hochfahrend ist, was wir sagen? Gebildeter Perfektionismus. Viel zu schön, viel zu wenig solidarisch mit denen, die kaum reden können. Die vielleicht irgendwo gerne wollen, wenn sie nur könnten. Die geistlich längst versoffen sind, weil die Kirche ihrer Erbarmenswürdigkeit nicht nahe war, nicht den Ruf der Ertrinkenden hörte. Wer ist Christ? fragt die Kirche immer. Und moralische Helden, die sich gegenseitig bestätigen, sind modern. Fragen wir doch lieber nicht: Wer ist Christ? Sondern: Wo ist der nächste Strohhalm, der nächste Weg? Ein Funken Orientierung? Womit können wir überhaupt etwas in Bewegung bringen? Über Religion so reden, daß nicht alles abgetan wird wie gehabt?

Preisgegebensein und Dunkel sind überhaupt dazu da, geteilt zu werden. Verwandelt zu werden durch Liebe und Solidarität, damit wir nicht mehr allein sind. Seitdem Jesus da war, braucht kein Gottverlassener mehr allein sein. An Jesus leuchtet auf, was sinnloses Leiden überhaupt soll: Menschen mit ihm und untereinander eins zu machen. Trösten und Dabeisein, Nicht-alleine-Lassen als äußerste Möglichkeit, die wir haben. Denn wenn nichts mehr helfen kann, so doch wenigstens das. Und bei allem Helfen ist die Befreiung aus der Einsamkeit das Entscheidende, und ebenso bei aller Freude. Leiden ist dazu da, geteilt zu werden.

Gregor von Nyssa sagt: Isaak war wie Christus: Eingeborener und Lamm zugleich. – Also: Der einzige, geliebte Sohn und der zum Opfer bestimmte Isaak, der sich in Gehorsam fügte, der durch den Widder ersetzt wurde. Zwei Scheitelpunkte der Heilsgeschichte: Isaaks Opferung und Golgotha. Zweimal Erwählung in äußerster Krise, denn der Erwählte ist der, der bis in den Tod sich Gott anvertraut. Das ist auch für uns: keine Furcht zu haben, im äußersten Elend, in der sinnlosesten Opferung dem erwählenden Gott zu begegnen. Denn wir können nur in Gottes Hände fallen. Isaak und Jesus sagen uns: In sinnlosestem Leiden noch darf man auf Gott vertrauen, sich bis in sinnlosen Tod hinein ihm anvertrauen. In der Sinnlosigkeit Gott um Hilfe rufen, das genügt. Auch wenn das Lamm ruft, daß Gott es verlassen habe.

Beides hängt zusammen: In der Ohnmacht des Lammes, die unsere Ohnmacht ist, dort sind wir Gott nahe. Ohnmacht als die stärkste Macht, die Gott und Mensch miteinander versöhnen kann, aber auch die Menschen untereinander. Das heißt Frieden mit Gott. Und zugleich ist das Lamm das eine Brot, das in Stücke gebrochen wird und uns alle verbindet mit ihm. Das ist der Friede unter Menschen durch das eine Brot. In der Apokalypse wird es dann heißen: Selig die zum Mahl des Lammes gerufen sind. Einfacher ist Friede nicht zu haben.

Hier aber ist das Lamm selbst das Mahl. Für so teuer schätzt die Liturgie den Frieden ein: Einfacher ist der Friede nicht zu haben als durch das Mahl des Lammes. Schenk uns deinen Frieden: Nur durch den unter uns präsenten Gott selbst kann es Frieden geben. Der Friede ist Gabe nur dieses einen Lammes. Nur unter der Bedingung des einen Brotes ist er zu haben.

Schon im Anschluß an das Vaterunser wurde die letzte Bitte »Erlöse uns von dem Bösen« fortgeführt: Gib gnädig Frieden, Herr, in unseren Tagen. Und der Gruß des Bischofs an die Gemeinde ist nicht »Der Herr sei mit euch«, sondern »Friede sei euch«. Denn er soll den einen Herrn abbilden.

Das eine Lamm, das eine Brot: Das ist der Weg zum Frieden. Denn dies war Gottes Tat: Er wollte im Geopferten präsent sein, und bei allen Geopferten aller Zeiten. Das sind die geringsten Brüder, in denen wir Gott begegnen. Nirgends anders als dort. Seine Tat ist die Solidarität mit ihnen.

Das ist Gottes neue Tat: Er sagt: Im Geringsten meiner Brüder begegnet ihr mir. Im Gekreuzigten begegnet ihr mir, in allen Vergewaltigten begegnet ihr mir. Denn dort begegnet ihr dem Schrei nach Änderung. Dort begegnet ihr auch der leisen Antwort.

Wollt ihr Frieden, dann seht den Erbärmlichsten an. Eure erbärmlichste Seite. Deshalb gibt es Brot beim Abendmahl. Weil wir alle irgendwo das Einfachste nicht haben. Weil wir nicht leben können, ohne Trost gerade an unseren einfachen, großen Mängeln.

Wer so tut, als sei er stark, verpaßt den Weg zum Frieden. Das gilt im Kleinen wie im Großen. Das geschlachtete Lamm zerstört unser Imponiergehabe. Wir sind schwach und brauchen einander. Die Russen brauchen den Weizen der Amerikaner, der Professor braucht die Fragen und Anregungen der Studenten.

Der Weg zum Frieden ist die Solidarität der Schwachen. Nicht die Stärke ist der Maßstab des Umgehens miteinander.

Der Friede ist göttlich. Denn er ist Solidarität der Schwachen. Und Gott hat sich mit den Schwachen eingelassen. Deshalb rufen wir das Lamm um Erbarmen an. Nicht das Klotzen steht am Anfang, sondern das Eingeständnis. Auch ich bin froh, wenn ich dieses als Gebet herausbringe: Erbarme dich, gib uns deinen Frieden.

So sollen am Ende nicht eigene Worte stehen, sondern ein paar Sätze aus der Leidensfrömmigkeit des Mittelalters.

Die haben dieses Agnus Dei am besten verstanden: Christentum als Sensibilität für das Leiden anderer. Kirche als Keimzelle des Friedens, weil hier einer des anderen Schmerzen erkennen will. Das heißt konkret: nicht vergessen. Wir Lehrer, aber auch die von Ihnen später Lehrer sind, sollten zum Beispiel nie vergessen, daß sie auch einst Angst vor dem Examen hatten.
Goethe hat im FAUST I diese Frömmigkeit aufgegriffen, als er Gretchen zur Mutter des Herrn unter dem Kreuz sagen läßt: »Ach neige, du Schmerzensreiche, dein Antlitz gnädig meiner Not.« Und ich finde es im Hymnus »Stabat Mater« des Thomas von Celano, in dem es um die Solidarität mit der weinenden Frau vor dem gekreuzigten Herrn geht: Christlich ist hier die Bitte, zum Mitleiden fähig zu sein. Sympathie im wahrsten Sinn des Wortes von sym-pathein (= mitleiden) sich herleitend. Denn unser Gott ist sympathisch. Kirche als die Gemeinschaft derer, die noch zu beeindrucken sind durch Not:

Wer könnt' nicht mit der Mutter weinen,
seinen Schmerz mit ihrem einen,
Leidend bei des Sohnes Tod?

Um der Menschheit Schuld zu zahlen,
sieht sie Jesum herbe Qualen
dulden und der Geißel Schlag.

Gib, o Mutter, Quell der Liebe,
daß ich mich mit dir betrübe,
daß ich fühl die Schmerzen dein.

Gib, daß sei mein Herz getrieben,
Jesum Christum so zu lieben,
daß er huldreich auf mich seh.
Heil'ge Mutter, drück die Wunden,
die dein Sohn am Kreuz empfunden
tief in meine Seele ein.
Ach, das Blut, das er vergossen,
ist für mich dahingeflossen.
Laß mich teilen seine Pein.
Laß mich mit dir herzlich weinen,
ganz mit Jesu Leid vereinen,
solang hier mein Leben währt.

Trauernd mich mit dir zu sehen,
an dem Fuß des Kreuzes stehen,
sehn ich mich aus Herzensgrund.
Laß mich tragen Christi Plagen.
Und die Wunden, ihm geschlagen,
wie sein Tod, sein heilig mir.
Laß der Wunden Schmerz mich teilen,
sehnsuchtsvoll am Kreuz verweilen
und von seinen Wunden wund.

Jesus, wann mein Leib wird sterben,
laß dann meine Seele erben
deines Himmels Seligkeit. Amen.

Der märchenhafte König
Joh 12,12-19

12: *Als am nächsten Tag die große Menge, die aufs Fest gekommen war, hörte, daß Jesus nach Jerusalem käme,*
13: *nahmen sie Palmzweige und gingen hinaus ihm entgegen und riefen: Hosianna! Gelobt sei der da kommt in dem Namen des Herrn, der König von Israel!*
14: *Jesus aber fand einen jungen Esel und ritt darauf, wie geschrieben steht (Sach 9,9):*
15: *»Fürchte dich nicht, du Tochter Zion! Siehe, dein König kommt und reitet auf einem Eselsfüllen.«*
16: *Das verstanden seine Jünger zuerst nicht; doch als Jesus verherrlicht war, da dachten die daran, daß dies von ihm geschrieben stand und man so mit ihm getan hatte.*
17: *Das Volk aber, das bei ihm war, als er Lazarus aus dem Grabe rief und von den Toten auferweckte, rühmte die Tat.*
18: *Darum ging ihm auch die Menge entgegen, weil sie hörte, er habe dieses Zeichen getan.*
19: *Die Pharisäer aber sprachen untereinander: Ihr seht, daß ihr nichts ausrichtet; siehe, alle Welt läuft ihm nach.*

Es war einmal in einem fernen, fernen Land ein König, der konnte alles das, was normale Menschen nicht können. Er machte, daß Gelähmte nach langen Jahren wieder gehen konnten, daß von Geburt an Blinde plötzlich sehen konnten, er schaffte auf wunderbarste Weise im Handumdrehen Brot und Nahrung für Tausende von Leuten, so daß alle satt wurden. Und vor allem konnte er sogar Tote auferwecken. Das gab denn auch überaus große Verwunderung, und die Menschen liefen ihm nach. Aus Staunen und Dankbarkeit bereiteten ihm die armen Menschen, an die er sich wandte, einen herzlichen Empfang in der Stadt, in der vor Zeiten die Könige eines großen Reiches gewohnt und geherrscht hatten. Sie nannten ihn »König Israels«, und das war ein Name für König David gewesen, den König eines großen Reiches vor langer, längst sagenumwobener Zeit. Mit diesem Wort »König Israels« wurden in ihren Herzen alte Träume von einem glänzenden Reich wieder wach. Sie dachten an ein großes, friedliches, gesegnetes Reich. Denn dieser, der Blinde heilen und Tote erwecken konnte, dieser mußte das schaffen können, was auch heidnische Kaiser nicht vollbrachten. Von diesen erzählte man zwar auch vereinzelt Wunder, aber doch nicht so viele, vor allem keine Totenerweckungen. Das war überhaupt die Spitze, denn Nahrung zu schaffen und die alles beherrschende Furcht vor dem Tod zu nehmen, mehr konnte man überhaupt in aller Welt nicht erwarten. Dieser Mann mußte König werden, und mit seiner Macht würde er alle Menschen überzeugen können, so daß er noch nicht einmal Gewalt würde gebrauchen müssen, um König Israels und König vieler Länder wie David zu werden.

Hier müssen wir die Erzählung von diesem guten, herrlichen, märchenhaften König zunächst unterbrechen. Denn die modernen Schriftausleger beginnen spätestens an dieser Stelle zu zetern und zu rechten, und sie wollen nachweisen, daß Jesus keine von diesen Wundertaten wirklich vollbracht habe, sondern ein kreuznormaler Zimmermannssohn aus Nazareth gewesen sei, der nur aufgrund günstiger Umstände und irrtümlich mit ihm verbundener Hoffnungen in der nachfolgenden Theoriebildung zum Gottessohn habe werden können. Wir werden diesen Weg jetzt aber nicht beschreiten, sondern mit Ausdauer weiterfragen, was denn das Phantastische und Traumhafte an diesem Sohn Josefs aus Nazareth war, weshalb er denn sehr wohl ein unglaublicher, ein märchenhafter König ist, ein König, der auch noch heute viele Menschen immer wieder begeistern kann. In seinem kurzen Auftreten von vielleicht nur drei Jahren hat er der Menschheit für alle Zeiten durch sich selbst Hoffnungen, Träume und ein lebendiges Beispiel gegeben, das die

Menschen nie wieder vergessen werden. Hier war einmal das schlechthin Märchenhafte Wirklichkeit geworden.

Märchenhaftes aber besteht darin, daß Macht und Kraft anders verteilt sind als gewöhnlich. Ja, das war das Besondere an diesem König, daß er die Fragen der Macht, die uns alle bewegen, auf eine überaus glückliche Weise mit dem Glauben an Gott verbunden hat.

Denn all unser Miteinander wird durch nichts anderes bestimmt als immer wieder durch die Frage nach Macht. Das gilt nicht nur und nicht erst für den Bereich der Politik, sondern für alle kleine Politik, die wir betreiben, wenn wir versuchen, wie weit wir uns durchsetzen können, wie weit unser Einfluß reicht, wen wir für uns gewinnen können, um uns und unsere Ansicht durchzusetzen. Das alles ist nichts Schlechtes, das muß man als Theologe hier ausdrücklich sagen. Aber Macht ist ein »besonderer Saft«, da jeder Gebrauch von Macht unmittelbar mit Gott zu tun hat, positiv oder in Konkurrenz dazu. Für den, der sagt, daß er an den Gott Israels glaubt, hat jede Macht ihre Unschuld und Neutralität verloren. Denn dieser Gott stürzt Könige und setzt sie ein; er erhöht und erniedrigt. Jede Art des Einsatzes und der Ausübung unserer Freiheit hat mit Macht zu tun. Und wir sehen: Keine Macht der Welt kann Tote auferwecken. Jede, ich betone: jede, die bisher da war, hat aus lebenden Menschen Tote gemacht und nicht umgekehrt. Märchenhaft ist eine Macht, die ausnahmsweise das Umgekehrte bewirkt. Jede Macht der Welt ist auf prachtvolle Insignien angewiesen, sei es auch nur ein Mercedes mit Stander. Der König Israels und neue David aber begnügt sich mit einem Esel, den er auch nur deshalb nimmt, um das Schriftwort zu erfüllen, daß der Messias auf einem Eselsfüllen einziehen werde. Schon durch die Art seines Wirkens ist dieser größte König aller Zeit eine lebendige Herausforderung für jeden anderen Gebrauch von Macht in der Welt vorher und nachher.

Und ihm laufen die Menschen nach. So heißt es am Schluß unseres Textes: Da sagten die Pharisäer zueinander: »Ihr seht, ihr richtet überhaupt nichts aus! Alle Welt läuft ihm nach!« Die Gegner müssen voller Neid zugestehen, daß die Menschen diese Art von Machtgebrauch wollen. Sie meinen zwar, Jesus sei ein Rattenfänger, aber der Prozeß wird Jesu Unschuld erweisen.

Aber wir fragen weiter: Was ist eigentlich der Kern dieses märchenhaften Gebrauchs von Macht? Was führte dazu, daß trotz aller negativen Zutaten der Kirchen Jesus Christus noch immer von mehr Menschen anerkannt wird als irgendein anderer Herrscher auf Erden, daß seine Macht sich nicht verschlissen hat, sein Denkmal nicht gestürzt werden kann? Vielleicht wäre uns mancher Politiker ehrlich dankbar, wüßte er etwas vom Geheimnis dieses politischen Erfolgs. Denn alle normale Machtanwendung der Welt führt über kurz oder lang zum Verlust der Macht.

Der Schlüssel und Kern für diese dauerhafte und phantastische Macht ist, daß sie nicht mit der Gottes konkurriert, daß sie nicht daneben und dagegen steht, sondern in glaubhaftem Gehorsam besteht. Warum glaubhaft?

Ziel Jesu nach Johannes ist es nicht, seine Legitimität zu erweisen, sondern sein Ziel ist die Verkündigung des einen und einzigen Gottes Israels. Wenn Jesus sich als Gesandten versteht, so macht er doch nichts anderes als Reklame für diesen einzigen Gott. Wenn er die Schrift erfüllt, dann geschieht es nicht, um zu sagen, wie bedeutend er sei, sondern um zu zeigen, daß das Wort Gottes an Israel Bestand hat, eine messianische Wirklichkeit besitzen kann. Wenn er Wunder tut, will er zeigen, was dieser Gott vermag, und wenn er gekreuzigt und erhöht wird, dann ist das nur ganz schlicht die Rückkehr des Gesandten zu seinem Auftraggeber. All sein Tun ist nichts weiter als den, der ihn gesandt hat, transparent zu machen, zu zeigen, daß der Gott Israels ein lebendiger Gott ist, der sich um die Menschen kümmert.

Auch dieses ist Teil des Geheimnisses dieses Königtums: Der König Israels hilft den Menschen im Kern ihrer Not, und dieser Kern ist Ungehorsam, Sünde, Sichverschanzen und Angst vor dem Tod. Oder diese Not ist einfach Sehnsucht nach Leben. Und weil Gott selbst Leben ist und wie alles Leben nur Leben will, deshalb konkurriert dieses Ziel von Machtgebrauch nicht mit Gott, sondern hat seinen Segen.

Wir sehen das auch in unserem politischen Leben: Nur wer noch nicht erstarrt ist im Besitz von Macht, kann mit Zustimmung rechnen. Nur wem man noch anmerken kann, daß er Ehrlichkeit vor Beruhigung setzt, wird gewollt. Wenn man noch das Gefühl hat, nicht alles und jedes sei abgekartetes Spiel zur Vertuschung unserer wirklichen Nöte, hat man Vertrauen. Ausnahmsweise nehmen wir jetzt einmal die große, politische Wirklichkeit nicht nur zum Naserümpfen, sondern um sie zum Vergleich neben unsere eigenen Sozialbeziehungen zu stellen: Auf dem Feld unserer eigenen Beziehungen läuft es ganz genauso. Das Ausruhen auf der einmal erworbenen Macht ist wichtigstes Merkmal auch bei uns.

Das gilt in Beruf und Familie und besonders rücksichtslos im Kampf um das soziale Ansehen. Mit jeder Stufe, die wir erklommen haben, geht uns auch ein kostbares Stück Ehrlichkeit verloren. Und wir meinen, Rücksichten und Sachzwänge, Erhaltung des Wohlwollens durch Gunsterweise und fortgesetztes Vertuschen aller Mängel, die wir anrichten und hinterlassen, dieses alles sei das Gesetz des Erfolges.

Dieses Schicksal von Machtgebrauch scheint zwangsläufig unaufhaltbar. Ein bekannter Ausweg daraus, den evangelische Christen oft gehen, ist, die Macht ganz und gar anderen zu überlassen und sich davon frei- und fernzuhalten. Heuchlerische Inkonsequenz – wenigstens in Teilbereichen – und Resignation sind die Gefahren dieses Aussteigens. Wer die technischen Möglichkeiten, auch die der Kommunikation, anderen überläßt, gibt die »Welt« auch deren – unerwünschten – Zielsetzungen anheim. Das beginnt beim schlichten beziehungsstiftenden Gebrauch des Telefons und reicht bis zu Fragen der evangelischen Militärseelsorge und der Beschäftigung mit der »rechten« Hälfte unseres Volkes. Wer vor allem darauf sieht, daß er selbst eine »weiße Weste« behält und unter allen Umständen zu denen gehört, die als »gut« und nicht als »böse« gelten, denkt auf subtile Weise an sein Prestige und seine – durch moralischen Anspruch zementierte – Macht. In Wahrheit können wir uns von Machtgebrauch nicht auf Dauer glaubwürdig dispensieren.

Dieses sind die Fragen heute an unser Handeln im kleinen wie im großen: Einerseits stimmen wir ganz lebhaft für die Menschen, die noch nicht erstarrt sind im Besitz der Macht, denen man ansieht, daß sie noch das Herz am rechten Fleck haben und nicht Zwecklügen auftischen. Die auch sagen, daß Grund zur Besorgnis besteht. Daß nicht alles gut und höchst zufriedenstellend ist. – Aber damit ist oft ein ganz unrealistisches Schwarzweißdenken verbunden. Und mit der Rolle des Zuschauers und des frustrierten Idealisten läßt sich's vielleicht auch ganz gut leben, wortgewaltig vor allem. Der Gang in die Niederungen, in denen man sich bekleckert, ist zu mühsam. Politisch denke ich an den Unterbau der Parteien, pädagogisch daran, daß über viele Jahrzehnte hin überhaupt gar kein »Idealist« Berufsschullehrer werden wollte.

Hier ist der Ort, um mit der abgebrochen Erzählung fortzufahren: Der märchenhafte und menschenfreundliche König, er, bei dem es das einzige Mal bisher überhaupt gelungen ist, Macht nicht lebensfeindlich zu gebrauchen, ausgerechnet er wurde gewaltsam umgebracht. Ein Skandal, der nicht zu fassen ist. Der uns mit Wut und Traurigkeit erfüllt oder uns wenigstens nachdenklich machen sollte. Die Menschen konnten das offenbar nicht begreifen, daß jemand anders war. All die Gewalt, die sie zuvor empfangen hatten, haben sie an ihn, den Unschuldigen, weitergegeben. Wir kennen das aus der Schule: Wenn es in allen wichtigen Fächern strenge, autoritäre Lehrer gibt und nur in einem nicht so wichtigen Fach, zum Beispiel in »Kunst« oder »Religion«, Lehrer oder Lehrerinnen, die es andersherum versuchen möchten, dann werden diese von den Kindern am schlechtesten behandelt, auf sie wird alles abgeladen, was sie sonst selbst erleiden mußten. So sind die Idealisten auch noch die Bestraften.

Den Tod Jesu hat man ganz in diesem Sinn als Sühnetod gedeutet: Abschieben aller Leiden und aller Gewalt auf ihn. An ihm, der zu schade war für sie, haben sie sich ausgetobt.

Aber daß er zu schade war für uns, dürfen wir doch nicht zum Anlaß nehmen, daß wir uns zu schade sind für moralisch nicht gloriose Drecksarbeit. Das sind doch zwei sehr verschiedene Arten von Konflikt mit der Welt: Ihn richten sie hin, und wir sind uns zu schade. – Und was die schmutzige Weste betrifft: Er hat all unsere Schuld getragen.

Nur ein Mensch?

Joh 19,5b

5b: Und Pilatus sprach zu ihnen: Seht, welch ein Mensch!

Könige sind auch nur Menschen, und auch Kanzler und Päpste und Präsidenten. Und jeder Blick hinter die Fassade zeigt, daß sie nur Menschen sind. Und oft genug geben die Ereignisse den Blick frei dafür, daß praktisch jeder Mensch, wenn die Umstände es begünstigen, zu höchster Macht gelangen kann.

Daher gab es denn auch bei Maskenbällen und im Mummenschanz aller Zeiten gar zahlreiche Könige und Prinzessinnen. Denn Nachahmung von Macht ist leicht möglich: Ein paar Zeichen der Herrschaft wie Krone und roter Umhang und Szepter (heute: Mercedes mit Stander) genügen, und schon ist der König fertig. Solche Könige sind Faschingsscherze, Narrenkönige. – Pilatus präsentiert Jesus den Juden gleichfalls als Faschingsscherz: Auch dieser König ist nur ein Mensch, ja, das ist hier besonders deutlich und leicht zu sehen. Denn seine Macht ist fadenscheinig, er ist ja nur der Spielball. Bei richtigen Königen reicht die Fassade etwas tiefer. Sie können etwas glaubwürdiger den Eindruck erwecken, als seien sie mehr als bloße Sterbliche. Aber Jesus ist leicht zu enttarnen. Ein falscher König, ein übler Scherz. Hat es nicht schon immer falsche Grafen gegeben?

Der Unterschied zu Fasching und falschen Grafen: Jesus glaubt selbst daran. Das bringt Unglück. Ist er irre? Gibt es nicht immer wieder Verrückte, die behaupten, der Kaiser von China zu sein? Immerhin: Dieser König stirbt für seinen Anspruch. Was hat er davon? Seine vielleicht eingebildete Hoheit verkürzt drastisch sein Leben.

Was für ein Leben? Nach allem, was wir wissen, ein Leben des glühenden, totalen, einseitigen und ansteckenden Ergriffenseins von Gott. Alle Liebe und Härte, alles Freundliche und Scharfe, alles Befreiende und Drohende bei Jesus, sie sind auf diesen einen Nenner zu bringen. Sie gründen in dieser einen Tat Gottes an Jesus, sind von daher eine Einheit. – Wenn Irre sagen, sie seien der Kaiser von China, dann stimmt das Übrige ihres Lebens nicht dazu. Wenn Jesus sagt, er habe es ganz intensiv mit Gott zu tun, dann wird alles Übrige von daher erklärbar. Gott: Weil nur die Leidenschaft zählt. Wir sehen es an Jesus und manchmal für einen Augenblick an denen, die ihm nachfolgen, für eine Sekunde im Widerschein bei uns selbst: Es gibt eine Art von Begeistertsein, von Dabeisein, die für sich selber spricht. Überall, wo Menschen so mit glühenden Wangen etwas tun können, ist das Reich dieses Königs. Überall dort, wo sie selbstvergessen so dabei sind, ist dieses Glück wie die Hoheit eines Königs, weil es Freiheit ist und Mühelosigkeit.

Nur mit Macht und Gewalt hat das dann immer nichts zu tun. Solange es die glühenden Wangen gibt, fehlen Ehrgeiz und Machtstreben, Repressalien und Drohgebärden, Taktik und Beziehungspolitik, Konkurrenzneid und Eitelkeit. Und wo immer etwas von der Reinheit dieses Begeistertseins aufleuchtet, ist es auch ansteckend.

Was mich in diesem Sinne zum Theologiestudium bewog, war ein Pfarrer, der – dem Vorbild französischer Arbeiterpriester folgend – weit über die Grenze seiner physischen Kräfte hinaus sich für eine soziale Politik christlicher Prägung eingesetzt hat und dem das Christliche dabei nicht nur Vorzeichen, sondern Substanz war. In der norddeutschen Mittelstadt, in der ich groß wurde, gab es eben nicht nur gutsituierte Pastoren mit geregelter Arbeitszeit und ebenso regelmäßige Sprechstunde, sondern auch einen Pfarrer, der die Nächte halb durcharbeitete, der eine eigene Wochenzeitung für seine christlich-sozialen Gedanken gründete und ein Tagungszentrum für Sozialethik. Der alles an neuester Literatur zu erreichen versuchte – wie es eben in der Provinz möglich war –, die sich dann auf seinen Tischen stapelte, um uns davon Anregungen zu geben. – Diese Erfahrung sitzt sehr tief bei mir. Sie hat für mich etwas zu tun mit dem Reich dieses machtlosen Königs, in dem Machtverzicht und Begeisterung zusammenhängen. Gerade so, wie es in dem alten Gebet heißt: »... und entzünde in ihnen das Feuer deiner Liebe.«

Der neue Anfang
2 Kor 5,14-18a

14: *Denn die Liebe Christi drängt uns, zumal wir überzeugt sind, daß, wenn einer für alle gestorben ist, so sind sie alle gestorben.*
15: *Und er ist darum für alle gestorben, damit, die da leben, hinfort nicht sich selbst leben, sondern dem, der für sie gestorben und auferstanden ist.*
16: *Darum kennen wir von nun an niemanden mehr nach dem Fleisch; und auch wenn wir Christus gekannt haben nach dem Fleisch, so kennen wir ihn doch jetzt so nicht mehr.*
17: *Darum: Ist jemand in Christus, so ist er eine neue Kreatur; das Alte ist vergangen, siehe, Neues ist geworden.*
18a: *Aber das alles von Gott, der uns mit sich selber versöhnt hat durch Christus.*

Das Alte ist vergangen, siehe, es ist alles neu geworden. – Aller Anfang ist nicht schwer, sondern schön. Die Zuckertüten des ersten Schultages haben wir deshalb genauso in freundlicher Erinnerung wie den ersten unschuldigen Tag unserer Lehre oder unseres Studiums. Solange wir noch neu sind, bleiben unsere Schwächen noch verborgen, solange man uns noch nicht näher kennt, können wir uns noch von der besten Seite zeigen. Solange man unsere Fehler noch nicht weiß und wir noch nicht die Macken der neuen Umgebung, genausolange währt der neue Anfang. Bis wir, allzu oft, merken, daß wir die alten geblieben sind und daß auch in der neuen Umgebung die Decke der Menschlichkeit nur sehr dünn ist. Aber wir sehnen uns nach einem Anfang, der neu bleibt, nach Vorsätzen, die gehalten werden, danach, daß Sünden wirklich vergessen werden können.

Wenn wir uns an Liebesgeschichten erinnern, an fremde oder eigene, wissen wir: Verwandeln kann nur Liebe. Dann ist man befreit von sich, weil man an den anderen denkt. Eben so etwas meint Paulus, wenn er sagt: Wir leben nicht mehr uns selbst, sondern einem anderen, ohne den unser Leben sinnlos wäre. Denn wo unser Schatz ist, dort ist unser Herz. Aber wie soll man Gott lieben, der doch auch so viel Böses zuläßt? Und wo die frommen Leute, die sich auf Gott berufen, oft so wenig nett sind? Und überhaupt: An Gott zu glauben, das ist schon schwer und mühsam genug. Aber wer kann ehrlicherweise sagen, daß er ihn liebt? Nein, einen abstrakten, mühsam angenommenen Gott kann und muß man nicht lieben.

Wenn das verborgene Geheimnis, das wir leichthin Gott nennen, aber Grund und Möglichkeit von Liebe ist, ja wenn Gott auch ein Wort für die Liebe selbst ist, dann ist Liebe zu Gott ähnlich wie das, von dem es im Schlagertext heißt: »Ich bin verliebt in die Liebe.« Grund und Quelle und Möglichkeit aller Liebe aber kann nicht ein Trieb sein oder eine Sache, sondern doch nur so etwas wie eine Person, von der wir alle Fähigkeit zu lieben als Geschenk empfangen, so daß wir immer wieder darüber staunen.

An Gott glauben heißt: Dankbar anerkennen, daß es eine Möglichkeit zu Einheit und Liebe unter Menschen gibt, daß diese Möglichkeit wie eine Quelle immer wieder lebendig sich selbst hervorbringt, daß Möglichkeit und Wirklichkeit der Liebe weitergehen und nicht aufhören. Daß das Geheimnis, das Leben und Liebe sein läßt und schenkt, dieses nicht so ganz allgemein tut, daß es vielmehr so groß und so mächtig ist, daß jede einzelne Kreatur darin ganz geborgen sein kann. Und Liebe heißt: Sich dieser Liebe auch in seinem Herzen anvertrauen, verliebt sein in die Liebe und mitspielen. Und uns Menschen wird gesagt, daß das Geborgensein so weit geht, daß auch unsere Schuld so weit von uns entfernt wird wie der Aufgang der Sonne von ihrem Niedergang entfernt ist und der Himmel von der Erde.

Und die Bibel sagt weiter, daß wir Gott lieben, wenn wir in den Menschen ihn lieben. Viele Menschen sind ja auch wirklich an und für sich betrachtet nicht liebenswert, so will uns scheinen. Aber die ganze Bibel ist eine einzige Aufforderung dazu, soviel Phantasie aufzubringen, daß wir uns diese Wirklichkeit vorstellen können: Gott liebt jede Kreatur, und wir könnten sie lieben, wenn wir uns Gottes Zuwendung zu ihr vorstellen, die Spuren von Gottes Zuneigung an ihr erkennen.

Und damit wir Menschen nicht erst lange darüber nachdenken müssen, wie das aussehen könnte, ist im Neuen Testament das Abendmahl gestiftet. Denn hier ist ja nun etwas ganz anderes als nur abstrakte Botschaft, sondern vielmehr verwirklichte Bruderschaft. Da wir Menschen kaum allein zueinander finden, holt Gott uns zusammen. Wenn er uns liebt, jeden einzelnen unserer Mitchristen mit derselben Liebe, die die Lebendigkeit allen Lebens hervorbringt, kann man es kaum begreifen, daß wir die – notwendigen – Verschiedenheiten zwischen uns so ernst nehmen, ernster als die Gemeinsamkeiten. Gott ist nicht unsichtbar, sondern im Widerschein auf dem Antlitz jedes einzelnen erkennbar.
Neue Schöpfung heißt daher: Wir dürfen befreit sein vom Zwang, nur uns selbst suchen zu müssen. Wenn Paulus sagt: Wir leben einem anderen, so bedeutet das Verliebtsein in das Geheimnis von Liebe. Schenken macht glücklich, nicht Behalten. Diese Regel ist auch abgesehen von Christentum die grundsätzlichste Bedingung alles Lebens. Geben ist seliger als Nehmen, sagt ein altes Jesuswort.
Christentum ist damit aber nichts weiter als die radikale Vertiefung der Tendenz aller Schöpfung auf Leben hin.

Der alles trägt

Kol 1,15-20

15: *Er ist das Ebenbild des unsichtbaren Gottes, der Erstgeborene vor aller Schöpfung.*
16: *Denn in ihm ist alles erschaffen, was im Himmel und auf Erden ist, das Sichtbare und das Unsichtbare, es seien Throne oder Herrschaften oder Mächte oder Gewalten; es ist alles durch ihn und zu ihm geschaffen.*
17: *Und er ist vor allem, und es besteht alles in ihm.*
18: *Und er ist das Haupt des Leibes, nämlich der Gemeinde. Er ist der Anfang, der Erstgeborene von den Toten, damit er in allem der Erste sei.*
19: *Denn es hat Gott wohlgefallen, das in ihm alle Fülle wohnen sollte*
20: *und er durch ihn alles mit sich versöhnte, es sei auf Erden oder im Himmel, indem er Frieden machte durch sein Blut am Kreuz.*

Betritt man von der Straße her das Innere des ehrwürdigen St. Annenstiftes im Stadtkern der alten kaiserlich freien Reichsstadt Goslar, so umfängt einen das Halbdunkel eines mittelalterlichen Innenraumes. Vor fünfhundert Jahren hatte man die Diele eines Patrizierhauses als Kapelle ausgebaut. Hat sich das Auge an das Dunkel gewöhnt, so gewahrt man, daß die Balken der bemalten Holzdecke und der Dachstuhl durch einen einzigen großen Holzbalken getragen werden, der als Holzsäule in der Nähe des Eingangs mitten im Raum steht. Der Schaft dieser Säule ist in seiner ganzen Breite durch ein Kruzifix ausgefüllt; ein Symbol für den, der alles trägt. Der Gekreuzigte ist wie der eine Balken, der alles trägt. Es ist niemand anders als der am Kreuz wie ein Verbrecher Hingerichtete, von dem auch unser Text sagt, daß er der Wichtigste von allem sei: der Mittler der Schöpfung, das Haupt der Kirche, der Erstling der Totenauferstehung. Der Gekreuzigte ist es, der alles trägt.

Die Erfahrung der Gemeinde in Kolossae war von der unseren kaum wesentlich unterschieden: Die Wirklichkeit, die man erfahren kann, ist das Kreuz – das Kreuz Jesu wie das eigene, und dazu eine friedlose Welt. Der Glaube der Gemeinde und unsere eigene Ahnung gehen dahin, daß nirgendwo anders als gerade an diesem Kreuz der Ursprung der Überwindung allen Leids und der Anfang des Friedens zu finden sei. In diesem Hingerichteten vermuten wir den, der Schöpfungsmittler, Haupt der Gemeinde Gottes und Anfang der Auferstehung aller Menschen sei. Warum gerade an diesem Kreuz? Gab es keinen anderen Weg zur Weltherrschaft und dazu, überall der Erste zu sein, als das Kreuz? Und umgekehrt: Wie konnte man meinen, daß nur der Gekreuzigte und kein anderer Mittler der Schöpfung und Weltherrscher sein konnte?

Der alles trägt, trägt vor allem das Schwerste von allem: unsere Schuld. Niemand anders als der, der durch sein Blut die Schuld trägt, niemand anders als der Versöhner, als dieser gekreuzigte Versöhner, ist fähig, auch Mittler der Schöpfung und Garant der Auferstehung zu sein. Weil er die Versöhnung gebracht hat, deshalb fällt diesem Gekreuzigten alle andere Würde gleichsam von selbst zu. Der erste in allen Dingen ist der, der versöhnt hat, der alles trägt, trägt und erträgt vor allem uns alle.

Doch was ist das – Versöhnung? Schuld und Sünde und Versöhnung durch Blut waren wohl der Gemeinde in Kolossae ebenso fremde Vorstellungen wie uns. Und eben aus diesem Grunde wird der Satz über die Versöhnung durch Blut am Kreuz hier begleitet von all den anderen Aussagen über Jesus. Denn alle diese Sätze geben etwas von dem wieder, was Versöhnung ist, denn überall wird der Anfang beschrieben: Dieser Jesus Christus steht am Anfang der Schöpfung, am Anfang der Kirche, am Anfang der Auferstehung und am Anfang unseres Friedens. Denn

Versöhnung ist nicht das Ende einer Geschichte, sondern der Anfang. Wo immer wir einen Anfang erfahren, können wir auch begreifen, was Versöhnung bedeutet: Nach dem Dunkel der Nacht bedeutet der Morgenstern den Anfang des Tages, Frühling bedeutet Anfang, die Geburt eines Kindes bedeutet Freude über einen Anfang. Wir denken an den frühen Morgen eines strahlenden Tages, an den Charme des Sonnenaufgangs, an den Anfang einer Liebe. Alle Verheißung und alle Hoffnung sind mit jedem Anfang verbunden. Der Anfang ist von jeder Korruption noch unberührt. Versöhnung, das sagt unser Text, ist ein solcher Anfang. Unsere herkömmliche Auffassung von Versöhnung wird entscheidend korrigiert: Sie kommt nicht schließlich, am Ende einer langen Zeit, zustande, sondern sie ist ein Geschehen mit der Signatur des Anfangs. Denn Christus ist in allem der Erste.
Da Jesus Christus der Anfang von Schöpfung, Erlösung und Zukunft ist, weist grundsätzlich jeder Anfang, den wir erfahren, auf ihn. Jede beglükkende Erfahrung des Neuen und des Neu-beginnen-Könnens zeigt auf ihn. Und alle Sehnsucht nach neuen Anfängen ist an ihn zu verweisen. Und was sind Reformen und Revolutionen anderes als Sehnsucht nach neuem Anfang? Aber jeder Anfang ist auf Jesus Christus als den Versöhner gewiesen. Jeglicher Anfang muß, wenn er Wirklichkeit sein soll, ausgehen von der Versöhnung durch den Gekreuzigten.
Wenn man uns daher fragt, wie ein Zugang zu Jesus Christus und zum Christentum zu gewinnen sei, so können wir sagen: In jeder Erfahrung des Anfangs und des Neu-beginnen-Könnens erfahren wir etwas von dem einen, der diesen Anfang als der Versöhner trägt und ermöglicht. Da es Versöhnung und Vergebung gibt, können wir in der Tat immer wieder von neuem beginnen. Welch eine Chance.
Es geht hier nicht darum, daß wir versöhnen müßten, von unserem Friedensstiften spricht dieser Text nicht. Es geht um das Sich-versöhnen-Lassen. Lassen wir uns zunächst von ihm mit uns selbst versöhnen. So können wir uns selbst annehmen, indem er unser erstes Gegenüber wird. Unsere eigenen Aktivitäten der Versöhnung werden hier nicht erwähnt. Wie der Verfasser des Briefes darüber dachte, läßt sich an der Gattung unseres Textes erkennen: Es handelt sich um einen Hymnus. Der gemeinsame Lobpreis im Gottesdienst weist uns auf den, der uns alle mit Gott, mit uns selbst und untereinander versöhnt hat. Daß er versöhnt hat, wird in unserem gemeinsamen Jubel Wirklichkeit. Denn er allein ist es, der alles trägt. Er hat versöhnt, und nur über ihn werden wir alle eins. Als der Erste ist er unser Haupt als der Versöhner.

In jedem Anfang sind wir mit ihm verbunden, und als Versöhnte dürfen wir beginnen – auch diesen Tag. Dafür wollen wir ihm lobpreisend danken. Wir wollen uns zu ihm bekennen und keine Angst haben. Denn er ist es, der alles trägt.

Im Windschatten seines Gehorsams
Phil 2,6-11

Obwohl er in göttlicher Gestalt war, nahm er's nicht als Entrücktsein vom Tod, Gott gleich zu sein, sondern entäußerte sich selbst und nahm Knechtsgestalt an, ward gleich wie ein anderer Mensch und an Gestalt als ein Mensch erfunden. Er erniedrigte sich selbst und war gehorsam bis zum Tod, ja bis zum Tod am Kreuz.
Darum hat ihn Gott erhöht und hat ihm den Namen gegeben, der über alle Namen ist, daß in dem Namen Jesu sich beugen sollen aller derer Knie, die im Himmel und auf Erden und unter der Erde sind, und alle Zungen bekennen sollen, daß Jesus Christus der Herr ist zur Ehre Gottes des Vaters.

Fünf Dinge sind ein Sechzigstel nach dem Traktat Berakhot des babylonischen Talmuds: das Feuer, der Honig, der Sabbat, der Schlaf und der Traum. Das Feuer ist ein Sechzigstel des Fegefeuers, der Honig ist ein Sechzigstel des Manna, der Sabbat ist ein Sechzigstel der zukünftigen Welt, der Schlaf ist ein Sechzigstel des Todes, und der Traum ist ein Sechzigstel des Himmelreiches.
Als ein russischer Großfürst einst entscheiden wollte, welche Religion er für sein Volk wählen sollte, schickte er Gesandte aus, die suchen sollten, wo es so sei: daß man im Gottesdienst nicht mehr wisse, ob man im Himmel oder auf Erden sei. Der Großfürst war offensichtlich nicht dumm, wie die russischen und ähnlich die polnischen Christen noch heute bezeugen, die diese Art Gottesdienst pflegen. Wie Tausende von Jugendlichen bezeugen, die jedes Jahr nach Taizé fahren und dort etwas suchen, was uns fehlt.
Christentum ist nicht nur die bessere Moral, Christentum ist nicht nur einfach: Gutes tun und dadurch bessere Zustände erreichen. Der Jesus in unserem Text ist kein Verbesserer der Welt, und außerdem ist er hier nicht einfach unser moralisches Vorbild.
Jesus ist hier nicht der gute Mensch, der uns alles vormacht. Und wir sind

nicht seine Affen, die alles nachmachen, was er tut. Meistens denken wir nur, Jesus sei Stellvertreter der Menschen gegenüber Gott. Hier ist es jedoch anders: Er ist Stellvertreter Gottes bei uns. Er wird für Gott und an Gottes Stelle für uns und mit uns niedrig bis zum Tod. Gott wird unser Genosse. Unser Tod wird ganz ernst genommen und göttlich geadelt. Es geht gar nicht um Moral. Dieser Messias sagt uns, wie Gott ist. Und diese Gemeinschaft Gottes mit uns wird hier im Gottesdienst und im Abendmahl sichtbar. Hier ist das Sechzigstel des Himmelreiches, weil Gott in unsere Erbärmlichkeit eingegangen ist.

An Jesus hat uns Gott erkennen lassen, wie er selbst ist. Wie weit er mit uns geht. Wie unauflösbar er sich mit uns verbindet. Das ist in jedem Falle Herrlichkeit, und auch jeder bittere Tod auf Erden ist damit einbezogen in dieses großartige Geschehen: daß Gott uns einen Spalt breit Herrlichkeit hat sehen lassen.

Das ist mehr als nur Gutes tun – im doppelten Sinne des Wortes »mehr«. Das ist Reichtum und Verschwendung. Tausendfältig Wein und Korn und Öl, so dachten sich die Juden die Zeit des Messias. Jesus zeigt uns, daß diese Zeit noch viel reicher ist: Vergebung, Verschwendung, Leben in Fülle.

Gott hat die Grenzen zu sich hin aufgehoben, hat alle Grenzen überhaupt aufgehoben. Jetzt ist die neue Zeit. Und dann ist es gleich, worin diese Verschwendung sichtbar wird: in der Anbetung, in der Nächstenliebe, in einem fröhlichen Leben. Entscheidend ist überall die neue Zeitrechnung: die Ahnung von Freiheit. Daß wir mehr wert sind als nur ein Stück Dreck oder eine Nummer. Gott läßt sich mit uns ein, weil er grenzenlos liebt. Weil er, so könnte man sagen, eine zweite schöpferische Phase hat.

Wenn wir uns daran erinnern und das wissen, können wir nichts Verkehrtes mehr tun: Das ist die neue Zeit des Messias. Herrlichkeit.

In unserem Text geht es also nicht um einen Menschen, der gehorsam ist und dafür belohnt wird. Sondern darum, daß Gott jemandem seine Gestalt und damit sich selbst mitgeteilt hat. Und mit diesem, was er von Gott hat, erlebt Jesus an sich selbst den Widerspruch der Welt gegen Gott.

Diese Herrlichkeit also – sie ist nicht auch schon Herrlichkeit auf Erden. Dem, der mit Gott zu tun hat, geht es dreckig auf Erden. Je mehr, desto mehr.

Doch wir sollen nicht denken, daß die Sache so einfach und so düster wäre. Es gibt einen Bereich, in dem es anders ist, in dem schon hier und jetzt Herrlichkeit und utopisches Reich ist: Das ist der Gottesdienst und, wenn wir vorsichtig etwas weitergehen, der Bereich kirchlicher Arbeit, wie es ab und zu jedenfalls glückt und gelingt.

Jedenfalls im Gottesdienst sind wir alle gleich und Schwestern und Brüder. Jedenfalls hier ist die Welt wieder heil und ist Vergebung. – So ist der Sabbat ein Sechzigstel der künftigen Welt und der Gottesdienst ein Sechzigstel des Himmelreiches.

Das Modell ist also nicht das der Nachahmung Jesu. Sondern viel umfassender: der Ausbreitung und Anwendung der Situation des Gottesdienstes auf das ganze christliche Leben. Daß diese Wirklichkeit uns durchdringt und immer mehr wird, so wie Sauerteig das Brot immer weiter durchdringt.

Nur dann begreifen wir, daß es nicht um dürre Moral geht und darum, immer brav oder aktiv sein zu müssen.

Es geht darum, daß Gott, das unfaßbare herrliche Geheimnis, uns nahe ist und daß wir in diese Nähe uns einbeziehen lassen. Nahe seit seiner Gegenwart in Jesus und seit dessen Verherrlichung.

Wir sind frei, und wir brauchen keine Angst mehr zu haben. Denn der, der reich ist, hat durch sein Armwerden uns reich gemacht. So ist unsere Armut Reichtum geworden, weil er mit uns arm ist.

Und wenn wir skeptisch, ganz skeptisch fragen, worin dieser Reichtum besteht, dieser Schatz, auf den wir vertrauen dürfen: Daß mindestens dieser eine Mensch den Gewalten standhielt, daß wir alle im Windschatten dieses Gehorsams stehen und so frei wurden.

Epiphanie des Retters

2 Tim 1,7-10

7: *Denn Gott hat uns nicht gegeben den Geist der Furcht, sondern der Kraft und der Liebe und der Besonnenheit.*

8: *Darum schäme dich nicht des Zeugnisses von unserem Herrn noch meiner, der ich sein Gefangener bin, sondern leide mit mir für das Evangelium in der Kraft Gottes.*

9: *Er hat uns selig gemacht und berufen mit einem heiligen Ruf, nicht nach unseren Werken, sondern nach seinem Ratschluß und nach der Gnade, die uns gegeben ist in Christus Jesus vor der Zeit der Welt,*

10: *jetzt aber offenbart ist durch die Erscheinung unseres Heilandes Christus Jesus, der dem Tode die Macht genommen und das Leben und ein unvergängliches Wesen ans Licht gebracht hat durch das Evangelium.*

Abwesenheit Gottes – man könnte meinen, daß davon die moderne Theologie ausgeht, und wenn wir ehrlich sind, ist das auch die Mitte unseres alltäglichen Denkens. Denn Gegenwart Gottes ist für uns weithin unerfahrbar geworden. Im besten Falle lassen wir uns auf die Zukunft vertrösten, doch es bleibt bei der Abwesenheit Gottes. Weil der Glaube unerfahrbar und Gott vermeintlich nicht da ist, wurde Glaube oftmals so etwas wie die Annahme einer Summe von Unbegreiflichkeiten – das »friß oder stirb« eines bloßen Gehorsams. Das ist auch die Angst des Theologiestudenten vor seinem zukünftigen Beruf: So vieles vertreten müssen, was für ihn nicht evident ist, was er nicht glauben kann. Das ist auch die Angst der meisten von uns vor den Glaubensforderungen der Kirche. Wenn aber auch Theologen nur noch vom abwesenden Gott sprechen können, wenn seine Gegenwart auch in der Kirche unerfahrbar und unanschaulich bleibt oder nicht mehr erwähnt wird, dann braucht uns diese Angst nicht zu wundern. Und wo der Glaube undurchsichtig geworden ist, kommt man auch mit bloßen Appellen zum Gehorsam nicht mehr weit. Abwesenheit Gottes – das ist die Mitte unseres unglaubwürdigen Christentums.
Unser Text spricht von der Epiphanie des Erlösers. Epiphanie, das ist nicht einfach Gegenwart. Mit der bloßen Anwesenheit Gottes wäre auch niemandem geholfen. Und Erörterungen darüber, ob es Gott gibt oder wie man auf ihn schließen könnte, oft ein Diskussionsthema mit Naturwissenschaftlern, solche Erörterungen sind alle reichlich unfruchtbar. Denn geändert oder verändert würde so doch nichts. Epiphanie dagegen ist das rettende Eingreifen Gottes mitten in die Geschichte hinein. Nur ein Gott im allgemeinen – das würde zu nichts verpflichten. Anders wird es erst, wenn Gott so konkret sichtbar geworden ist, daß man einer Stellungnahme nicht mehr ausweichen kann. Die Alte Kirche sagt uns deutlicher, was Epiphanie in diesem Sinne ist, denn sie feiert an dem danach benannten Tag (6. Januar) drei Ereignisse: die Taufe Jesu, das Weinwunder bei der Hochzeit von Kana und die Anbetung der Magier. Für unser gewöhnliches Christentum spielen diese drei Ereignisse kaum eine Rolle, und wir haben auch keinen Sinn mehr dafür, wie sie zusammengehören könnten. Im Kirchenjahr denken wir immer nur an Weih-

nachten und Ostern, an Jesu Geburt und an Jesu Tod, den 6. Januar dagegen empfinden wir nur als einen Nachschlag zu Weihnachten. Es könnte aber sein, daß unser Problem der Abwesenheit Gottes und der Unanschaulichkeit unseres Glaubens damit zusammenhängt, daß wir nicht mehr wissen, was Epiphanie des Erlösers ist.
Bei der Taufe Jesu, bei der Hochzeit von Kana und bei der Anbetung der Magier geht es um den Anfang und zugleich um die Summe des Wirkens Jesu auf Erden vor seinem Tod. Epiphanie ist das Aufleuchten von Gottes Herrlichkeit an ihm, die anfangshafte Enthüllung des Verborgenen. Gott läßt seine Herrlichkeit an Jesus von Nazareth aufblitzen. Dies ist nicht ein Gott, den es irgendwo gibt, sondern der mitten in der Geschichte, es könnte auch mitten unter uns sein, sichtbar wird. Es geht dabei auch nicht allein um Worte, wie wir in der Kirche des Wortes oft meinen. Es geht um das Schauen von Gottes Herrlichkeit in und an einem Geschehen; denn dieses ist ein Gott, der verändernd eingreift. Und diese Epiphanie ist nicht das Zerbrechen unserer Welt, sondern ihre Rettung, nicht ein Buch, sondern an Zeugen gerichtet, nicht ein Wunder, sondern Selbstdarstellung Gottes. »So bin ich«, will er sagen und zeigen. Und es geht nicht um bloßen Gehorsam auf ein Wort, sondern um Sehen oder Verschließen der Augen. Hier geht es um Evidenz des Sehens. Herrlichkeit, Schauen und Schönheit gehören hier zusammen. Und der, der sich hier präsentiert, wird Licht vom Lichte genannt.
So spricht die Alte Kirche an diesem Tag von dem neuen Licht der Herrlichkeit Gottes, das dem Auge unseres Geistes durch das Geheimnis des menschgewordenen Wortes aufgegangen ist. Epiphanie lenkt unseren Blick in eine neue Richtung, um mehr zu sehen und um das zu sehen, was mit Verheißung verbunden ist.
Unser eigenes Handeln ist dann nicht mehr das Wichtigste. Den Katholiken haben die Protestanten oft Werkgerechtigkeit vorgeworfen, doch sie selbst sprechen viel zuwenig von den Voraussetzungen, die alles tragen. Das westliche Christentum hat schon immer großen Fleiß daran gewendet, Vorschriften für das Handeln zu machen. So gab die Kirche in erster Linie moralische Anweisungen, griff naseweis der Phantasie der Menschen vor und wurde allzuoft zur stets nur fordernden Gouvernante. Jeder Prediger kennt für den Schlußteil der Predigt die lauernde Frage, was denn nun zu tun sei. Doch das läßt sich oftmals nur sehr allgemein beantworten, und dadurch wird es langweilig.
Epiphanie aber sagt, daß es vor allem auf das Eingreifen Gottes an-

kommt, das die Wende brachte. Denn Veränderung geschieht nicht durch unser Wollen und Tun, sondern dadurch, daß zunächst einmal wir selbst verändert *werden* und uns verändern *lassen*. Die unmittelbare Wirkung der Epiphanie Gottes ist nicht Weltverbesserung, sondern die unmittelbaren Adressaten der Epiphanie sind wir. Wir aber werden nicht durch Appelle verändert. Wer verlangt, daß wir einfach nur hören und handeln, der übersieht, daß wir zunächst verändert worden sein müssen, um handeln zu können.

Diese Veränderung geschieht durch Verarbeitung und Aneignung dessen, was in der Epiphanie als öffentliches Handeln Gottes sichtbar erschienen ist.

Gerade deshalb hat man unter Epiphanie die Taufe Jesu nach Markus, die Anbetung der Magier nach Matthäus und die Hochzeit zu Kana nach Johannes zusammengefaßt, weil es sich hier jeweils um den ersten Akt des öffentlichen Auftretens Jesu handelt. Nicht privates und weltflüchtiges Christentum soll dadurch nahegebracht werden, sondern öffentliches, bei dem es Zeugen gab.

Wie aber geschieht das – Veränderung durch contemplatio der öffentlichen Veranstaltungen im Leben Jesu?

Glauben heißt: mehr sehen als was ist. Etwas entdecken, das wahrer ist als das Sichtbare, in das Sichtbare das Unsichtbare hineinsehen. Eine notwendige Verrücktheit übrigens, die uns immer wieder im Leben begegnet und die man auch nüchtern beschreibt als Erkenntnis der Bedeutung, auch der künftigen. Deshalb sind Propheten und »Seher« oft hoch geachtet, weil sie die kärgliche Welt des nur Sichtbaren einordnen können in die Gestalt von etwas Umfassenden. Einerseits sind Propheten und Seher »verrückte« Existenzen, andererseits sind sie gerade als solche Grenzbewohner am Rande menschlicher Weisheit so geachtet, weil sie so notwendig waren und sind.

Frühes Christentum ist ganz wesentlich eine charismatisch-ekstatische Bewegung dieser Art, und die Zeugen, die uns berichten, sind Glaubende mit der Fähigkeit, mehr zu sehen.

Wenn wir ihre Berichte lesen, lassen wir uns durch ihr Zeugnis prägen. Die Magier aus dem Morgenland zum Beispiel sind solche Zeugen, die in dem kleinen Sohn Josefs des Zimmermanns den künftigen Regenten sehen. Wir lernen von ihnen sehen und beugen mit ihnen das Knie. Und Jesus bei der Taufe sieht den Himmel offen; nur von ihm allein wird berichtet, daß er so sah. Von ihm lernen wir sehen. Die Öffentlichkeit ist jeweils präsent, aber sie sieht nicht. Ebenso ist die Rolle des Zeugen, der glaubt. Inmitten der Öffentlichkeit, die hätte Zeuge sein können, bezeugt doch er selbst allein, sieht allein er selbst mehr. Auch bei der Hochzeit von Kana ist es ähnlich: Nur die Diener wußten den Urheber, nicht der Speisemeister. Nur die Jünger glauben.

Eigenartig ist, daß gerade das Mehr, welches hier die Glaubenden sehen, uns viel stärker prägt als »normale« Sichtbarkeit. Die Darstellungen der Kunstgeschichte über die Anbetung der Magier und die Taufe Jesu im Jordan zeugen davon. Verändert werden wir nicht durch abstrakte Mitteilungen, sondern durch die öffentlichen Bilder. Auch Paulus ist durch eine Vision bekehrt worden, nicht durch einen Traktat.

Denn nur was Gestalt hat, kann auch prägen. So prägen uns die Bilder, die die biblischen Visionäre entfalten. Es prägt uns aber auch jede Art von sichtbarem Christentum, das wir als Zeugen erleben oder erleben dürfen. Wir prägen einander durch die Art, in der wir durch unser Handeln für einander Herrlichkeit des Herrn darstellen.

Vergessen wir nicht: Die um das Licht herumstehen, können es verdekken und verstellen. Sie können es aber auch auf sich wirken lassen und selber Licht werden. So sagt es die prophetische Lesung am Epiphaniefest: Auf, werde Licht, Jerusalem, denn die Herrlichkeit des Herrn ging strahlend auf über dir.

Möglichkeit des Segens (Erntedank)

Hebr 13,15-16

15: *So laßt uns nun durch ihn Gott allezeit das Lobopfer darbringen, das ist die Frucht der Lippen, die seinen Namen bekennen.*

16: *Gutes zu tun und mit anderen zu teilen, vergeßt nicht; denn solche Opfer gefallen Gott.*

Ein Bild am Rande der Sahara: ein Garten in den kahlen Hügeln der Wüste. In den Garten fließt unter der sengenden Sonne das Wasser in unterirdischen Kanälen zwischen den Dattelpalmen. So sagt man von den Palmen, daß sie mit dem Kopf im Feuer und den Füßen im Wasser stehen. Sie geben den Schatten, in dessen Schutz Obst und Gemüse wachsen. Feuchtigkeit und fruchtbares, schattiges Grün, der Wüste abgetrotzt, die Ausnahme in der Wüste.

Wenn die Bibel vom Paradies spricht, meint sie ohne Zweifel einen solchen orientalischen Garten. Denn Paradies heißt eigentlich Garten, mit bunten Blumen und reifen Früchten, an denen Menschen und Tiere Freude haben und von denen sie ohne Mühe leben können. Freude über Fülle und Reichtum. In jedem Garten und Feld dieser Art ist ein Stückchen Paradies bewahrt, ein Stück heile Welt aus der Zeit vor allen Sündenfällen.

Von Welt und Segen und Dank ist dann zu reden. Denn wenn wir davon im Gottesdienst sprechen, hat Christentum nichts mit Jenseits zu tun, sondern die Erde und unsere Arbeit kommen hier vor. Und das ewige Leben kann man nicht lieben, wenn man Leben auf Erden verachtet, Hunger und Durst, Nahrung und Gesundheit. Lobopfer dafür.

Die Weise, in der Gott mit Hunger und Durst, Fürsorge und Gesundheit zu tun hat, nennt man Segen. Auch Erntedank hängt mit Segen zusammen, mit Erntesegen. Wir meinen: Gott hat gesegnet – unsere Arbeit, unsere Felder, und wir danken für diesen Segen. Denn nur das Wenigste, fast nichts können wir wirklich »machen« – es bedarf immer des Gelingens. Segen ist besonders alles, was mehr ist als das unbedingt Nötige, so sprechen wir von einer »gesegneten Landschaft«. Gottes Segen für die Menschen ist daher nicht, nur irgendwie zu leben, sondern zu leben in Qualität und Fülle. Reich beschenkt sein mit dem, was alltägliche Güter sind in Familie, Ernte, Tieren.

Das Besondere an der antiken Weltanschauung ist, daß in allen drei alten Sprachen (Hebräisch, Griechisch, Latein) das Wort segnen dasselbe ist wie das Wort lobpreisen/danken. Das Wort »segnen« wird daher in beiden Richtungen verwendet, von Gott zu uns als Segen, und von uns zu Gott als Dank. Wenn wir übersetzen »wir preisen Gott«, müßte es eigentlich heißen »wir segnen Gott«. Darüber lohnt es sich nachzudenken. Segnen ist wirksames Sprechen, von oben nach unten und von unten nach oben. Auch wenn der Pfarrer segnet am Ende des Gottesdienstes oder wenn die Felder gesegnet werden, so denken wir, daß Worte hier sicher das wirken, was sie sagen. Segnen ist heilige Sprache, ein Stück Vollmacht seit Uranfängen, durch Sünde nicht zerstört. Segnen geschieht immer, von oben nach unten wie von unten nach oben, in einer intakten Beziehung, und sein Inhalt ist immer mehr als das Notwendigste. Wenn Gott uns segnet, so ist das Fülle an Erbarmen, wenn wir Gott segnen, so ist das mehr als nur ein Dankeschön, sondern voll von Jubel. Segnen von oben nach unten und von unten nach oben sind zwei

Abschnitte, zwei Teile derselben Beziehung. Sprache ist hier noch im paradiesischen Urzustand, ohne den Gegensatz von Schein und Wirkung. Obwohl wir alle Naturgesetze kennen und wissen, wie es in der Welt aussieht, loben wir Gott und danken ihm. Das ist genau so naiv wie von Glück und Segen zu reden.

Wenn wir näher hinsehen, bemerken wir, daß dieses dieselbe Art ist, von Wirklichkeit zu reden, wie sie auch sonst im Christentum üblich ist: Trotz tausend Wenn und Aber redet das Christentum von Hoffnung. Trotz aller Psychologie spricht das Christentum von Liebe. Trotz der bekannten Notwendigkeit, daß alle sterben, redet das Christentum von Auferstehung. Trotz unübersehbarer Sachzwänge und Gewohnheiten spricht das Christentum von den Zehn Geboten. Und obwohl wir wissen, wie alles zustande kam und wieviele hungern, sprechen wir von Erntedank. Macht man sich da immer etwas vor? Doch stellen wir die Gegenprobe an: Wie wäre es ohne die christliche Weise, über Wirklichkeit zu reden? Blieben da nicht nur erbarmunglose Kleinkariertheit, Preisgegebensein an Statistik und Konsum? Kommen wir nicht in Zahlen und Daten um, wenn niemand uns sagt, daß es auch noch andere Dinge gibt?

Da in unseren Kirchen das Kreuz hängt, wird niemand von uns behaupten, wir hielten die ganze Welt für ein Paradies. Niemand kann die Welt so erbarmungslos ehrlich beschreiben wie wir. Doch zur ganzen Wirklichkeit gehört auch, daß es auch Erfahrungen von Glück, Segen, Dankbarkeit gibt und Anzeichen von Hoffnung. Durch alle Wenn und Aber hindurch gibt aufgrund dieser Erfahrungen das Christentum eine Perspektive, mit der Mutlosigkeit und Kleinkariertheit überwunden werden. Mit welchem Recht berufen wir uns auf diese Erfahrungen? Der Grund ist ganz einfach: Wir halten nichts für selbstverständlich. Wir können uns noch wundern und haben soviel Phantasie, uns vorstellen zu können, daß alles auch anders sein könnte – und auch anders ausgehen könnte. Weil wir nichts für selbstverständlich halten, ist Staunen der Anfang des Glaubens. Weil nichts selbstverständlich ist, können wir uns über alles wundern und alles Gute als geschenkt auffassen. Und wir wissen auch, daß das Geschenkte in Wahrheit so reichlich ist, daß es bei besserer Verteilung auch ausreichte auf der Erde.

Eben deshalb liegt alles daran, daß wir, die wir Segen empfangen haben, auch selber zum Segen werden. Wir nehmen so oft wahr, daß Gott die Natur verschwenderisch viele Früchte bringen läßt. Genau diese Verschwendung ist auch in unserem Tun als Antwort erfordert.

Wer kleinlich rechnet, wird wieder einwenden, schon Danken sei nutzlose Verschwendung. Und genauso sind auch Schönheit und Freude daran und Religion Verschwendung, denn das alles geht über das bloß Notwendige hinaus. Aber es ist zugleich das eigentlich Menschliche. In den Ferien haben wir kürzlich drei arme und kranke alte Frauen besucht, die zusammen ein dunkles, muffiges und unansehnliches Haus am Dorfende bewohnten und sich fast nur von dem ernährten, was sie im Garten anbauten. Aber mehr als die Hälfte des überaus gepflegten Gartens machten die herrlichsten bunten Blumen aus. Ich fragte, ob sie die verkauften. Nein, war die Antwort, manche verschenken wir, aber vor allem freuen wir uns darüber. Leuchtende, herrliche Freude unter kümmerlichen Lebensbedingungen. Blumen, die völlig zwecklos waren und doch ein Zeichen dafür, daß es mehr gibt als Geld und Notwendigkeit. Schönheit, reine Freude an Schönheit war der Sinn hier und Abbild dessen, was Paradies schon immer war: Garten, Zeichen des Segens, mitten in der Wüste.
Unser Text nennt diesen zeichenhaften Dank »Opfer«, und er bringt es mit dem Opfer Jesu in Beziehung. Denn durch ihn, den himmlischen Hohenpriester sollen wir dieses Opfer Gott darbringen. Das hat eine Vorgeschichte: Gottes Segensverheißungen an Noah und Abraham sind wegen der umfassenden Schuld aller Menschen nur in einem Teil erst einlösbar gewesen. Wir haben immer alles wieder zerstört. Das lag auch daran, daß wir vergaßen, daß aller Segen von Gott kommt. Die Illusion, alles machen zu können, wurde Ursache von Schuld. So steht zwischen der zentralen Segensverheißung der Bibel an Abraham und uns das Kreuz. Das Kreuz, das der Pfarrer beim Segen macht, kann uns daran erinnern. Das Kreuz mußte erst den Fluch auflösen. Denn Fluch war das Gegenteil von Segen, Fluch ist die gesamte Folge unseres Zerstörens, unsere eigene Art von Wüste. Erst im Namen Christi gibt es wieder Segnen von unten nach oben, Danken, das ankommt. Sein Opfer mußte erst die paradiesischen Verhältnisse zwischen Menschen und Gott ganz wiederherstellen. Erst jetzt ist der Garten in der Wüste wieder zugänglich und vor dem Vertrocknen bewahrt.
So ist Dankenkönnen mehr als nur Höflichkeit. Sondern Dankenkönnen ist eine ganze Weltanschauung, eine Sicht der Welt, die über das Rechnen hinausgeht. Die nicht nur Notwendigkeiten und das Grauen kennt, sondern menschliche Regungen. In deren Mitte steht und deren Anfang ist: Staunenkönnen, daß überhaupt etwas ist, daß wir sind, daß es weiter-

geht trotz aller Bedrohung. Wir dürfen nicht wie Kinder sein, die alles auf einmal in Ordnung haben wollen und die, wenn es nicht klappt, Gott oder die Kirche verantwortlich machen. Weil wir so mit Segen bedacht sind, sollen wir selber mit Segen bedenken und verschwenderisch sein, wie Gott selbst es ist.

Immer geht es um Zeichen. Wenn es richtig ist, daß Liebe durch den Magen geht und daß der Kopf vergißt, was der Bauch nicht fühlt, dann können wir Essen und Trinken nehmen als Zeichen einer Liebe Gottes, die weit über unseren Tod hinausreicht. Zeichen ist auch unser Dank an Gott: Das Kreuz Christi hat uns daran erinnert, wie undankbar wir waren und daß aus Undank kein Segen kommt. So danken wir Gott zum Zeichen, daß nun alles wieder gut ist und daß wir umfassend und in jeder Hinsicht versöhnt sind und uns herzlich freuen dürfen. Und zum Zeichen des Dankes denken wir an andere, weil spätestens seit Jesus Christus oder, besser, hier ganz kompromißlos neu gesagt wurde und gilt, daß in der Beziehung zwischen Gott und Mensch und Mensch und Mensch das schlimmste aller Übel, das durch die Art von Gottes Tat ganz ausgeschaltet sein soll, der Geiz ist. Zu allem Segen, den Gott in der Schöpfung geschenkt und in Jesus Christus wieder neu zugänglich gemacht hat, paßt am wenigsten jede Art von Geiz.

Schenkenkönnen und Dankenkönnen, beides ohne Geiz, sind daher Wasserzeichen der neuen Ordnung seit Jesus Christus. Denn Geben ist göttlich.

C. Die Hoffnung auf das Himmelreich und die Auferstehung der Toten

Einführung

Die Aussagen der Schrift über das, was wir hoffen dürfen, werden insgesamt nahe herangeholt an unsere konkreten Lebensvollzüge jetzt. Dadurch soll vermieden werden, daß sich die Ansichten und Meinungen über das zukünftige Gottesreich und die Auferstehung verselbständigen und zu einem hohlen barocken Spektakel werden.
Auch wo es um wirklich Zukünftiges geht, steht doch nicht ein Schlaraffenland zu erwarten, sondern eine große, weltumfassende Stadt, ein Gemeinwesen. Zum anderen aber muß an der Bibel orientiertes Denken damit rechnen, daß Gott sich darin treu bleibt, daß er die Zukunft anders kommen läßt, als wir sie uns vorstellen. – Auf jeden Fall aber gilt, daß das, was wir hoffen oder fürchten müssen, nichts grundsätzlich Neues ist gegenüber dem, was wir immer schon in vielen kleinen Schritten tun und verursachen. Und sehr wichtig ist es, sich über die Zukunftsvorstellungen Rechenschaft zu geben. Denn sie sind mit entscheidend für die Inhalte unseres Handelns.
So ist das, was wir erwarten, einerseits Fortführung und Offenkundigwerden dessen, was geschieht. Andererseits ist es aber auch Verwandlung universaler Sklaverei in Freiheit und umfassenden Schmerzes in Freude. Der Grund für diese Hoffnung liegt im Gottesbild selbst: Gott will alles in sich, den Quell allen Lebens, einbeziehen.
Gefragt wird vor allem aber auch, wie das Erwartete schon begonnen hat. Es hat begonnen in der Erfahrung der Nähe Gottes, die – angesichts der Bedrohlichkeit der Majestät Gottes – als Erfahrung zu ekstatischer Freude werden kann. Zum anderen hat es begonnen, wo wir so frei wurden, daß unsere Phantasie konkret zu werden vermochte. Insbesondere die Erfahrung des Verliebtseins unter Menschen als der intensivsten Form von Lebendigsein vermag die Auferstehungsbotschaft zu verdeutlichen. Denn auch und gerade Auferstehung hängt mit unüberwindlichem Geliebtsein zusammen.
Schließlich stellt sich Auferstehung dar als Fortsetzung des befreienden

Tuns Jesu, und zwar als Annahme und Emanzipation der allerletzten unserer Gesellschaft, der Toten.
Der Erwartung des kommenden Reiches nicht angemessen ist ein unverbindliches Gen-Himmel-Schweben, sondern Kirche und Gottesreich sind nach der Regel der Stellvertretung aufeinander bezogen. Stellvertretung bedeutet Entlastung und damit ein Stück Himmelreich, etwas wie Aufatmenkönnen.

Die kleine Münze der Hoffnung

Jes 35,3-10

3: *Stärket die müden Hände und macht fest die wankenden Knie!*
4: *Saget den verzagten Herzen: »Seid getrost, fürchtet euch nicht! Seht, da ist euer Gott! Er kommt zur Rache; Gott, der da vergilt, kommt und wird auch euch helfen.«*
5: *Dann werden die Augen der Blinden aufgetan und die Ohren der Tauben geöffnet werden.*
6: *Dann werden die Lippen springen wie ein Hirsch, und die Zunge der Stummen wird frohlocken. Denn es werden Wasser in der Wüste hervorbrechen und Ströme im dürren Lande.*
7: *Und wo es zuvor trocken gewesen ist, sollen Teiche stehen, und wo es dürre gewesen ist, sollen Brunnquellen sein. Wo zuvor die Schakale gelegen haben, soll Gras und Rohr und Schilf stehen.*
8: *Und es wird dort eine Bahn sein, die der heilige Weg heißen wird. Kein Unreiner darf ihn betreten; nur sie werden auf ihm gehen; auch die Toren dürfen nicht darauf umherirren.*
9: *Es wird da kein Löwe sein und kein reißendes Tier darauf gehen; sie sind dort nicht zu finden, sondern die Erlösten werden dort gehen.*
10: *Die Erlösten des* HERRN *werden wiederkommen und nach Zion kommen mit Jauchzen; ewige Freude wird über ihrem Haupte sein; Freude und Wonne werden sie ergreifen, und Schmerz und Seufzen wird entfliehen.*

Was unser Text sagt, ist eindeutig zu schön, um wahr zu sein. Es ist irgendwo und nirgendwann, ist Utopie, etwas zuviel Schlaraffenland. Zweieinhalb Jahrtausende später ist meine Sehnsucht bescheidener geworden. Was ich ersehne, ist nur ein bißchen Friede, ein bißchen Liebe, ein wenig mehr Menschlichkeit. Weniger ist mehr als alles.

Es geht mir mit unserer Erwartung vom Reich Gottes oft so wie neulich an der Bushaltestelle: Ich wurde tatsächlich nicht mitgenommen, weil mein Schein zu groß war und ihn niemand wechseln konnte. Nur die kleine Münze wird überhaupt in Zahlung genommen. Gewiß, niemand weiß, wie alles sein wird, und doch hängt sehr viel davon ab, wie die Gestalt unserer Hoffnung ist, daß wir über unsere Träume miteinander reden.
Ist es wirklich erstrebenswert, ein Reich ohne Arbeit zu erhoffen: Ist Arbeit etwas Unwürdiges? Ein Reich ohne Schmerz, wo man doch gerade dabei ist zu erkennen, daß etwa eine schmerzlose Geburt durchaus nicht das Allernotwendigste ist? Und hier sieht man, wie unsere Zukunftshoffnungen zu Zielvorstellungen werden, die sehr maßgeblich auf das wirken, was wir planen. Ein Reich ohne Angst, wo trotz aller Beseitigung der Angstbarrieren vor den Examina die Angst doch immer nur größer wird? Vielleicht, weil die Angst dazugehört und wir uns sonst etwas suchen, vor dem wir Angst haben.
Und mit der Einheit der Christen und der Kirchen ist es ebenso: Ich möchte die Einheit, und doch kann man nachweisen, daß Konkurrenz ganz förderlich ist. Ich habe Angst vor der Sterilität als Idealbild. Auch ich möchte all das Negative beseitigen, und doch erkenne ich zugleich dessen Notwendigkeit, damit nicht alles erstarrt. Ich wehre mich gegen den Schmerz, und doch sind Krisen nötig. Ich frage mich auch, welchen Gott wir mit einem Reich verbinden, das ganz vollkommen und ohne Schmerz ist. Ob das nicht ein ganz ferner Gott ist, der nur noch lieb sein darf, den es vielleicht so gar nicht gibt, der nur eine Ausgeburt meiner Wünsche ist. Ich sehe, daß das Alte Testament von einem Gott redet, der viel farbiger ist, vor dem man auch Angst haben kann und den die Beter auch anbrüllen und anklagen können. Ich finde das nicht gut, daß wir nur immer domestiziert danken und damit mehr verdrängen als bewältigen. Ich denke, daß das mit unseren falschen Hoffnungen zu tun hat. Und ich höre auch etwas von dem Schrei Jesu: Mein Gott, warum hast du mich verlassen?
Nein, die völlige Befreiung von Schmerz und Leid zu erstreben, war und ist ein Irrweg. Es muß um etwas anderes gehen, wenn wir vom Reich Gottes reden. Und auch Frieden muß wohl etwas anderes sein als ewige Ruhe. Wie langweilig und steril wird das Reich Gottes, wenn wir unsere Wünsche an den lieben Gott, unseren Wunschzettel, wirklich einmal zu Ende denken.

Ich sehe zu oft bei uns ein reines Schwarzweißdenken: Je undifferenzierter wir diese bestehende Wirklichkeit ablehnen, um so totaler wird die Erwartung des Reiches nach der großen Wende. Aber muß wirklich alles ganz anders ein? Vielleicht haben wir auf das falsche Pferd gesetzt. Wir wissen doch: Aus einem Dackel kann man keinen Windhund machen. Und es ist auch die Frage, ob Gott das will. Vielleicht ist weniger hier mehr.

Denn unser Text ist ja fortgeschrieben worden von einem Messias, der zwar Blinde geheilt und Taube hörend gemacht hat – aber zu unserem großen Ärger nur ein paar davon, und solche, die dann später doch an Kreislaufschwäche oder Herzinfarkt gestorben sind. Schon Jesus hat es anders gemacht, als wir es gerne hätten. Und er sagt in einem alten Wort, daß dann, wenn er so handelt, dann das Reich Gottes wirklich da ist. Er redet hier nicht vom kommenden Reich, sondern von dem Reich, das mit ihm und seitdem da ist, hingelangt ist zu den Menschen. Und wir sollten diese Sichtweise gegenüber der anderen nicht unterschlagen. Nur ein bißchen hat Jesus gewirkt, noch nicht einmal die Sklaverei hat er abgeschafft. Er war anders, als Israel es erwartete. So anders, daß man fragen konnte, ob er überhaupt etwas mit Gott zu tun habe.

Aber so ist dieser Gott öfter. Es geht nicht einfach um die Erfüllung unserer Träume. Vielleicht ist das auch mit dem Reich Gottes so. Vielleicht ist es gar nicht so, wie wir immer denken, daß es mit Pauken und Trompeten und Weltende kommt und dann da ist. Möglicherweise ist Gott anders, will er sich anders zeigen, um uns tiefer hineinzuführen in sein Geheimnis. Denn Gott schreibt nicht nur auf krummen Zeilen gerade, er schreibt auch immer wieder in einer neuen Sprache, die wir je neu buchstabieren lernen müssen. Er schreibt womöglich quer zu unserer Hoffnung und führt uns darin über unsere Hoffnung hinaus.

So könnte es auch sein, daß sein Reich überhaupt kein Traumreich ist und daß es nicht einfach da sein wird, vielleicht in keinem Jahr unserer oder anderer Zeitrechnung einfach da ist, sondern ganz anders kommt, quer zu unserer Zeit. So wie bei Jesus, der auch sagen kann, das Reich sei dort, wo er konkrete Not beseitigt, obwohl sie danach wieder sterben, obwohl es bis zur Abschaffung der Sklaverei noch 1900 Jahre dauerte. Also nicht die große Zauberstunde, in der alles Schwarz weiß wird. Sondern wo im Namen Jesu schreiende Not vor unserer Tür beseitigt wird. Nein, wir sollen nicht warten auf ein fernes Reich oder gar hier mithelfen, daß die Not rasch zunimmt, damit die Wende schneller kommt.

Sonst geht es uns wie dem Menschen, der ein Leben lang vor der Türe wartet, daß sie aufgetan wird, was aber nicht geschieht, und dem man nach dem Tode sagt, eben dieses sei seine, nur für ihn bestimmte Türe gewesen. Doch nun sei es zu spät.

Gott hat sein Reich vielleicht anders, noch einmal anders gedacht, quer zur Geschichte, in der Tiefendimension einer Stunde, in die etwas hineinragt von Gottes Reich, in der wir vielleicht ein Echo spüren, in der die zarten Triebe der Hoffnung aufkeimen, daß doch nicht alles vergeblich war, daß irgendwo jemand noch einmal davongekommen ist, vor dem Schlimmsten bewahrt ist. Nur stückweise ist Gottes Reich möglich, denn es dauert dann immer nicht lange, da wird es wieder eingeholt von unserer Art, auf Lorbeeren auszuruhen, Gelungenes zu korrumpieren und Schönes zu mißbrauchen.

Nein, einen einfachen, linearen Fortschrittsglauben widerlegen wir immer wieder durch uns selbst. Aber bei Jesus geht es stets und grundsätzlich um die Nähe, und das ist die Nähe von Angebot und Forderung zugleich. Wachsamkeit. Nicht die ferne Zukunft, sondern: Das Jammertal blüht.

Wir denken immer, Christentum müßte etwas Großes sein, eine Revolution aller Menschen, endlich das Glück für alle. Und Sie fragen mich oft: Wir sind total frustriert von der Wirklichkeit des Christentums in der Welt. Vielleicht legen wir zu sehr die Perspektiven von Monsterfilmen an; was ist denn wirklich groß und was klein? Non coerceri maximo, contineri tamen a minimo divinum est, heißt ein alter Satz: Gottes Wirklichkeit ist im Kleinsten und über das Größte geht sie allemal hinaus. »Im Kleinsten«: Wir müssen da schon genau hinsehen. Und Jesus sagt, daß es mit ihm und seit ihm solche Keimlinge der Hoffnung gibt; Stunden, in denen wir erkennen, daß alles einen Sinn und Zusammenhang haben könnte, daß es überhaupt begründete Hoffnung geben kann. Grund unserer Freude.

Da die großen Scheine niemand wechselt, werden auch die Christen kein reines Weiß in die vielen grauen Alltage hineinzwingen können. Und ihr Handeln wird auch dann, wenn sie engagiert sind, dem der anderen oft zum Verwechseln ähnlich sehen. Viel mehr erlaubt unsere Wirklichkeit auch in der Regel nicht; aber vielleicht Grau mit einem roten Faden darin? Statt der großen Scheine kann von uns Antwort verlangt werden auf die Frage: Wie steht ihr als Christen zur Reform der Krankenkassen? Welche Detailkenntnisse habt ihr für das neue Mietrecht anzubringen, so daß wir mit euch reden können? Wir werden immer wieder enttäuscht, daß nur so wenig möglich ist. Aber unsere Welt ist schon sehr lange wie ein sehr kranker Patient, der für große Eingriffe zu schwach ist. Weniger ist mehr.

In unserem Beruf als sogenannte Intellektuelle besteht oft die Hauptarbeit darin, mit der vielfältigen Frustration fertig zu werden: Denn einmal merken wir vielleich mehr und öfter als andere, wie es im ganzen zugeht, und zum anderen kämpfen wir mit der Unsichtbarkeit und Ungreifbarkeit dessen, was wir eigentlich leisten, und außerdem sind die Zeiten auch nicht danach. Reich Gottes wäre hier dann und dort, wo es gelingt, die Frustration durch Engagement zu überwinden, aber auch dort, wo wir mit den anderen Gliedern unserer Gesellschaft mitleiden können. Und die Arbeitslosigkeit ist doch deshalb das Schlimmste, weil sie gerade das Engagement untersagt. Doch ich wage den Mut: Das letzte Wort ist noch nicht gesagt, kann und darf noch nicht gesagt sein. Die Hoffnung sitzt uns zu tief im Blut. Manchmal denke ich, daß wir überhaupt nur deshalb von Gott reden, weil wir bisweilen dieses als unbesieglich spüren, was nicht von uns selber kommen kann. Die Hoffnung, daß irgendwo jemand doch noch gerettet und glücklich werden möge. Und deshalb hat sich Gott wohl auch die Kirche ausgedacht, damit wir einander zu dieser Hoffnung Anlaß geben, daß der und der und wir alle es doch noch einmal schaffen werden, wenn wir uns nur auf die Hoffnung selber und auf die Nähe des Reiches wirklich glaubwürdig einlassen.

Auch im bescheidenen Anfang einen Grund zur Hoffnung sehen können (denn Krippe und Kreuz sind beide nur aus Holz), auf die Mühsal des Umgangs mit dem Wenigen und dem Bißchen sich einlassen, nicht krampfhaft das Ganze wollen, sondern in Gelassenheit immer wieder Anfänge säen. Die ersten Zeichen des Frühlings wahrnehmen können, ohne den Sommer gleich zu wollen; ein Gespür zu haben für verheißungsvolle Anfänge; bereit sein, Ahnungen zu teilen und sich nicht in der allgemeinen Verzweiflung zu gefallen. Sich nicht des Zaubers der Hoffnung zu schämen; den Widerschein des Lichtes, das schon da ist, auch dort zu sehen, wo man nur mit gutem Willen etwas sehen kann.

Was dann Friede ist? Das ist wie am ersten schönen klaren warmen Tag im Frühling. Oder wie der Anfang des russischen Films »Wenn die Kraniche ziehen«, wo ein verliebtes Mädchen und ein verliebter Mann einfach in den Frühlingsmorgen hinausrennen. Oder dieses Gedicht: Es

läuft der Frühlingswind durch kahle Alleen, seltsame Dinge sind in seinem Wehn. Ich hab' mich gewiegt, wo Weinen war ... Frühling auch mitten im Winter.
Das letzte Wort wird ein Ja sein, soll Frühling für die Welt sein. Nicht als fernes Reich vielleicht, sondern eher wohl auch jetzt immer dort, wo begründete Hoffnung entsteht. Aufamten zuerst.
Dann hat auch unser Text einen neuen Sinn. Wie bei einem Kind, dem man, da es weint, die Tränen abwischt und dem man sagt: Du brauchst nicht mehr zu weinen. Und ich bekam zu meiner Habilitation ein Kinderbuch mit dem Namen »Frederik«. Es handelt von einem Mäuserich, der im Gegensatz zu den anderen im Sommer nicht mit sammelt, sondern, wie er sagt, die Sonnenstrahlen in sich aufnimmt. Als dann im Winter in der dunklen Höhe der Mäuse alle Vorräte aufgezehrt sind und keiner mehr sprechen mag, denkt Frederik an seine Vorräte und erzählt von Kornblumen und Mohnblumen und von den Farben des Sommers. Und sie bedanken sich bei ihm, denn er ist ein Dichter.
So ist die Rede der Bibel vom kommenden Reich wie ein alter Mythos, eine schöne und notwendige Geschichte aus großer Sehnsucht nach Aufhebung von Finsternis und Tod, aus der Erfahrung Gottes selbst. Nur sollten wir diesen Mythos nicht einfach blind nacherzählen, sondern neuerzählen und wachsam sein, weil Gott der Herr lebendig und nicht festzulegen ist. Dann sollten wir unsere neuen, vielleicht etwas anderen Erfahrungen mit diesem Mythos verbinden und sie nicht durch ihn zudecken.
Diese alten Bilder sagen auch etwas über das, was man dabei nicht machen kann, was jedem am Ende und immer wieder nur geschenkt werden kann. Auch in jeder glückhaften Stunde, in der Geschenk und Engagement in eins fallen. Wie es der jüdische Spruch sagt: Ein Stück von Rettung ist enthalten in jeder kleinsten Unterbrechung der Katastrophe.

Der Himmel ist zu uns gekommen

Lk 24,50-53

50: *Er führte sie aber hinaus bis nach Betanien und hob die Hände auf und segnete sie.*

51: *Und es geschah, als er sie segnete, schied er von ihnen und fuhr auf gen Himmel.*

52: *Sie aber beteten ihn an und kehrten zurück nach Jerusalem mit großer Freude*
53: *und waren allezeit im Tempel und priesen Gott.*

Jesus ist jetzt im Himmel, und das Wort Himmel weckt in uns Freundliches: Leichtigkeit und Wärme, Strahlen und Licht, Freiheit und Freude des schwerelosen Fluges. Die Tore des Himmels öffnet man mit Himmelsschlüsselchen. Und ebenso sind die Jünger, die hier solches erleben, keineswegs Menschen, die man für besonders vernünftig halten dürfte, Ekstatiker.
Oder denken Sie: Der Nachbar direkt neben Ihnen sagt: Ich habe mich 40 Tage lang mit einem Auferstandenen unterhalten, und dann ist er zum Himmel aufgestiegen. Und: Ich habe ihn angebetet. Haben die Schriftgelehrten nicht recht, die sagen: Der letzte Betrug ist noch ärger als der erste? Ekstatiker sind das, Chaoten der dritten Art – wir stellen uns diesen Abschied leicht zu feierlich vor, wie das Ende eines Staatsbesuchs, die Jünger ordentlich versammelt. Aber wie zu Ostern geht es um etwas Leichtsinniges, Irreguläres: Daß ein Toter nicht tot ist (wie es sich gehören würde), daß Gott doch mit dem Toten ist, den er verlassen zu haben schien.
Was ist das für eine Wirklichkeit: Himmel? Der jüdische Maler Marc Chagall hat 1985 kurz vor seinem Tod gesagt: »Ich komme zu dir. Doch es wird Nacht, bevor es Tag wird, dann aber will ich weiter Bilder malen über den Himmel und über die Erde.« Die Nacht, bevor es Tag wird, ist der Tod. Und Bilder malen über den Himmel und die Erde, das hat er hier auch schon getan: Farben, wie man sie in Nordafrika oder in Arabien frühmorgens oder bei Sonnenuntergang an Wüstengebirgen sieht wie leuchtendes Rot und mattes Violett. Und die vielen unirdischen Dinge: die Geige und der fliegende Fisch, Blumensträuße, leuchtende Tiere, Wunderblumen neben Hütten aus polnischen Judenstädtchen. Das Weiß in vielen dieser Bilder ist nicht nur gemalter Schnee, sondern die Empfindung von Schlittenfahrt und Daheimsein. Die Ikonen und der große Himmel Rußlands haben etwas darin hinterlassen wie in Volksliedern. Gesichter, die naiv und erschrocken zugleich sind, und dazwischen immer wieder ein gen Himmel schwebendes Liebespaar – wie alles andere eine einzige Vergewisserung, daß die Kälte niemals die Wärme besiegen kann. Die Liebe ist stärker. – Lauter verrückte Dinge aus jüdischer Mystik – wie bei Jesu Jüngern auch.

Himmelfahrt Jesu ist nichts Neues, nur ein Schlußpunkt, mehr ein Ausrufungszeichens in diesem Text. Denn dort, wo es glückt, sind Himmel und Erde eng zusammen. Das war bei Jesus schon immer so. Das poetische Wunderreich der jüdischen Mystik steht der Welt Jesu sehr nahe. Jesus, der zum Himmel aufsteigt, ist kein Fremder, kein neuer Jesus. Er steht schon immer vor uns als die leibhaftige, nicht nur erträumte Verbindung von Himmel und Erde. Und seine Ausstrahlung ist die eines Menschen, der auf ansteckende Weise verrückt und glücklich dabei ist. Wer Chagalls Bilder lesen kann, versteht die Welt, von der Jesus redet. Materialisten und Leute ohne Herz für Kinder verstehen diese Welt nicht. Anstöße sind das, sensibel zu werden für die Sprache von Blumen und Tieren, für den Zeichencharakter von Absonderlichem: Eine Welt, in der Himmelfahrt nichts Neues ist. Die Ahnung von einem Kern, der nicht explodieren muß, sondern zum Licht- und Wärmeherd wird.
Warum sind gerade Jesu Jünger so ekstatisch? Daß sie Wirklichkeit visionär erfahren? An Jesus haben sie erfahren, daß Gott, der große, unbegreifliche Name, nicht nur richtet oder barmherzig sein kann, sondern daß er als reine Liebe ganz, ganz nahe sein will. Endgültig ganz nahe. Das ist ein Grund, außer sich zu geraten. Dieser Gott liebt auch die Toten, so daß sie leben durch die Glut seiner Liebe. Das paßt zur Verkündigung Jesu: Das Evangelium nicht nur für die Armen und Rechtlosen und Sünder, sondern auch für die Allerletzten: die Toten. Die ganze Welt sieht dann neu aus, wenn Gott so väterlich nahe ist. Außersichgeraten vor Seligkeit über das Angenommensein ohne Absturz. – Auch vor Ostern mußte Jesus nicht in den Himmel reisen wie andere, sondern der Himmel war ganz nahe bei ihm bei der Taufe, bei der Verklärung und in Gethsemane.
Wir unterschätzen die Kraft dieser Verbindung von Himmel und Erde, dieses Leichtsinnige, Irreguläre, Ekstatische, halten es für leicht abseitig und verkennen doch dabei eine Macht, von der wir in Wahrheit ahnen, daß sie stärker ist. Denn wer weiß nicht, daß es nur aufs Herz und die Begeisterung ankommt, damit einem ungeahnte Kräfte zuwachsen? Ein wenig genügt, um Berge zu versetzen, sagt Jesus. Diese Kraft reicht buchstäblich und leibhaftig ins ewige Leben. Das heißt Himmelfahrt.
Diese Kraft könnte sich zeigen als Phantasie zum Aufbrechen starrer Fronten in einer Kirche, die der Spaltung nahe ist zwischen Politischen und Frommen. Die Einlinigkeit dieser Parteien ist bedrückend. Phantasie aus Liebe wäre dazu imstande, gerade das an einem selbst, das dem

Gegner sattsam bekannter Grund zur Einordnung in eine Schublade ist, aufzuheben, zu verwandeln, auf den Weg zu schicken. Die neue Form verändert auch den Inhalt, hebt das Anstößigste auf, welches Monotonie und Penetranz ist. Und Phantasie heißt hier gerade nicht, daß man seine offizielle Korrespondenz mit dem Oberkirchenrat mit Blümchen und Schäfchen verziert, sondern ist die Kraft, Brücken zu bauen zwischen schwierigen Ufern, kühne Brücken wie über jemenitische Gebirgsschluchten oder dalmatinische Wildwasser oder wie Brücken über Grachten – aber jedenfalls solche, auf denen jemand gehen kann. Es ist leichter auszuflippen, als Brücken zu bauen. Aber Brückenbauen erfordert mehr Phantasie, und es gibt Brücken, die so hinreißend schön sind, daß sie darin selbst wie eine Vision sind. Überzeugen durch die Schönheit und Kühnheit des Brückenbauens. Das ist eine Perspektive. Die Rede Weizsäckers zu Anfang 1985 vor dem Bundestag hatte etwas davon, sie vermochte es, Spaltungen durch Sensibilität und Niveau zu überbrücken. Die Kraft, die aus der Einheit von Himmel und Erde kommt, ist Kraft zur Identität. Ich halte es für ein fragwürdiges Ideal, Kommunikation allein über alles zu stellen. Sie kann allein für sich hier und jetzt nicht das letzte Ziel sein. Auch Kommunikation ist gefährdet durch Nivellierung, durch Ausnutzung seitens der Leithammel, denn über eine kommunikative Gesellschaft regiert es sich leichter. Nicht: wozu, sondern: woraus lebe ich? Kraft zur Identität heißt auch Kraft zur Einsamkeit, zum Schweigen, zum beharrlichen Sitzen zwischen den Parteien der Frommen und der Linken. Außerdem ist noch nicht Zeit zur idealen, gewaltfreien, kommunikativen Gesellschaft; wer das behauptet, verdeckt nur den heimlichen Kampf der Interessen, das Gerangel unter dem Tisch. Jetzt ist auch noch Zeit für Parteilichkeit und Kampf. Nur wer zugibt, daß es wirklich Interessenkonflikte gibt, kann sich daran wagen, mit Gottes Hilfe schöne Brücken zu bauen. Statt der Reden der Leithammel, daß wir doch alle eine Familie seien: Ehrlichkeit und Mut zum Bewahren des Unverwechselbaren, Gewordenen. Es tut mir weh, wenn gerade kleinere Kirchen wie z. B. die Mennoniten in Gefahr sind, ihre Geschichte zu vergessen, nur weil sie meinen, ethisches Handeln erfordere auch innerlichen Gleichschritt.

Schließlich geht es auch um die Kraft, den Himmel wirklich zur Sprache zu bringen. In den letzten Jahren ist es kaum je gelungen, zu Schuld und Vergebung bezüglich der Geschichte unseres Volkes die Botschaft des Evangeliums so zu sagen, daß nicht alle mit dem Satz reagierten: Ach,

das kennen wir ja schon. Warum spielte in diesen Diskussionen das Christliche eine so geringe Rolle? Haben wir uns verschanzt hinter Formeln? Warum blieb der Hinweis auf Jesus so leer? Auch der gutgemeinte Ratschlag des Kardinals im Kölner Dom, Schuld nicht immer wieder selbstquälerisch sich vor Augen zu schieben, blieb ohne überzeugende christliche Begründung. Bringt es uns weiter, wenn wir auf die ekstatischen Jünger und deren glücklichen Meister an Himmelfahrt uns zurückbesinnen? Der Prior von Taizé hat gesagt: Was die Welt braucht, ist mehr das Bild als die Idee. Die Glaubwürdigkeit einer Idee hängt davon ab, ob hinter ihr eine sichtbare Wirklichkeit steht. – Also: Warum überlassen wir die Städtepartnerschaften mit dem Ausland fast ausschließlich den jeweiligen Bürgermeistern und ihrem Anhang? Warum geschieht das so selten, was Bischof Lohse berichtete: Die formelle Anerkennung christlicher brüderlicher Gemeinschaft in einem Gottesdienst und durch die Bischöfe, so wie es die katholischen Bischöfe Europas 1948 zur 700-Jahr-Feier des Kölner Domes durch ihre Mitwirkung dort getan haben? Gerade die Verbindung von Himmel und Erde läßt den Himmel konkret in menschlichen, sichtbaren Zeichen greifbar werden. Und Liturgie und Abendmahl sind solche Zeichen, noch dazu deshalb, weil die darin verwendeten Formen häufig politischen Ursprungs sind.
Himmelfahrt heißt schließlich auch, daß Jesus seit fast 2000 Jahren nicht mehr unter uns ist, daß wir für das Christentum aufeinander angewiesen sind, und das heißt auf Kirche. Nicht das Kämmerlein ist der Ort der Versöhnung, sondern das Gegenüber und Miteinander, auch und gerade das öffentliche. Wir haben uns zu sehr auf das Kämmerlein beschränkt, haben zu wenig öffentliche Phantasie gehabt und reden zu viel in Formeln. Der Himmel ist nicht nur ein Traum, sondern er ist dort, wo konkrete Phantasie wirkt, wo Mut zur Identität besteht, wo Christentum öffentlich wird und überall dort, wo es glückliche Verrückte gibt, die etwas wissen von der Wirklichkeit bedingungsloser Liebe. Jesus ist im Himmel, weil mit ihm schon immer der Himmel auf die Erde gekommen ist, als Freiheit, Leichtigkeit, Phantasie. Die schwebenden Wunder, die Chagall gemalt hat, hatten ihr Korrelat im Ostjudentum, in einer Welt von Armut und Leiden um des Glaubens willen, von einer unglaublich tapferen Bewahrung der Identität, aber auch im Erweis selbstvergessener Freiheit und Liebesfähigkeit. Angesichts unserer Welt kann bei uns die Verbindung von Himmel und Erde nicht ein Blümchenchristentum sein

– wohl aber dieses: Die Erfahrung unglaublichster, glücklichster Bejahung, wir sind Gottes Wunschkinder. Eine Nähe Gottes, die uns glücklich verrückt machen kann. Daß Tote durch diese Intensität von Leben lebendig werden, daß wir Sünder versöhnt sind, daß unser alltäglicher Faschismus durch eine überlegene Freiheit in sich zusammenfällt. Daß wir frei sein dürfen, so daß auch der bittere eigene Tod nur mehr ein Bruder ist. – Denn Jesus ist im Himmel, weil und nachdem mit ihm der Himmel zu uns gekommen ist.

Die Liebe des Lebens zu sich selbst

Joh 16,16-23

16: *Noch eine kleine Weile, dann werdet ihr mich nicht mehr sehen; und abermals eine kleine Weile, dann werdet ihr mich sehen.*

17: *Da sprachen einige seiner Jünger untereinander: Was bedeutet das, was er zu uns sagt: Noch eine kleine Weile, dann werdet ihr mich nicht sehen; und abermals eine kleine Weile, dann werdet ihr mich sehen; und: Ich gehe zum Vater?*

18: *Da sprachen sie: Was bedeutet das, was er sagt: Noch eine kleine Weile? Wir wissen nicht, was er redet.*

19: *Da merkte Jesus, daß sie ihn fragen wollten, und sprach zu ihnen: Danach fragt ihr euch untereinander, daß ich gesagt habe: Noch eine kleine Weile, dann werdet ihr mich nicht sehen; und abermals eine kleine Weile, dann werdet ihr mich sehen?*

20: *Wahrlich, wahrlich, ich sage euch: Ihr werdet weinen und klagen, aber die Welt wird sich freuen; ihr werdet traurig sein, doch eure Traurigkeit soll in Freude verwandelt werden.*

21: *Eine Frau, wenn sie gebiert, so hat sie Schmerzen, denn ihre Stunde ist gekommen. Wenn sie aber das Kind geboren hat, denkt sie nicht mehr an die Angst um der Freude willen, daß ein Mensch zur Welt gekommen ist.*

22: *Und auch ihr habt nun Traurigkeit; aber ich will euch wiedersehen, und euer Herz soll sich freuen, und eure Freude soll niemand von euch nehmen.*

23: *An dem Tag werdet ihr mich nichts fragen. Wahrlich, wahrlich, ich sage euch: Wenn ihr den Vater um etwas bitten werdet in meinem Namen, wird er's euch geben.*

Aus den hohen Fenstern des Foyers im Kölner Gürzenich, dem prächtigen Konzertsaal der Stadt, blickt man in die hochaufragenden Trümmer eines gotischen Kirchenschiffs. In diese leere Ruine einstiger Schönheit hat man zwei moderne Skulpturen gestellt, vornübergeneigt, versteinert, Mann und Frau, ein trauerndes Elternpaar. Trauer über das Sinnloseste, das sein kann, daß Eltern wegen Krieg ihre Kinder entrissen werden für immer. Wie in den mittelalterlichen Marienklagen: die Mutter mit dem toten Sohn auf dem Schoß.

Eindrücklicher kann man nicht gegen sinnlose Gewalt demonstrieren. Denn die Maria mit dem toten Christus steht für alle, deren Kinder umkamen. Das tote und das lebende Opfer zusammen.

Unser Text spricht von Trauer. Leiden, bloßes Leiden kann dumpf sein und namenlos und kaum noch bewußt. Trauer aber gesteht durch Zeichen die Ohnmacht ein. Auch weil sie die Weise ist, in der wir, wenn auch ohnmächtig, das Leiden anderer teilen.

Trauern können ist schon viel: Zugeben, daß uns nach Weinen zumute ist. Haben wir nicht gelernt, daß ein Mann nicht weint, eine tapfere Frau leiden soll, ohne zu klagen? Auch das ist schon Evangelium, wenn uns jemand sagt: Wir weinen doch, wir dürfen weinen und müssen nicht perfekt sein. Marienklage besagt: Die heilige Frau darf weinen und klagen, der heilige Christus darf tot sein, der mächtige Gott darf schwach sein. Und Jesus darf rufen, daß Gott ihn am Kreuz verlassen hat. Er vergibt sich dabei nichts.

Wir haben die Freiheit, Fehler machen zu dürfen. Wir müssen die Wahrheit der Talsohle nicht verdrängen. Nur wer vergißt, daß und worunter er gelitten hat, nur wer die Trauer aufgibt, wird unfähig, sich zu besinnen. Nein, Trauer ist konsequent durchzuhalten. Nur der kann möglicherweise ein erträglicher Lehrer oder Vorgesetzter werden, der sich konstant weigert zu vergessen, worunter er selbst gelitten. Nur bei unvergessener Trauer entsteht nichts Fremdes, denn Trauer und Freude sind Geschwister. So wie die Unfähigkeit zu beidem dieselbe ist. Stumpfheit und Gleichgültigkeit sind die gemeinsamen Gegner von Freude und Trauer. Und Trauer und Freude hängen mit Wahrheit zusammen. Und närrisch einseitig sind sie beide. Freude und Trauer sind Sprache des Herzens. Angreifbar in dieser Einseitigkeit. Wer ein Herz oder Freude oder Trauer zeigt, lebt riskant und nicht wohlabgesichert.

Wie ein jüdischer Lehrer, den ich kannte, der Auschwitz überlebt hatte und dem es danach bei uns auch nicht viel besser ergangen ist: Er war der

Freieste und Fröhlichste. Er konnte sich freuen an der Ordnung von Sonne und Mond und der Folge von Sommer und Winter als den Zeichen göttlicher Gerechtigkeit.
So war die Menschenlehre des Franziskus von Assisi: Ausgelebte Sehnsucht danach, frei zu sein von allen Dingen, wie ein Vogel, der der Sonne frei und leicht entgegenfliegt. In der Freiheit wird Trauer bereits zu Freude. Denn wo immer Freiheit entsteht, ist sie Konzentration auf das Wesentliche. In der Talsohle der Armut und des Trauerns, dort, wo strenge Wahrheit herrscht und zugegeben wird, begegnet Gott.
Wir Menschen insgesamt produzieren immer nur die eine Folge: Aus Freude machen wir Trauer. In unseren Möglichkeiten liegt immer wieder nur diese Einbahnstraße: Aus herrlicher Schönheit werden Ruinen. Aber das andere: Aus Ruinen Leben zu wecken, das ist viel schwerer, das erst und das allein ist göttlich.
Denn Gott, das ist in Wahrheit ein Wort für die unbesiegbare Liebe des Lebens zu sich selbst. Dieses ist das eigentliche Geheimnis Gottes. Daher ist diese Liebe des Lebens zu sich selbst allem Tod und aller Trauer notwendig entgegengesetzt. Daher rührt auch die strikte Glaubwürdigkeit der Verheißung des Lebens, aus der Ruine unserer toten Leiber Auferstehung werden zu lassen. Die Liebe des Lebens zu sich selbst stößt allen Tod und alle Trauer von sich und zieht alles hinein in das eigene Lebendigseinwollen.
Immer wieder, wenn wir Lebensfreude beobachten oder an uns selbst spüren, ist ein Stück von dem gegenwärtig, was Gottes Geheimnis ist. Leben ist auf sich selbst bezogen, eigensüchtig, will nur sich selbst. Leben darf und muß so sein: zurückgebeugt auf sich selbst.
Daher alle Intoleranz des Gottes Israels. Er kann nur sich selbst wollen, weil außerhalb nur Tod sein kann. Er ist das Leben. Daher die Möglichkeit des Glaubens an die Auferstehung: Wenn die Liebe des Lebens zu sich selbst nicht nur Zufall, sondern tiefstes Geheimnis aller Kreatur ist. Dann geht sie über Zufälle hinaus und wird zum Wasserzeichen der Schöpfung.
Dann muß aus Trauer Freude werden, weil es Gott gibt. Wenn man sich nur auf ihn einläßt, in seinen Regelkreis eintritt. Totes und Dumpfheit und Unfreiheit fallen von uns ab. Wenn die Trauer wie ein reinigendes Gewitter ist, wenn wir nur darin Wahrheit sehen, dann meldet sich von selbst aus den weggeräumten Trümmern das neue Angebot der Gnade, die neue und unbesiegliche Verheißung der Freude.

Immer wieder beschäftigt es uns seit der Reformation, wie beides zusammengehören könnte: Glaube und Werk. – Doch viel einheitlicher und weitaus umfassender ist die Einheit von Erfahrung und Handeln beschrieben im Ausdruck »Freude«. Gewiß: Trauer und Freude sind verschränkt. Die jugendliche Schönheit der Maria in Michelangelos Pietà ist wie das Hineinragen des Sieges in unser Leben als Freude. Nicht Verdrängung von Tod und Leid zugunsten eines besseren Jenseits.
Einerseits ist der tote Christus das stärkste Argument dafür, daß ein Gott sei. Denn so zeigt sich Gott als der Ohnmächtige solidarisch, erweist er sich wirklich als Liebe, die bis zum Äußersten, bis zur Selbstaufgabe uns begleitet. Gott ist wirklich zur Liebe fähig.
Und andererseits kann es nicht ausbleiben, daß Gott hier als der Lebendige zu sich selbst steht. Das ist Auferstehung und Überwindung der Trauer durch Freude. Beides verbinden wir mit Gott: Äußerste Solidarität schenkt er uns, weil er mit uns stirbt, und gerade das kann er nur leisten als der, der die Trauer und den Tod überwindet.
Auf unserer Ebene, wo wir lieber davon reden, daß etwas Spaß macht, als von österlicher Freude, lieber von Abenteuerlust als von Leben aus Gnade, obgleich beides durchaus etwas miteinander zu tun hat, soll dieses alles eine Aufforderung zum Übermut sein. Reiner Übermut ist genau das, was uns fehlt. Nur der Übermütige schwimmt gegen den Strom und vergißt sich selbst dabei. Übermut ist genau das Wort, mit dem wir die Rede von der charismatischen Freude der frühen Christen wiedergeben müssen. Reinen Übermut wünsche ich uns allen.

Verletzlichkeit des Himmels

Apg 1,9-11 + Lied 93(EKG)

9: *Und als er das gesagt hatte, wurde er zusehends aufgehoben, und eine Wolke nahm ihn auf vor ihren Augen weg.*

10: *Und als sie ihm nachsahen, wie er gen Himmel fuhr, siehe, da standen bei ihnen zwei Männer in weißen Gewändern.*

11: *Die sagten: Ihr Männer von Galiläa, was steht ihr da und seht zum Himmel? Dieser Jesus, der von euch weg gen Himmel aufgenommen wurde, wird so wiederkommen, wie ihr ihn habt gen Himmel fahren sehen.*

Lied 93

1: *Auf Christi Himmelfahrt allein ich meine Nachfahrt gründe und allen Zweifel, Angst und Pein hiermit stets überwinde. Denn weil das Haupt im Himmel ist, wird seine Glieder Jesus Christ zur rechten Zeit nachholen.*

2: *Weil er gezogen himmelan und große Gab empfangen, mein Herz auch nur im Himmel kann, sonst nirgends, Ruh erlangen; denn wo mein Schatz gekommen hin, da ist auch stets mein Herz und Sinn, nach ihm mich sehr verlanget.*

3: *Ach Herr, laß diese Gnade mich von deiner Auffahrt spüren, daß mit dem wahren Glauben ich mag meine Nachfahrt zieren und dann einmal, wenn's dir gefällt, mit Freuden scheiden aus der Welt. Herr, höre doch mein Flehen!*

Himmel und Erde nennt man bei uns ein warmes Essen aus Äpfeln und Kartoffeln, weil die Äpfel dem Himmel näher sind und die Kartoffeln der Erde. Eine großartige Idee, den Kindern diese verhältnismäßig bescheidene Kost durch den Namen schmackhaft zu machen: Himmel und Erde – das muß etwas Tolles sein. Kann man einen schöneren Namen finden für ein karges Mahl? Und wenn wir das Wort Himmel hören, denken wir an das Himmelszelt, an Himmelsschlüsselchen, das Himmelbett. Vor allem daran, daß der Himmel weit ist und hoch über der Erde. Vom Aufgang der Sonne bis zu ihrem Niedergang. Daran, daß man Kindern sagt, der Verstorbene sei jetzt im Himmel. Und mehr kann man nicht sagen, und vielleicht auch Schöneres nicht. Auch wenn wir längst keine Kinder mehr sind – vom Himmel zu reden meint etwas Humanes, etwas Zartes und Vertrautes. Ein unersetzlicher Zauber.

Die Erde gegen den Himmel ausspielen? Sagen, daß der Himmel etwas für die Spatzen und die Pfaffen sei, daß wir uns verflixt nochmal um die Erde kümmern sollen und nicht um den Himmel – wir wissen längst, daß das nicht das Humanste sein würde. Denn beides gehört zusammen wie Himmel und Erde. Wie kann man nur trennen, was im Namen der Humanität gerade zusammengehört? Und die Spatzen sind mir ganz sympathisch, sie sind frech und frei. Und die Pfaffen sind ein verlorener Haufen – aber dadurch wird der Himmel nicht uninteressanter: Das Geheimnis, wie sich Menschen freiwillig in eine Lage begeben können, in der sie in jedem Falle, ob als gute oder ob als schlechte, im Abseits stehen.

Daß man den Himmel nicht greifen kann, mindert nicht den Zauber. Denn mit dem, was man greifen kann, haben wir mittlerweile zu oft

schlechte Erfahrungen gemacht: in jedem Falle reicht es nicht aus.
Die flackernden Kerzen vor den Ikonenwänden in der Sowjetunion, sie haben genauso etwas mit dem Himmel zu tun wie die Mahnung an den jungen aufgeklärten Studenten in Gerhart Hauptmanns Webern, er dürfe um keinen Preis dem armen Weber seinen Himmel zerreden, seine Hoffnung nehmen.
Himmel ist eine zarte, zerbrechliche Sache. Himmel hat etwas mit Sensibilität und dem »Sinn dafür« zu tun. Man muß eine Nase haben für das Unersetzliche, das man niemandem nehmen darf. Denn der Himmel ist nichts Trauriges, ist aber zugleich so angreifbar und verletzbar, wie Leichtigkeit und Heiterkeit es immer sind. Was weiß der schon davon, der nur die Erde wahrhaben will?
So beschreibt der Dichter die Frühlingsnacht: Es war, als hätt' der Himmel die Erde still geküßt, daß sie im Blütenschimmer von ihm nun träumen müßt'. Real ist das nicht. Himmel und Erde. Und bei allem geht es nur um das eine Geheimnis, auf das alle Herrlichkeit weist. So singt denn die Kirche in der Osternacht in dem berühmten Jubel des Exsultet: O wahrhaft selige Nacht, die Beute genommen von den Ägyptern und reich gemacht die Hebräer. O Nacht, die verbindet Himmel und Erde, Gott mit den Menschen. – So ist der Tausch doch wirklich vollzogen: Ein Stück Himmel auf die Erde, und ein Stück Erde in dem Himmel.

»Ein Lied will ich singen«, sagt Augustinus, »ich will ein Lied singen, das ich kenne. Ehe ich beginne, erstreckt sich meine Erwartung über das Ganze. Habe ich begonnen, so erstreckt sich so viel, als ich von meiner Erwartung schon zum Vergangenen hinübergepflückt habe, nun in die Erinnerung. Und zerstreckt ist das Leben meines Tuns: es ist Erinnerung, soweit ich schon gesungen habe, es ist Erwartung, soweit ich erst noch singen will: was dennoch in Gegenwärtigkeit dableibt, ist eben mein Bedacht im Vollzug, durch den, was noch künftig war, hinüberfährt, so daß es nun zum Vergangenen wird. In dem Maße, als das fortschreitend geschieht, längt sich die Erinnerung und kürzt sich die Erwartung. So geht es auch mit dem ganzen Menschenleben und mit all unserer Geschichte.« So ist es mit Lehre und Studium und mit jeder Phase unseres Lebens. – Die Zeit des Liedes als die Zeit des Lebens. »Ein Lied will ich singen«, das hat etwas mit Erwartung und Erinnerung in unserem Leben zu tun. So denken wir angesichts des Liedes, in dem so viel vom Himmel die Rede ist, an das, wovon wir auf Erden leben. Wodurch Erinnerung

und Erwartung bestimmt sind, und ob wir nicht gerade in der Weise, wie wir uns erinnern und wie wir erwarten, uns selbst immer wieder den Himmel zerstören, den wir auf Erden haben könnten.
Unsere Angst ist in den letzten Jahren kleinbürgerlicher geworden, das Gefühl des Ausgeliefertseins stärker. Keiner wagt mehr in großen Worten zu reden. Die Perspektiven sind baden gegangen. Die Ideale von gestern sind zur Phrase von heute geworden. Die Ausschnitte von Himmel sind nur noch handtuchgroß. – Was unsere Erwartungen betrifft: die Angst überwiegt, im Beruf nicht mitzukommen, den Anforderungen nicht gewachsen zu sein. Vor allem die Angst, womöglich auf dem falschen Boot zu sitzen. Eigentlich regen wir uns schon über gar nichts mehr auf. Dicke Bretter geduldig sägen können wir offenbar nicht: Wer Unmenschlichkeit durchsetzen will, muß immer nur auf jene fünf Monate kalkulieren, die wir verführbaren Mäuse dazu benötigen, um uns daran zu gewöhnen. Das Ausnutzen der Phase der Gewöhnung – dann wird alles hingenommen. Der Eiserne Vorhang ist für Stimmungen sehr durchlässig: Wir alle schufen das Klima, in dem »Solidarität« zerschlagen wurde. Aber wer keine Orientierung hat, kann auch nicht die nötige Geduld und Standfestigkeit aufbringen.
Wo ist denn die Sensibilität und die Weite, die Freiheit und die Zärtlichkeit, die wir mit der Rede vom Himmel meinen? Doch vielleicht nicht so weit weg, doch vielleicht hier, in unserer Mitte. Denn wir reden nicht vom Himmel im allgemeinen, sondern von Himmel und Erde, von diesem Kuß und von diesem Tausch. Wir reden von Jesus und dem Himmel.
An einer der Hauswände im Mensadurchgang in Heidelberg steht der schöne Satz: »Lieber dumm als blöd – Uni Heidelberg«. Das ist genau das Problem, um das es hier geht: Was nützt alles Wissen, wenn ich blöd bin und nicht weiß, wozu, keine Orientierung habe. Den Wald vor Bäumen nicht sehen. Den Himmel abdichten mit Kleinkariertheit. Die Gefahr blöd zu sein ist immer sehr groß, wenn abstrakt geredet wird. Der, den wir aber hier im Zusammenhang mit Himmel nennen, ist nachweislich nicht abstrakt, sondern ein konkreter Mensch. Der sensibel war und mitleiden konnte, geduldig und konsequent, und der nicht zuletzt damit ein Stück Himmel auf Erden gründete.
Wenn der Himmel etwas Zartes und Verletzliches ist, muß man schon genau hinsehen, um ihn nicht zu zerstören. Blödheit ist handfester und immer brutal. Himmelfahrt Jesu aber ist eigentlich dies: Die Wirklichkeit

dieses zerbrechlichen Reiches ist in Wahrheit so stark, viel stärker selbst als der Tod, daß sie auch den Gekreuzigten nicht einfach mausetot sein läßt, sondern weiterträgt – erstaunlicherweise. Oder vielleicht doch gar nicht erstaunlicherweise, wenn es denn stimmen sollte, was wir schon immer über den Himmel dachten.
Und unsere »Nachfahrt«: Daß wir nicht blöd bleiben. Daß wir einen Menschen haben und nicht Prinzipien. Einen Menschen, der ziemlich schlicht und allerdings konsequent zeigte, was das ist: Himmel auf Erden und Erde im Himmel.

Auferstehung als Ärgernis
Apg 17,22-32

22: *Paulus aber stand mitten auf dem Areopag und sprach: Ihr Männer von Athen, ich sehe, daß ihr die Götter in allen Stücken sehr verehrt.*
23: *Ich bin umhergegangen und habe eure Heiligtümer angesehen und fand einen Altar, auf dem geschrieben stand: Dem unbekannten Gott. Nun verkündige ich euch, was ihr unwissend verehrt.*
24: *Gott, der die Welt gemacht hat und alles, was darin ist, er, der Herr des Himmels und der Erde, wohnt nicht in Tempeln, die mit Händen gemacht sind.*
25: *Auch läßt er sich nicht von Menschenhänden dienen, wie einer, der etwas nötig hätte, da er doch selber jedermann Leben und Odem und alles gibt.*
26: *Und er hat aus einem Menschen das ganze Menschengeschlecht gemacht, damit sie auf dem ganzen Erdboden wohnen, und er hat festgesetzt, wie lange sie bestehen und in welchen Grenzen sie wohnen sollen,*
27: *damit sie Gott suchen sollen, ob sie ihn wohl fühlen und finden könnten; und fürwahr, er ist nicht ferne von einem jeden unter uns.*
28: *Denn in ihm leben, weben und sind wir; wie auch einige Dichter bei euch gesagt haben: Wir sind seines Geschlechts.*
29: *Da wir nun göttlichen Geschlechts sind, sollen wir nicht meinen, die Gottheit sei gleich den goldenen, silbernen und steinernen Bildern, durch menschliche Kunst und Gedanken gemacht.*
30: *Zwar hat Gott über die Zeit der Unwissenheit hinweggesehen; nun aber gebietet er den Menschen, daß alle an allen Enden Buße tun.*
31: *Denn er hat einen Tag festgesetzt, an dem er den Erdkreis richten will mit Gerechtigkeit durch einen Mann, den er dazu bestimmt hat, und hat*

jedermann den Glauben angeboten, indem er ihn von den Toten auferweckt hat.

32: *Als sie von der Auferstehung der Toten hörten, begannen die einen zu spotten; die anderen aber sprachen: Wir wollen dich darüber ein andermal weiter hören.*

Die Philosophen haben Anstoß genommen. Auferstehung war für sie *das* Ärgernis. So dürfen die Leser in der Gemeinde des Lukas über Philosophen lachen, über ihre mangelnde Weisheit. Eine Wohltat, über Philosophen lachen zu können, auch für Philosophen, für manche jedenfalls. Doch es ist sehr die Frage, ob Lukas hier grundsätzlich Philosophie und Glaube konfrontieren will wie Feuer und Wasser. Ist es nicht eher so, daß die Rede wirklich für Philosophen gedacht ist und sie nur am Ende die eine, jedenfalls mögliche Konsequenz nicht ziehen können? Mir will scheinen, diese Predigt ist eine Einheit, der Schluß mit Jesus und der Auferstehung ist nicht künstlich aufgesetzt. Denn dieses war eine Möglichkeit, das Begonnene fortzuschreiben.

In der ganzen Predigt geht es doch darum: Gott ist nahe. Er ist uns seit Anbeginn nahe. Nahe, wenn wir ihn suchen, nahegekommen in Jesus Christus, und wiederum in ihm ist er uns so nahe gekommen, daß er in dessen leibhaftiges Leben eingriff und ihn auferweckte. An ihm wird Gottes Nähe so intensiv, daß sie nicht nur Leben gibt, sondern auch Tod in Leben verwandeln konnte. In der Auferstehung zeigt dieser Gott doch nur, daß er endgültig nicht einer ist, der alles hingehen läßt. Das Geheimnis, in dem wir sind, dem wir uns verdanken – dieses Geheimnis, sagt Paulus hier, ist nicht still ruhend, sondern fordernd und verwandelnd. Es fordert: daher hier auch die Rede vom Richter.

Dieser Gott ist nicht nur Ursprung, der uns alles immer schenkt, der uns am Leben erhält und uns köstlich regieret. Er ist nicht nur grenzenlose Gnade und Lebenlassen, so wie wir uns einen gütigen Vater oder Großvater vorstellen. Dieser Gott ist mehr als der Lebensspender. Er fordert uns, weil er verzehrendes Feuer ist, ein Geheimnis, vor dem man nur mit reinem Gewissen bestehen kann – wie auch immer man zu diesem reinen Gewissen gekommen ist: Lukas weist auf Jesus.

Und er läßt uns nicht einfach dahingehen, er ist in Wahrheit der Gott, der verwandelt. So aber von Anfang an: Denn schon von Beginn an macht er doch aus Chaos Ordnung, aus Totem das Wunder des Lebens; die, die zu ihm gehören, sollen auch in ihrem *Verhalten* verwandelt werden und

selber verwandeln. Und dann ist auch Tod in Leben umwandelbar durch diesen einen Gott. Ist *Leben* nicht immer *Überwindung des Todes*? So ist Leben von Gott her zu verstehen, und da ist kein Unterschied zwischen physischem und moralischem, das ist alles eines.
Gott ist uns sehr nahe. Auch in unserem Suchen nach ihm, dem Gott, der doch schon lange auf uns wartet. Er ist auch in unserem Zweifeln nahe, auch wenn wir ihn noch nicht kennen. Er geht allem unseren Fragen voraus, auch wenn er noch der unbekannte Gott ist. Alles Lernen und Studieren ist Suchen. Auch wenn wir Gott im Glaubensbekenntnis bekennen, rufen wir mit Petrus: Herr, ich glaube, hilf meinem Unglauben. Paulus sagt uns: Wir brauchen am Ende nicht zu entscheiden, ob es diesen Gott gibt oder nicht gibt – er ist da als der eine, noch unbekannte Gott, den wir meinten. Genau als der, der zu uns paßt, der uns Leben gibt, das die Verheißung von Auferstehungsleben in sich hat, wenn wir nur wirklich ernsthaft lebendig sein wollen.
Wir müssen nicht entscheiden, ob es ihn gibt. Er umfängt uns schon, umgibt uns von allen Seiten, fordert uns schon. Überall, wo aus Tod Leben wird, ist er. Das ist auch ganz konkret gemeint. Vorstellungen von Gott, die wir einmal hatten, mögen uns abhanden gekommen und zerbröckelt sein. Vielleicht ist es nicht schade drum. Dem wirklichen Gott begegnen wir immer wieder – so ist es schon nach der Bibel wie ein großes Spiel in der ganzen Geschichte des Heils – dort, wo wir es nicht ahnten, unter anderem Namen. Und das ist nicht nur so mit dem, den wir Gott nennen. Es ist auch mit unserem Glauben und Beten so: Seitdem sein Name über uns angerufen ist in der Taufe, stehen wir darin in der seit Abraham währenden Geschichte der Erwählung. Es bleibt uns nur, dieses Darinstehen wahrzumachen, nicht nur zuzuschauen, sondern teilzunehmen. Aus Tod Leben werden lassen, indem wir die Gnade der Erwählung einer dem anderen weitersagen – wie ein Tag dem anderen die Herrlichkeit Gottes erzählt.
Doch Gott ist uns ganz nahe, auch als die Leibhaftigkeit des Ärgernisses. Und dann: Überall dort, wo aus Tod Leben wird, auch wenn wir stellvertretend Leiden artikulieren. Wenn wir nur genau hinsehen, ist dort immer eine Spur dessen, was wir suchen, in der Schönheit eines Sonnenaufgangs im Oktober, in dem Lächeln des Mädchens, das wir gernhaben, in dem guten Gedanken, den wir irgendwo finden, in dem Lob, das wir empfangen oder geben konnten. Gott ist uns nahe, wir stehen unter einer Verheißung.

Unser theologischer Mitbruder Augustinus spricht im Geiste des Paulus in dieser Predigt, wenn er sagt: »Spät hab' ich dich geliebt, du Schönheit, ewig alt und ewig neu, spät hab' ich dich geliebt. Und siehe, du warst innen, und ich war draußen, und da suchte ich nach Dir, und auf das Schöngestaltete, das Du geschaffen, warf ich mich, selber eine Mißgestalt. Du warst bei mir, ich war nicht bei dir. – Was doch nicht wäre, wäre es nicht in Dir: das eben zog mich weit fort von Dir. Du hast gerufen und geschrieen und meine Taubheit zerrissen; Du hast geblitzt, geleuchtet und meine Blindheit verscheucht; Du hast Duft verbreitet, und ich sog den Hauch und schnaube jetzt nach Dir; ich habe gekostet, nun hungere ich und dürste; Du hast mich berührt, und ich brenne nach dem Frieden in Dir.«

Auferstehungspredigt als Liebesbrief
Röm 6,9

9: *Wir wissen, daß Christus, von den Toten erweckt, hinfort nicht stirbt; der Tod kann hinfort nicht über ihn herrschen.*

Die Aufnahme dieses Textes in die Sammlung bedarf einer besonderen Anmerkung, da es sich um eine Art Experiment handelt: Es geht um den Versuch, über Auferstehung einmal nicht von »transzendenten« Aussagen her zu reden, sondern an der Erfahrung der Spitze des Lebendigseins von Menschen anzuknüpfen und zu versuchen, von hier aus Auferstehung zu begreifen. Der Vorteil dieser Sichtweise ist ganz entschieden in der Richtung zu suchen, daß Auferstehung von der individualistischen Betrachtungsweise (Was wird aus meinem Leib? Wie wird es mir ergehen?) gelöst und in den Zusammenhang von Liebe hineingestellt wird.

Auferstehung – das ist ein Stück eines Liebesbriefes – wird so sein, wie Du bist. Wie es mit Dir ist. Auferstehung ist ein geheimnisvolles Wort, aber sein Geheimnis ist Liebe. Liebe ist das Geheimnis, das die vielen, vielen Toten vor uns mit ins Grab genommen haben. Denn darin allein sahen sie den Sinn ihres Lebens, daß sie lieben können wollten und geliebt werden wollten.

Nein, es geht nicht um unendlich viele Gräber und unendlich viele Tote. Sondern um endlich viele. Denn jeder hat einen Namen, er behält ihn. Auch Jesus Christus hat einen Namen. Daher reden wir nicht von Aufer-

stehung im allgemeinen, nicht von Leben und Sterben überhaupt. Denn die allgemeine Menschheit, die Namenlosigkeit und das Versinken darin: das erst ist der Tod. Wir wollen daher nicht Leben überhaupt und allgemein, sondern Auferstehung ist, wenn wir uns lieben, wenn ich Dich lieben kann und wir uns jeden Tag wie neu sehen. Auferstehung, da geht es um Namen: Um seinen Namen, dessen, der uns hier vorangeht, und darum, daß wir unter seinem Namen den unseren bewahren, aber wir gemeinsam. Auferstehung, das ist für ein Stück schon immer, wenn wir uns sehen. Ich weiß, daß dieses zwar kurz ist, aber nicht sinnlos. Denn der uns dies schenkt, wird es auch weiter schenken.
Wir werden aufgerichtet werden: Liebe ist stärker als der Tod. Wir ahnen, wie der uns liebt, der dieses für uns tun will. Und schon immer tut. Ewiges Leben – das ist wie Aufhebung der Zeit im Zusammensein. Wenn wir zusammen sind, sehen wir nicht auf die Uhr. Die Zeit ist nicht da. So muß der Himmel sein.
Manchmal bekomme ich eine Ahnung davon, wie das sein könnte, wenn man Gott liebt für diese Herrlichkeit, zu der er uns bestimmt hat. Die einfach stärker ist als unser bitterer Tod. Ich weiß, daß all die vielen Namen wie ich für diese Mitte lebten, an der ich so leidenschaftlich interessiert bin. Ich weiß auch wie das ist, wenn wir verliebt sind, dann sind wir auch viel offener für alle anderen, dann werden wir weit und großzügig und barmherzig. Dann nehmen wir viele Kleinigkeiten wahr, am anderen und an den anderen. Dann geht es nicht mehr um Menschheit, Welt und Welten, sondern um die wirklichen Menschen mit Namen. Wie groß muß der Gott sein, der sie alle einzeln in Ewigkeit lieben kann.
Auferstehung – das ist Sonnengesang. Lobet, sagt Franziskus, ihr Felder und Quellen, in Demut dem Herrn, ihr Sterne und ihr Bäume, und auch du, Bruder Tod. Auferstehung ist, daß Gott die Schöpfung nicht daraus entlassen wird, ihn zu loben. Auferstehung ist, wenn die Sonne tanzt. Auferstehung ist das Irre, ohne das wir nicht sein können.
Denn die gehören auch dazu, alle anderen, die Herrlichkeit Gottes darstellen, in Reinheit und Klarheit. Ich weiß, daß das ist, wenn Du da bist. Dann ist es wie die Formation, die der Wind aus reinem Sand nach seinen Regeln baut. Keine wie die andere, schön und rein und klar. Dies ist unsere Ahnung von Schönheit. Und für mein Gefühl gehören auch Freiheit und Liebe zusammen. Denn wo starker, freier Wind ist, bin ich gern, wenn ich verliebt bin. Hier ahne ich auch, was es heißt, wenn Schöpfung und wir Menschen gemeinsam Gott loben.

Jesus, unser Bruder, war der erste und der Weg. Ich denke oft daran, daß er zeigt, wie stark Liebe ist.
Es kommt eine Zeit, da wird die Sonne müde und immer kleiner. So klein wie eine Orange, die nach Afrika zurückrollt wie ein Taler, der von einer Hand zur andern wandert. So klein wird die Sonne, daß der Himmel sie nicht mehr halten kann. Es kommt eine Zeit, da fragen wir uns, was soll denn nur werden: Die Luft schmeckt so bitter. Die Vögel sind über alle Berge. Der Nebel macht die Häuser bleich. Wir müssen ins Haus zurück. Die Häuser rücken enger zusammen. Es kommt eine Zeit, da wird es still, und nur unsere Lichter sind da. Wie die Lichter auf den Gräbern zu Allerseelen. Es kommt eine Zeit, da tanzt die Sonne. Das ist, wenn Du da bist: Ihr Kreaturen alle, lobet den Herrn.

Sklaverei
Röm 8,18-23

18: *Denn ich bin überzeugt, daß dieser Zeit Leiden nicht ins Gewicht fallen gegenüber der Herrlichkeit, die an uns offenbar werden soll.*
19: *Denn das ängstliche Harren der Kreatur wartet darauf, daß die Kinder Gottes offenbar werden.*
20: *Die Schöpfung ist ja unterworfen der Vergänglichkeit – ohne ihren Willen, sondern durch den, der sie unterworfen hat –, doch auf Hoffnung;*
21: *denn auch die Schöpfung wird frei werden von der Knechtschaft der Vergänglichkeit zu der herrlichen Freiheit der Kinder Gottes.*
22: *Denn wir wissen, daß die ganze Schöpfung bis zu diesem Augenblick mit uns seufzt und sich ängstet.*
23: *Nicht allein aber sie, sondern auch wir selbst, die wir den Geist als Erstlingsgabe haben, seufzen in uns selbst und sehnen uns nach der Kindschaft, der Erlösung unseres Leibes.*

Die Schöpfung um uns herum stöhnt mit und liegt mit in Wehen. Es ist diese Gemeinsamkeit körperlichen Leidens das Zeichen aller Geschöpfe. Die Wurzel ist die Sklaverei der Vergänglichkeit. Denn was dem Tod zustrebt, leidet auch. Für Paulus vergeht die Natur nicht einfach, nein, alle Kreaturen sind uns darin geschwisterlich verbunden, daß sie stöhnen und wie in Wehen sind. Die sogenannte Nahrungskette der Natur, der Todeskampf der Tiere vor dem Gefressenwerden – Paulus scheut sich nicht, dieses neben unsere eigenen Schmerzen und unsere eigene Todeserwartung zu stellen. Denn die Natur – das sind nicht die Dinge, sind nicht Sachen, sondern Geschöpfe, die frei und lebendig sein möchten wie wir. Wenn man Leidenmüssen als Sklaverei bezeichnet, dann liegt die Härte der Erfahrung antiker Sklaverei zugrunde. Sklaverei – das ist fast die ganze Wirklichkeit, diese Sklaverei ist umfassend und durchdringend bis in den letzten Winkel hinein wie ein giftiges Gas, das alles, was lebt, einsaugt und stirbt nach unsäglichen Leiden. Paulus ist an Realismus nicht zu übertreffen: Als Christ kann er zugeben, daß Karfreitag keine Ausnahme ist. Die morbide Welt, die Thomas Mann im Zauberberg geschildert hat, das ist in Wahrheit unsere ganze Welt: Totentanz. Was steht dieser Vergänglichkeit gegenüber? Herrlichkeit, sagt Paulus, Herrlichkeit und Freiheit, an der auch die ganze Schöpfung um uns herum teilhaben wird. Nicht zufällig ist die Sonne bei den Völkern des Mittelmeerraumes Symbol der Freiheit, und der Retterkönig wird von der Sonne her oder aus dem Osten, dem Bereich der aufgehenden Sonne erwartet. Das ist auch im Brief an die Römer so: Herrlichkeit der Freiheit ist nichts anders als der überwältigende Glanz, Sonnenglanz Gottes. Doxa, Herrlichkeit, ist auch aufgrund seiner orientalischen Vorgeschichte zu dieser Zeit ein ebenso politischer Begriff wie es Freiheit und Sklaverei auch sind.

Man bedenke auch, daß nach Kapitel 13 dieses Briefes die römischen Christen keine Steuern zahlen wollten, also ihre religiös begründeten Probleme mit der Obrigkeit hatten. Und Söhne Gottes, das sind orientalische und dann auch römische Kaiser und deren Familie. In diese Situation hinein, in der die Menschen Freiheit erhoffen, wie Söhne sie haben, in der sie das Sklavesein satt sind, sagt Paulus: Die wahre Sklaverei ist der Tod, er ist der letzte und größte Feind, und die wahre Herrlichkeit von Königskindern erwarten wir zusammen mit aller Schöpfung als Auferstehung. Man kann sagen: Die politische Frage löst Paulus ökologisch. Weicht er damit aus? Gibt er damit Vertröstung? Aber er ist realistisch genug, wenn er sagt: Es geht immer um Vergänglichkeit! Es geht immer um Tod – in vielerlei Gestalt, um diese eine unsägliche Sklaverei. Mit einem Scheinparadies können wir uns nicht aus der Schöpfung davonstehlen, nur zusammen können wir gerettet werden.

Die Not der Sklaverei ist tiefer als nur den römischen Kaiser betreffend. Hatte Paulus nicht damit recht? Hat er nicht auch recht, wenn er sagt: Diese und jegliche Sklaverei wird nur überwunden durch den Geist

Gottes, von innen heraus, durch einen Geist freilich, der uns zu Kindern und Söhnen macht, weil der eine, Jesus Christus, Sohn ist?
Denn das ist der Weg des Geistes: von innen nach außen. Deshalb spricht Paulus vom Geist der Sohnschaft, weil die Sohnschaft dem Herzen zugesagt wird, von dorther in das Handeln eingeht und Kirche konstituiert und darin bereits leibhaftig wird. Und überdies ist der Geist dann die Garantie und Wirkmacht künftiger Auferstehung, und darin betrifft sie jeden Leib und bedeutet schließlich die Befreiung der gesamten Kreatur von aller Sklaverei der Vergänglichkeit. So wird am Ende alles Sein von diesem Geist ergriffen. Deshalb geht es sicher nicht um innerliche Sklaverei und um innerliche Freiheit, sondern um einen Prozeß der Umwandlung und Gestaltwerdung.
Paulus verwendet Stichworte politischer Sehnsucht in diesem Text: Sonnenglanz der Herrlichkeit, Befreiung aus Sklaverei, Freiheit von Königskindern. Man kann ihm nicht vorwerfen, daß er diese Begriffe spiritualisiert und damit jede politische Bedeutung entschärft hätte. Keineswegs ist das Wirken des Geistes vor allem die Glaubensgewißheit. Der Horizont des Wirkens des Geistes ist nicht weniger als die gesamte sichtbare Welt.
Nur im Rahmen dieser Gesamtheit ist auch alle Sklaverei aufhebbar. Das aber ist nicht als Vertröstung mißzuverstehen. Vielmehr gibt es leibhaftige Garantien für die künftige Freiheit: Jesu Auferstehung, das Wirken des Geistes in der Einheit der Gemeinde und das Handeln nach dem Geist Gottes. Zeichen in einem universalen Prozeß der Durchdringung. Die Evangelien sprechen von Sauerteig und Mehl, Paulus vom Angeld. Sklaverei ist ein universaler Zustand. Nur wenn man nach der eigentlichen Wurzel aller Sklaverei fragt, wird sie auch überwunden werden können. Paulus setzt Vergänglichkeit, schwaches, mangelhaftes Leben als deren Wurzel an, die Herrschaft des Todes. Und eben deswegen hat die Auferstehung Jesu etwas mit den mannigfachen Formen von Sklaverei überall in der Welt zu tun. Wenn Auferstehung Jesu nicht ein einzelnes Geschehen bleibt, sondern Strukturprinzip jeglicher Zukunft, dann wird auch alle sichtbare und unsichtbare Sklaverei überwunden. Dann erübrigen sich auch die Ungerechtigkeiten politischer Machtanwendung.
Die Brücken in diese Zukunft sind gegeben. Konkret lauten sie für Paulus: Erfüllung des Willens Gottes in der Kraft des Geistes im Horizont der Gemeinde der Kinder Gottes.

Kind aber ist nicht nur ein juristischer Ausdruck. Zum Kind wird man durch Liebe. Das gilt für die Zeugung wie für den Augenblick, da ein Kind, das geboren ist, angenommen wird. Nicht: »Die Geburt unserer Tochter geben bekannt . . .«, sondern: »Wir freuen uns über die Geburt unserer lieben Tochter«. So etwa denkt Paulus sich die Initiative Gottes am Anfang des Christentums.

Erlösung des Leibes
Röm 8,18-25

18: *Denn ich bin überzeugt, daß dieser Zeit Leiden nicht ins Gewicht fallen gegenüber der Herrlichkeit, die an uns offenbart werden soll.*
19: *Denn das ängstliche Harren der Kreatur wartet darauf, daß die Kinder Gottes offenbar werden.*
20: *Die Schöpfung ist ja unterworfen der Vergänglichkeit – ohne ihren Willen, sondern durch den, der sie unterworfen hat –, doch auf Hoffnung;*
21: *denn auch die Schöpfung wird frei werden von der Knechtschaft der Vergänglichkeit zu der herrlichen Freiheit der Kinder Gottes.*
22: *Denn wir wissen, daß die ganze Schöpfung bis zu diesem Augenblick mit uns seufzt und sich ängstet.*
23: *Nicht allein aber sie, sondern auch wir selbst, die wir den Geist als Erstlingsgabe haben, seufzen in uns selbst und sehnen uns nach der Kindschaft, der Erlösung unseres Leibes.*
24: *Denn wir sind zwar gerettet, doch auf Hoffnung. Die Hoffnung aber, die man sieht, ist nicht Hoffnung; denn wie kann man auf das hoffen, was man sieht?*
25: *Wenn wir aber auf das hoffen, was wir nicht sehen, so warten wir darauf in Geduld.*

Den letzten Winter seines Lebens hat Reinhold Schneider in Wien verbracht, und in dem Tagebuch über diese Zeit »Winter in Wien« zitiert er Albrecht von Haller:

»Genug, es ist ein Gott, es ruft es die Natur
Der ganze Bau der Welt zeigt seiner Hände Spur«

Und Reinhold Schneider bemerkt dazu: »Wie schwer ist es geworden, diesen ehrwürdigen Naivitäten beizupflichten.« Denn die Natur, das ist in Wahrheit Fressen und Gefressenwerden, Verdammnis zum Dasein, eine rotierende Hölle, das Nichts in der Erscheinungsform der Qual. Und: Die Vernunft zerstört den Glauben keineswegs. Viel ernster zu nehmen ist die Arbeit des Schmerzes am Fels: vernichtende Erosion. – Das ist die Ausgangserfahrung auch bei Paulus: Schmerz, Schreie des Schmerzes, wie bei Wehen. – Im Zeitalter des ökologischen Gewissens meinen wir, die Natur ohne uns sei gut gewesen, aber was heißt hier gut? Nicht nur rasende Vergänglichkeit, sondern Aussaugen, Töten als Bedingung des Lebens. Und in der sogenannten freien Wirtschaft verhalten sich dann auch viele, die meisten, so.

Paulus überspielt den Schmerz nicht, er sieht darin eine tiefe Gemeinsamkeit zwischen der Natur und uns, eine Geschwisterlichkeit im Stöhnen unter dem Gesetz des Todes und der Vergänglichkeit. Und er nimmt auch wahr, daß es um die Erlösung unseres Leibes dabei geht. Von der Rettung der Seele ist hier keine Spur. Erlösung des Leibes aus Schmerz und Vergänglichkeit: Paulus mußte es wissen, denn nur die Philosophen in Athen haben ihn lediglich ausgelacht, im übrigen wurde er zumeist schlicht verdroschen, und krank und mickerig war er auch, unser Startheologe. Erlösung des Leibes erhofft er, Befreiung von all den Schmerzensschreien ringsum. Paulus aber sagt: Der größte Schmerz, der hat eine Verheißung, wie bei Wehen.

Ein schönes rabbinisches Wort über Auferstehung gibt es: Warum, so fragen die Rabbinen, heißt es in Sprüchen 30,16, daß der unfruchtbare Mutterschoß an Samen und die Erde an Wasser nie genug bekommen werden? Das weist auf die Auferstehung: Denn wenn schon der Mutterschoß mit Freuden empfängt und mit Schmerzen gebiert, um wieviel mehr wird da nicht die Erde, die mit Schmerzen den Toten empfängt, mit Freuden gebären, nämlich bei der Auferstehung.

Ähnlich denkt Paulus: Der höchste Schmerz, das ist in Christus nicht etwas Hoffnungsloses, sondern er geht der Freiheit und dem Jubel voraus, Qual und Grausamkeit, das ist Sklaverei. Aber weil wir Kinder sind, ist das nur wie Wehen. Wenn er von der Offenbarung der Kinder Gottes redet, bleibt er im Bild: Das Kind ist zuerst im Mutterleib verborgen, und dann kommt die Zeit des Schmerzes und der Verborgenheit zugleich. Dann aber wird das Kind sichtbar, tritt hervor. So ist das auch mit uns. Daß wir Kinder sind, ist jetzt schon Wirklichkeit, aber noch nicht sichtbar. Für jetzt sind wir wie in einem Mutterleib direkt vor der Geburt, der in Wehen ist. Und wie das Kind im Mutterleib, so haben auch wir Teil an der Bedrängnis und Qual, bevor das Neue sichtbar werden kann. Und Paulus sagt: Das Ziel aller Wehen sind natürlich Kinder, niemand anders als wir selbst. Und die Freiheit, die wir erhoffen dürfen, wird Befreiung der ganzen Welt sein von aller Sklaverei der Vergänglichkeit.

Gäbe es uns nicht als die Kinder, als die geliebten Kinder, so wäre der Schmerz und wäre die Vergänglichkeit ohne Perspektive. Nur weil wir dieses wissen, daß wir Kinder sind, kann Paulus das Ganze deuten: Wenn es Kinder gibt, dann sind Wehen notwendig, bevor sie ans Licht treten, dann läßt sich aller Schmerz als Wehen deuten.

Zweierlei fällt auf bei Paulus: Einmal fragen wir ihn: Woher wissen wir das, daß wir Kinder sind? Paulus antwortet: Jesus hat uns das Verhältnis kindlicher Unmittelbarkeit zu Gott geschenkt, unbefangene Fröhlichkeit wie in mozartscher Musik – und das vor Gott, dem letzten und ernstesten Geheimnis. Das ist Freiheit jetzt schon, Befreiung vom äußeren Gesetzesbuchstaben; Liebe und tu, was du willst.

Und zweitens fragen wir: Warum betrifft unsere Befreiung die ganze Schöpfung, und wie wird das überhaupt sein? In der Parteipolitik verwendet man gerne das Wort »Hoffnungsträger«. Paulus ist so kühn, von der verschwindend kleinen christlichen Gemeinde zu sagen: Sie ist der Hoffnungsträger für die ganze Welt, für die ganze Schöpfung. Er sagt: Wenn das nur weitergeht, was hier begonnen hat, dann wird alle Sklaverei aufgehoben sein, auch die bitterste, die Sklaverei des Schmerzes und des Todes. – Paulus schreibt nicht, *wie* das sein kann, es ist nur eine utopische, unglaublich kühne Hoffnung. Er sagt nur: Wenn es so weitergeht, wie es begonnen hat. – Was hat begonnen?

Das Allererstaunlichste hat schon begonnen, sagt Paulus: Daß Gott uns lieben soll wie Vater und Mutter kleine Kinder lieben. Mein exegetischer Lehrer hat oft gesagt: Wenn es Gott gibt, dann ist das Kühnste, was einem dazu einfallen konnte, zu sagen: Dieser Gott liebt uns abgöttisch, wir dürfen frei vor ihm sein. Wenn dieses eine stimmt, ist alles andere, was das Christentum sagt, nur wie eine Konsequenz aus der Hauptsache, es fällt leicht angesichts dieser Grundbehauptung.

Und ich meine: Wenn wir auf Jesus schauen, dann gibt es ganz viele Zeichen und Hinweise im Zusammenhang mit ihm, daß es in der Tat so ist. So wie er gelebt hat und mit Menschen umgegangen ist, wie er frei und verrückt war, Schranken überwunden hat und immer wieder Menschen angesteckt hat, gegen den wirtschaftlichen Nutzen zu handeln. Er ist das Zeichen, er ist das Argument für die Hoffnung.

Er ist Zeichen auch für unser Handeln, denn wie er lebte, so bedeutete das Hoffnung auf Überwindung des Tötens als der zwangsläufigen Voraussetzung für Leben.
Gott ist nicht unsensibel: Den Schmerz über Jesu Tod konnte er nur spontan beantworten durch das geheimnisvolle, frühlingshafte Geschehen, das wir Jesu Auferstehung nennen. So wird er auch alles, alles andere nicht vergessen, er, Gott, wird er selbst sein, denn er selbst ist am Ende nicht Schmerz, Bitterkeit, Verzweiflung – sondern er ist der Jubel selbst, der unschuldigste Sieg, Licht in der Nacht und reinste, hellste, grenzenlose Freude. Er ist wie Frühlingssturm und Händeklatschen.

Christus als neuer Orpheus

1 Petr 3,18f

18: Denn auch Christus hat einmal für die Sünden gelitten, der Gerechte für die Ungerechten, damit er euch zu Gott führte, und ist getötet nach dem Fleisch, aber lebendig gemacht nach dem Geist.

19: In ihm ist er auch hingegangen und hat gepredigt den Geistern im Gefängnis.

Wie man über den Tod redet, so denkt man vom Leben. Als ich vor einiger Zeit in Mannheim über die »Friedensbewegung« reden mußte, sagte man mir dort: Wenn man genügend glaubt, wenn man an Auferstehung und ewiges Leben glaubt, braucht man gegen die atomare Rüstung nicht kämpfen, da der Tod ja nicht so schlimm ist. Und die Theologen sollten sich gefälligst wieder mit dem Jenseits beschäftigen. – Wem das Leben nichts wert ist, der wird auf diese Weise zum zynischen Menschenverächter. Nein, es ist doch umgekehrt: Weil uns das Leben so wertvoll und schutzwürdig ist, deshalb reden wir vom ewigen Leben. Weil wir uns nicht vorstellen können, daß der Gott, der uns liebt, uns einfach fallen läßt. Weil er ein Gott der Lebenden ist und sich dieses so viel hat kosten lassen. Wer die Menschen liebt, der liebt ihr Leben und liebt darin sie über den Tod hinaus.
Aber indem wir dies sagen, bemerken wir, daß nicht nur die Studenten in Mannheim ein gestörtes Verhältnis zu Tod und Toten hatten, sondern wir alle. Wir leben da alle zwischen Kitsch und Verdrängung, zwischen Gespensterglauben und der merkwürdigen Alternative Kranz oder Spen-

denkonto. Abgedrängt auf den Totensonntag. Wie kann man mitten im Sommer darüber reden?

Was wir über die Toten denken, entspricht stets genau dem, was wir über uns denken. Wir sehen sie isoliert und ortlos, wie wir selbst sind. Wir versuchen die Beschäftigung damit zu verdrängen wie die mit uns selbst. Nur nicht daran rühren, weil es eine labile Geschichte ist. Von einer christlichen Antwort sind wir weiter entfernt denn je. Wenn wir danach suchen, dann indirekt genauso für uns selbst. Dies ist kein Problem der Altenseelsorge, sondern sagt uns genau das, was wir von uns selbst halten.

Denn wenn Gott nichts mit den Toten zu tun hat, etwas um die Ecke gedacht, hat er auch nichts mit uns zu tun. Wenn es egal ist, was aus den Toten seit Adam wurde, dann ist es überhaupt egal, nach der Relevanz des Heils zu fragen. Wenn es wirklich um das unersetzliche Heil für alle geht, dann fragen wir, wie weit sich Gott wirklich mit uns eingelassen hat, wie weit dieses ernst genommen und ernst zu nehmen ist, daß er uns liebt.

Denn Gott ist nicht nur Mensch geworden, sondern er ist auch tot geworden wie wir. Er hat nicht nur an der Oberfläche und nur so eben mit uns Kontakt aufgenommen, sondern radikal, bis in die letzten Fasern unseres Seins und daher bis in die letzten Elemente der Menschheit, bis zum letzten Menschen, den es je gab. Das ist eine großartige Liebe, die keinen ausläßt.

Jesus ist der wahre Orpheus. Der stieg in die Unterwelt, um die heißgeliebte, infolge eines Schlangenbisses gestorbene Gattin Eurydike wieder heraufzuholen. Mit seiner Musik mit Gesang und Saitenspiel gelang es ihm, die Herrscher der Unterwelt so zu erweichen, daß sie ihm die Gattin mitgaben. Doch unter der Bedingung, daß er nach der ihm folgenden Gattin nicht zurückblicken durfte. Aber er handelt dem Verbot zuwider, von Zweifel und Sehnsucht bezwungen. Eurydike muß in die Unterwelt zurück, er muß ohne die Gattin aufsteigen. Vergeblich also alles, weil er zwar die Wundermacht der Musik besitzt, im übrigen aber ein schwacher Mensch ist.

Nur Gott selbst, nur ein Gott könnte der Toten so gedenken, daß nicht Schatten, sondern Leben ist. Im Hintergrund des Mythos von 1 Petr 3 steht das apokryphe Prophetenzitat: Es gedachte der Herr, Gott, seiner Toten aus Israel, die schliefen im Staub der Erde. Und er stieg hinab zu ihnen, ihnen das Evangelium zu verkündigen, sein Heil. Gott gedenkt der Toten. So heißt es im Abendmahlsgottesdienst der Alten Kirche vor den Einsetzungsworten: »Gedenke, Herr, deiner Diener und Dienerinnen und aller Umstehenden, deren Glauben und Hingabe du kennst . . .« und nach den Einsetzungsworten: »Gedenke auch Herr deiner Dienerinnen und Diener, die uns mit dem Zeichen des Glaubens vorangegangen sind . . .«. Kirche ist kein oberflächliches Phänomen, sondern Gemeinschaft der Lebenden und der Toten. Und so ist es auch mit der Zuwendung Gottes zu uns Menschen überhaupt. Wer Gott auf eines davon beschränken will, auf die Toten wie die Diskussionspartner in Mannheim oder auf die Lebenden, wie wir es oft tun, der verkennt ganz erheblich das, worum es geht. Das ist echte Irrlehre, weil sie Folgen hat.

Die Toten sind die Letzten, die Wehrlosen, die Pech gehabt haben, die schlechthin Abgeschobenen und Ausgestoßenen. So behandeln wir sie jedenfalls. Und das ist ein Spiegelbild dafür, wie wir auch sonst mit Menschen umgehen.

Wir erschrecken, weil wir erkennen, wie wenig unser Meinen und Denken an diesem Randgebiet in Ordnung ist, und wir sehen darin nur etwas, das ganz allgemein nicht stimmt.

Wieviel haben wir wirklich begriffen davon, daß Gottes Heil auch für den Letzten gilt. Daß die Liebe Gottes bis zu den Grenzen des Seins geht. Daß er auch mit den Toten zu schaffen haben will, die ihm als dem Lebendigen äußerst fern waren. Der Herr folgt den Menschen bis in die Hölle. Und er tut es bedingungslos: Hier heißt es nicht, daß die Toten erst glauben und bekennen müßten. Hier heißt es nur, daß ihnen das Evangelium, das Heil verkündet wurde. Bedingungslos, so wie es auch bei den Zöllnern und Sündern und bei der Dirne, der Jesus sich zuwendet. Nirgends heißt es, daß sie erst glauben mußten, erst sich hätten bekehren müssen. Nein, es geschieht bedingungslos: Jesus ist einfach da unter ihnen, und damit ist das Heil da. Seine Macht zu retten ist stärker als jegliche Sünde. Welch großartige Konzeption von Gott. Und wir begreifen, daß hier mit den Ausgestoßenen und unreinen Toten dasselbe geschieht wie mit den Sündern und Zöllnern auf Erden, daß Jesus hier dieses Werk fortsetzt, sich der Letzten anzunehmen. Wir erkennen hier seine Handschrift, die freundliche Handschrift Jesu selber. Die Frage der Toten wird daher – und das kann man immer beobachten – zum Testfall für den Ernst des Christentums, für seine Konsequenz. Wie bei Orpheus hat das immer etwas mit Liebe zu tun. Der Tod darf nicht endgültig sein. Die Liebe ist stärker als der Tod. Nicht Menschenverachtung also steht

hinter der christlichen Rede vom Tod. Sondern der unendliche Wert von Leben und das Ein-für-allemal-Genug der Liebe Gottes.
Emanzipation der Zöllner, der Sünder, der Dirnen und der Toten. Nichthaltmachen bis zu den Grenzen des Seins. Wieviel ist uns das Heil wert, von dem wir reden? Wieviel sind uns die Menschen wert? Sind wir nicht kümmerlich und kleinlich zu oft in dem, was wir dem Gott der Christen zutrauen? Wir haben uns die mythische Rede abgewöhnt, weil wir keinen Mut mehr haben, etwas über das Ganze zu sagen. So sind wir sorgsam bedacht, die Kreise unseres Bürgertums und theologisch die dem genau entsprechende historisch-kritische Betrachtungsweise nicht zu verletzen. Was herauskommt, ist dann nicht Religion und Christentum, sondern eine gespenstische Verkürzung unseres Seins. Wir produzieren Gespenster, nicht der Tod. Wenn es einen Gott gibt, dann muß er auch der der Toten sein, und nur dieses entspricht dem, was wir sonst von ihm wissen. Dann folgt für uns daraus, daß auch die letzte Not von Menschen für uns interessant ist, weil dieser Gott für uns interessant ist. Daß er bedingungslos und überall Leben will. Weil das so radikal gilt, deshalb dürfen Geisteskranke nicht umgebracht werden, werden die Halbtoten und Toten zu Testfällen des Glaubens. Wenn man uns also fragt, wie es mit dem Tod ist, dann können wir antworten, wie wir ihn als Christen erfahren: Weil der Herr ihrer gedenkt, wenn wir ihrer vor dem Herrn gedenken, wann immer wir als Gemeinde zusammen sind, sind sie präsent. Das ist nichts Makabres, sondern die Alternative zur reinen Vergänglichkeit. Wir erfahren diese Gemeinschaft nicht als oberflächlich, denn die Liebe dieses Gottes ist unser Zuhause. Ich finde es einfach attraktiv, wie Christen mit dem Tod umgehen können. Ich möchte zu einer Gemeinde gehören, die den Herrn immer bittet, meiner zu gedenken. Ich sehe mich hier ernstgenommen und nicht einfach untergehen. Ich sehe hier eine Antwort, die ich menschenwürdig finde. Ich kann damit besser leben und besser sterben. Ich sehe damit eine der Konsequenzen dieser Botschaft.
Wenn Orpheus singt, dann kommen Vögel und Fische, die Landtiere, zahme und wilde, die von ihm bezaubert, im paradiesischen Friedenszustand sich um ihn versammeln, Bäume und ganze Wälder, Steine, Felsen und ganze Gebirge kommen herbei. Die Flüsse hören bei Orpheus' Gesang auf zu fließen, das wilde Meer beruhigt er, er gebietet den Winden und bringt den Schnee auf den Bergen zum Schmelzen. So verzaubert die Musik als himmlische Gabe.

Wenn Christus der wahre Orpheus ist, dann geht es hier um die Wundermacht der Liebe, die Versöhnung ist für das All. Denn das bedeutet Christentum: frohe Botschaft bis an die Grenze des Seins, ohne Bedingungen.

Die Stadt vom Himmel als Heimat und Orientierung
Apk 21,1-4

1: *Und ich sah einen neuen Himmel und eine neue Erde; denn der erste Himmel und die erste Erde sind vergangen, und das Meer ist nicht mehr.*
2: *Und ich sah die heilige Stadt, das neue Jerusalem, von Gott aus dem Himmel herabkommen, bereitet wie eine geschmückte Braut für ihren Mann.*
3: *Und ich hörte eine große Stimme von dem Thron her, die sprach: Siehe da, die Hütte Gottes bei den Menschen! Und er wird bei ihnen wohnen, und sie werden sein Volk sein, und er selbst, Gott mit ihnen, wird ihr Gott sein;*
4: *und Gott wird abwischen alle Tränen von ihren Augen, und der Tod wird nicht mehr sein, noch Leid, noch Geschrei, noch Schmerz wird mehr sein; denn das Erste ist vergangen.*

Wie bei Don Quichotte: Wir sind Bürger einer unsichtbaren Stadt, wir suchen ein unwirkliches Reich. Aber eine Stadt ist der Himmel, nicht ein Schlaraffenland, nicht ein goldenes Himmelbett für jeden einzelnen, sondern ein Gemeinwesen, eine große, herrliche Stadt. Den in diesem Buch geschilderten Schrecken und der Zerstörung wird ganz einfach eine Stadt gegenübergestellt, die wie eine riesige Großstadt mit Ausmaßen über Hunderte von Kilometern ist. Ein Gemeinwesen ist das Ziel aller Geschichte, eine politische Ordnung, so realisiert sich die unermeßliche Größe der Verheißung.
Das Bild dieser Stadt, die nicht im Jenseits ist, sondern die vom Himmel herabkommt auf die Erde, steht gegen Wut, Ohnmacht und Verzweiflung über die Wirklichkeit des römischen Staates und jedes Staates.
Diese große, zukünftige Stadt für alle Menschen ist die wahre geistige Heimat der Gemeinde, offen und umfassend ist sie. So nur, nicht als Verein im Winkel ist sie Gottes Größe angemessen. Aber gerade angesichts dieses Zieles ist die Gemeinde nicht zerfließend und undefinierbar. Sondern es gibt ein Ziel. So wie die bunten Glasfenster hinter dem Altar

der Kirchen oft den thronenden Christus als den König der himmlischen Stadt zeigen.

Evangelische Kirche fühlt sich oft nicht geborgen. Gerade hier gibt es oft Orientierungslosigkeit, die Gefahr der Haltlosigkeit, die erwiesene starke Abhängigkeit von geistigen Moden und Weltanschauungen, die von den Deutschen Christen über die Theologie ohne Gott bis hin zum Liebäugeln mit asiatischen Praktiken und vielerlei Religionsersatz reicht. Das ist unsere Not.

Der Text spricht davon: Schmerz, Schreie und Tränen sind tiefste menschliche Not. Und verkündet wird Gottes Menschlichkeit: Jemand wird unsere Tränen abwischen, wie man es bei Kindern tut, weil dann »alles wieder gut ist«. Es gibt einen, der dieses endgültig tun wird und der darum wie ein Vater ist.

Glücklicherweise spricht der Text nicht von utopischen Idealen, die wir verwirklichen müßten, sondern davon: Es gibt einen, bei dem wir endgültig geborgen sind. Das ist die Alternative zu allen apokalyptischen Schrecken.

Unser Glaube an die unsichtbare Stadt ist der Glaube an eine tiefe und endgültige Verbundenheit mit einem menschlichen Gott. Alle Haltlosigkeit ist nur Nichtgeborgenheit.

Der Kontext in der Johannesapokalypse zeigt, daß Geborgenheit nicht nur rein innerlich wahrgenommen wird: Alles, was hier über die Gemeinde steht, ist wie Beschreibung einer Wagenburg. In deren Mitte ist schon Frieden.

Sicher darf man die himmlische Stadt nicht so verstehen, als sollten wir durch diese Hoffnung von Leistungsdruck befreit werden. Die Passiven und die in den Tag Hineinlebenden müssen nicht getröstet werden, sondern die Handelnden, Menschen, die etwas Kostbares bewahren möchten, und die Leidenden. Denn diese sind es, die fragen, ob alles, was sie tun, Bewahren und Leiden auf Dauer ohne Perspektive ist. Nicht um Abwarten geht es, sondern um die drängendere Frage nach dem Sinn. Und die Antwort ist: nicht mit dem Handeln warten, sondern mit dem Sieg.

Freiheit ist das heimliche Thema dieses Textes: Aber nicht Freiheit von der Leistung, sondern die Kraft, frei zu sein zum Opfer. Alles tun wir im Angesicht der Verheißung der zukünftigen Stadt.

Staunen sollen wir, daß es überhaupt ein Ziel gibt und nicht vielmehr nichts. Dieses Staunen kann uns formen. Nicht um Machbares geht es, aber um die unglaubliche Kraft, die Staunen und ein wenig Hoffnung entfalten können. Und wenn Gott alle Tränen von den Augen abwischt, geht es nicht um Prinzipien, sondern um eben den menschlichen Gott, den Jesus, so wie er war, verkündet hat. Wo die Alternative die Haltlosigkeit ist, darf man nicht mit unverbindlichen Weltanschauungen spielen. Es geht um die Richtung des Lebens, aber nicht nur meines Lebens, sondern um das Leben aller. Daher das Bild von der zukünftigen Stadt. Das Verhältnis der zukünftigen Stadt zur Wirklichkeit jetzt ist nicht mit einem Wort zu beschreiben.

Himmelskinder wie diese Stadt sind unter uns Liebe und Kreativität. Beide haben oft etwas von unwirklicher Herrlichkeit und werden gerade deshalb geneidet und unterdrückt. Ohnmächtig ausgeliefert wie kesse, mutige Frühlingsblumen dem Frost preisgegeben sind, der unerwartet zurückkommt. Protest und Bewußtmachung erwiesen sich als zweifelhafte Wege, das zu ändern. Ändern kann es nur die Macht und schiere Existenz dieser anderen Wirklichkeit, dieser Himmelskinder selber. Statt Klage: die Wagenburg mit einer Wiese in der Mitte, bewahrte und gehütete Unschuld reiner Liebe und großer Kreativität. Auch an dem, gerade an dem, was Substanz kostet, worin unsere Ohnmacht sichtbar wird, »wird« Liebe noch immer: beweglich und in Gestalt und Form wandelbar wie Wasser, alles durchdringend und in jedem Kuß den Sieg übermütig vorwegnehmend. Oft scheint es, daß »Glück« wie ein Findelkind ist, herumgestoßen und abgelehnt und auf der Suche nach Eltern, die es wollen und die seinem Temperament gewachsen sind.

Denn nicht um etwas abgehoben Religiöses geht es bei der himmlischen Stadt, sondern um ein gerechtes und glückliches Miteinander, bei dem Gott für immer alle Tränen trocknen wird.

Zur Haltlosigkeit jetzt führt der Verlust der Perspektive: himmlische Stadt und Wagenburg jetzt. Nur wenn wir ausbrechen, sind wir apokalyptischen Schrecken ausgesetzt. Denn die Einheit ist früher als der Zweifel, die Liebe ist die Grundlage aller Wahrheit (und das Dienen Maßstab aller Theologie). Diese können uns die geistige Heimat geben, die wir so dringend brauchen.

Gottes Messias ist das Urbild aller Niederlage – da gibt es kein billiges Trösten. Aber er ist auch schon der Sieger und die Orientierung, und deshalb ist Hoffnung kein Vertrösten. Er ist der Morgenstern, der Künder des großen Tages.

Ihn haben die Menschen als verheißungsvollen Anfang von etwas Neuem erfahren, von Liebe, Ursprünglichkeit und unbefangener Kreativität. »Und jedem Anfang wohnt ein Zauber inne, der uns beschützt und der uns hilft zu leben.«

Konkrete Kirche

Apk 21,1-5a

1: *Und ich sah einen neuen Himmel und eine neue Erde; denn der erste Himmel und die erste Erde sind vergangen, und das Meer ist nicht mehr.*
2: *Und ich sah die heilige Stadt, das neue Jerusalem, von Gott aus dem Himmel herabkommen, bereitet wie eine geschmückte Braut für ihren Mann.*
3: *Und ich hörte eine große Stimme von dem Thron her, die sprach: Siehe da, die Hütte Gottes bei den Menschen! Und er wird bei ihnen wohnen, und sie werden sein Volk sein, und er selbst, Gott mit ihnen, wird ihr Gott sein;*
4: *und Gott wird abwischen alle Tränen von ihren Augen, und der Tod wird nicht mehr sein, noch Leid, noch Geschrei, noch Schmerz wird mehr sein; denn das erste ist vergangen.*
5a: *Und der auf dem Thron saß, sprach: Siehe, ich mache alles neu!*

In dem bekannten Schlager heißt es: »Völlig losgelöst von der Erde schwebt das Raumschiff, völlig schwerelos.« Ich habe den Eindruck, als wird da eine Erfahrung ausgesprochen, nach der sich Menschen sehnen: Völlig losgelöst zu sein von dem, was einem da unten auf der Erde geboten wird, völlig schwerelos zu schweben, unabhängig zu sein von den Kräften, die an einem ziehen und die mit einem machen, was sie wollen. Ferien. Aber wo das Raumschiff hinfliegt? Gelegentlich spricht man von Aussteigern aus der Gesellschaft. Aber vielleicht sind schon die meisten Menschen, die in dieser Gesellschaft leben, ausgestiegen. Ausgestiegen von den Realitäten, von der Wirklichkeit, hin zu Illusionen. Wahrscheinlich betrifft das besonders uns, die wir in einem der reichsten Länder der Welt leben, sehr verwöhnt sind und vieles genießen dürfen. Völlig losgelöst von der Erde und ihren Problemen in einer Zuschauerrolle mit Sicherheitsabstand, ständig auf dem Sprung, weil auf etwas Besseres wartend. Stichwort: Es geht aufwärts. Wenn man nur alles in die Hände von Politikern und anderen fremden Leuten legt und ansonsten wartet, was passiert. Hauptsache, es geht schwerelos aufwärts, ohne

Beziehung zur nächsten Umgebung, zur Gemeinde, in der wir leben. Auch unser Text schildert einen Traum: Das neue Jersualem, gekleidet wie eine Braut, geschmückt für ihren Mann. Doch anders als bei dem Raumschiff ist die Bewegung hier nicht Hinaufsteigen, sondern Herabsteigen. Wir müssen nicht irgendwohin weg von dieser Erde. Glück und Zukunft liegen nirgends anders als auf dieser Erde, die Gott liebt. Dorthin kommt er, ist er gekommen. Um bei uns zu wohnen und die Tränen abzuwischen von unseren Augen. Bilder für Tröstung nach großem Leid und für Frieden. Und der Staat der Zukunft ist nicht irgendeine Idealrepublik, sondern er trägt einen sehr alten Namen: Jerusalem. Das Wort steht hier als Bild für die zukünftige Gemeinschaft der Christen. Für die Kirche der Zukunft.

»Gekleidet wie eine Braut, geschmückt für ihren Mann« – hat das etwas mit unserer Kirche zu tun? Mit unserer Kirche, aus der wir fast alle irgendwie ausgestiegen sind, weil sie oder wir zu viel Dreck am Stecken haben. Denn wer dabei nur Zuschauer bleibt, wird nicht nur weniger gefordert, er wird auch weniger haftbar für alles, was die Kirche anrichtet und angerichtet hat.

Aussteiger sein ist schön: Unschuldig sein an den Kreuzzügen, an der Judenverfolgung durch Christen, an der Inquisition und der schaurigen Ökumene der Hexenverbrennungen. Unschuldig auch an der Glaubensspaltung. An kirchlicher Finsternis, Intoleranz und Dummheit, an Geld- und Machtgelüsten größten Ausmaßes. Nein, damit wollen wir nichts zu tun haben.

Und die Kirche in unserem Text als reine Braut und Unschuldslämmchen darzustellen, das hört sich deutlich nach Propaganda mit durchsichtiger Apologetik an. Unsere eigenen Fehler können wir besser verbergen, bei der Kirche werden die Fehler immer gleich so sichtbar, so schrecklich öffentlich. Die Kirche ist am Pranger. Sie ist die große Angeklagte: Wer kann sie schon entlasten, wer steht für sie ein, bürgt für sie?

Aber andererseits: Nirgendwo in der Bibel, auch nicht in unserem Text, steht, daß die Kirche die besseren Menschen sind. Keinen Deut besser, und deshalb ist die Kirche zu allen Zeiten so verrückt gewesen wie das menschliche Leben selber, und wir alle haben die Kirche, die wir verdient haben. Denn am Ende sind wir sie selber, dumm, geldgierig, machtgierig, scheinheilig. Wir mögen diesen Spiegel nicht so gern, der sichtbar macht, was unser aller Tun öffentlich dargestellt bedeuten würde. Nein besser sind die Christen nicht.

Der Unterschied ist nur, daß hier diese Art der Identifizierung mit der Kirche, die wir alle ablehnen, daß wir mit dieser Anstalt lieber nichts zu tun haben wollen, daß dieses Sichidentifizieren mit einer fragwürdigen Institution schon von Jesus Christus geleistet ist. Er hat genau das getan, wogegen wir uns sträuben. Er hat gesagt: All das, was ihr da als Kirche verbrochen habt und verbrechen werdet, und eure Einzelsünden sind tatsächlich klein dagegen, all das schiebt ruhig mir zu. Ich nehme es auf meine Kappe. In der Tat: So schlimm war es, was wir angerichtet haben, daß selbst der Gerechteste darunter jämmerlich zugrunde gehen mußte. So unüberbietbar grausam und zerfressend wirkte auf den Gerechtesten alles, was die Kirche verbrochen hat. Er wollte ganz dazugehören und für uns sein. Wer das unternimmt, kann nur den grausamsten Tod am Kreuz sterben. Aber was haben wir davon, wenn er unter uns zugrunde gegangen ist? Das Geheimnis dieser strahlenden Braut ist, daß sie strahlend nicht von sich aus ist, sondern weil einer ihre Schuld trägt.

Ich weiß, diese Dimension, daß einer für andere die Schuld trägt, ist uns im Rahmen normaler Alltagserfahrung weitgehend verlorengegangen, vor allem im Rahmen der verschiedenen Emanzipationen, die auch niemand rückgängig machen kann und will. Jeder will autark sein, alleine alles können, vor allem nicht Mühsames für andere leisten, von dem er selbst nichts hat. Aber die Sache ist doch da: Unser ganzes Rentensystem funktioniert nur so: Die Jungen zahlen, damit die Alten leben können. Das berühmte soziale Netz.

Stellvertretung: Ich kann nicht alles tun, und ich bin stolz darauf, auch etwas für andere tun zu können. Der Professor liest Berge von neuerer Literatur stellvertretend für die Pfarrer, denen er dann das Wichtigste davon sagt, der Pfarrer studiert und hält Gottesdienst stellvertretend für die anderen Christen. Jeder Spezialist für die anderen. Das ist, wenn es wirklich geschieht, immer mit erheblicher Mühsal verbunden. Die geplagte Nur-Hausfrau, die stellvertretend für die anderen manche Drecksarbeit verrichtet, wage ich hier beim Lob der Stellvertretung kaum zu nennen, weil hier Emanzipation und Stellvertretungsgedanke hart aufeinanderstoßen. Weil solche, die Stellvertretung wirklich leisten, von den anderen immer ausgenutzt werden. Stellvertreten-Müssen hängt immer mit den Sünden und Unvollkommenheiten der anderen zusammen. Es ist keine glorreiche Sache, sondern Folge unserer Schwäche, die bis zum Zerbrechen des anderen führen kann, wie wir an Jesus sehen.

In unserer Gesellschaft hat also Stellvertretung, wie man am Beispiel der zugemuteten Drecksarbeit sieht, deutliche Grenzen: Der Sinn ist nicht das Zerbrechen, sondern immer das Miteinander-leben-Können. Nicht daß die einen kaputtgemacht werden und die anderen sich ins Fäustchen lachen. Das Ganze klappt nur, wenn jeder etwas stellvertretend für die anderen leistet. Und etwas alle miteinander. Das will eigentlich Christentum: Gemeinschaft kann nur sein, wenn in der Tat jedem unangenehme, stellvertretende Mühsal zugemutet werden darf. Und den Ort sollte sich jeder suchen, an dem dieses durch ihn geschehen kann. Einer oder eine, die sagt: Ich will das wohl tun. Ich kann das für euch tun.

Kirche Jesu Christi ist die Gemeinschaft, in der Stellvertretung bis in die letzte Tiefe hin ausgezogen ist. Denn wer leistet die große Drecksarbeit, wo sich ja allerhand Dreck angesammelt hat: von den Hexenverbrennungen bis Auschwitz. Kann das auch jemand übernehmen? Denn das ist doch riesige, unüberbietbare Schuld gegenüber dem, der das Leben schenkt, gegenüber Gott. In Gen 18,20ff (s. oben Text Nr. 18) wird das großartig dargestellt: Abraham verhandelt mit Gott über Sodom. Er versucht, sich zum stellvertretenden Anwalt für die sündige Stadt zu machen. Aber Gott bleibt hart: Er will nicht die Fürsprache Abrahams, sondern einen einzigen wirklich gerechten Menschen in Sodom. Den gibt es nicht. Also wird Sodom vernichtet. Wir aber haben die Ahnung, daß jetzt dieser eine, einzige Gerechte gefunden ist, um dessentwillen alle verschont werden. Daß er so gerecht war, daß er als Stellvertreter für uns bei Gott eintreten konnte. Damit kein neues Sodom zu sein braucht. Stellvertretung für das, was wir alle verdient hätten: total von Gott verlassen zu werden. Die Gottverlassenheit des Gekreuzigten ist Stellvertretung für uns.

Auch hier geht es um etwas Positives: Frieden zu haben mit dem Geber und Ursprung allen Lebens. Nur hier ist der Tod nötig für den Stellvertreter, weil nichts anderes genügt hätte. Denn unsere Schuld ist mörderisch. Konkrete Kirche sein heißt: Stellvertretung zulassen und zugeben, daß man nicht alles kann. Heißt zugleich: Daß alle etwas stellvertretend leisten müssen und nicht nur manche. Heißt auch: Um den Sinn von Stellvertretung wissen: Daß ihr Ziel das soziale Netz im Miteinanderleben ist und nicht die Ausbeutung einzelner, insbesondere der Frauen. Und heißt schließlich: In der Kirche gibt es ein Ineinander von Stellvertretung, das bis in den Himmel reicht. Ein Ineinander, das auch unsere Fürbitte umfaßt, die wir ja auch für andere leisten.

Wie kann überhaupt einer für den anderen etwas tun, noch dazu vor

Gott? Steht nicht jeder allein da? Bloßes Zur-Kenntnis-Nehmen ist sicher nicht der Weg, auf dem ich von der Tat des Stellvertreters etwas habe. Nicht Kenntnis und Wissen schafft die Verbundenheit. Sondern das Netz des Miteinanderlebens, konkrete Gemeinschaft. Wie der holländische Geistliche, der sich anstelle eines Familienvaters von den Nazis ermorden ließ. Nur wer zusammengehört, kann teilhaben. So sollen wir stellvertretend für Jesus das Evangelium verkünden und Menschen an Gott erinnern. Er hat uns das zugemutet und anvertraut. Stellvertretung geschieht im Nehmen und Geben.

Warum also brauchen wir Jesus? Weil wir für uns selbst frustriert sind und eher Gottes Abwesenheit als Gottes Nähe spüren. Einer hat sie wenigstens für uns alle verspürt, einer war sich des Silberstreifens am Horizont ganz gewiß. Zu unserer Entlastung.

Und warum ist Kirche notwendig? Weil wir nur durch ein lebendiges Netz überhaupt mit Jesus verbunden sein können, durch ein Netz, das nach derselben Regel funktioniert wie das, was er für uns getan hat: durch Stellvertretung. Das betrifft unser alltägliches Tun für die anderen, gerade in der Spezialisierung unseres Berufs.

Nicht Zum-Himmel-Schweben heißt das Stichwort, sondern: Entlastung. Um jede Träne abzuwischen von unseren Augen.

Wie Gottes Reich jetzt geschieht

Thomas-Evangelium 97

Jesus sprach: Das Königsreich des Vaters gleicht einer Frau, die einen Krug trägt, der voll Mehl ist, und die einen weiten Weg geht. Der Henkel des Kruges zerbrach; das Mehl strömte herab hinter ihr auf den Weg. Sie merkte es nicht. Sie wußte nichts vom Mißgeschick. Als sie in ihr Haus gelangt war, stellte sie den Krug auf den Boden. Sie fand ihn leer.

Was das Reich ist, wird am Bilde eines Unglücks beschrieben. Das weckt unser Interessse. Eine kleine Katastrophe. Kostbares Mehl. Ein orientalisches Bild von großer Schönheit: Wir sehen eine Frau vor uns, den Krug auf dem Haupt tragend. Wo der Henkel ansetzt, dort ist die empfindlichste Stelle. Da fehlt dann auch ein Stück von der Wand des Kruges. – Am Ende ist der Schrecken da, der Krug ist leer, die Frau hat nichts gemerkt auf dem weiten Weg bis zum Haus. Unmerklich war das Mehl herausgerieselt, hinter ihr auf den Weg. Erwachen am Ende, als der Krug abgesetzt wird. Auf dem weiten Weg hatte die Frau nicht abgesetzt, und der Krug war selbst schwer, so daß man den allmählichen Verlust des Mehles nicht merkte. Und so sieht sie, was los ist, erst am Ende, als es zu spät ist. So ist es also mit dem Reich: Wie etwas, das aus einem Krug rinnt, unmerklich, niemand sieht es. Doch irgendwann ist man am Ziel, und dann ist es soweit. Der weite Weg, die Unmerklichkeit und das Erwachen am Ende, sie stehen für die Erfahrung mit dem Reich Gottes.

Was am Ende offenbar wird, geschieht also jetzt, immerzu, unmerklich, wie das feine Rieseln. Wir haben dafür nur das Bild der Sanduhr, aber die kann man wieder umdrehen. Hier ist ein schöneres und eindrücklicheres Bild verwendet. Die Unmerklichkeit und das Erwachen: Das ist zwar im Bild negativ, als Katastrophe geschildert. Aber für die Sache ist es genausogut positiv zu verstehen. Das Ende wird nicht etwas Neues sein, sondern die Vollendung dessen, was jetzt läuft, was unaufhörlich rinnt. Wie die Saat, die von selbst wächst, ohne daß der Kornbauer es merkt und zuschaut.

Ein Bild zum angst machen? Teils ja, teils nein, denn entscheidend ist nur die Unmerklichkeit, das unaufhörliche, verborgene Werden, die Vollendung der Gegenwart am Ende. Nicht etwas Grundneues wird Reich Gottes sein.

Um aber einmal bei der Angst zu bleiben: Angst haben wir jetzt alle wieder; vor der Arbeitslosigkeit, vor den Raketen, vor den Atomkraftwerken. Vor allem, dem wir ausgeliefert sind. »Friedensbewegung« und Angst sind zwei Seiten derselben Münze. Vielleicht ist die Einsicht der Psychologen richtig, daß Menschen immer, nicht erst jetzt, ein Potential an Angst haben, das zunächst diffus ist, dann aber benannt werden will. Daher gibt es auch falsche Ängste: Die Angst, den Zweitwagen abschaffen zu müssen, die Angst, die Villa nicht bezahlen zu können, die man erbaute, weil jetzt die Gelder knapp werden. Oft denke ich: Die Kirche hat in den letzten 20 Jahren zu wenig von der Angst geredet, die man eigentlich haben muß. Das Unheimliche und Unmerkliche zu benennen, das eigentlich unheimlich ist, das, was davon in uns selber ist, in unserer Feigheit vor allem.

Denn wenn auch die Hölle doch nur ein Bild ist für das Offenbarwerden dessen, was jetzt immer schon läuft, dann ist sie nur die Vollendung unseres Gesichtverlierens jetzt, unserer Trägheit und Unwahrhaftigkeit. Die Bibel redet hier aber nicht von der Angst vor uns selber, sondern sie nennt das die Angst vor Gott. So heißt es im Evangelium: Nicht nur vor Menschen, die uns töten können, da ist alles inbegriffen, von der Arbeitslosigkeit bis zum Atomtod, nein: vor Gott. Vor der Unheimlichkeit dessen, wie es sein wird, wenn wir uns selbst so verlieren wie jetzt immer. Vielleicht vermittelt das, was wir »Glauben« nennen, zwischen dem, was wir vergleichen: Denn Glauben heißt eigentlich treu bleiben, in einer Beziehung stehen bleiben, nicht herausfallen. Denn wir wissen nicht, wie lange wir leben, nur immerzu umkippen ist schlimm. Sie wissen ganz genau, daß diese Treue je und je neu zu füllen ist und heute vor allem darin besteht, nicht feige zu sein und sich mit Sachverstand für Gerechtigkeit einzusetzen.

Aber auch positiv: Gottes Reich, das geschieht nur unmerklich und unsichtbar und wird erst am Ende vollendet sein. Das ist ein Trost. Das Negative merken wir viel eher und reden davon öfter, wie auch unser Gleichniserzähler. So können wir immer nur sagen, wo Gottes Reich vermutlich nicht ist, nicht aber, wo es ist. Wir sind enttäuscht, weil wir zu wenige positive Erfahrungen haben. Sie fragen mich oft: Wo sind denn die Hoffnungspunkte, die es uns ermöglichen, Christen zu sein? Und ich antworte: Es ist wie mit der Frau und dem Mehlkrug. Sie merkte es nicht, das Werden war ihr verborgen, aber es war unaufhörlich da. Ein verborgenes Rinnsal der Hoffnung. Wirklichkeit ist erst am Ende wahrnehmbar, am Ende eines langen Weges zum Haus. Sie fragen jetzt nach den Beweisen, aber jetzt sind wir auf dem Weg.

Vielleicht haben wir jetzt gar keine Erfahrungen. Offenbarsein gibt es, wie immer das ist und sein wird, erst am Ende. Soviel sagt doch nur unser Gleichnis. Mit dieser Unmerklichkeit ist es wie mit den Ruderern bei Kierkegaard: Sie können sich nicht zum Ziele umdrehen, sie rudern gegen die Blickrichtung. Unmerklich nähern sie sich dem Ziel, sie wissen nicht, wo sie sind und wie die Wirklichkeit ist. Sie können nur rudern. Weil sie aber wissen, daß nicht alle Zeit gleich ist, sondern daß es eine Zeit des Offenbarseins gibt und eine Zeit des Verborgenseins, deshalb müssen sie jetzt kräftig rudern, um an das Ziel zu gelangen. Versunken in ihr Tun in der Gegenwart. Denn das Reich, die große Sache, liegt immer in ihrem Rücken. Sie wollen dieses Reich, aber ihnen bleibt nur die Verbindung von Unanschaulichkeit und Rudern jetzt. Gott ist nur in unserem Rücken.

Wenn es stimmt, daß Gott ja gesagt hat, dann ist unser Gleichnis so zugleich auch Benennung der wahren Hoffnung: Nein, das Reich ist

nicht erst am Ende. Wenn es das überhaupt gibt, dann geschieht es immer schon jetzt, verborgen, es füllt sich, so wie der Krug sich leert. Die Jugend der Welt ist vergangen, der Zeiten Lauf zu Ende.
Wir müssen zugeben, es könnte sein, daß Gottes Experiment mit der Menschheit fehlschlagen könnte. Es könnte sein, daß dieses Ja verhallt und das, was läuft, nur grauenhaft ist. Aber ich nehme das nicht an. Ich denke, daß Christentum bedeutet: Leben ist stärker als der Tod. Ich glaube das, weil es einen wie Jesus Christus gegeben hat und viele, von denen ich sehen kann, daß sie ihm nachfolgten. Wie der holländische Geistliche, der sich für einen jüdischen Familienvater von den Nazis vergasen ließ. Ich glaube das auch, weil dieser Jesus von der Möglichkeit gesprochen hat, daß wir den Vater bitten können, er möge uns davor bewahren, unser Gesicht zu verlieren. Indem wir sprechen: Und führe uns nicht in Versuchung.

D. Die Logik der Liebe

Einführung

In jedem Text spielen Beobachtungen, wie Liebe sich konkret offenbart, eine wichtige Rolle. So soll die farblose Allgemeinheit christlicher Rede von »der Liebe« vermieden werden. Solche Beobachtungen sind etwa, daß Liebe Versonnensein und Gefangensein durch Nachsinnen ist, daß Liebe der Regel des »plus ultra« (immer noch darüber hinaus) folgt, daß ihr Merkmal Verschwendung ist, und zwar dort, wo Leben entstehen soll oder wo es bedroht ist. Daß Liebe und Langweiligkeit sich ausschließen. Das Verhältnis von Allerweltsliebe und christlicher Liebe ist ein weiterer wichtiger Punkt. Christliche Liebe ist nicht gefühlsbetont, sondern sie folgt einer – wenn auch ihr selbst eigenen – Logik. Diese Logik bestimmt sich von der grundsätzlichen Sinnorientierung her: Überzeugung und konkrete Tat sind wichtiger als etwa vorerst widerstrebende Gefühle. Christliche Liebe ist auch daran orientiert, daß der Herr, dem wir gehören, sein Eigentumsrecht bis in unsere Sexualität hinein sich auswirken lassen will. – Andererseits ist christliche Liebe von Allerweltsliebe nicht ganz und gar verschieden. Denn auch die Motive unserer christlichen Liebe und der »zu Jesus« und »zu Gott« sind menschlich und zweideutig. Christlich ist vielmehr, daß das, was normalerweise die Ausnahme ist, Vergebung unter Verliebten, zur Regel des Überlebens erklärt wird.
Häufiger werden Vergleiche mit Spielen herangezogen: Liebe ist ein Spiel, bei dem es keine Verlierer gibt, und andererseits ist unser üblicher Kleinkrieg wie ein Mensch-ärgere-dich-nicht-Spiel aufzufassen, da er die Kraft unseres Liebens nicht berühren sollte.
Liebe ist schließlich nichts Unbestimmtes, sondern negativ Verzicht auf Macht, auf Prestige, positiv Mut zur Einsamkeit, bedeutet Bewahren des Anfangs und Sicherinnern an die erste Stunde. Sie äußert sich immer wieder leiblich, denn der Leib ist zur Auferstehung berufen.

Liebe zum Gesetz
Ps 119,47-48.147-148

47: Ich habe Freude an deinen Geboten, sie sind mir sehr lieb,
48: und hebe meine Hände auf zu deinen Geboten, die mir lieb sind, und rede von deinen Weisungen.
147: Ich komme in der Frühe und rufe um Hilfe; auf dein Wort hoffe ich.
148: Ich wache auf, wenn's noch Nacht ist, nachzusinnen über dein Wort.

Was Liebe ist? – Wenn ich ehrlich bin und es zugebe: Manchmal finde ich Kriege und Seeschlachten ganz schön und spannend. Es passierte mir dann ganz unversehens, daß ich mich über jeden versenkten Kreuzer der Argentinier freute. Ein versteckter Jubel. Ich merke es mit Schrecken: Ein bißchen Krieg sitzt in mir. Natürlich habe ich Partei ergriffen, und ich möchte mitjubeln. Ich weiß, daß das keine Liebe zum Gesetz Gottes ist, und doch gab es ein spontanes Interesse an der Gewaltanwendung dort, und die Verhandlungen schienen mir in der Tat schon viel zu lange zu dauern. Ich weiß kaum noch, was Krieg ist. Ich bin neugierig auf Gewalt. Sie hat etwas Verlockendes an sich. Das kann auch zur Massenhysterie werden. Ich bekenne mich darin als Teilhaber an der Lust zur Gewalt, wenigstens zum Zuschauen. Ich finde das schlimm. Irgendwo gibt es ganz ausgesprochenermaßen eine gegenläufige Lust, gegen Gottes Gesetz. Die Rede von Gottes Gesetz hilft mir da, denn wenn man es wirklich lieben könnte, wäre da ein Gegensatz, eine andere Orientierung auch für mein Gefühl.
Was denn die Liebe ist? Das ist die geheime, zentrale und wirkliche Frage eines jeden Menschenlebens. Und jeder Mensch in seiner Gestalt ist eine Antwort auf diese Frage. Religion benennt die Maßstäbe für Liebe und damit die Maßstäbe von Menschen. Die Bedingungen des Lebens.
Der 119. Psalm greift unsere Erfahrung auf: Liebe ist etwas, das mit jedem Atemzug da ist. Das ist vortrefflich beobachtet: Liebe ist nachsinnen. Liebe zum Gesetz ist nachsinnen Tag und Nacht. »Ich wache auf, wenn's noch Nacht ist, nachzusinnen über dein Wort.« Wir erinnern uns, daß es so auch ist, wenn man verliebt ist: Wir sind mit unseren Gedanken Tag und Nacht dabei. Wir überlegen hin und her, und wir warten. Und die Gnade spielt eine wichtige Rolle dabei. Alles, was Meditation eigentlich ist, praktizieren wir schon, wenn wir lieben. »Ich tue meinen Mund auf, weit auf und lechze, denn mich verlangt nach deinen Geboten.«

Der Sprecher in diesem Psalm ist verliebt in das Licht, oder vielleicht in die Liebe, das Liebenkönnen selbst. Das kennen wir auch. So wie wir eine spontane Freude haben, wenn wir einen Sonnenaufgang erleben, wenn wir nachts neben den Wolken einen Stern blinken sehen. Denn »Orientierung«, das kommt vom Aufgehen der Sonne her. Hier geht es um die Freude und um das Glück darüber, daß es Orientierung gibt in dunkler Nacht oder an deren Ende. Freude über das Licht in der Ausweglosigkeit. Jubel über das Licht, das im Osten erstrahlt. Nicht unähnlich den Sterbeworten des berühmten Goethe über mehr Licht.
Kann man verliebt sein in das Licht, in das Gesetz, in den unsichtbaren Gott dahinter? Kann man darüber jubeln wie über einen Schatz? Dieser Jubel selbst ist es, der ausschließlich den Verfasser unseres Psalms bewegt. In keinem der 176 Verse dieses Textes wird auch nur einmal gesagt, worin das Gesetz, das er liebt, inhaltlich besteht. So türmen sich unsere Einwände gegen diesen Text: Liebe ist, sagen wir, nur personal vorstellbar, ein Gesetz kann man ohnehin nach unseren Erfahrungen nicht lieben, und konkret ist unser Psalm überhaupt nicht.
Aber wenn es so ist, daß Liebe viele Gestalten hat: Vielleicht ist unsere Liebe zu Personen und zu uns selbst doch nur ein Bild für das, was hier Liebe genannt wird. Vielleicht geht es im Verhältnis zu Gott und zum Gesetz nur um so etwas *wie* Liebe, wie die Liebe, von der wir sonst reden. Aber möglicherweise können wir für unsere andere, sonstige Liebe zu Personen etwas lernen von dieser merkwürdigen Liebe zu Gott und zu seinem Gesetz. Wenn wir beides Liebe nennen, so könnten sich ja für beide Lieben neue Gesichtspunkte ergeben. Könnten sich beide Lieben gegenseitig aufschlüsseln, durch einander gewinnen.
Es stimmt ja gar nicht, daß unsere Liebe immer nur personal wäre. Wir lieben unsere Prinzipien, unser heilig's Blechle, unsere Ruhe und nicht zuletzt alle ein wenig das Geld. So wird jeder geprägt durch das, was er liebt. Unser Psalmist liebt etwas Unbegreifbares, das er noch nicht hat: Er lechzt und verlangt und bittet Gott um Belehrung, er sucht und forscht nach Gottes Willen. Es ist kein fertiges Gesetz, auf das er sich beruft wie auf einen Codex. Und am Schluß sagt er: Ich bin wie ein verirrtes und verlorenes Schaf; suche deinen Knecht.
Wie kann man etwas lieben, was man noch nicht hat, und warum soll man dieses lieben und nicht das Handgreifliche? Doch dies ist der Spitzensatz aller Weisheit des Morgen- und des Abendlandes seit Jahrtausenden: Der überaus merkwürdige Tatbestand, daß das Glück mit den

Gütern am größten sei, die am ungreifbarsten sind. Je handfester um so vergänglicher, um so größer der Kater.
Was nicht heißt, daß man die handfesten Dinge nicht braucht. Aber lieben, glücklich lieben kann man am allerehesten das, was man noch immer sucht. Daher sind die am glücklichsten, die ein Ziel und eine Hoffnung haben, eine Idee und eine Orientierung. Unser Verfasser weiß wohl, was Glück ist. Er beschreibt es, obwohl er viele Feinde hat. Und sein Glück besteht in einer Spannung: Er weiß um den Morgenstern, er hat ihn gesehen. Es ist nicht mehr Nacht. Nicht, wer immer strebend sich bemüht, wird erlöst, sondern wer den Morgenstern gesehen hat und in sein Licht verliebt den Weg in den neuen Tag hinein sucht. Er weiß, daß auch der Weg nur mit dem Licht vom neuen Tag her kommt.
Er hat den Weg nicht, er zitiert keine Gebote, aber er meditiert und wächst hinein, er ist erfaßt und sinnt nach. Er moralisiert auch nicht. Dieser Psalm ist keine Moralpredigt. Er stellt uns nur dar, was Glück ist. Erfaßt zu sein von dem einzigen Licht in dunkler Nacht, den Weg zu ahnen in einer Welt, in der er Fremdling ist. Er ist wie ein verirrtes Schaf, und doch hat er eine Ahnung von dem, was Licht ist. So entsteht das, was er als Gottes Weisung sucht, der Weg in den neuen Tag.
Das also soll Liebe sein. Ganz sicher kann Liebe nur glücklich sein, wenn sie die Struktur hat wie Liebe in diesem Psalm: als unaufhörliches Versonnensein, als unaufhörliche Meditation über den Weg. Wo die Aufrechnung nach Leistung oder Gnade längst gegenstandslos geworden ist, weil so auch für uns verirrte Schafe Glück möglich ist. Im Suchen angesichts der Gewißheit des neuen Tages, in der leidenschaftlichen Frage nach dem Weg, nach dem roten Faden unserer Existenz. Nach dem Gott, der gerade als der Ungreifbare doch da und uns immer schon voraus liegt. Nachsinnen als Verliebtsein und Verliebtsein als Nachsinnen.

Prinzip Verschwendung

Mt 5,38-48

38: *Ihr habt gehört, daß gesagt ist (2. Mose 21,24): »Auge um Auge, Zahn um Zahn.«*

39: *Ich aber sage euch, daß ihr nicht widerstreben sollt dem Übel, sondern: Wenn dich jemand auf deine rechte Backe schlägt, dann biete ihm auch die andere dar.*

40: *Und wenn jemand mit dir rechten will und dir deinen Rock nehmen, dem laß auch den Mantel.*

41: *Und wenn dich jemand nötigt, eine Meile mitzugehen, so geh mit ihm zwei.*

42: *Gib dem, der dich bittet, und wende dich nicht ab von dem, der etwas von dir borgen will.*

43: *Ihr habt gehört, daß gesagt ist (3. Mose 19,18): »Du sollst deinen Nächsten lieben« und deinen Feind hassen.*

44: *Ich aber sage euch: Liebt eure Feinde und bittet für die, die euch verfolgen,*

45: *damit ihr Kinder seid eures Vaters im Himmel. Denn er läßt seine Sonne aufgehen über Böse und Gute und läßt regnen über Gerechte und Ungerechte.*

46: *Denn wenn ihr liebt, die euch lieben, was werdet ihr für Lohn haben? Tun nicht dasselbe auch die Zöllner?*

47: *Und wenn ihr nun zu euren Brüdern freundlich seid, was tut ihr Besonderes? Tun nicht dasselbe auch die Heiden?*

48: *Darum sollt ihr vollkommen sein, wie euer Vater im Himmel vollkommen ist.*

Das mit der rechten und linken Wange und das mit der Feindesliebe ist für uns ein unangenehmer Text. Wir möchten das Christentum gerne billiger haben. Und die Ausleger helfen dabei, indem sie sagen, das alles sei nicht wörtlich zu nehmen. So drückt man sich schlechten Gewissens an dem Text vorbei. Gewiß – der Text ist nicht nur wörtlich zu nehmen, aber doch grundsätzlich so radikal.

Liebt eure Feinde – kann man Liebe befehlen? Wie kann man Feinde auf Befehl lieben? Doch von Gefühlen steht hier nichts. Wir sind überhaupt in dieser Hinsicht gegenüber der Bibel ganz verbildet und denken immer zuerst an unsere Gefühle, wo von Liebe die Rede ist. Doch Lieben und Hassen sind für die Schrift konkrete Taten. Allein auf diese kommt es an. Und die sogenannten Gefühle werden sich schon danach richten. Wenn es im Alten Testament heißt, daß Rebekka Isaaks Weib wurde und er sie liebte (in dieser Reihenfolge!), dann ist das eine genau so konkrete Tat wie die Feindesliebe in unserem Text.

Wir denken viel zu sehr an uns selbst, wenn wir immer erst nach unseren Gefühlen fragen statt nach dem, was notwendig zu tun ist. Natürlich sollen wir nur aus Überzeugung handeln, aber das ist etwas anderes als unsere Gefühle. Man kann auch von der Notwendigkeit dessen über-

zeugt sein, was man nur widerstrebend tut. Christsein heißt, das Notwendige zu tun, das, was Not wendet.
Bei der Feindesliebe in unserem Text steht nichts von Versöhnung, auch nicht davon, daß die Feinde etwa zu Freunden werden sollen oder können. Erfolg wird nicht in Aussicht gestellt. Unser Text ist ganz streng ausgerichtet. Er gibt als einzige Perspektive den Blick auf Gottes Tun frei. Dieses allein ist der Maßstab. Es geht nur um die konkrete Tat – und um die Orientierung an Gott. Bei beidem aber müssen wir von uns selbst wegsehen, von unserer Hoffnung auf Erfolg und von unseren Maßstäben. Gottes eigenes Tun ist der Maßstab, nichts anderes – nicht unser Gefühl, auch nicht das Gebot, das er einst gegeben und das dann in den Händen der Menschen ausgelegt und diskutiert wurde. So ist das Gebot des Gesetzes zweideutig und dehnbar geblieben – hier jedoch werden wir an Gott selbst, an sein eigenes Tun als den Maßstab herangeführt. Es geht um das Unmittelbare, nicht Vermittelte, um Gott selbst.
Das ist auch so in der Botschaft Jesu, es macht ihre Strenge und Härte, ihre Kompromißlosigkeit und ihren Reichtum aus: ohne Umschweife auf Gott selbst sehen zu lernen. Nicht das Gesetz, nur Gottes Tun kann daher Maßstab und Orientierung sein. Nur Gott selbst ist die Antwort auf die Frage nach dem Weg zu Gott.
Aber woher wissen wir, wie Gott ist und wie Gott handelt? Wir sehen es jeden Morgen: Gott läßt seine Sonne aufgehen über Gute und Böse, und er läßt regnen über Gute und Böse. Einfacher und umfassender kann man es nicht sagen, daß Gott das Leben gibt. Denn wenn Sonne und Regen fehlen, stirbt alles. Die zunächst düsteren und bedrückenden Forderungen Jesu erhalten so mit einem Male ein neues Gesicht: Um die Grundbedingungen für Leben geht es also, um das Allernotwendigste, wenn nicht überall Tod sein soll.
Aber ist Feindesliebe notwendig? Ist es lebensnotwendig, sich auf die rechte *und* die linke Wange schlagen zu lassen? Entsteht Leben nicht aus Kampf und Sichbehaupten? So will es uns die zur Weltanschauung gemachte Biologie des 19. Jahrhunderts lehren. So haben es die Nazis verkündet. Und so meinen es auch heute angeblich antiautoritäre Eltern, die dann der Einfachheit halber das stärkste unter den Kindern sich durchsetzen lassen. »Das Leben ist eben so, und man muß rechtzeitig lernen, sich durchzusetzen«, erhält man von solchen Akademikern zur Antwort. »Erst werden die Kleinen unterdrückt, aber nachher können sie ja dann die Kleineren unterdrücken, und dann sind sie voll drin.« Sehen

wir es recht: Das sind die wahren Nazis unter uns. Der Hinweis auf die Minorität der Rechtsradikalen dient da nur als Alibi. Denn natürlich bezeichnen sich diese Leute nicht als »rechts«, sondern im Gegenteil, sie segeln unter der Fahne des Fortschritts.

Christentum denkt grundsätzlich anders: Leben entsteht nur unter der Bedingung von Verschwendung. Dagegen ist alles, was Dienst nach Vorschrift, was Aufrechnen und Handeln nach der Regel – »Maß für Maß« – ist, Stillstand. Auf der Stelle treten ist tödlich. Gott handelt nicht Maß für Maß, sondern verschwendet Sonne und Regen an Gute und Böse. Wenn andere im Christentum das Prinzip Hoffnung entdecken, so möchte ich daneben das Prinzip Verschwendung stellen. Denn was anderes ist das Ziel des Christentums als Leben? Leben auf Dauer und in Fülle und für alle und mit Gott. Leben aber ist nur möglich, wo Verschwendung ist, Dienst nach Vorschrift ist der Tod. Das Prinzip Verschwendung gilt schon für alles Leben in der Natur: Viele Millionen Samenteilchen werden erzeugt, damit am Ende eine einzige neue Pflanze oder ein anderes Lebewesen entstehen kann. Und wenn wir auf uns selbst schauen: Ist nicht jede Liebesgeschichte grenzenlose Zeitverschwendung – damit neues Leben sein kann. Und wieviel Zärtlichkeit verschlingt ein Kleinkind, wieviel Sorge ein größeres!

Und gilt dieses Prinzip nicht auch für die Wissenschaft? Wieviel Worte, wieviel bedrucktes Papier und wieviel Zeit müssen verschwendet werden, damit am Ende alles im ganzen ein wenig verändert wird.

Vielleicht sind wir, wenn wir dieses wissen, auch weniger erstaunt über das Verhältnis von Aufwand und Erfolg im Christentum. Soviel Kirchentum und so viele fromme Worte – auch diese jetzt hier inbegriffen – sind notwendig. Die Chance für Veränderung ist nicht groß. Aber wenn nur weniges anders würde, hätte es sich schon gelohnt. Wie glücklich sind wir, wenn es dann doch einmal gelingt, wenn nach vielen Jahren des Zuredens und vielen hundert Mark verschwendeter Telefongebühren ein sozusagen toter Mann dann doch eines Tages seinen Weg findet.

Verschwendung ist überall Grundbedingung, wo Leben entstehen soll. In der Liebe wie in der Wissenschaft, wie in der Gesellschaft überhaupt, daher ist es mit Spenden nicht getan. Verschwendung – das heißt: Sprengung des Maßes und des Messens, Verzicht auf angemessene Honorierung, überhaupt: absehen von sich selbst, sich selbst voll in die Waagschale werfen. Deshalb sagt unser Text nichts über den Erfolg der Feindesliebe; deshalb steht hier das Auge um Auge für jedes Tun, das

Maß für Maß erwartet. Denn wo Leben sein sollte, ist jedes Rechnen mit angemessener Vergeltung gleichbedeutend mit Tod. Es geht um das bedingungslose Tun; so wie man es an Gott sieht.

Man kann einwenden: Ist dieses Denken nicht etwas wirklichkeitsfremd? Läßt sich das verwirklichen? Wo kämen wir hin, wenn wir alle sozialen Verpflichtungen nach dem Prinzip der Verschwendung gestalteten? Sollen wir etwa im Bus freiwillig das Doppelte bezahlen? Sollen wir uns bei einem Überfall nicht wehren? Meint das unser Text? Und ist dann grenzenlose Liebe nicht vollendeter Schwachsinn?

Was ist Liebe?

Unser Text sagt uns, wo der Maßstab liegt: Dort, wo Leben entstehen soll, ist Verschwendung notwendig, und dort, wo Aggressivität es zerstören will.

Nur in diesen Bereichen. – Betroffen sind also nicht alle bürgerlichen Ordnungen, sondern nur bestimmte Bereiche: Liebe, Kunst, Wissenschaft – aber auch, und darauf zielt unser Text direkt – jede Gefahrenzone, in der Leben bedroht ist und zerstört werden soll. Denn besonders, wo es darum geht, Leben zu retten angesichts von Aggressivität, Feindschaft und Not, gilt das Prinzip der Verschwendung. Dort also, wo vornehmlich Leben entstehen soll, und dort, wo vornehmlich Leben bedroht ist, soll verschwenderische, grenzenlose Liebe den Raum und die Bedingungen für Leben schaffen. Wir müssen also sehr wählerisch sein und genau auswählen, wo wir ein solches Engagement einsetzen und wo nicht. Wir müssen, jeder an seiner Stelle, sorgfältig prüfen, welches die Bereiche sind, in denen wir das Prinzip Verschwendung anwenden. Wir müssen uns dann für diese Bereiche freihalten und die Freiheit schaffen, daß wir in diesen Bereichen verschwenderisch sein können. Was Freiheit für uns ist, bestimmt sich nach dem Maß, in dem wir verschwenderisch Raum für Leben schaffen können.

Nach unserem Text geht es besonders darum, eine Alternative zur bedrohenden Aggressivität zu schaffen. Wo ein Zerstörer droht: sich nicht provozieren lassen, ebenfalls zu drohen. Sondern die tödliche Tendenz des Feindes (die am Ende für alle tödlich sein wird) durch immer weiteren Nachschub an Leben zu stoppen. Indem man ihm wieder hilft zu leben, ihm hilft, das Leben zu lieben. Grenzenlose Liebe heißt daher immer auch: den anderen vor Selbstzerstörung bewahren. Denn alle Feindschaft ist Mord und Selbstmord zugleich. Daher ist Verschwendung nicht grenzenloses Nachgeben, vielmehr auch Verschwendung von Sorge, vor allem: absehen von sich selbst. Von Weichheit und Feigheit, von Schwäche und nachgeben um seiner selbst willen spricht unser Text nicht. Nur vom grenzenlosen Verzicht auf den eigenen Vorteil, wo es um Leben geht. Und das ist nicht Trotteligkeit, sondern selbstlose Härte.

Was hat das alles mit Christentum zu tun? Mit Jesus als dem Messias? Wir denken an die Wunder, die keineswegs am Rande seiner Verkündigung stehen: Hochzeit zu Kana, Speisung der Fünftausend, Totenerweckungen. Auch hier geht es um das Leben in Fülle. In den jüdischen Apokalypsen dieser Zeit erwartet man von der messianischen Zeit Korn und Wein und Öl in Fülle. Die Forderung unseres Textes entspricht ganz dieser Erwartung, es ist Ethik der messianischen Zeit. Denn das Prinzip Verschwendung entspricht der Verschwendung an Güte Gottes, die uns bereits in diesem Messias zuteil wurde, wofür das Kreuz ein Zeichen ist: Verschwendung an solche, die nicht etwa Freunde waren, sondern Feinde. Wer so viel geben kann, muß sehr reich sein. Und selbst sein Leben kann man verschwenden, wie der Gekreuzigte zeigt. Denn das Leben ist stärker als der Tod, weil es Gott gibt.

Dieses ist die schlichte Botschaft des Christentums. Das Leben wird siegen.

Unser Text ist hart, weil wir darin unmittelbar auf Gott selbst stoßen. Es geht um ein bedingungsloses Verhalten, das zuerst Verhalten Gottes selber ist. Ein Verhalten aus Fülle und Verschwendung. Christlich ist dabei das blinde Vertrauen, daß es nicht auf Würdigkeit ankommt und daß, wenn Bedingungen des Lebens geschaffen werden, auch die Aggressiven die Freude am Leben wiederfinden werden.

Und dann sehen wir, daß diese Ethik am Ende gar nicht unmenschlich ist. Sie entspricht vielmehr unserer heimlichen Sehnsucht: So frei zu sein, daß wir verschwenderisch sein können. Die Bedenken preiszugeben und bedenkenlos und bedingungslos handeln zu können. Dieses ist messianische Ethik, und zu dieser Freiheit helfe uns Gott.

Und bevor der polnische Jude Janusz Korczak mit seinen jüdischen Waisenkindern in das KZ von Treblinka zog, hat er dieses Wort gesagt: Habt die weiße Taube eurer Sehnsucht lieb.

Zeit der Vergebung

Mt 18,23-35

23: *Darum gleicht das Himmelreich einem König, der mit seinen Knechten abrechnen wollte.*
24: *Und als er anfing abzurechnen, wurde einer vor ihn gebracht, der war ihm zehntausend Zentner Silber schuldig.*
25: *Da er's nun nicht bezahlen konnte, befahl der Herr, ihn und seine Frau und seine Kinder und alles, was er hatte, zu verkaufen und damit zu bezahlen.*
26: *Da fiel ihm der Knecht zu Füßen und flehte ihn an und sprach: Hab Geduld mit mir; ich will dir's alles bezahlen.*
27: *Da hatte der Herr Erbarmen mit diesem Knecht und ließ ihn frei, und die Schuld erließ er ihm auch.*
28: *Da ging dieser Knecht hinaus und traf einen seiner Mitknechte, der war ihm hundert Silbergroschen schuldig; und er packte und würgte ihn und sprach: Bezahle, was du mir schuldig bist!*
29: *Da fiel sein Mitknecht nieder und bat ihn und sprach: Hab Geduld mit mir; ich will dir's bezahlen.*
30: *Er wollte aber nicht, sondern ging hin und warf ihn ins Gefängnis, bis er bezahlt hatte, was er schuldig war.*
31: *Als aber seine Mitknechte das sahen, wurden sie sehr betrübt und kamen und brachten bei ihrem Herrn alles vor, was sich begeben hatte.*
32: *Da forderte ihn sein Herr vor sich und sprach zu ihm: Du böser Knecht! Deine ganze Schuld habe ich dir erlassen, weil du mich gebeten hast;*
33: *hättest du dich da nicht auch erbarmen sollen über deinen Mitknecht, wie ich mich über dich erbarmt habe?*
34: *Und sein Herr wurde zornig und überantwortete ihn den Peinigern, bis er alles bezahlt hätte, was er ihm schuldig war.*
35: *So wird auch mein himmlischer Vater an euch tun, wenn ihr einander nicht von Herzen vergebt, ein jeder seinem Bruder.*

Das Barocktheater denkt und gestaltet Verhaltensweisen als Personen und Figuren. Wenn wir uns Vergebung als eine solche Gestalt denken, dann ist sie eine Angeklagte. Das Drama der Weltgeschichte ist wie ein Prozeß, in dem Vergebungsbereitschaft oder Vergebung auf der Anklagebank sitzt. Und gegen sie treten immerfort Zeugen auf, die belastendes Material gegen sie vorbringen:
Ein Ankläger namens Statistik tritt auf und sagt, daß die Rückfallquote

nach erfolgter Vergebung sehr hoch sei, die Wahrscheinlichkeit der Besserung der Beziehung nicht groß.
Eine Anklägerin namens Gerechtigkeit tritt auf und zitiert einen jüdischen Gedenkstein: »Niemand und nichts ist vergessen«. Und bei einer jüdischen Dichterin lese ich: »Der Haß, die Gewehrkolben und das Gas hatten ihr und unser Leben zertrennt, unsere Augen würden sich nicht mehr finden. Selbst wenn aus ihrer aller Herzen sich der gute Wille erhöbe und käme unserer Sehnsucht entgegen: einer der ihren zu sein – das Wort über sie und uns war gesprochen. Es würde nicht wieder gut.« Selbst die Bitte um Vergebung ist eine Zumutung.
Und die Wahrhaftigkeit träte als Anklägerin auf und sagte: »Ehrliche Vergebung ist selten, ein Rest bleibt doch immer, und irgendwann ist das ganze Unheil wieder präsent, und am Schluß wird es schlimmer als am Anfang. Denn Vergebung ist pervers. Wer vergibt, verliert das Gesicht. Vergebung ist Schwachsinn.«
Und der Fortschritt tritt als Ankläger auf und sagt: »Leichter als Vergebung ist es, die Verhältnisse zu ändern. Das ist erfolgreicher. – Vergebung ändert weder bei mir noch beim anderen etwas.«
Und die Vernunft tritt als Anklägerin auf mit den Worten: »Vielleicht sollte man der Vergebung am Ende mildernde Umstände zubilligen, denn sie ist beschränkt und gutmütig aus Dummheit. Predigt das Neue Testament den vergebenden Gott nicht als einen Gott, der am Ende seiner Tage komisch geworden ist und wahnwitzige Ideen hat? Hat er nicht Jesus zu einem Himmelfahrtskommando auf die Erde geschickt? Denn niemand will überdies von Vergebung wissen, auch um der Identität willen.«
Und die Humanität tritt auf und stellt die Frage: »Zu alledem wäre noch zu fragen, ob man überhaupt Vergebung befehlen kann, denn hier geht es doch um Gefühle, die man nicht befehlen darf. Vergebung ist als Forderung überhaupt unmöglich. Was sehr fest liegt, sind aber die sozialen Bindungen und die charakterlichen Eigenschaften, sie sind nicht durch Einzelakte zu verändern.«
Und die Lebenserfahrung stellt sich auf und sagt: »Liebe als bedingungsloses Vergeben kann man nur Pärchen zugestehen. Sonst aber gelten sofort andere Regeln, Liebe ist nur die Ausnahme. Die anderen Regeln heißen: Zu einer Gruppe gehören ist alles. Vergebung gehört nicht in diese Ordnung, man kann nicht vergeben. Die Barrieren sind übereinander getürmt wie Schollen von Packeis. Vor allem: Das Gesicht nicht

verlieren, seine Rolle weiterspielen, sich nicht lächerlich machen, Gruppenzugehörigkeit als wichtigen und unabänderlichen Gewinn annehmen.«

Angesichts so zahlreicher Ankläger stand es schlecht um die Vergebung, und sie sah sich nach Verteidigern um.

Als erste Verteidigerin stand die Barmherzigkeit auf und sprach: »Ohne Vergebung als Neuanfang bleibt in unserer Welt alles beim alten. Wer nicht blind ist, sieht, daß die Hölle schon da ist. Und wer von der Gesetzmäßigkeit unseres Sozial- und Gruppenverhaltens redet, ist der beste Anwalt für die Ewigkeit der Hölle. Die Hölle ist doch schon da. Wir halten immer alle Beziehungen für unabänderlich, und so bleibt es denn auch.«

Und es meldete sich die Gnade als Verteidigerin der Vergebung und sagte: »Was uns hindert am Vergeben sind immer wieder unsere Gefühle und Einschätzungen, die uns liebgewordene und vertraute Atmosphäre unserer täglichen Unterlassungen. Die gewohnten Neigungen hindern uns am Mut zur Tat. Aber unsere Neigungen sind steuerbar durch unseren Willen und unser Wille durch den Willen eines Partners. Und wenn dieser Partner uns sehr liebt und uns selber vergibt, dann werden sich auch unsere Neigungen danach richten. – Die Klarheit und Reinheit, mit der Gott uns will und mit der er zu jeder Vergebung bereit ist, sie zielen direkt auf das Ja unserer Vergebungsbereitschaft.«

Und es stand die Partnerliebe als Anwältin der Vergebung auf: »Wenn zwei Menschen sich lieben und einander als Partner wollen, dann geschieht das Vergeben von selbst. Denn nur so, aus der Vergebung, können sie weiter miteinander sein. Wie Atmen ist Vergebung. Wie die Brücke zwischen guten und schlechten Zeiten. Die Fehler des anderen sind dann aufgehoben wie man vom Aufheben als Bergen in Geborgenheit hinein spricht. Wenn ich den anderen will, bejahe ich auch seine Schwächen, lasse ich ihn geborgen sein im großen und weiten Horizont der Liebe, die uns geschenkt ist. Vergebung ist so verrückt wie Verliebtsein. Aber weil wir schwach sind, ist das Verrückteste zugleich auch das Notwendigste. Die Alternative ist die Hölle.«

Und es stand die Kinderfreundlichkeit als Anwältin auf und sagte: »Auch die Erwachsenen bleiben wie Kinder. Man hätte nie vergessen sollen, daß sie alles, was sie sind, von der Kinderzeit her haben. Sie wollen Fehler machen dürfen. Die Möglichkeit, daß ihre Taten unabänderlich sein könnten, wollen und können sie nicht denken. Sie brauchen Geborgenheit und jemanden, der vergibt. Der wie einer ist, der streichelt und sagt, daß es doch vielleicht nicht das Ende aller Chancen ist. Und: Vielleicht kann man Vergebung auch spielen. ›Mensch ärgere dich nicht‹ ist doch auch ein Spiel, und sein Titel sagt etwas Ähnliches. Vielleicht ist Ärger nur immer wie in einem Spiel, und es gibt eine andere Ebene, die eigentliche, auf der man sich nicht ärgern muß und soll und darf, weil man sonst das Spiel als Spiel nicht verstanden hat.

Das Spiel sind unsere Beziehungen. Aber das Eigentliche, außerhalb des Spiels, wohinein wir Ärger nicht mit übernehmen dürfen, das wäre unser Herz, das wäre unsere im Grunde vorhandene Gutmütigkeit, das wäre unsere Fähigkeit, am anderen sehr wohl das Gute zu sehen und wahrzuhaben. Im Spiel gibt es ein Hin und Her und Zeiten des Siegens und des Besiegtwerdens, und hier sind oft alle gegen alle. Aber achten wir darauf: Wer nach dem Spiel sich noch immer ärgert, hat das Spiel nicht begriffen. Und wir haben doch Augenmaß, können doch dem anderen Gerechtigkeit widerfahren lassen, können ihn doch achten und gelten lassen. Wir sind doch nicht in Wirklichkeit blind und dumm.«

Und es stand die Liebe Gottes als Anwältin auf und sagte: »Gott hat solche Vergebung von sich aus blindlings angestiftet, eine ganze Zeit als Zeit der Vergebung erklärt. Er hat von sich aus damit angefangen und dachte, daß wir uns darüber freuen. Er ist sehr weit gegangen und will bis zur Selbstaufgabe Vergebung. Er läßt uns geborgen sein wie in einem großen, sicheren Schiff. Gott ist daher nicht nur wie wahnwitzig, sondern zugleich auch äußerst realistisch, wenn er wahrnimmt, daß wir uns gegenseitig die Hölle bereiten.

Gott hat uns vorgemacht, wie Neuanfänge überhaupt gewonnen werden können: allein durch Vergebung, durch sonst nichts. Er hat ein Zeichen gesetzt.

Aber Jesus hat auch damit gerechnet, daß dieses Experiment scheitern könnte. Deshalb erzählt er das Gleichnis vom unbarmherzigen Knecht, der die empfangene Vergebung nicht weitergibt. Dann aber bleibt alles beim alten.

Fragt ihr aber, warum Gott so handelt, warum dieses und nichts anderes der Kern der neuen Botschaft ist, so ist euch zu antworten: Schulden nachlassen, vergeben kann immer nur einer, der sehr reich ist, kein Mensch könnte das gewissermaßen ›aus dem Stand‹. Wenn es überhaupt irgendwie eine Chance gibt, von der bedrückenden und den Atem nehmenden Last aufgehäufter Schuld loszukommen, dann kann diese

Chance nur dort sein, wo die sprudelnde, unversiegliche Quelle des Lebens selbst ist, bei Gott. Wo vor lauter Lebensfreude alles Tote und alle Zerstörung einfach wie von einem Wildbach weggespült wird, weil das sprudelnde Wasser nichts will als alles mit sich erfüllen und alles mitreißen, was schwächer ist. Und wo immer Menschen so etwas erfahren haben, nannten sie es ›Gott‹, er ist die Hoffnung auf Befreiung selbst.
Aber nur einer, der ganz reich ist, der der Reichtum selbst ist, kann vergeben. Deshalb können Menschen das nicht von sich aus, sondern überhaupt nur, wenn sie reich beschenkt worden sind. Deshalb können Verliebte einander vergeben. Aber das ist doch die Ausnahme. – Vielmehr wird, wenn man von Gottes Vergebung spricht, wie überall im Christentum das, was für gewöhnlich als Ausnahme erscheint, die reinste und schönste Entfaltung des Lebendigseins, zur Bedingung des Überlebens überhaupt erklärt und gemacht. Gott macht Menschen reich durch seine Vergebung, so daß sie vergeben können. Bedingungen, wie sie sonst unter Verliebten gelten, sind die neue Heilsordnung. Natürlich, ich muß zugeben, Menschen könnten dadurch überfordert sein. Aber die Alternative ist die Hölle. Die einzige Chance des Überlebens ist daher, daß wir das, was sonst Ausnahme ist, Regel des Miteinanders werden lassen.«
Das Gericht zog sich dann zur Beratung zurück. Nach einer längeren Sitzung wurde das Urteil verkündet. Den Argumenten der Verteidigung wurde Recht gegeben, da im Zweifelsfalle für den Angeklagten zu entscheiden sei.
Die Hauptbegründung lautete: Ohne Vergebung kann es in keiner Beziehung, weder privat noch öffentlich, Hoffnung geben. Da Menschen aber auf Hoffnung angewiesen seien wie auf das Licht der Sonne und auf Luft zum Atmen, sei das grundsätzliche Versagen der Vergebung unmenschlich. Den Grund aller Hoffnung aber nennen die Menschen auch Gott.
Das Gericht fügte jedoch dem Urteil folgende Erklärung bei: Vergeben bedeutet nicht auch schon vergessen. Dieser Irrtum eines der Ankläger ist ein schwerwiegendes Hindernis für Vergebung überhaupt. Denn jedermann sieht sofort, daß Geschehenes nicht ungeschehen gemacht werden kann. Das meint auch Vergebung gar nicht. Dieses anzunehmen wäre ein schwerer Irrtum. Noch schwerwiegender aber ist ein anderer Irrtum: Als ob jedes Leben und als ob jede Beziehung nur geradlinig sein könnten. Als ob es nicht, wie bei einem alten Baum, Narben und Astlö-

cher, Abgebrochenes und schief Wiederangewachsenes geben dürfe. Wir meinen immer, es müsse alles »glatt« sein und verlaufen, und das ist eines der Haupthindernisse für Vergebung. Wenn aber Vergeben nicht auch schon Vergessen bedeutet, dann kann man um etwas wissen und es dennoch verarbeiten, wie der Baum auch schwere Verletzungen verarbeitet. Dann wird etwas einbezogen in die Geschichte einer Beziehung, was nicht glatt war, ihr aber dennoch gerade als Einbezogenes Gestalt und Profil und Schönheit zu geben vermag, wie ein alter Baum auch schön ist durch alles das, was er verarbeitet hat. Dann ist, wenn wir genau hinsehen, Vergebung notwendig wie das tägliche Brot für jede Beziehung. Schließlich hängt Vergeben nicht mit Gefühlen zusammen, sondern mit Wollen. Und natürlich ist es eine hohe Anforderung, jedoch ernennt das Christentum hier nur etwas zum Generalnenner, was – sieht man nur genau hin – elementare Bedingung von Leben in Gemeinschaft überhaupt ist: Wir müssen unsere Schwächen gegenseitig annehmen, weil wir aufeinander angewiesen sind und weil wir nicht Gott sind. – Und umgekehrt: Gott hat etwas mit Vergebung zu tun, weil er nicht allein für sich vollkommen ist, sondern er der lebendige Gott ist, der Leben, wirkliche Chancen für Hoffnung auf wirkliche, erlebbare Zukunft, mitteilen will und sonst nichts. Genau dieses und diesen nennen wir Gott.

Bewahren der anfänglichen Liebe
Mt 25,1-13

1: *Dann wird das Himmelreich gleichen zehn Jungfrauen, die ihre Lampen nahmen und gingen hinaus, dem Bräutigam entgegen.*
2: *Aber fünf von ihnen waren töricht, und fünf waren klug.*
3: *Die törichten nahmen ihre Lampen, aber sie nahmen kein Öl mit.*
4: *Die klugen aber nahmen Öl mit in ihren Gefäßen, samt ihren Lampen.*
5: *Als nun der Bräutigam lange ausblieb, wurden sie alle schläfrig und schliefen ein.*
6: *Um Mitternacht aber erhob sich lautes Rufen: Siehe, der Bräutigam kommt! Geht hinaus, ihm entgegen!*
7: *Da standen diese Jungfrauen alle auf und machten ihre Lampen fertig.*
8: *Die törichten aber sprachen zu den klugen: Gebt uns von eurem Öl, denn unsre Lampen verlöschen.*

9: *Da antworteten die klugen und sprachen: Nein, sonst würde es für uns und euch nicht genug sein; geht aber zum Kaufmann und kauft für euch selbst.*
10: *Und als sie hingingen zu kaufen, kam der Bräutigam; und die bereit waren, gingen mit ihm hinein zur Hochzeit, und die Tür wurde verschlossen.*
11: *Später kamen auch die andern Jungfrauen und sprachen: Herr, Herr, tu uns auf!*
12: *Er antwortete aber und sprach: Wahrlich, ich sage euch: Ich kenne euch nicht.*
13: *Darum wachet! Denn ihr wißt weder Tag noch Stunde.*

Das Bild einer orientalischen Hochzeit: Der Bräutigam inmitten von Jungfrauen. Sie sollen ihn zur Braut geleiten, die in ihrem Gemach auf den Bräutigam wartet. Das Wichtigste bei einer orientalischen Hochzeit ist dieses Zusammenführen von Braut und Bräutigam. Beide sahen sich dabei oft zum erstenmal. – Hier geht es nicht um *Braut*jungfern, sondern um die Schar, die den Bräutigam begleitet. Selbstverständlich waren diese Jungfern dann auch zur Hochzeit eingeladen, zur Verzierung, als Farbtupfer, als attraktive Gäste – der Bräutigam in ihrer Mitte. Von hübschen jungen Damen umgeben zu sein erhöhte seine Attraktivität für alle. Wir kennen das heute noch bei Wahlkämpfen und Wahlplakaten: Ein Kohl im Kreise hübscher Anhängerinnen ist ein ganz anderer Kohl, und Präsidentschaftskandidaten versuchen, durch eine hübsche Vizepräsidentin ihre Langweiligkeit auszugleichen. Mithin: Hübsche Gesellschaft erhöht den Wert von Männern und Frauen.
Der Bräutigam benimmt sich nun ziemlich unmöglich. Erst kommt er ohne Entschuldigung zu spät. Das kann natürlich vorkommen und ist dann der Stoff lustiger Hochzeitsgeschichten. Durch Verzögerung entstehen immer interessante Komplikationen (von vielen Professoren erzählt man natürlich, daß sie den Hochzeitstermin vergessen hatten). Das ist dann Gesprächsstoff auf dem Fest, besonders wenn man sich sonst nicht viel Lustiges zu erzählen hat. Nun, daß der Bräutigam zu spät kommt, ist noch nicht das Schlimmste. Unglaublich ist vielmehr sein Verhalten dann: Mitten in der Nacht läßt er dann die Hälfte der Damen vor der Tür stehen. Er lädt sie aus, weil das Öl nicht reichte. Sie stehen nun für den Rest des Festes draußen im Dunkeln – Straßenbeleuchtung gab es nicht. Dabei war der Bräutigam doch selbst die Ursache der Verspätung und damit der Verzögerung und des erhöhten Ölverbrauchs

gewesen. Mitleidslos, fast ungerecht, setzt er die Damen, die doch nur der Zierde dienen sollten, vor die Tür. Als ob er nicht auch mit den Lampen der übrigen fünf Jungfrauen genug hätte sehen können und die fünf Frauen ohne Öl ihn nicht auch durch sich selbst und mit ihrem Charme hätten begleiten können. Die Begründung für den Rausschmiß: Verhalten ohne Sachkunde, mangelnde Vorratshaltung, mangelhafte Wahrnehmung der Funktion. Hart, beinahe brutal ist das, wie heute oft Kündigungsgründe. Aber das hier bei einer Hochzeit und gegenüber Damen und nachts. – Zu dem Skandal gehört auch, daß die Jungfrauen, die genug Öl hatten, ihren sogenannten Kolleginnen nichts von ihrem Öl abgegeben haben: Geht zum Ölkaufmann, sagen sie schnippisch. Das ist bittere Ironie. Jedermann weiß, daß Kaufen im Orient langwierig ist (und nicht nur dort). Zwar konnte man auch um Mitternacht kaufen, feste Ladenschlußzeiten gab es nicht. Aber dann kamen sie zu spät. Nichts mehr zu machen. Die Dummheit sei nicht mehr auszugleichen, sagt der Bräutigam, und er behauptet schnöde, wer sie denn seien, er habe sie noch nie gesehen.

Jesus erzählt diesen skandalösen Vorfall, um schläfrige Hörer aufzuwekken, um ihnen nachdrücklich und unvergeßlich etwas einzuschärfen. Skandale vergißt man nicht so leicht, man erzählt noch nach Jahren davon. Was will uns Jesus mit dieser Geschichte einschärfen?

Der springende Punkt ist: Das Öl reicht nicht. Bei einem strengen Bräutigam ist dieses der Anfang der Katastrophe. Kleine Ursache, große Wirkung: Fehldisposition. Wir wissen das: Fehldispositionen führen zur Firmenpleite. Wenn Geschäftsleute ihre Disposition und Lagerhaltung so schludrig machten wie wir das mit unserem Christentum tun, wären sie längst pleite. Nur mit dem Christentum meinen wir, ginge das.

Dabei steht aber ausdrücklich in der Geschichte, daß man ruhig schlafen darf, das tun beide, kluge und törichte Jungfrauen. Wachsamkeit richtig verstanden verbietet nicht die Erholung in der Nacht, schließt das Ruhen nicht aus. Schlafen darf man, und Christentum ist nicht hektische Betriebsamkeit. Alle Jungfrauen sitzen da und schlummern sanft, bevor der Bräutigam kommt. Erholen dürfen wir uns. Wir dürfen Ferien machen. Das ist überhaupt gar kein Problem. Wer meint, die christliche Botschaft mißgönne uns das, ist auf dem Holzweg. Gerade wenn man auf jemanden wartet, kann man richtig schön tief schlafen.

Worauf es ankommt, ist nicht hektische Betriebsamkeit, sondern daß das Öl reicht, daß das Licht kontinuierlich brennt. In den ersten Stunden der Nacht waren alle noch in gleicher Lage, es war noch gar nicht sichtbar, welche der Frauen am Ende als klug und welche als angemeiert dastehen würden. Das zeigt sich erst nachher. Dann erst wird ein unüberbrückbarer Riß in dieser Gesellschaft erkennbar, dann erst entscheidet sich, wer mitfeiern darf. Wie bei der Darstellung der klugen und törichten Jungfrauen zu beiden Seiten, rechts und links, des Portals des Erfurter Domes: Von weitem ist der Unterschied fast gar nicht zu sehen. Man muß schon näher hinsehen.

Es kommt darauf an, daß das Öl lange genug reicht. Jesus hatte es kurz zuvor ähnlich gesagt: »Wer ausharrt bis ans Ende, wird selig.« Da geht es um dasselbe wie hier. Und ferner: Weil die Gesetzlosigkeit überhand nimmt, wird die Liebe der Vielen erkalten. Das ist es: Das langsame Erkalten der Liebe ist wie wenn das Öl allmählich ausgeht. In der Apokalypse wird gesagt: Du hast deine anfängliche Liebe aufgegeben, deine Werke sind weder kalt noch heiß. Es geht also um Geduld, um treues Beharren, darum: Die Begeisterung des Anfangs trotz der sich dehnenden Zeit so zu bewahren, daß sie noch trägt.

Unsere Geschichte handelt von dem langen Atem. Wer Christ sein will, muß damit rechnen, daß nichts schnell zu haben ist, sondern alles etwas länger dauert und daher strapaziöser ist. Unsere Geschichte meint: Engagiertsein mehr auf die Länge der Zeit hin als auf den kurzen Augenblick. Die Kraft zum Durchhalten wird höher geschätzt als die Luftsprünge der Begeisterung.

Es geht um den langen Marsch durch die zahlreichen Windungen und Wiederholungen des Alltags. Das ist einmal ein Problem der Generationen: Der Idealismus der Studenten nutzt sich ab, kommt mit 30 und bei der Familiengründung in eine Krise. Die meisten Theologen fangen links oben an und enden rechts unten. Der lange Atem fehlt.

Das ist ein Problem der großen moralischen Bewegungen unseres Jahrzehnts: der ökologischen, der feministischen, der sozialistischen und der Friedensbewegung, bei Pfarrern auch der psychologischen: Ganz deutlich ist die Gefahr der Mode, der bloßen Welle, wobei einer Welle die andere schnell folgen muß, weil oder damit man keinen Grund unter die Füße bekommt. Der lange Atem fehlt, oftmals fehlt auch die geduldige, geschickte und nicht nur aggressive Art der Verwirklichung.

Das ist auch ein Problem unserer kirchlichen Aktivität: Ein hoffnungsvoller Beginn, vielleicht im Urlaub, angesichts eines guten Gesprächs über ein Buch – dann wieder über Jahre hinweg nichts.

Der lange Atem ist vor allem ein Problem jeder Liebe und Bindung. Will unser Text uns abschrecken? Jesus will doch nur aufmerksam machen, woran etwas scheitern kann, wodurch etwas gefährdet ist. Was wir tun müssen, um uns nicht um den Preis zu bringen.

Woher sollen wir die Kraft zu dieser Geduld nehmen? Interessanterweise spricht unser Text nicht von Gnade. Denn Jesus ist nicht Paulus. Die Kraft liegt allein in der Hoffnung, am Fest teilnehmen zu dürfen. Auf deutsch gesagt: Die Kraft kommt aus dem, was wir erwarten, aus dem, was wir erhoffen, vom Ziel her. Es geht darum, ein Ziel wirklich zu wollen. Und das Ziel ist allemal Glücklichsein.

Das alles gilt nicht nur vom Himmel, von der Geduld bis zum Reich Gottes irgendwann. Sondern es gilt immer, für jedes Glück, für jede Freude und darin dann auch für Gottes Reich.

Über Ruinen guter Vorsätze, Ruinen mißratener Anfänge hinweg gibt Jesus uns hier eine Perspektive: Es lohnt sich bestimmt. Denn es gibt eine Gerechtigkeit, es gibt einen Menschensohn – aber Jesus sagt es viel schöner: Es gibt so etwas wie ein herrliches Fest, das auf uns wartet. Schade, wenn wir es jetzt verschenken.

Geduld heißt auch: Verzicht auf Lebensqualität. Wahrscheinlich geht es dabei um die Herstellung einer allgemeinen Mentalität; dazu müßten wir als Christen am ehesten beitragen: daß Kinder zu haben in aller Regel auf Dauer glücklicher macht als wegen des Geldes keine Kinder haben zu wollen, um lieber zu verdienen. Es geht weniger darum, daß wir persönlich auf einen Teil des Gehaltes verzichten, das hilft nach allem, was wir wissen, kaum einem Arbeitslosen. Wichtiger ist, daß wir durch Worte und viele kleine Zeichen eine allgemeine Mentalität herstellen, die es auch den Gesetzgebern möglich macht, wirklich hilfreiche und dann aber auch einschneidende Maßnahmen zur Beseitigung der Massenarbeitslosigkeit zu ergreifen: Und die gehen dann uns alle an den Lebensstandard. Lebensstandard und auch Freizeit sind doch nicht schon an sich etwas Gutes, sonst wären die Psychiater und die Pfarrer nicht so überlaufen, sonst wäre nicht jeder fünfte Student in psychiatrischer Behandlung. Wohlstand ersetzt doch keine Perspektive.

Was eigentlich verteidigenswert sei im Westen, wurde kürzlich in einer der Diskussionen gefragt. Was wir eigentlich verteidigen wollen? Nun, sicher ist: Es gibt schlechterdings nichts, das man mit Atombomben unter den Risiken einer universalen Katastrophe verteidigen dürfte. Aber im Vorfeld, was ist da zu verteidigen? Wenn Sie sagen: unseren Lebensstandard, so bin ich da als Christ sehr skeptisch. Denn es ist eine schlichte Erfahrung, daß Kinder ärmerer Leute häufig intelligenter, weniger reicher Leute häufig glücklicher sind. Was also haben wir zu verteidigen? Christen im Westen wie im Osten haben die Perspektive größerer Mitmenschlichkeit zu verteidigen gegenüber den vielen Formen des praktischen Materialismus.

Bei Jesus heißt das: Gerechtigkeit und Liebe. Das Licht der klugen Jungfrauen ist ihre geduldige Liebe. Und alle Begeisterung, die in Gefahr ist zu erkalten, ist eine Art von Liebe.

In dem Buch »Der kleine Prinz« von Exupéry gibt es ein Gespräch zwischen dem Fuchs und dem Jungen, die Freunde werden wollen. Ich versuche einmal, ihr Gespräch fortzuspinnen auf unser Thema hin: Auf die Bewahrung einer Perspektive *nach* der anfänglichen Begeisterung, daß das Öl für die Lampen nicht ausgehe.

Der kleine Prinz würde den Fuchs fragen: Und wenn wir vertraut geworden sind, was ist dann für dich das Wichtigste?

Der Fuchs: Daß wir die Sprache des anderen immer genauer lernen und einander auf alle Weisen, die es gibt, ganz viel zu erzählen haben.

Der kleine Prinz: Aber wir sind unterschiedlich, und es gibt doch Grenzen?

Der Fuchs: Grenzen gibt es immerzu. Liebe ist, sich an den Grenzen zu berühren, diese immer wieder zu verwandeln in Stücke eines gemeinsamen Weges. – Aber vielleicht findest du einen zahmen Fuchs langweilig?

Der kleine Prinz: Zahmsein ist doch nur, daß die Ängstlichkeit fort ist, die Scheu, sich anzuvertrauen, aber nicht, daß eine Melodie fehlt. Denn Vertrautsein heißt: Sich dem Rhythmus gemeinsamer Melodie anvertrauen, die jedes Mal neu erfunden wird. Und am Ende ist unsere Geschichte wie eine Sammlung von Liedern, einfachen und schwierigen, leichten und hinreißenden, solchen, die man immer wieder singen kann, und solchen, die in ihrer wunderbaren Schönheit einsam dastehen.

Der Fuchs: Was ist der Unterschied zur Langeweile?

Der kleine Prinz: Der Unterschied ist, daß man sich öfter an den andern erinnert: Beim Leuchten der Sonne und bei einem schönen Abendhimmel, bei der Furche, die das Schiff im Wasser zieht. Das *teilen können*, was wir zuerst und immer wieder wahrgenommen haben. Das Selbstverständlichste gemeinsam neu entdecken.

Dann kann das Licht brennen, dann wird das Öl nicht ausgehen.

Unsere Liebe ist allzu menschlich
Lk 7,36-50

36: *Es bat ihn aber einer der Pharisäer, bei ihm zu essen. Und er ging hinein in das Haus des Pharisäers und setzte sich zu Tisch.*
37: *Und siehe, eine Frau war in der Stadt, die war eine Sünderin. Als die vernahm, daß er zu Tisch saß im Haus des Pharisäers, brachte sie ein Glas mit Salböl*
38: *und trat von hinten zu seinen Füßen, weinte und fing an, seine Füße mit Tränen zu benetzen und mit den Haaren ihres Hauptes zu trocknen, und küßte seine Füße und salbte sie mit Salböl.*
39: *Als aber das der Pharisäer sah, der ihn eingeladen hatte, sprach er bei sich selbst und sagte: Wenn dieser ein Prophet wäre, so wüßte er, wer und was für eine Frau das ist, die ihn anrührt; denn sie ist eine Sünderin.*
40: *Jesus antwortete und sprach zu ihm: Simon, ich habe dir etwas zu sagen. Er aber sprach: Meister, sag es!*
41: *Ein Gläubiger hatte zwei Schuldner. Einer war fünfhundert Silbergroschen schuldig, der andere fünfzig.*
42: *Da sie aber nicht bezahlen konnten schenkte er's beiden. Wer von ihnen wird ihn am meisten lieben?*
43: *Simon antwortete und sprach: Ich denke, der, dem er am meisten geschenkt hat. Er aber sprach zu ihm: Du hast recht geurteilt.*
44: *Und er wandte sich zu der Frau und sprach zu Simon: siehst du diese Frau? Ich bin in dein Haus gekommen; du hast mir kein Wasser für meine Füße gegeben; diese aber hat meine Füße mit Tränen benetzt und mit ihren Haaren getrocknet.*
45: *Du hast mir keinen Kuß gegeben; diese aber hat, seit ich hereingekommen bin nicht abgelassen, meine Füße zu küssen.*
46: *Du hast mein Haupt nicht mit Öl gesalbt; sie aber hat meine Füße mit Salböl gesalbt.*
47: *Deshalb sage ich dir: Ihre vielen Sünden sind vergeben, denn sie hat viel Liebe gezeigt; wem aber wenig vergeben wird, der liebt wenig.*
48: *Und er sprach zu ihr: Dir sind deine Sünden vergeben.*
49: *Da fingen die an, die mit zu Tisch saßen, und sprachen bei sich selbst: Wer ist dieser, der auch die Sünden vergibt?*
50: *Er aber sprach zu der Frau: Dein Glaube hat dir geholfen; geh hin in Frieden!*

Frauen, Liebe und Sex sind das Thema ungezählter Tischgespräche der Antike. So heißt es zum Beispiel im 3. Esrabuch, einer jüdischen Schrift, über einen Disput beim Gastmahl am Hofe des Königs Darius, über das, was am mächstigsten sei, die Frau sei das Mächtigste: »Arbeitet und quält ihr euch nicht, um alles den Weibern zu geben und zu bringen? Alles bringt der Mensch der Geliebten. Viele sind um der Weiber willen um ihre Sinne gekommen und um ihretwillen Sklaven geworden . . .«. – Das Thema Numero eins wird auch hier beim Gastmahl lebendig, das Lukas schildert. Und zwar höchst konkret in Gestalt einer stadtbekannten Edelhure, die zu Jesus kommt. In der Weise, wie sie mit Männern Kontakt aufnimmt, beginnt sie es auch bei Jesus: Die Berührung mit den Haaren, das Küssen und das Eincremen gehören dazu. Die Tränen, die sie vergießt, sind zumindest vieldeutig. Sie sagt nichts dabei. Sie liebt Jesus. Jesus verbietet es nicht, er wertet ihr Tun als Liebe. Er akzeptiert sie so, wie sie ist. Und vor allem so, wie sie liebt.
Die Motive dieser Liebe werden nicht aufgeschlüsselt. Sie sind zumindest vieldeutig, ambivalent. Die Frau legt daher auch nicht irgendein Glaubensbekenntnis ab, nicht das leiseste.
Auch unsere Motive, Kontakte zum Christentum zu haben, dürften vieldeutig sein. Wie oft gehen Jugendliche zur Kirche, weil sie dort jemanden treffen, für den sie schwärmen, und in meiner Heimatgemeinde hatten viele Mädchen das Photo des Kaplans im Sichtfenster ihres Portemonnaies. Den reinen Glauben hat niemand, und das ist das Tröstliche an dieser Geschichte: Jesus akzeptiert auch unsere »gemischten Gefühle«.
Das perfekte Bekenntnis wäre eine Vereinfachung, die eben Religion nicht ist. Wenn wir nur nicht gegen ihn sind – er greift auf, was da ist. Er kann auch auf schiefen Zeilen gerade schreiben. Das ist in Wahrheit Vergebung, daß eben auch unser Glaube nicht perfekt sein muß.
Jahrhunderte hindurch haben die Theologen über die Spannung gestritten, die in unserer Erzählung besteht. Denn in dem Gleichnis heißt es: Der liebt am meisten, dem der Herr am meisten erlassen hat. Er liebt also offenbar nachher. Und später heißt es über die Frau: Ihre vielen Sünden werden ihr vergeben, weil sie viel geliebt hat, also war hier offenkundig die Liebe vorher. Man darf das nicht harmonisieren: Liebe als Bedingung und Liebe als Folge der Vergebung.
Dennoch hat der Erzähler hier sichtlich keinen Widerspruch erblickt. Und vielleicht ist das sogar der Schlüssel zum Verständnis der Erzählung.

Soll denn wirklich die dogmatische Frage diskutiert werden, ob man erst lieben oder erst Sünden vergeben bekommen muß? Die Liebe der Frau »vorher« und »nachher« ist doch eine Einheit. Denn es geht von Anfang bis Ende um ihre eine und entscheidende Begegnung mit Jesus – und nicht um eine lehrmäßige Begründung der Liebesarten.
In dieser Begegnung sind die Rollen klar verteilt: Liebe und Dankbarkeit für diese eine, unteilbare Begegnung auf seiten der Frau von Anfang an. Und Akzeptieren und Heil schenken bei Jesus von Anfang bis zum Ende. Weder geht es um Liebesreue noch um sonst irgend etwas Abstraktes, sondern darum, daß in der Person Jesu alles Heil präsent ist. Es kommt nur darauf an, ihm zu begegnen. Und wenn man nur nicht gegen ihn ist, so akzeptiert er die Rolle, in der man ihm begegnet. Jesus ist in seiner Person das Heil, und wer darauf reagieren kann – wie auch immer – und nicht stumpf und tot ist, dem wird es auch geschenkt. Die Gnade liegt darin, daß wir Gemeinschaft haben dürfen mit Jesus. Die Liebe zu Jesus hat viele Motive, wenn sie nur ihn meint und bei ihm endet. Denn das Heil ist physische Gegenwart Jesu, ohne daß Jesus Besonderes dazu tut. Und diese Gegenwart Jesu ist wichtiger als die verschlungenen Motive des Liebens. Auf unserer Seite gibt es meistens eine ganze Menge schiefer und falscher Voraussetzungen, weshalb wir zu Jesus kommen. Er »heilt« sie alle von Grund auf, wenn wir nur bei ihm bleiben.
Diese leibhaftige Präsenz, die unsere irrtümlichen Voraussetzungen annimmt und zugleich überrollt, gibt es bei uns im Abendmahl. Und das gilt ganz unabhängig davon, wie man sich Jesu Anwesenheit denkt. Denn wenn wir vom Neuen Bund sprechen, ist dies gemeint, daß Gott sich zu unseren Gunsten für immer festgelegt hat und daß der Herr bei uns ist, wenn wir uns in seinem Namen versammeln und seinen Geist über Brot und Wein anrufen. Gottes Zusage ist stärker als unser defektes Lieben. Das Mahl Jesu mit dem Pharisäer nach Lukas wird mit gleicher Konsequenz und gleichem Inhalt fortgeführt in jedem Mahl der Christen. Was heißt hier »Liebe«? Warum kann sie gerade so akzeptiert werden, auch ohne klares Bekenntnis? Wir meinen doch allzuoft uns selbst und alles mögliche dabei. Aber: Wer kann schon sagen, daß er Jesus liebte? Allzumenschlich ist unsere Liebe, die großen Worte sollten wir gerade hier vermeiden. Auch Glaube ist kein Werk. Nur auf die Richtung kommt es an. Es genügt schon, daß man sich hier wohler fühlt als anderswo. Das klingt oberflächlich und frech, aber vielleicht ist das Sich-wohler-Fühlen doch schon die ganze Wahrheit, weil sie das Herz

betrifft. Und das heilsnotwendige Lieben geschieht in, mit und unter all unserem egoistischen Lieben – dort und dann, wenn wir kleine Lücken lassen, durch die wir wahrnehmen können, wenn wir beschenkt werden. Auch unser im großen und ganzen egoistisches Lieben wird akzeptiert, wenn es Elemente der Sehnsucht bewahrt. Und das ist dann keine Leistung, sondern ein Rest von Kindlichkeit und Staunenkönnen. Allein das ist nötig, sonst nichts.

Messianische Fülle
Joh 2,1-11

1: *Und am dritten Tage war eine Hochzeit in Kana in Galiläa, und die Mutter Jesu war da.*
2: *Jesus aber und seine Jünger waren auch zur Hochzeit geladen.*
3: *Und als der Wein ausging, spricht die Mutter Jesu zu ihm: Sie haben keinen Wein mehr.*
4: *Jesus spricht zu ihr: Was geht's dich an, Frau, was ich tue? Meine Stunde ist noch nicht gekommen.*
5: *Seine Mutter spricht zu den Dienern: Was er euch sagt, das tut.*
6: *Es standen aber dort sechs steinerne Wasserkrüge für die Reinigung nach jüdischer Sitte, und in jeden gingen zwei oder drei Maße.*
7: *Jesus spricht zu ihnen: Füllt die Wasserkrüge mit Wasser! Und sie füllten sie bis obenan.*
8: *Und er spricht zu ihnen: Schöpft nun und bringt's dem Speisemeister! Und sie brachten's ihm.*
9: *Als aber der Speisemeister den Wein kostete, der Wasser gewesen war, und nicht wußte, woher er kam – die Diener aber wußten's, die das Wasser geschöpft hatten –, ruft der Speisemeister den Bräutigam*
10: *und spricht zu ihm: Jedermann gibt zuerst den guten Wein und, wenn sie betrunken werden, den geringeren; du aber hast den guten Wein bis jetzt zurückbehalten.*
11: *Das ist das erste Zeichen, das Jesus tat, geschehen in Kana in Galiläa, und er offenbarte seine Herrlichkeit. Und seine Jünger glaubten an ihn.*

Der Täuferschüler Jesus fängt ganz munter an mit einem Paukenschlag. Hatte der gestrenge Lehrer vom Mutterleibe an keinen Tropfen Alkohol gesehen, so ist ausgerechnet die erste Tat seines Schülers Jesus die

Veranlassung einer wahren Weinschwemme. Etwa 70 Liter pro Nase waren »drin«. Ein mißratener und chaotischer Schüler also, und der Titel Weinsäufer und Fresser haftet ihm von jetzt ab an. Denn bei so viel Wein bedarf es auch der nötigen Grundlage. Ein Fest also ist sein erster Auftritt. Von der Braut ist freilich nicht die Rede: die Kunst, das Wichtigste auszulassen. Eine Szene am Rande, angesiedelt auf dem Feld der Regieanweisungen, im Technischen, wie man es normalerweise eine Woche vorher überlegt. Ein Randgeschehen wie auf einem Gemälde von Breughel; Hochzeit ist ein Fest mit vielen Ebenen, ein Fest ist eine Welt im kleinen. Jesus nebst Frau Mutter sind auch dabei. Sie kann es nicht lassen, ihm das neueste Gerücht zu kolportieren: Hast du schon gehört, der Wein ist alle. Ganz schön peinlich. Wie wenn der Braten verschmort ist, die Kuchensahne sauer ist, die Kinder den Tortenbelag zuvor aufgegessen haben. Bei der Rollenverteilung heute Urängste der Hausfrau, damals des Bräutigams. Wenn man mit dem Wein begonnen hatte, konnte man nicht mit Sprudel fortfahren. Jesus sorgt also dafür, daß das Fest weitergehen kann. Aber, wie gesagt, ein bißchen zuviel des Guten. In unserem Haushalt käme man mit unserer Portion wohl drei Jahre aus. Die Fülle, und ausgerechnet von Wein (anderes wäre wohl nützlicher gewesen) und ausgerechnet von einem Schüler des Täufers. Ein wirkliches Stück Chaos und ausgerechnet am Anfang der Wirksamkeit Jesu. Religion hat etwas mit dieser Verrücktheit zu tun. Wo das Ernsthafte gar nicht so ernst ist, die Weisen Toren sind, die Taugenichtse Heilige, wo man Karneval gerade in den Kirchen feiert, wo die Sünder Gerechte sind und der heilige Messias Israels als Spender der größten Weinlage auftritt, die es je gab. Was Jesus tut, ist ziemlich verrückt. Das Chaos als die höhere Ordnung. Verrückt wie Musik und Mystik und auch wie Liebe. Gewiß, das Chaos ist nicht das Letzte, das Letzte ist die Identität, der Bios, der unverwechselbare Lebensbogen und das ewige Leben. Aber das Vorletzte ist das notwendige Chaos. Die mittelalterlichen Kirchenbauer hatten einen Sinn dafür, wenn sie die strenge Geometrie der vollkommenen Formen durch die Koboldsfiguren der Wasserspeier phantasievoll durchbrachen. Nur so war das Ganze interessant. Nur ein Stück Chaos bewahrt davor, daß das Ganze langweilig wird. Und wenn dieses Vorletzte nicht wäre, könnte auch das Letzte nicht sein: Rechtfertigung der Dirne.

Jesus hat unauffällig geholfen. Die Braut hat offenbar von überhaupt nichts etwas gemerkt. Bräutigam und Speisemeister wissen nicht, wo der

Wein herkommt. Denn der Messias steht gar nicht im Zentrum des Geschehens. Solche Gäste liebt man aber, die einem dann aus der Klemme helfen. So war es ein echter Glücksfall, daß die Hochzeitsleute auch an Jesus nebst Frau Mutter gedacht hatten. Ein altes naives Tischgebet sagt das ähnlich: Komm, Herr Jesus, sei unser Gast, und segne, was du uns bescheret hast. Ein Stück von der Hochzeit von Kana ist in diesem Gebet darin: Gast wie in Kana, bescherte Gabe wie in Kana und Segen vor allen Dingen. Denn die Fülle des Weins ist der Inbegriff des messianischen Segens. Wenn die Trauben tausendfältig tragen und wenn es Korn und Öl in Fülle gibt. Segen, das umfaßt alles, und das ist auch überall nötig. Denn immer geht es um Gaben, die man sich nicht nehmen kann, sondern die einem der Himmel geben muß: die Frau, den Mann, die Freunde, die Musik, die Meditation, die Liebe und den Bogen des Lebens. Also es war ein Glück, daß Jesus zu Gast war. Glück ist nämlich nicht nur eine heidnische Kategorie, sondern eine messianische. Unerwartet, sagt das rabbinische Sprichwort, kommen drei Dinge: ein Fund, ein Skorpion und der Messias. Der Ehepartner gehört hier zu der Dimension Fund.
Die Brautleute sind nicht allein auf der Welt. Das zeigt schon das Fest als eine Welt im Kleinen, wo die vorkommen, die einen auch sonst begleiten: Eltern, Freunde, und wenn man Glück hat, Jesus und ein paar Kinder. – So wird Jesu Tat auf der Hochzeit zu Kana für uns zum Bild des unabdingbaren Segens. Der Messias steht nicht im Zentrum des Geschehens. Sondern unmerklich sorgt er dafür, daß es weitergeht, daß es in Fülle weitergeht. Sein Tun bleibt verborgen und ist doch unumgänglich notwendig. Aber Glück und Segen gehören dazu, weshalb wir denn bei den verschiedenen Anlässen gemeinsam zur Kirche kommen.
Jesus hat die Lage gerettet; doch die kurze und scharfe Auseinandersetzung mit seiner Mutter zeigt, daß er nicht nur spendabel, sondern auch eigenwillig ist. Fülle ist ein messianisches Zeichen. Aber was Fülle ist, bestimmt er. Wir müssen sie dort suchen, wo er sie uns schenkt. Sicher: der Wein weist untrüglich auf den Messias. Aber auf diesen Messias weisen auch andere Arten von Fülle, auch das Aushalten von Leiden. Schon deshalb bleibt uns, dem messianischen Volk nichts erspart, weil auch ihm nichts erspart blieb. Jede Fülle weist auf Gott. Jede handgreifliche Evidenz ist als solche Zeichen. Die Evidenz des Knallharten. Wenn wir in der Gemeinschaft mit dem Messias sind, stoßen wir immer wieder auf Fülle im Guten wie im Bösen. Die Wirklichkeit ist nicht mehr nur grau in grau. Sondern wir werden hoffentlich sensibel für Segen und

Fluch darin, für das, wozu wir leidenschaftlich ja und für das, wozu wir ebenso intensiv nein sagen müssen. So erschließt uns die Gemeinschaft mit dem Messias selbst je und je die Fülle als Appell an unser Engagement. So ist am Ende die Gemeinschaft mit ihm selbst die Fülle, der unverbrüchliche Bund durch dick und dünn. So ist nicht nur der Wein ein Zeichen, sondern die Ehe selbst. Denn das wäre das Messianische: Wirklichkeit erschließt sich uns als so intensiv, daß sie uns fordert.
So sehen wir am Ende, daß die Verschwendung an Wein auf der Hochzeit zum Bild wird für die Verschwendung, die von uns in unserem Tun gefordert wird, wenn immer es darum geht, Leben zu stiften und zu schützen. Denn an diesen beiden Punkten vor allem ist Verschwendung nötig.
So können wir uns nur wünschen, daß der Messias bei uns bleibt. Daß wir immer wieder sehen, wo die Fülle ist, zu der er uns führt. Daß wir diese Fülle als verdichtetes Sein begreifen, das uns fordert, unser Ja oder unser Nein. Jedenfalls unser Herz. Daß wir danken können und staunen und zornig sein. Den Grauschleier von unserer Wirklichkeit wegnehmen. Und daß wir gemeinsam ein Bollwerk bilden gegen die Langweiligkeit.

Machtverzicht

Röm 5,1-11

1: *Da wir nun gerecht geworden sind durch den Glauben, haben wir Frieden mit Gott durch unseren Herrn Jesus Christus;*
2: *durch ihn haben wir auch den Zugang im Glauben zu dieser Gnade, in der wir stehen, und rühmen uns der Hoffnung der zukünftigen Herrlichkeit, die Gott geben wird.*
3: *Nicht allein aber das, sondern wir rühmen uns auch der Bedrängnisse, weil wir wissen, daß Bedrängnis Geduld bringt.*
4: *Geduld aber Bewährung, Bewährung aber Hoffnung,*
5: *Hoffnung aber läßt nicht zuschanden werden; denn die Liebe Gottes ist ausgegossen in unsre Herzen durch den heiligen Geist, der uns gegeben ist.*
6: *Denn Christus ist schon zu der Zeit, als wir noch schwach waren, für uns Gottlose gestorben.*
7: *Nun stirbt kaum jemand um eines Gerechten willen; um des Guten willen wagt er vielleicht sein Leben.*

8: *Gott aber erweist seine Liebe zu uns darin, daß Christus für uns gestorben ist, als wir noch Sünder waren.*
9: *Um wieviel mehr werden wir nun durch ihn bewahrt werden vor dem Zorn, nachdem wir jetzt durch sein Blut gerecht geworden sind!*
10: *Denn wenn wir mit Gott versöhnt worden sind durch den Tod seines Sohnes, als wir noch Feinde waren, um wieviel mehr werden wir selig werden durch sein Leben, nachdem wir nun versöhnt sind.*
11: *Nicht allein aber das, sondern wir rühmen uns auch Gottes durch unsern Herrn Jesus Christus, durch den wir jetzt die Versöhnung empfangen haben.*

Der Kaiser des Heiligen Römischen Reiches hatte 1557 auf seine Macht verzichtet. Karl V. lebte nun im Kloster Yuste. Wo selbst in vielen Tagen kein Wanderer vorüberkam und die Boten sich verirrten. – So weit der Blick reichte, schwankten die Wipfel der Kastanienbäume, verknoteten sich die Weinstöcke und sammelten die Gärten dunklen Schatten unter ihr Laub. – Und der Gärtner, der einen Topf besonders schöner Nelken mit den Insignien des Heiligen Römischen Reiches verziert hatte, mußte erfahren, daß der Gast das Geschenk nicht annehmen wollte. Dann aber, als die Krone entfernt war und die Blüten duftend und rein im Zimmer standen, so, wie sie an einer besonderen Stelle am Fuß des Gebirges gewachsen waren, beugte sich der Einsame beglückt darüber und glaubte Gott zu spüren in der ungetrübten Schönheit seiner Blume.
Der Preis für den Frieden mit Gott, dafür, daß wir wieder staunen können über die Schönheit einer Blume, sind Einsamkeit und der Verzicht auf die Macht. Gemeint ist die grenzenlose Entfernung von der Macht, die wir haben oder haben könnten, die jeder von uns hat, die Absage an das Herrschen. Nur die Umwandlung in Niedrigkeit macht uns fähig, Unmittelbarkeit jemals wieder zu erfahren. Wahrzunehmen, daß die Quellen unsere Schwestern, die Erde unsere Mutter und der Tod unser Bruder ist. Verzichten auf das Immer-mehr-haben-Wollen. Deshalb hat man das Kloster Yuste ein Paradies der Überwinder genannt. »Plus ultra«, das war der Wahlspruch der Habsburger: »Immer noch mehr«, »immer darüber hinaus«. Aber dieses »immer darüber hinaus« hat jetzt eine andere, neue Richtung genommen. Es geht in die Tiefe. Es nähert sich dem Bereich, in dem es auf Zärtlichkeit ankommt, auf Behutsamkeit und Zeithaben, weil dort Leben entstehen soll. Auf den Bereich, in dem nicht gefragt wird nach Krone und Ruhm, sondern nach dem, was noch rein

ist: nach der reinen Freude an Menschen und der reinen Freude an Wissenschaft und Beruf. Und wie sehr sehnen wir uns eigentlich alle danach.

Aber unsere Gesellschaft, die Universitäten inbegriffen, den Raum, in dem wir sind, wir haben sie zum Ort des schamlosesten und raffiniertesten Strebens nach Anerkennung und Ruhm gemacht. Regen wir uns einmal nicht über Dinge auf, die in Südamerika liegen, sondern über die Weise, in der wir unsere Zeit hier gestalten. Denn auch Fernstenliebe kann eine Flucht sein. Unser Problem ist hier der Ehrgeiz und das damit verbundene Gerangele, von der professoralen Eitelkeit bis hin zum Strebertum unter Studenten, das wieder neu erblüht ist.

Unvergeßlich einprägsam ist vor allem ein hundertfach belegter Typ des aufsteigenden jungen Wissenschaftlers, der mit der ausgesuchtesten Dienstfertigkeit um seinen professoralen Gesprächspartner bemüht ist, der nicht »Herr Berger« zu ihm sagt, wie die Studenten, sondern »Herr Professor Berger«, dessen überperfekter Anzug ergänzt wird durch den regelmäßig vorhandenen anthrazitfarbenen flachen Metallkoffer, in dem man natürlich Manuskripte vermuten soll. Die ihre Briefe beginnen mit »Sehr geehrter und hochgeschätzter Herr . . .«. – Aber die kommen hoch, da können Sie sicher sein. Plus ultra: angepaßt und überangepaßt. – Klein beginnt das, was wir nachher als Übel der Gesellschaft beklagen, und vor allem bei uns an der Universität wird es produziert. Wir haben alle ganz viel davon.

Der Ehrgeiz muß sich schon verfeinerter Mittel bedienen, da es das Duell mit Fäusten oder Pistolen nicht gibt. Man macht es mit Worten, durch Verschweigen, Übergehen, durch Nichteinladen, und man meint, genau zu wissen, wie man den anderen damit trifft, weil man sicher sein kann, daß er genauso ehrgeizig ist wie man selbst und genauso beachtet sein will. Und wenigstens meinen, der andere müßte sich übergangen fühlen und mit dieser Meinung eine Art Zufriedenheit entwickeln. Ist es eine Illusion, daß zum Beispiel das Abenteuer des Forschens dauerhaft faszinieren könnte? Es gelingt immer nur für kurze Zeit. Denn wir sind in einer gefallenen Schöpfung und ohne Frieden. Ein System, in dem Ehrgeiz allemal die stärkste Motivation ist.

Aber warum ist das schlimm? Ist es nicht menschlich und verzeihlich alles? Ein halbwegs humanisierter Kampf ums Dasein. Und sind die Beziehungen und Cliquen, die dabei entstehen, notwendig abzulehnen? Können wir auf unsere Macht überhaupt verzichten?

Aber das ist doch ein lächerlicher Hunger ohne Grenzen. Ein sinnloses Spiel, an dessen Ende es immer nur Verlierer gibt, weil der höchste auf der Leiter immer wieder genauso enttäuscht sein wird wie der unterste, der seinen Fuß eben erst darauf gesetzt hat. Weil dieses ein System der sublimierten Gewalt ist. Denn Radfahren und Sichanpassen verdirbt den Charakter und bricht das Rückgrat. Und freie, wirklich freie Menschen empfinden wir demgegenüber als eine Wohltat.

Ein älterer Kollege aus Tübingen besuchte mich kürzlich und bat mich, sein Buch zu rezensieren und dabei besonders auf die Widmung des Buches einzugehen. Denn das Buch sei gewidmet allen denen, denen an der Universität Unrecht geschehe. Und er weigere sich, dem von seiner Fakultät begründeten Verein für Menschenrechte in der Kirche beizutreten, solange diese Fakultät nicht selbst imstande sei, halbwegs sachlich und menschlich zu verfahren. Fernstenliebe und Nächstenliebe. Um vor der eigenen Tür zu kehren, reicht oft nur noch ein eiserner Besen. Die berühmten schwierigen Kollegen und die völlig verfahrenen Verhältnisse: das ist das Netzgeflecht von gekränkter Eitelkeit hüben und drüben und immer wieder dies: nicht gebührend beachtet worden zu sein. So weit ist es schon, daß bereits auf der Oberschule keiner mehr dem anderen hilft. Und an der Universität hat man zumeist den Eindruck, in einer Herde von Neidhammeln zu leben. Was ist da geschehen, was fehlt? Angst haben sie alle, daß sie keine Stelle bekommen. Aber wenn sie eine haben, setzt sich merkwürdigerweise diese Angst fort, was nicht gerade für sie spricht. War es am Ende die Unfähigkeit zur Freude, zur Unmittelbarkeit? Angst haben sie, nicht Frieden mit Gott. Erst wenn sie tot sind, sagt man von ihnen, wie über dem römischen deutschen Friedhof steht: TEUTONES IN PACE – hier erst haben und geben die Deutschen Frieden.

Aber es gibt ein Spiel, man hat es bereits erfunden, in dem alle, die mitspielen, Sieger sein können und nicht alle nur Verlierer. Wenn sie nur die eine Spielregel beachten, welche lautet: Verzicht auf Herrschaft. Strikte Distanz zur Macht, die man hat oder haben könnte. Abschied vom ewig Beleidigtsein wegen mangelnder Beachtung. Freiheit vom Streben nach Ruhm als dem Gesellschaftsthema Nummer eins. Es geht wohl noch tiefer: Die Anerkennung durch die anderen und damit unsere Position im Netz selbst dürfen nicht zum Ernst für uns werden. Denn wer das ernst nimmt, der wird unglücklich. So ähnlich wie Kinder schreiben: »Wer das liest, der ist doof.«

Und umgekehrt lautet diese Spielregel in dem Spiel, das man nur gewinnen kann: Glücklich kann sein, wer die Richtung des Plus ultra so ändert, daß es um ein Immer-Mehr geht an Freude über die Sache und an den Menschen, um das immer tiefere Eindringen in all die Dinge, die schon in sich selbst schön und sinnvoll und evident sind. Spontaneität und Freude über Schönheit gehören dazu wie Mut und Unbefangenheit. Spontaneität auch im Reagieren, wo Hilfe notwendig ist.
Nicht zerbrechen an den falschen Maßstäben und Zielen, die man selbst vor sich aufgetürmt hat. Andere und sich selbst nicht ärgern über Steine auf einem Acker, in dem es immer wieder nur Steine geben kann, über dieses Faß ohne Boden. – Das Kloster Yuste ist nur ein Bild für die Distanz zur Macht. Denn zuerst kommt es auf die Bewertung alles dessen an, was uns am meisten ärgert und worin am stärksten unsere Angriffslust sich verbirgt.
Das alles sagen und reden wir im Gegenüber und im Angesicht des ehrwürdigen Kapitels aus dem Römerbrief, welches uns im Rücken steht wie ein gotischer Flügelaltar, auf dem die Kreuzigung Jesu dargestellt ist und der vom Zugang zu Gott und vom Frieden mit Gott redet. Denn dieser Text beginnt mit dem Wort Frieden, und er endet mit dem Satz über den Ruhm, über das Prestige, das nicht bei uns selbst zu suchen ist. Und zum Inhalt hat er eben jene herrschaftsfreie Zärtlichkeit Gottes, die der Maßstab für Gerechtigkeit überhaupt wurde. An der wir uns orientieren sollen. Mit ihr uns identifizieren. Nicht aber eins werden, ununterscheidbar eins werden mit unserem Streben nach Prestige. Sondern in Distanz dazu uns zu dem bekennen, der sogar Feinde lieben konnte. Und wir entdecken dann nebenbei, daß die Unfähigkeit zur Feindesliebe wohl immer damit zusammenhängt, daß wir meinen, unseren Ruhm und unser Gesicht und Prestige zu verlieren.
Mit Absicht habe ich den Bereich gewählt, der uns am nächsten liegt, gerade weil hier sonst alles immer undurchschaut und undurchschaubar bleibt.
Denn Frieden mit Gott – die Kirche wie auch wir selbst haben uns zu oft darauf ausgeruht, zu oft schon falschen Frieden gemacht, wo wir hätten härter sein müssen. Nicht irgendwo hart sein, sondern an den wesentlichen Punkten. Dort, wo es um Macht geht.
Dieser Text ist der eiserne Besen, mit dem man vor der eigenen Tür kehren kann. Wenn Gott uns aber mit Jesus gerade immer wieder dieses sagen wollte, dann gilt das hier wie auch sonst. Dann bestimmt es auch

die Gesetze des Handelns und Leidens dort, wo wir weniger tun können als hier. Dann können wir hier wenigstens ein Zeichen setzen, welches dasselbe Wasserzeichen hat wie unsere Erlösung.
Plus ultra – das wird dann Ausdruck einer frohen Botschaft von grenzenloser Weite. Und zugleich von einer Nähe, die es nur hier gibt, von Unmittelbarkeit und reiner Freude. Weil diese Freude Verzicht auf Herrschaft ist, hat sie das Wasserzeichen des Kreuzes. Weil Gott auf diesem Weg mit uns Frieden geschlossen hat, können auch wir nur so Frieden unter Menschen haben.
»Plus ultra«, immer noch mehr, das ist dann richtig verstanden und bitter notwendig, wenn wir unser Leben von den Punkten und Zellen her Gestalt gewinnen lassen, in denen es Freude und keine Schranken gibt.

Sexualität
1 Kor 6,12-19

12: *Alles ist mir erlaubt, aber nicht alles dient zum Guten. Alles ist mir erlaubt, aber es soll mich nichts gefangennehmen.*
13: *Die Speise dem Bauch und der Bauch der Speise; aber Gott wird das eine wie das andere zunichte machen. Der Leib aber nicht der Hurerei, sondern dem Herrn, und der Herr dem Leibe.*
14: *Gott aber hat den Herrn auferweckt und wird auch uns auferwecken durch seine Kraft.*
15: *Wißt ihr nicht, daß eure Leiber Glieder Christi sind? Sollte ich nun die Glieder Christi nehmen und Hurenglieder daraus machen? Das sei ferne!*
16: *Oder wißt ihr nicht: wer sich an die Hure hängt, der ist ein Leib mit ihr? Denn die Schrift sagt: »Die zwei werden ein Fleisch sein« (1. Mose 2,24).*
17: *Wer aber dem Herrn anhängt, der ist ein Geist mit ihm.*
18: *Flieht die Hurerei! Alle Sünden, die der Mensch tut, bleiben außerhalb des Leibes; wer aber Hurerei treibt, der sündigt am eigenen Leibe.*
19: *Oder wißt ihr nicht, daß euer Leib ein Tempel des heiligen Geistes ist, der in euch ist und den ihr von Gott habt, und daß ihr nicht euch selbst gehört?*

Im Buche Kohelet (Prediger) 4,9-11 heißt es: »So ist's ja besser zu zweien als allein, auch wenn zwei beieinander liegen, wärmen sie sich, wie kann ein einzelner warm werden?« Beieinanderliegen, sich aneinander wärmen, zusammenschlafen, das ist, wenn nicht ganz große Not herrscht, das Thema Nummer eins, und man kann wohl in der Tat auch wirklich glücklich dabei werden. Jedermann weiß, daß dieses Thema mit Kontakt unter Menschen überhaupt zusammenhängt; in Kontakt mit jemandem kommen, heißt: in Berührung geraten mit ihm. Zusammenschlafen ist die intensivste Form des Kontaktes, die es gibt. Und wenn wir's recht überlegen, ist das eine großartige Sache, daß die Menschen wie alle Lebewesen so geschaffen sind, daß sie nicht allein zu sein brauchen. Nur der eine, große heilige Gott ist allein, aber der hängt ja nun wieder ganz eng mit den Menschen zusammen. Da gibt es auch eine Zuordnung, die man immer wieder im Bilde gerade dieses Kontaktes gesehen hat.

Unser Text aus 1 Kor geht auf Kontaktschwierigkeiten ein. Das Schlafen mit der Hure sieht Paulus nicht gerade als Segen für die Menschheit an. Der Grund ist für ihn, daß der Kunde und die Dirne nicht wirklich einander gehören, so wie Mann und Frau einander gehören könnten und so wie auch Israel zu Gott oder die Kirche zu Christus gehört. Es geht also um eine Verfallsform von Kontakt, um einen Schatten nur dessen, was möglich wäre und sein könnte, um ein Abbrechen dort, wo man sich eigentlich für immer lieben könnte. Weil man allein bleibt, weil Umgang mit Dirnen nur jeweils einseitige Ausbeutung des einen durch den anderen ist, Geld gegen Sex. Nein, wir werfen nicht den ersten Stein, wir sehen darin nur die Not der Kontaktschwierigkeit und das Unglück des Abbrechens einer Lust, die eigentlich Ewigkeit will.

Übrigens geht es Paulus hier nicht um eine Verherrlichung der bürgerlichen Ehe; darüber denkt er, der Junggeselle und Apokalyptiker, ernüchternd gering. Um etwas Nüchternes geht es auch hier: um Zugehörigkeitsverhältnisse. Zur Dirne kann man nicht sagen: Du gehörst doch zu mir. Darin liegt für ihn etwas Trauriges und Unglückliches. Natürlich etwas Menschliches, weil kaputte Beziehungen seit jeher auch menschlich sind. Aber doch mit der Tendenz zur Unmenschlichkeit, weil Kaputtsein zerstört. Weil man nicht sagen kann: Du gehörst doch zu mir.

Und Paulus meint: Wie können die, die zu Christus gehören, hier also in ein solides Eigentumsverhältnis eingebettet sind, im übrigen mit kaputten Eigentumsverhältnissen operieren. Wie kann jemand, der in Christus geboren und geliebt ist, im mitmenschlichen Bereich nur so bruchstückhaft und defizitär leben. Er müßte dort doch auch etwas Heiles wollen. Die Heiligen für das Heile. Und heil ist ein Kontakt, wenn er bleiben kann und nicht Ausbeutung ist.

Nein, es geht nicht um Sanktionierung bürgerlicher Ordnung hier, sondern um diejenige Dauer, die das Herz braucht, um nicht krank zu werden, um den Kontakt, den wir nötig haben, um wirklich warm zu werden.

Und da merken wir mit einem Male, daß der Verkehr mit der Dirne nur der Schlußpunkt ist, nur ein Symptom für Kontaktlosigkeit, Ausbeutung und Lieblosigkeit unter dem Schein der Liebe überhaupt. Dann verbietet es sich mit einem Male auch, ohne Liebe über Dirnen und ihre Kunden zu reden und zu denken. Dann geht es um das Ganze unserer Sozialbeziehungen. Um unsere Kontaktschwierigkeiten und unwürdigen Kontaktformen. Immer häufiger klagen zum Beispiel die Studenten über mangelnden Kontakt an der Massenuniversität. Manchmal ist der Professor die einzige Kontaktperson. Und man fordert dann Kontakträume. Meinen Sie, daß das dadurch besser wird? Manchmal denke ich: Wenn Katastrophen sind, wenn Not ist, dann können die Menschen plötzlich miteinander reden. Dann kommen Leute ins Gespräch, die vorher keinen Kontakt hatten. Kann man aus dieser Erfahrung etwas sehen und erkennen? Sind wir vielleicht wirklich zu verwöhnt, muß erst ein bestimmter Pegel von wirklicher Not erreicht sein, damit wir wieder zueinander finden? Die Not ist die Mutter des Kontaktes, die gemeinsam verspürte Unterdrückung etwa. Wo das fehlt, ist und bleibt Kontaktnot. Paulus denkt von der Zugehörigkeit zu Christus her: Wer sein Glied ist, ist geheiligt. Heiligkeit heißt Eigentum. Eigentum verpflichtet. Wir sind dem verpflichtet, zu dem wir gehören. So sollten wir auch denen verpflichtet sein, zu denen wir durch ihn gehören. Und der Kontakt, sagt er, geschieht, insofern wir Leib sind. Und Leibsein, sagt er, ist etwas Großartiges, denn es ist zur Auferstehung bestimmt, zur Vergöttlichung. Unser Christsein ist daher nicht irgendwie oberhalb oder außerhalb dessen, was wir mit unserem Leib machen. Und der Leib steht für alle unsere Kontakte überhaupt. Zur Auferstehung und Vergöttlichung bestimmt. Nichts also, was nur nebensächlich wäre. Unsere Kontakte und unsere körperliche Liebe haben etwas mit Auferstehung zu tun. Und Auferstehung, bewahrte Identität, betrifft nicht nur mich, sondern hat etwas mit Liebe zu tun.

Das ist die Perspektive, das ist das Ziel. Bürgerliche christliche Sexualmoral würde Hurerei und den Hafen der Ehe gegenüberstellen und zwischen beiden über die Erlaubtheit von Selbstbefriedigung und anderem diskutieren. Nicht so Paulus. Hier, wo soziale Kaputtheit am greifbarsten wird und Menschen wohl nicht gerade glücklich sind, nennt er zwei große Perspektiven: Heiligkeit und Auferstehung. Schöpfen aus der Fülle des Angenommenseins durch Gott und begeistert sein können von der großartigen Bejahung unserer Leiblichkeit, da wir auferstehen werden. Weil wir ganz gemacht sind, können wir auch glücklich leben. Weil wir für die Ewigkeit bestimmt sind mit unserem Leib, können wir auch dauerhaft lieben. Vielleicht bedarf es daher gar nicht des Notfalls, der Katastrophe, um uns in Kontakt kommen zu lassen. Auch nicht der künstlichen Verkrampftheit von Begegnungszimmern. Sondern einer ganz anderen Bejahung unserer Leiblichkeit, daß Auferstehung uns als leibliche Wesen betrifft.

Neulich habe ich meine Vorlesung für fünf Minuten unterbrochen und die Hörer aufgefordert, sich einmal ihrem Nachbarn rechts und links, vorn und hinten vorzustellen und ein paar Worte zu wechseln. Ein Spiel und ein Gag, gewiß. Aber zur Stärkung des Selbstvertrauens gedacht: Denn wer sonst sollte Kontakt finden können, wenn nicht Christen, die um solchen Preis geliebt, bejaht, beschenkt und erlöst sind? Wenn dies uns wirklich unter die Haut geht, in unseren Leib eingeht, dann hat uns der Erlöser auch von allem angeblich christlichen Krampf befreit.

Dann geht es um ein geheiligtes und gesegnetes Spiel – ohne finanzielle, theologische oder andere spielfremde Nebengedanken, sondern um gedankenverlorenes Spiel. Das Christsein muß dafür freilich schon zu einer Art zweiten Natur geworden sein – für diese Art von Gelassenheit.

E. Handlungsanweisungen

Einführung

Die Eigenart christlichen Handelns besteht wohl nicht darin, daß eine Theorie in Praxis umgesetzt werden müßte, vielmehr ist seine Grundlage Freude und Mitmachenwollen, Handeln aus dem Geprägtsein durch die Erlösung selbst.

Dabei ist das, was uns als Erlösung prägt, vielfältig beschreibbar. Schon die vielen verschiedenartigen Bücher der Bibel geben Zeugnis davon, daß es hier eine gewisse Weite vielfältiger Interpretation geben darf. Doch diese »Großzügigkeit« in der Lehre bedeutet nicht Unverbindlichkeit, sie soll nur sehr verschiedenartigen Menschen ihre Identität und Eindeutigkeit vermitteln, aus der dann für sie selbst Verbindlichkeit folgt.

Dieses »daraus Folgen« ist nicht das Verhältnis von Theorie und Praxis oder von Indikativ und Imperativ. Vielmehr geht es immer wieder in diesen Texten darum, daß religiöse Identität zugleich Befreiung zur Radikalität des Handelns ist. Jesus stellt verhältnismäßig wenige konkrete Forderungen, er sagt aber »Ihr seid das Salz der Erde« und er zeigt auf, daß umfassende Wachsamkeit angesichts des ungewissen Zeitpunktes des Reiches das Klügste ist. Beides weist darauf, daß das »aus ganzem Herzen und aus ganzer Seele und aus allen Kräften« der Art seiner Botschaft allein angemessen ist.

Dazu gibt es Entsprechungen in prophetischer Ethik. Denn das bedeutet Notwendigkeit und zugleich Fragwürdigkeit aller Kompromisse. Es bedeutet, daß Opfer und Arbeit jede Art beschaulicher Nazarener-Idyllik verdrängen müßten.

Wenn christliches Handeln nur die Kehrseite des Erlöstseins selber ist, dann spielt christliche Identität eine neue und wichtige Rolle dabei: als Widerstand gegen Nivellierung in einem allgemeinen Ökumenismus, als Bestehen auf der christlichen Besonderheit, die doch nur gewährte Anteilhabe an der jüdischen ist. Im Widerstand gegen den Trend, der vor allem immer wieder verdrängt, was und welche am Rande des Wohlergehens sind, steht Christentum weiter in Verbindung mit den Blutzeugen des Anfangs.

Die Verbindung von Identität und Radikalität könnte einerseits Energien in uns wecken, die wir sonst nur bei Verliebten und bei Kriminellen beobachten – was auch in Jesus-Gleichnissen angesprochen wird –, bedeutet aber andererseits auch den langen Atem, der uns zu barmherziger Art der Veränderung und zu Gelassenheit an der richtigen Stelle veranlaßt. Gelassenheit ist besonders angebracht in unserem Verhalten im Gottesdienst und gegenüber den Glaubensbekenntnissen der Kirche. Statt Gottesdienst als Atempause und Glaubensbekenntnisse als Zeugnisse der Vielfalt des Christentums anzusehen, die selbst in aktiver Toleranz zu realisieren ist, sind wir hier oft an der falschen Stelle exakt und diszipliniert.
Auf Exaktheit und Parteilichkeit kommt es dagegen in unserem Handeln an. Die Dimension der »Stellvertretung« aus jüdischem Denken wird dabei für unsere moderne Gesellschaft neu entdeckt. Christliches Handeln vollzieht sich immer im Rahmen von Stellvertretung. Auserwähltheit besteht immer nur für die anderen. Am Bild des Sauerteigs kann man sich orientieren, wenn es darum geht, christliche Ehe und christliches Abendmahl in jeweils verschiedener Weise als »Ort des Friedens«, als Keimzelle jeglichen Friedens zu erkennen. Hier könnte die allgemeine Katastrophe »unterbrochen« werden. So sind zumindest diese beiden Bereiche vom Neuen Testament her gedacht. Wachsamkeit aus der Botschaft Jesu realisiert sich hier auch als Widerstand gegen die Langweiligkeit. – Das Thema »Christus als Mann« schließlich (vgl. S. 257-264) zeigt, daß neutestamentliche Eheethik revolutionär und noch längst nicht eingeholt ist.
Zielrichtung dieser »Handlungsanweisungen« ist: Christen sind, wenn sie sich richtig verstehen, dazu befreit, das Notwendige sehen und tun zu können. Und Opfer und Askese bedeuten nicht saure Verzichtsmoral, sondern hängen mit »Seligkeit« zusammen.

Kompromisse

Amos 7,10-17

10: *Da sandte Amazja, der Priester in Bethel, zu Jerobeam, dem König von Israel, und ließ ihm sagen: Der Amos macht einen Aufruhr gegen dich im Hause Israel; das Land kann seine Worte nicht ertragen.*

11: *Denn so spricht Amos: Jerobeam wird durchs Schwert sterben, und Israel wird aus seinem Land gefangen weggeführt werden.*
12: *Und Amazja sprach zu Amos: Du Seher, geh weg und flieh ins Land Juda und iß dort dein Brot und weissage daselbst.*
13: *Aber weissage nicht mehr in Bethel; denn es ist des Königs Heiligtum und der Tempel des Königreiches.*
14: *Amos antwortete und sprach zu Amazja: Ich bin kein Prophet noch ein Prophetenjünger, sondern ich bin ein Hirt, der Maulbeeren züchtet.*
15: *Aber der HERR nahm mich von der Herde und sprach zu mir: Geh hin und weissage meinem Volk Israel!*
16: *So höre nun des HERRN Wort! Du sprichst: Weissage nicht wider Israel und eifere nicht wider das Haus Isaak!*
17: *Darum spricht der HERR: Deine Frau wird in der Stadt zur Hure werden, und deine Söhne und Töchter sollen durchs Schwert fallen, und dein Acker soll mit der Meßschnur ausgeteilt werden. Du aber sollst in einem unreinen Land sterben, und Israel soll aus seinem Land vertrieben werden.*

Wir wollen die beiden Kontrahenten aus diesem Text selbst zu Wort kommen lassen und sie ein Gespräch führen lassen. Denn *so*, scheint mir, wird die Unlösbarkeit des Konfliktes zwischen beiden am sichersten gewahrt.
Amazja: Sind Sie sicher, daß uns hier niemand sieht?
Amos: Warum haben Sie den Treff mit mir vereinbart?
Amazja: Es geht um Folgendes: Ich mußte Sie beim König anzeigen. Das tut mir leid, aber ich mußte es tun.
Amos: Ich habe damit gerechnet.
Amazja: Aber ich habe nichts persönlich gegen Sie. Im Gegenteil. Ich wollte Ihnen nur den guten Rat geben, hier zu verschwinden. Die Landesgrenze ist nicht weit.
Amos: Ich denke nicht daran.
Amazja: Nehmen Sie es mir doch bitte ab, daß ich Sie persönlich schützen will. Mir liegt nicht daran, Sie auszuliefern. Und wenn Sie gehen, werde ich sogar dafür sorgen, daß in Ihrer Heimat, von wo Sie kamen, eine Gehaltserhöhung auf Sie wartet.
Amos: Ich erkenne Ihre Bemühungen an. Ich könnte sie fast kollegial nennen. Aber ich muß hier bleiben, gerade weil es Ihnen nicht gefällt.
Amazja: Ich habe Sie angezeigt, weil Sie staatsgefährdend sind. Sie

sagen: Der König wird getötet, das Volk wird verschleppt. Das ist destabilisierende Rede. Solche Rede schafft Unruhe im Volk. Schon bloße Gerüchte solcher Art machen Herrschaft labil. So machen Sie das Volk unruhig, und das ist der Anfang vom Ende. Das ist demoralisierend, defaitistisch, staatsfeindliche Hetze, das ist der Dolchstoß. Ausbaden müssen es doch die Kleinen. Außerdem liefern Sie keine konstruktive Alternative, nur immer Negatives, Weissagen gegen Volk und Vaterland. Warum, warum das alles?

Amos: Den Reichen geht es zu gut. Die Armen werden wie Dreck behandelt. Die Schere zwischen beiden wird immer größer. Der Tag des Herrn ist Finsternis, nicht Licht, wie Sie denken.

Amazja: Aber Sie tragen für die Auflösung Verantwortung, Ihre Hetze bewirkt geradezu den Untergang. Schon so zu reden bewirkt den Untergang, auch wenn das alles gar nichts mit Gott und Gericht zu tun hat. Ihre Art von Demoralisierung geht jeder Auflösung voraus.

Amos: Die Unmoral der Reichen und die ideologische Indienstnahme des Jahweglaubens durch den König – sie gehen jeder Demoralisierung voraus. Unmoral: Das ist die Verwahrlosung der Menschen, ob man das Apartheid nennt oder Vergammeln-Lassen der Arbeitslosen oder wenn es einem egal ist, was aus denen wird, die in der Prüfung durchgefallen sind.

Amazja: Aber es gibt keine reine Gerechtigkeit auf Erden, wie Sie sie wollen.

Amos: Das Dahinschleichen jetzt unter dem Grauschleier der Interessenverhüllung, das ist in Wahrheit schon Tod. Meine Worte sollen das nur entlarven. Gott – oder wenn Sie es lieber »die Geschichte« nennen wollen – ist nicht barmherzig, vergißt nicht. Unrecht währt nicht lange. Statt tausend Jahre werden es dann nur zwölf.–Tönerne Füße. Unrecht gedeiht nicht.

Amazja: Aber dann müßten Sie gegen jedes System aufstehen. Und das wäre Anarchie. Sie sind ein Chaot.

Amos: Wenn ein System zerstört ist, dann gibt es jedesmal eine Stunde des Neuanfangs nach dem Zusammenbruch. Diese Stunde ist das Kostbarste, was es gibt, verstehen Sie, diese Stunde müßte man umarmen, denn sie ist eine Stunde, in der der Schrecken zur Ruhe gekommen ist und noch kein neuer begonnen hat. Diese Stunde, bevor die Menschen wieder beginnen mit ihren Systemen. Diese Stunde ist das Paradies, und vielleicht ist so und nicht anders jegliche Zukunft Gottes mit den Menschen immer wieder eine solche Stunde Paradies. Und dann geht das Verderben weiter. Menschen vergessen immer wieder diese Stunde. Gott führt sie immer wieder herbei, und zwar dann unter vielen Schmerzen, wenn die Menschen sie je und je vergessen haben.

Amazja: Und Sie, Sie betrachten sich wohl als Instrument dieses Gottes? Ich weiß, so wie Sie reden Propheten. Und ich nehme an, daß Sie hier eine bezahlte Stelle als Prophet suchen wollen. Vielleicht machen Sie deshalb so viel Spektakel, weil es zum Gewerbe gehört?

Amos: Das ist nicht so. Ich habe mein Auskommen. Ich bin finanziell abgesichert, und ich bin kein prophetischer Profi. Ich bin kein Akademiker und nicht Theologe. Ich bin Maulbeerfeigenritzer und züchte Kleinvieh. Ziemlich viel Handarbeit: Jede Maulbeerfeige muß ich einzeln anritzen, damit sie süß wird. Doch eines Tages hat mich Gott weggeholt, einfach weggeholt, wissen Sie. Wenn in der Nacht das Siebengestirn und der Orion in ihren leuchtenden Bahnen wandeln und dann die Finsternis in der Morgenröte zerrinnt. Und wenn ich den schweren Wellenschlag des Toten Meeres vernehme, und wenn der Sturmwind über die Berge saust – dann, dann höre ich sein Wort.

Amazja: Das ist ja alles gut und recht, aber bitte nicht hier in Bethel. Denn dieses Heiligtum hat der König hier errichten lassen. Es ist der Staatsdom.

Amos: Eben deswegen gerade hier und nicht anderswo. Hier soll mein Wort treffen, mitten ins Herz.

Amazja: Niemand wird Sie hören wollen, denn wir stehen gerade mitten in einem Wirtschaftsaufschwung. Und wenn die Vornehmen sehr reich sind, wird es schon von selbst allen anderen bald besser gehen. Sie sind daher gegen alle, und alle werden gegen Sie sein. Sie sind, auf deutsch gesagt, ein Festverderber, ein Störenfried. Sie passen hierher wie die Faust aufs Auge, Sie Unglücksrabe, Unruhestifter, Revolutionär. Kennen Sie denn nicht die heimliche Vorliebe des kleinen Mannes, der armen Leute für die Reichen, für die Grafen und Barone. Die armen Leute wollen sein wie die, und genau deshalb kann niemand ihr Untergangsgerede mehr hören.

Amos: Den Vorwurf Revolutionär weise ich zurück. Die Katastrophe führe nicht ich herbei. Ich organisiere keine Widerstandsbewegung, ich bin es nicht, der den König stürzt. Gott stürzt die Könige. Wie kann man ihn in einem Staatsdom anbinden wollen?

Amazja: Ich rechne durchaus damit, daß Sie es mit Gott zu tun haben. Daher habe ich Sie auch als »Seher« tituliert. Nur sollten Sie Ihre Worte nicht hier verkündigen. Hier ist der Widerstand am größten, hier sind Gefahr für Leib und Leben am mächtigsten. Der König wird Sie gefangennehmen, als Aufrührer töten lassen. Und dann kann ich nichts mehr für Sie tun. Und ich will es auch nicht, denn Aufrührer stören alles, zerstören alles.

Amos: Es ist immer das gleiche: Leute von Ihrer Art kennen nur die Bewegung aufwärts, nur die Linie des Fortschritts. Daß aber die Schönheitsfehler jetzt, die Nachlässigkeiten, das, was man meint, vernachlässigen zu dürfen, unweigerlich zu einer Katastrophe führen müssen, davon weiß keiner. Sie tun immer so, als hätte es in der Geschichte noch nie Katastrophen gegeben. Aber es muß ja gar nicht die große Katastrophe sein, die schleichende ist viel schlimmer. Wie neue Arten von Viren sich immer besser anpassen, immer härter werden, so werden vielleicht auch Katastrophen immer weniger spektakulär, heimtückischer, todsicher, unentrinnbar, auch ohne Spektakel. Wenn Leben einfach austrocknet.

Amazja: Wir hoffen, durch Gottes Gnade immer noch einmal davonzukommen, auch mit zwei blauen Augen.

Amos: Von Gnade und von Katastrophe haben Sie vielleicht falsche Vorstellungen. Die wahre Katastrophe ist doch, daß die Nachlässigkeiten jetzt sich auswachsen, immer unentrinnbarer werden, anschwellen. Und keine Gnade rettet vor den Konsequenzen des eigenen Tuns. Und Gnade ist nicht, daß Sie dann vielleicht noch einmal an der Macht bleiben. Gnade ist, daß es den Weg zum Leben gibt, gegeben hätte.

Amazja: Nein, ganz und gar nicht. Selbstmord ist das, was Sie verkündigen. Denn ein Gott, der sein Volk vernichten will, handelt selbstmörderisch. Denn seine Ehre ist doch die seines Volkes. Und Selbstmord ist das auch bei Ihnen: Ein Prophet, ein Amateurprophet wie Sie, der die Einheit von Thron und Altar am Ort des Staatsdomes angreift, begeht Selbstmord. Sie sind wie ein Kamikazeflieger.

Amos: Aber warum wollen Sie mich dann schützen, warum treffen Sie sich dann hier mit mir?

Amazja: Ich bin Oberpriester. So ganz unvertraut ist mir die Materie nicht; der Gott Israels, mit dem wir beide es zu tun haben, läßt sich manches einfallen, er ist unberechenbar, und dadurch gibt es immer wieder Unruhe. Dieser Gott ist wie Quecksilber, wie kochender Brei, er ist lebendiger als wir alle zusammen. Wenn man ihm zu nahe kommt, dann ist er gefährlich wie verzehrendes Feuer. Die Lebendigkeit dieses Gottes ist eine Überforderung für uns alle.

Amos: Und Sie sind dann *das* geworden, was man einen Realisten nennt.
Amazja: Ich würde Ihnen dringend raten, die Sache nicht zu vereinfachen. Religion ist nicht Vereinfachung, sondern Sensibilität für Vielschichtigkeit. Dieses ist es, was mein Beruf zwischen Kult und Welt, zwischen Tempel und weltlicher Macht von mir fordert: Ausgleichenkönnen, Kompromißfähigkeit, politischen Instinkt im besten Sinne des Wortes. Der Gott, der wie ein Quecksilber ist, er ist unmenschlich, überfordernd. Ich muß versuchen, als menschlicher Vermittler diese Religion menschlicher zu machen.
Amos: Sie versuchen, allen gerecht zu werden. Dem König, indem Sie ihn vor mir warnen, dem Volk, indem Sie es vor Unruhe vor der Zeit schützen, mir, indem Sie mein Leben retten, und auch Gott versuchen Sie gerecht zu werden, indem Sie mir nur hier, aber nicht überhaupt das Wort verbieten. Außerdem vermeiden Sie einen Skandal, der einträte, wenn der König mich jetzt töten müßte, was er vermutlich auch nicht gerne täte, denn Unruhe gäbe es ja so oder so. Das alles zusammen aber nennt man wohl Politik.
Amazja: Ja, aber ich möchte das ohne Untertöne verstanden wissen. Als Amateurprophet tragen *Sie keinerlei* Verantwortung, wohl aber ich. Ich muß dafür sorgen, daß alle am Leben bleiben, auch Sie. Einer muß es ja machen, dieses undankbare Geschäft an der Spitze. Noch einmal und ganz, ganz ernsthaft: Hüten Sie sich vor Vereinfachung.
Amos: Sind Sie um das Glück aller besorgt?
Amazja: Ja, es muß doch weitergehen. Die Geschichte unseres Volkes kann doch nicht plötzlich abbrechen in Vertreibung und Verbannung, das ist absurd. Gerade jetzt nicht. Wo es doch wenigstens den Reichen schon wieder gut geht, und bald werden dann alle Arbeit haben. Es wird weiter langsam aufwärts gehen.
Amos: Nein, das wird es nicht. Es ist schon fünf Minuten nach zwölf. Gott gefällt weder der Staatsdom noch der Zustand der Armen. Daher wird nichts so weitergehen. Dieser Staat wird ins Bodenlose versinken, und man wird es Zusammenbruch nennen. Einer von vielen.
Amazja: Wer wie Sie redet, zerstört die Hoffnung der Menschen. Es kommt doch darauf an, Positives zu betonen. – Kommt Ihnen das nicht auch seltsam vor: Keiner will Sie hören. Dieses Alleinsein, diese Isoliertheit, dieser Anspruch? Ich denke oft, daß Sie darunter leiden, wirklich leiden, und auch das Martyrium werde ich Ihnen kaum ersparen können.
Amos: Ja, es ist ein Leiden. Darin sind wir ganz eins. Dieser Gott will

erlitten werden, und er leidet, indem seine Boten wie ich verfolgt werden.

Amazja: Ich bemühe mich durchaus, Sie zu verstehen. Aber die Rollen zwischen uns sind wohl fest verteilt. Sie sind nur Gott verantwortlich, ich dem Volk. Und daher glaube ich nicht, kann ich es einfach nicht glauben, daß es sich um einen Kampf zwischen Schwarz und Weiß handelt, bei dem Sie auf der Seite der Unschuld stehen.

Amos: Daß Sie Verständnis aufbringen, ehrt Sie als Politiker. Aber meine Aufgabe ist ganz und gar eine andere: Gott selbst zur Geltung zu bringen, kompromißlos. Wo kämen wir hin, wenn auch ich schon nur Kompromisse anböte? Ich muß so reden, und meine Rede ist realistisch auf andere Weise als Sie das Wort realistisch verstehen. Sie verstehen unter »realistisch«: sich so verhalten, als ob die Wirklichkeit im Sinne der Erhaltung der Macht regelbar und zu verwalten wäre. Sie gehen nach den realen Möglichkeiten und versuchen, keiner Partei wehe zu tun. Ich verstehe unter »realistisch«: die harte Wirklichkeit selber, die Wirklichkeit ohne als ob, die schreiende Armut, den grotesken Skandal, daß Sie so etwas wie ein Reibi, ein Reichsbischof sind. Vor allem aber ist realistisch die unabwendbare Katastrophe.

Amazja: Sie sind ein Einzelgänger, ein Nichtfachmann, ein politischer Laie. Sie werden nie auch nur eine Stimme für sich gewinnen. Wie kann man als völliger Einzelgänger so überzeugt von seiner Sache sein? Wo nehmen Sie Ihr Recht her? Veranstaltete man hier und jetzt eine demokratische Abstimmung: Über 80 Prozent wären für unseren Staat, für den linearen Fortschritt, auch für mich als gemäßigten Vermittlerbischof. Und welcher Bischof wäre anders?

Amos: Mein Recht, als einziger gegen alle zu stehen, nehme ich daher, daß Gott mich weggeholt hat. Wäre ich Theologe, so könnte man denken, ich täte es für meine Karriere und könnte auf diese Weise in die Schlagzeilen kommen. Wäre ich nicht finanziell versorgt, so könnte man denken, ich brauchte Geld und müßte auf diese Weise ins Showgeschäft einsteigen. Aber nichts davon ist der Fall. Nur Gott ist der Fall, sonst nichts.

Amazja: Ich überlege schon die ganze Zeit, ob es nicht sein könnte, daß Sie und ich irgendwie zusammengehören, komplementär sind, jeder in seiner Rolle. Sie sind für die Wahrheit zuständig, und ich für die Kompromisse. Beide sind wir notwendig.

Amos: Das haben Sie sich aber hübsch zurechtgelegt! In Wirklichkeit

wird es ganz anders sein: Wenn Sie verschleppt sind, wird Ihre Eheliebste herunterkommen und als Straßendirne auf den Strich gehen. Ihre Kinder wird man ganz schlicht umbringen, und Haus und Grundstück nebst Inhalt verteilen. Das ist Wirklichkeit, so wird es sein, ohne Kompromiß.
Amazja: Jetzt, jetzt reicht es mir. Sind Sie denn wahnsinnig, so etwas zu sagen. Ich bin fassungslos, daß Sie so persönlich werden. Wir haben uns doch bisher ganz gut unterhalten. Soll dies das Ende sein? Ich kann es nicht fassen. Soll das Wirklichkeit sein? Was für einen fürchterlichen Gott verkündigen Sie?
Amos: Ja, ich allein.
Epilog: Es ist nicht überliefert, ob Amos den Märtyrertod gestorben ist. Die Tradition zur Zeit Jesu nimmt es an. Seine Prophetien sind im übrigen nach einigen Jahren eingetroffen.
Amos, und nicht Amazja, wurde dann unter die Propheten des Alten und Neuen Bundes gerechnet.

Salz der Erde
Mt 5,13-16

13: *Ihr seid das Salz der Erde. Wenn nun das Salz nicht mehr salzt, womit soll man salzen? Es ist zu nichts mehr nütze, als das man es wegschüttet und läßt es von den Leuten zertreten.*
14: *Ihr seid das Licht der Welt. Es kann die Stadt, die auf den Bergen liegt, nicht verborgen sein.*
15: *Man zündet auch nicht ein Licht an und setzt es unter einen Scheffel, sondern auf einen Leuchter, so leuchtet es allen, die im Hause sind.*
16: *So laßt euer Licht leuchten vor den Leuten, damit sie eure guten Werke sehen und euren Vater im Himmel preisen.*

So wird aus dem, das eben noch das Notwendigste war, mit einem Male das Wertloseste. Die eben noch als Salz der Erde angeredet wurden, werden im gleichen Atemzuge bedroht, hinausgeworfen zu werden. Und Hinauswerfen und Zertreten sind Bezeichnungen des schonungslosen Gerichts. Hier wird harter Stil gezeigt: Entweder erfüllt das Salz seine Aufgabe und funktioniert, oder es wird wie Dreck behandelt. Wer hier »Salz« genannt wird, hat daher eine ebenso hohe wie riskante Aufgabe. Die Erfahrung der Enttäuschung wird uns geschildert: Daß Salz sich als ausgelaugt und damit als Attrappe erwies. Wer so betrogen ist, dessen Wut trifft das Salz. Nichts ist schlimmer als Christen, die keine mehr sind. Wenn nur der leere Name geblieben ist, dann bedeutet das einen Preissturz, rapiden und totalen Wertverlust. Und laue Christen sind deshalb schlimmer als alles andere, weil der Unterschied zwischen Anspruch und Wirklichkeit so groß ist.

Beschrieben wird die Erfahrung des Verfalls und des Endes, wo Anfang sein sollte. Denn gegenüber der Welt ist das Salz das andere und Neue, das sie durchdringen und prägen sollte. Es könnte ihr ein neues Gesicht geben, ihr seinen Stempel aufdrücken. Denn den Anfang stiften heißt: Geschmack, Eindeutigkeit und Gestalt an etwas mitteilen, den vielerlei Möglichkeiten eine Richtung geben und darin kreativ sein.

Diese Fähigkeit des Salzes in der Welt wird aber zuerst und allein abhängig gemacht von der Kraft dieses Salzes und davon, daß es diese Kraft nicht verloren hat. Nur aus seiner eigenen inneren Kraft heraus kann Salz prägen. Bevor man daher vom Dienst der Christen an der Welt redet, muß man über die Kraft sprechen, die dazu fähig machen kann. Wer einen neuen Anfang und eine geprägte Gestalt schaffen will, muß eine Alternative bieten können und sie selbst darstellen. Das Salz, das die Welt prägen soll, ist ja zunächst einmal etwas von der Welt Verschiedenes. Beschrieben wird die Aufgabe einer sich unterscheidenden Minderheit.

Diese Kraft der Christen, einen neuen Anfang zu stiften, beruht aber darauf, daß sie aus ihrem eigenen Neugeschaffensein leben und sich auf ihren eigenen Anfang zurückbeziehen. Nur dann verlieren sie ihre prägende Kraft nicht, wenn sie selbst immerzu geprägt werden durch das Gesetz ihres eigenen Anfangs, wenn sie sich dem aussetzen, was ihnen selbst Gestalt verleiht. Das Sichzurückbeugen zum eigenen Anfang aber heißt Erinnerung. Im Alten wie im Neuen Testament bedeutet sich erinnern: Nacherzählen der Taten Gottes in der Geschichte, erzählende Wiederholung der großen alten Bilder vom brennenden Dornbusch, vom Zug durch das Rote Meer, von der Brotvermehrung und vom Gang der Frauen zum Grabe. Die Substanz, aus der wir leben, die Kraft dieses Salzes, geht nicht verloren, wenn wir uns immer wieder erinnernd vergegenwärtigen, was bereits zu unserem Heil geschehen ist. Die Liturgie hat einen wichtigen Anteil an dieser Vergegenwärtigung, denn auch vom Abendmahl wissen wir, daß es gefüllte Erinnerung ist. Wie das Licht, das durch Glasfenster hindurchscheint, so erkennen wir die Kraft, die uns trägt, in den Bildern der Schrift. Man kann die Kraft dieses Salzes gar nicht ohne Bilder beschreiben, sie wird nur im Nacherzählen greifbar. Und einzelne Begriffe wie Gnade und Glaube sagen oft weniger als die nacherzählten Bilder. So besteht die Substanz der Christen in der Wiederholung, die eine stetige Wiederholung des Anfangs ist, damit die Christen neue Anfänge stiften können. Und wir müssen dem rabbinischen Mystiker recht geben, der sagt: Das Vergessenwollen verlängert das Exil, und das Geheimnis der Erlösung heißt Erinnerung. Es geht darum, die Kraft dieser Erlösung nicht zu verlieren.

Was aber ist geschehen? Salz müßte beißen, aber man hat es mit Honig verwechselt. Fade Anpassung steht an der Stelle von Durchdringung und Eroberung. Statt die christliche Alternative sichtbar zu machen und den Mund aufzutun, hat man immer zu früh Kompromisse geschlossen. Häufig genug gilt als Prinzip der Seelsorge das Verschweigen des eigentlich Christlichen, Selbstnivellierung und Umarmung der Welt. Man möchte so aus dem Ghetto heraus, ohne zu begreifen, daß man notwendig und oftmals in sehr konkretem Sinne seine Heimat nur im Ghetto haben dürfte. Viel zuwenig hat man erkannt, daß man Menschen nicht durch Nachgeben, sondern durch Forderungen gewinnt. Die oft bemerkte Wirkungslosigkeit gerade der protestantischen Kirchen innerhalb der Gesellschaft der letzten zwei Jahrhunderte, der Verlust von Gewicht im Gang der Geschichte, hat sicher darin ihren Ursprung, daß man viel zu selten von der einschneidenden Härte der christlichen Botschaft gesprochen hat. Christentum ist eben nicht Verbrüderung um jeden Preis. Und Sören Kierkegaard urteilt wohl ganz im Geiste des Evangeliums, wenn er ruft: »Salz, Salz her! Denn die Christenheit ist die Fäulnis des Christentums! Eine christliche Welt ist der Abfall vom Christentum.«

Salz der Erde sein bedeutet daher: Widerstand leisten. Doch dieser Widerstand wird nicht aus Trägheit oder Beharrungsvermögen geleistet, sondern aus Hoffnung. Denn Hoffnung ist die ursprünglichste Erfahrung Gottes, die wir machen können: Die schlichte Tatsache, daß wir uns immer wieder einen neuen, nächsten Tag wünschen, obwohl fast alles dagegen spricht. Diese Hoffnung ist bereits in sich Widerstand gegen alles, was uns zum Aufgeben überreden will. Diese Hoffnung aber setzt sich fort im Widerstand gegen alle Nivellierung, die man uns aufzwingen will. Denn sie vertraut darauf, daß sich spätestens am Ende jeweils zeigt, was in einer Sache darin war.

Der Münzstempel, der weicher ist als das Metall, das er prägen soll, taugt nicht.
Doch andererseits besteht das Salz nicht für sich, sondern nur auf die Welt hin und mit ihr zusammen. Salz an und für sich ist kein Nahrungsmittel, es hat nur Sinn und Bedeutung in Beziehung zu anderen hin. Als Salz der Welt sind die Christen für die anderen da. Und wenn sie lau werden, so sind sie deshalb verloren, weil sie gegenüber den anderen ihre Funktion nicht erfüllen konnten. Denn die anderen sollten von diesem Salz eine notwendige und einmalige Leistung erwarten. Die Christen sind nicht für sich selbst auserwählt, sondern nur für die anderen.
Im Wort vom Licht der Welt, das auf unser Gleichnis folgt, wird diese missionarische Funktion noch deutlicher beschrieben: Unser Licht soll leuchten, damit die Menschen unsere guten Werke sehen und den Vater im Himmel preisen. Man höre und staune: Nicht aufgrund Gottes eigener Werke, etwa in der Schöpfung, sollen die Menschen sich zu Gott bekehren, sondern aufgrund der guten Werke der Christen. Wir tragen die Verantwortung dafür, daß die anderen den Weg zu Gott finden. Salz und Licht sollen wirken, und wir sind verloren, wenn wir anderen den Weg zu Gott nicht zeigen, sondern ihn versperren. Wir sind verurteilt, wenn die anderen an unserer Lauheit und unserem falschen Anspruch Ärgernis nehmen. Und wenn von den guten Werken gesprochen wird, so ist deutlich, wie Salz und Licht in der Welt wirken: Menschen werden nicht durch isolierte Worte und Verkündigung christlicher Prinzipien zu Gott geführt, sondern durch das persönliche Beispiel der Christen. Gott ist offenbar in diesem sehr hohen Maße auf Menschen angewiesen, wenn der Weg zu ihm über das personale Vorbild führen muß. Im Judentum hatten nie Menschen diese Aufgabe, Salz der Welt zu sein; hier gibt es ein entsprechendes Wort nur von der Thora, die das Salz und von der Auslegung der Thora, die der Pfeffer seien, ohne die die Welt nicht bestehen könne.
Jesus aber überträgt diese Aufgabe auf Menschen. Es gibt keine Thora mehr, an der wir uns festhalten können. Gott hat sich ganz in unsere Hände begeben, seine Sache ist vollständig in das Miteinander unter Menschen eingegangen. Die Christen sind jetzt die letzte Instanz; wenn sie versagen, wird auch Gott nicht durch ein Wunder eingreifen. Gott braucht Menschen.
Wenn wir aber nicht für uns selbst Christen sind, sondern für die andern, die draußen stehen, dann gilt auch: Christliches Tun ist nicht daran zu

messen, ob es gut gemeint ist, sondern daran, ob die andern sich anschließen können. Wirksam sein heißt: Anschließbarkeiten schaffen, auf die Wirkung des Tuns bedacht sein. Anschließbarkeiten schaffen heißt: dem anderen die Fortsetzung ermöglichen. Auch dieses ist keine Frage des Denkens, sondern eine Sache gemeinsamen Handelns: die anderen so in unser Handeln und Verhalten hineinziehen, daß sie spontan mitspielen können, ihnen einen Spielraum für gemeinsames Handeln abstecken. Das gilt besonders, wenn es darum geht, gegen Unmenschlichkeit anzugehen, wenn es ankommt auf die spontane gemeinsame Reaktion gegenüber gefühltem Grauen. Das Verhalten muß überzeugen, nach den Gründen fragt man erst, wenn man aufmerksam geworden ist. Aufmerksam werden die Menschen durch abweichendes Verhalten. Wie solches Verhalten aussieht, wird in den Sätzen gesagt, die unmittelbar vor unserem Text stehen: Die Sanftmütigen, die Barmherzigen und die Friedensstifter werden selig gepriesen. Ihr Tun durchbricht den üblichen katastrophalen Kreislauf. Hier wird die Alternative genannt.
Doch das Wort vom Salz der Erde enthält keine Forderung, sondern Jesus spricht über etwas, das schon ist. Ausgerechnet hier, wo es um die äußere Aktivität der Christen geht, um das Durchdringen und Umgestalten der Welt, spricht Jesus im Indikativ. Er warnt nur davor, die Kraft zu verlieren. Das Problem ist daher offenbar nicht die Kommunikation mit den anderen, sondern die eigene Identität der Christen. In der Kommunikation kommt es nur darauf an, daß wir ohne Scheu ins Spiel bringen, was wir immer schon sind, daß wir sichtbar werden lassen, wovon wir leben. Nur durch uns selbst schaffen wir Anschließbarkeiten. Missionarische Kommunikation ist immer nur im Rückgriff auf Identität möglich. Für die Kommunikation erwartet man, daß sie sich dann wie von selbst ergibt. Das Wort vom Salz der Erde spricht daher keineswegs von missionarischem Aktivismus, sondern von der Bewahrung der christlichen Identität, der uns geschenkten Kraft. Dieses ist möglich, wenn wir uns an unseren eigenen Anfang erinnern. Denn »das Geheimnis der Erlösung heißt Erinnerung«.
Was dann wirken kann, ist vor allem unsere Erfahrung von Freiheit. Die Erfahrung, daß es zu allen uns umgebenden Zwängen eine Alternative gibt, die nicht fern, sondern nah ist. Diese Erfahrung konnte uns prägen, und wir hoffen, daß andere sie an uns verspüren möchten. Von Sören Kierkegaard stammt der Satz: »Wenn das Experiment einen Sinn gehabt hat, dann müßte es sein, wie wenn der Flügelschlag des wilden Vogels

über den Häuptern der zahmen vom selben Geschlecht, die in Sicherheit dahinleben, diese unwillkürlich dazu bewegt, mit den Flügeln zu schlagen, weil dieser Flügelschlag zur gleichen Zeit Ängstigung und Lockung bedeutet.«
Wenn es wenigstens dieses wäre: Eine Ahnung von Freiheit zu vermitteln. Denn wir *sind* das Salz der Welt.

Die Wirklichkeit korrigieren
Mk 13,19-23.33.37

19: *Denn in diesen Tagen wird eine solche Bedrängnis sein, wie sie nie gewesen ist bis jetzt vom Anfang der Schöpfung, die Gott geschaffen hat, und auch nicht wieder werden wird.*
20: *Und wenn der Herr diese Tage nicht verkürzt hätte, würde kein Mensch selig; aber um der Auserwählten willen, die er auserwählt hat, hat er diese Tage verkürzt.*
21: *Wenn dann jemand zu euch sagen wird: Siehe, hier ist der Christus! siehe, da ist er! so glaubt es nicht.*
22: *Denn es werden sich erheben falsche Christusse und falsche Propheten, die Zeichen und Wunder tun, so daß sie die Auserwählten verführen würden, wenn es möglich wäre.*
23: *Ihr aber seht euch vor! Ich habe euch alles zuvor gesagt!*
33: *Seht euch vor, wachet; denn ihr wißt nicht, wann die Zeit da ist.*
37: *Was ich aber euch sage, das sage ich allen: Wachet!*

Falsche Messiasse, um selbst die Auserwählten zu verführen, Wachsamkeit und Gefahr des Abfalls: Ein wenig Verführung werden wir jetzt spielen: Fanny Gräfin von Wilamowitz-Moellendorf geborene Baronin von Fock-Stockholm schreibt in einem kleinen blauen Bändchen, das 1934 im 210. Tausend gedruckt wurde, über die Symbolik des Edelweiß: »Das Edelweiß hat seine Botschaft an alle, die lauschen können: Vorwärts ist bei ihm gleichbedeutend mit aufwärts!« Und über die beiden Helden ihres Buches schreibt sie: »Hermann und Carin waren oft zusammen in der Kapelle. – Nichts trennte diese beiden, auch geistig und seelisch gehörten sie ganz einander. Sie konnten leiden, kämpfen und beten, und sie wußten, woher uns Menschen Kraft, Ausdauer und Liebe verliehen wird«. Und der Held des Buches schrieb an seine Schwiegermutter am 26.1.1926: »Liebste Mama! Jetzt möchte ich dir auch noch ganz besonders herzlich danken für den schönen Augenblick, den ich in der Edelweißkapelle zubringen durfte! Du ahnst nicht, was ich in dieser wundervollen Atmosphäre empfunden habe. Es war so ruhig, so schön, ich vergaß jeglichen irdischen Lärm, alle Sorgen, fühlte mich wie von einer anderen Welt. Ich schloß die Augen und ließ mich durchfluten von der reinen überirdischen Atmosphäre, mit welcher der ganze Raum gefüllt war. Ich fühlte mich wie ein Schwimmer, der eine kleine Weile auf einer einsamen Insel ausruht, um neue Kräfte zu sammeln, ehe er sich wieder hineinwerfen muß in den rasenden Strom des Lebens. Ich dankte Gott und sandte zu ihm warme Gebete hinaus, er möge uns allen helfen im neuen Jahr, daß endlich die Sonne erneut strahlen möge in unser dunkles Leben.«

Der Autor dieses Briefes ist Hermann Göring, der treueste Gefolgsmann Adolf Hitlers.

Und ein paar Seiten weiter heißt es: »Wer Hermann Göring öfters im Zivilanzug gesehen hat, mag bemerkt haben, daß er ein Edelweiß an seinem Hut trägt. Diese Blume ist auch die Blume des Führers geworden.« Und in der Einleitung heißt es von Hermann Göring und seiner Frau: »Hoch in der gepanzerten Faust trägt er ihre Farben, und der anfangs schier unmögliche Traum, die Sehnsucht seiner harten Arbeitstage, Deutschlands Befreiung durch Hitler, wurde ihm an der Seite dieser Frau ermöglicht.« Die Mitglieder des Edelweißvereins mußten sich um »Reinheit, Wahrheit und Liebe« bemühen, die Kraftquelle sei »das Gebet und das absolute Gottvertrauen, von innen heraus wurde Rat gegeben, intuitiv konnte man die Wege der göttlichen Vorsehung ahnen und dadurch leichter und besser dienen.«

Ganz still war es in der Edelweißkapelle, in ihr wurde nie laut gesprochen, nie gepredigt, ein jeder konnte frei herumgehen.

Wir haben uns das zu einfach gemacht mit den Nazis, denn nicht dunkle Verbrecher und lächerliche Ganoven stehen hier vor uns, sondern Menschen, die sich um das Symbol des Edelweiß sammeln, edle Menschen, die beten, die beim Gebet neue Kräfte sammeln, die das Beste für Deutschland wollen. Lächerliche Popanze sind das offenbar nicht. Wer daraus Witzfiguren macht, über die man nur lachen kann, verharmlost das Problem des je eigenen und alltäglichen Faschismus besonders in der Gegenwart. Und die von Wilamowitz-Moellendorf waren eine der ersten Familien Deutschlands, Carin Görings Schwester hatte in diese Familie eingeheiratet. Und wer kann schon das Edelweiß von einer weißen Rose auf den ersten Blick unterscheiden? Wahrheit, Reinheit, Liebe, dazu die besondere Rolle der Frauen in diesem Edelweißverein. Adolf Hitlers Lieblingsblume.

Sie werden fragen, was denn fehlte, was denn hier falsch war, ob es irgendwo in der Dogmatik nicht stimmte. Aber es ist alles da, Carin Göring hatte ihrer Mutter einst ein Christusbild für ihre Edelweißkapelle geschenkt. Daß in der Stille der Kapelle nicht gepredigt wurde, war vielleicht eher eine Wohltat – oder? Und daß dieses lichtvolle Reich seinen Gegensatz im Weltjudentum sah, war nur ein Randphänomen, denn wo Licht sein soll, muß auch irgendwo Schatten sein – oder? Verführung geschieht immer im Namen des Edlen und Wahren: Edelweiß, Befreiung Deutschlands, Mystik und Erahnen der Vorsehung. Sollen das falsche Messiasse sein? Die Ideale unserer Programme sind wie eine Decke, unter der wir uns verkriechen. Wir frieren doch ohne diese Decke. Jeder einzelne will z. B. für alle das Beste, und wir nennen das Liebe. Was ist nicht alles im Namen christlicher Liebe schon für alle an Bestem gewollt, zu welcher Tyrannei ist das Beglückenwollen mit Liebe nicht schon ausgeartet. Aber das Firmenschild stimmt, und man kann sogar beten und himmlische Atmosphäre vernehmen. Nicht nur die Programme unserer lieben Parteien sind in dieser Hinsicht völlig austauschbar, auch wir selbst sind uns jeder der eigene Messias. Das ist es: Wir haben das in uns, dieses Edelweiß, um es vorzeigen zu können. Das Problem ist doch nicht damit abgetan, daß wir nichts mehr gegen die Juden sagen – sind wir wirklich so naiv?

Aber wir brauchen doch diese Edelweiß-Ideale, die Perspektiven auf das Reine und Schöne und Wahre? Und wer hilft uns, wer um des Himmels willen hilft uns, zwischen weißer Rose und Edelweiß zu scheiden? Wer nennt uns die Kriterien, den eigenen, hausgemachten Faschismus zu erkennen? Woher können wir wachsam sein? Beter und Kapellenbesucher als Anstifter zum größten Völkermorden aller Zeiten. So subtil ist Verführung. Auch die Gerechten könnten verführt werden, sagt unser Text. Mein Urgroßvater, der 1934 starb, war auch kein Verbrecher, als er seinen Grabstein mit dem Hakenkreuz als dem einzigen Zeichen schmükken ließ. Die Verwandtschaft bemüht sich immer, Efeuranken über dieses Hakenkreuz zu legen, aber der Efeu will nicht. So leuchtet schon von weitem das Hakenkreuz. Symbol für Licht und Leben übrigens. Nichts Böses, sondern so wie jede Jugend für das Licht und gegen die

Finsternis sich entscheiden will. Es waren Idealisten, die das Hakenkreuz als Verschönerung des Kreuzes ansahen. Die Mehrheit jedenfalls, und Funktionäre gibt es immer.

Ein verschönertes Kreuz!? Jesus hält diese Rede, bevor er gekreuzigt wird. Vielleicht sind wir hier auf der richtigen Spur. Denn den Gekreuzigten so zu sehen und darzustellen wie Grünewald und die gotischen Kruzifixe es tun – eben das galt als Zeichen jüdischer Zersetzung. Unerträglicher, zersetzender Realismus, auf das Leiden hinzuweisen. Nicht auf das Edle, sondern auf das Schäbige. Der Verzicht darauf, das Hakenkreuz als Verschönerung des Kreuzes zu entwerfen, bedeutet zugleich, unser eigenes Sündersein zu erkennen. Nun fehlt dieser Begriff freilich nicht nur in der Frömmigkeit Hermann Görings, er fehlt auch in unserem eigenen Vokabular. Wir hören es nicht nur nicht gern, wir können uns auch nichts darunter vorstellen. Ein Symptom aus der Nachbarkonfession: Die katholische Beichtpraxis ist völlig zusammengebrochen. Niemand geht mehr zur Beichte. Was ist Sünde? Vielleicht kommen wir dazu, unsere Sünde wahrhaben zu wollen, wenn wir den Gekreuzigten als Anti-Helden wahrhaben wollen. Die schönen Programme, das ist die eine Seite, unsere Erbärmlichkeit die andere, wirklichere. Der Gekreuzigte, das ist das, wohin unsere messianischen Ideale führen, ist eher unser Spiegelbild, Enthüllung unserer verborgenen Wirklichkeit. Arm und klein sind wir. Die Edelweiße aber sind hoch in den Bergen und naturgeschützt. Wir nicht. Wir sind immer wieder Opfer, denn der Mensch ist dem Menschen ein Wolf. Resultat: Kreuzigung.

Unter Jesus hat die Welt nicht gelitten – wohl aber unter den Weltverbesserern, die die Realität unserer Erbärmlichkeit konstant übersahen. Aber wenn man weiß, wer und wie wir sind, kann man doch ganz mutlos werden, nicht wahr? Gibt es da keine Vermittlung zwischen dem Idealismus der Weltverbesserer und der Wahrnehmung der Realität unserer Sünde am Gekreuzigten? Denn die Welt verbessern, Frieden schaffen, wollen wir doch alle? Und der Hinweis auf das Kreuz wird immer wieder als Bremsklotz verwendet. Und andererseits kennen wir sehr wohl die Verbindung von Idealismus und Tyrannei, wenn man zum Edlen zwingt. Es sind immer nur ein paar kleine Korrekturen der Wirklichkeit. Der Unmensch ist kein Orang-Utan. Nur ein paar kleine Häkchen verschönern das Kreuz. Belanglose, unaufällige Verschönerungen der Wirklichkeit, und die kleine Kluft dann durch etwas Druck ersetzen. –

Man muß in aller Klarheit sehen, daß dieses ein entscheidendes Thema unserer gegenwärtigen Kirche in Deutschland ist: Die Einsicht, daß wir Sünder sind und bleiben, daß wir schwach sind und nur wie der Gekreuzigte von Gott allein Hilfe erwarten können. Und andererseits die Ideale der Weltverbesserung, einer neuen Menschheit. Beides wird, je für sich genommen, mißbraucht: Das Kreuz als Entschuldigung für Nichtstun, die Ideale als Weg in die Tyrannei, und, wenn es dann doch nicht so klappt, kleiner und großer Konformismus.

Gibt es keine Vermittlung zwischen dem Realismus des Kreuzes und Fortschrittsidealen? Ich meine aber, daß es ein Verhalten gibt, das Handeln ist und das doch gleichwohl der Einsicht in unser Sündersein Rechnung trägt: ein Handeln mit Barmherzigkeit. Gehen wir barmherzig vor, wenn wir verändern wollen und müssen! Wir sind nicht berufen, zwischen Schwarz und Weiß zu scheiden. Und doch liegt nichts unserer Parteilichkeit näher als die Unbarmherzigkeit. Barmherziges Handeln aber trägt der Realität des Kreuzes Rechnung. Läßt auch erkennen, daß wir trotz unserer Überzeugung mit der Möglichkeit rechnen, uns in der Beurteilung der Lage geirrt zu haben.

Von Martin Luther stammt der Ausspruch: Ein junger Arzt füllt den Friedhof, ein junger Theologe die Hölle. Hätte Luther die Revolutionen seit der französischen miterlebt, so hätte er hinzufügen können: Und ein junger Moralist ohne Barmherzigkeit füllt die Straßen und Schlachtfelder. Wir sind keine Sankt Georgs, Manichäer, die irgendeinen Drachen töten müßten. Denn selbst der Drache in uns rächt sich durch neue Häupter, wenn man ihn töten und nicht nur zähmen und umschulen will. Dann bedeutet Wachsamsein nicht Hinterherlaufen, sondern es endlich einmal vorher merken, weil man das Elend kommen sieht, es spürt, sensibel für Unrecht ist.

Wahrhaben des Gekreuzigten: Sensibilität für Elend. Interessant sind nicht die kirchlichen Umweltredner der achtziger, sondern der sechziger Jahre, nicht die Hitler-Gegner der fünfziger, sondern der zwanziger Jahre. Denn Gott steht meist auf der unansehnlichen, verbotenen Seite. Barmherziges Handeln: Jedermann soll für seine Überzeugung einstehen, und Barmherzigkeit ist nicht Verschwommenheit und alles durchgehen lassen. Aber vielleicht ist der am ehesten zur Barmherzigkeit fähig, der seiner Sache ganz sicher ist. Die meisten reden immer von den ganz seltenen Fällen, in denen Gewalt nötig ist, und tun im übrigen nichts. Aber dazwischen gibt es barmherziges Handeln: Einen Moment innehalten vor der Sanktion und dadurch einen Freiraum schaffen, in dem der andere noch werden kann. Zeit der Langmut Gottes ist noch. Tapfer in der Sache, barmherzig in der Weise. So Kirchenspaltung vermeiden, denn Menschen wie wir sind die anderen immerhin noch. Parteilichkeit ist notwendig, schön und begeisternd. Aber der liebe Gott sind wir damit noch nicht. Und der ist sowieso anders: Er ist der Barmherzige, der auch auf krummen Zeilen gerade schreibt.

Opportunismus?

Apg 4,13-20

13: *Sie sahen aber den Freimut des Petrus und Johannes und wunderten sich; denn sie merkten, daß sie ungelehrte und einfache Leute waren, und wußten auch von ihnen, daß sie mit Jesus gewesen waren.*

14: *Sie sahen aber den Menschen, der gesund geworden war, bei ihnen stehen und wußten nichts dagegen zu sagen.*

15: *Da hießen sie sie hinausgehen aus dem Hohen Rat und verhandelten miteinander und sprachen:*

16: *Was wollen wir mit diesen Menschen tun? Denn daß ein offenkundiges Zeichen durch sie geschehen ist, ist allen bekannt, die in Jerusalem wohnen, und wir können's nicht leugnen.*

17: *Aber damit es nicht weiter einreiße unter dem Volk, wollen wir ihnen drohen, daß sie hinfort zu keinem Menschen in diesem Namen reden.*

18: *Und sie riefen sie und geboten ihnen, keinesfalls zu reden oder zu lehren in dem Namen Jesu.*

19: *Petrus aber und Johannes antworteten und sprachen zu ihnen: Urteilt selbst, ob es vor Gott recht ist, daß wir euch mehr gehorchen als Gott.*

20: *Wir können's ja nicht lassen, von dem zu reden, was wir gesehen und gehört haben.*

Gott mehr gehorchen als den Menschen. Denn von dem, was wir gesehen und gehört haben, können wir nicht schweigen.

Christentum ist von Anfang an Märtyrerreligion. Und Märtyrer sind nicht Helden des Triumphs, sondern die Kaltgestellten, Ruhmlosen, die Helden des Aushaltens und der Niederlage.

Und auch das ist eine alte Erfahrung: Gewaltanwendung und Zeugnis der Märtyrer reizen sich gegenseitig. Denn mit Gewaltanwendung bringt man Märtyrer nicht zum Schweigen, sondern schafft sie erst. Und

umgekehrt schafft eine bestimmte Art von Umgehen mit Macht notwendig Zeugen, die es mit dem Leben oder mit Lebensgütern bezahlen, daß sie den Mund aufgemacht haben.
Ein naiver alter Irrtum: Durch Macht, Verbote und Drohung das zum Schweigen bringen zu wollen, was Kritik, Religion, Geist, Widerstand, Liebe ist. Es liegt daher überhaupt nicht fern, Gott in dem zu vermuten, das stärker ist als alle sichtbare Gewalt, eben in Kritik, Geist, Widerstand und Liebe. Alles Dinge, die so gern und so nutzlos verboten werden. Nutzlos, weil gegen sie kein Kraut gewachsen ist, weil jeder äußere Druck diese erst recht provoziert und zu sich selbst kommen läßt. Stolz und Triumph des viel zarter gebauten Geistes gegenüber der massiven Materie der Macht.
Das offenkundige Überlegensein dieser geheimen Macht war es, die immer wieder dem Satz Geltung verschaffte, daß das Blut der Märtyrer wie Same für neue Christen sei.
Nicht den Letzten beißen die Hunde, sondern gebissen werden die Ersten, die sehen und stehen können, die Widerstand bieten wollen und müssen, die einseitig und unklug sagen und zeigen, daß äußere Macht nichts ist gegenüber dem Triumph des Geistes.
Daß man Gott mehr gehorchen muß als Menschen, ist ein unbürgerliches Prinzip, das sich auch gegen uns selbst richtet. Denn woher wissen wir so genau, welche Grenze Bekennermut und Starrsinn trennt? Menschen neigen in Dingen der Religion zum Bewahren des einmal eingenommenen Standpunktes und verwechseln dann die eigene Unbeweglichkeit mit dem Fundament, auf dem sie stehen und stehen sollen. Wie kann man – auch als Bekenner im Widerstand – dessen sicher sein, daß man wirklich dem Willen Gottes und nicht dem eigenen Starrsinn anhängt? Auch Bekenntnisse sind von Menschen formuliert – Gott ist immer der Größere. Und diesem größeren Gott allein muß unser Gehorsam gelten. Gehorsam um unserer Freiheit willen.
Das ist die Paradoxie des Gehorsams gegenüber Gott: Nur so gewinnen wir eine Freiheit, die nicht nur die gegenüber anderen Menschen, sondern auch die gegenüber eigenen, liebgewordenen Vorstellungen ist.
Jeder Aufbruch, jeder Frühling wird nach einer Weile zum Trend und dann zur Masche, die dazu mißbraucht wird, den »alten Freunden« zu helfen. Denn jedes neue Rezept verbindet sich immer wieder mit dem menschlichen Hang zu Starrheit und mit Ausübung von Macht.
Wie entgeht man dieser Gefahr? Die Ersten müssen die Christen sein,

nicht die Mitläufer. Bis Mitlaufen opportun ist, pflegt es immer schon zu spät zu sein. Gott ist immer größer als unsere Festlegungen. Die Ersten und nicht Mitläufer sind wir, wenn wir ganz unbefangen wahrnehmen, was notwendig ist, was je das Notwendigste ist. Und weil Wirklichkeit Geschichte hat, wird das immer verschieden sein. Aber das erfordert Mut, und dabei wird man gebissen. Jetzt wird kaum noch jemand gegen die Christen vom 20. Juli sein, aber damals war es anders.

Natürlich hat man nicht einfach deshalb Recht, weil man gegen den Strom schwimmt. Die Apostelgeschichte schildert uns ja auch nicht Einzelkämpfer, sondern eine Gemeinde. Fast immer treten die Apostel mindestens zu zweit auf, zu zweit werden sie ausgesandt.

In seinem Evangelium nennt Lukas uns weitere Kriterien: Wehe euch, wenn es euch gut geht. Wehe euch, wenn euch die Menschen nicht verfolgen. Wehe euch, wenn ihr aufhört, Salz der Erde zu sein. Wehe euch, wenn ihr vor lauter Systemzwang und Gruppenegoismus den Weg Gottes in der Geschichte nicht mehr erkennen könnt.

Welches ist der Weg? Genau wissen wir es nicht. Das Äußerste aber, das uns helfen kann, ist die Solidarität derer, die mit uns bereit sind, der Not und dem Leiden Stimme zu geben. Denn wenn es richtig ist, daß nicht gewaltsame Macht, sondern das Unterdrückte etwas mit Gott zu tun hat und immer wieder, selbst im Martyrium über bloße Gewalt triumphiert und auf diese Weise unsterblich ist, wenn das stimmt, dann gehört auch Leiden unter Gewalt und Macht auf die Seite Gottes. Dann ist Parteinahme für die jeweils am meisten und ungerecht Leidenden ein Stück davon: Gott mehr gehorchen als den Menschen. Denn Menschen haben immer die Tendenz, die jeweils Leidenden als nicht gesellschaftsfähig zu verdrängen, abzuschieben, um sich nicht durch sie irritieren zu lassen.

So gibt es diesen Gehorsam nicht nur bei der Verteidigung eines Bekenntnisses, sondern subtiler dort, wo wir dem alles beherrschenden Trend entgegenstehen, das zu verdrängen, was sich am Rande unseres Wohlergehens abspielt und die Menschen, die dort Opfer sind. Widerstand gegen diesen Trend. Gewalt gegen Märtyrer ist und war immer nur die Spitze dieses allgemeinen Trends zum Geborgensein in den Normen des Ruhmes der Mehrheit. Märtyrer sind zuerst und auf breiter Basis die sozial Geächteten.

Und immer wieder ist auch das angeblich gefährdete soziale Ansehen der Grund, weshalb Liebe, Geist, Kritik und Religion verfolgt werden, weshalb Unterdrückte nicht salonfähig sind. Das ist wie ein Zirkel:

Gewalt gegen die, die ohnehin am Rande stehen. Druck der Herde. Was bedeutet Gott demgegenüber? Hoffnung gegenüber Dumpfheit, Herausgerufenwerden aus der Katastrophe der Herde.
Predigt Christentum hier nicht nur wieder Verzicht und Idealismus ohne Aussicht auf Gewinn? Wir sehen zuerst, daß der Kontrast zwischen den Wenigen und der großen Menge zur Substanz des Christentums gehört. Und die einzelnen, die Gott dann mehr gehorchen, oft sind sie unglücklicher, es ist fast ein Schicksal, herausgerufen zu sein. Aber frei sind sie, und ihre Existenz gibt eine Ahnung der Freiheit, die Gott selbst ist. Und ihre Kritik und ihr Widerstand weisen auf den quicklebendigen Gott selbst. Dann danken wir Gott, daß es solche immer wieder gibt, die ihm mehr gehorchen als der Mehrheit. Die in dieser Freiheit unser aller Würde sichtbar machen. Daß wir trotz schrecklich treuer Zugehörigkeit zur Herde jeder einzeln berufen sind und sehr geliebt.

Gott mehr gehorchen als dem Menschen

Apg 5,29

29: Petrus aber und die Apostel antworteten und sprachen: Man muß Gott mehr gehorchen als den Menschen.

So hatte es auch Sokrates zu seinen Richtern gesagt: »Man muß der Gottheit mehr gehorchen als den Menschen«, und es wird nicht das letzte Mal sein, daß christliche Zeugen und Blutzeugen sich als Gefährten des Sokrates wissen. Doch das, in dem wir uns zuerst wiedererkennen, ist nicht Trotz, sondern Ohnmacht.
Auch der Jubel für den später berühmt gewordenen Märtyrer ist verdächtig und ändert nichts an der Ohnmacht. Natürlich ist nachträglich Jubel und Zustimmung leicht. Bei jeder Abstimmung wären alle für Sokrates und für Jesus. Aber das ist nachträglich, vorher sah es jeweils anders aus. Betroffenes Schweigen wäre daher oft besser, als den Märtyrer zu rühmen. Als wäre es das Selbstverständlichste von der Welt, daß er Recht hatte. Vielleicht sprach doch dem Augenschein nach zunächst alles dagegen, gegen sein Recht.
Lassen wir uns unsere Ohnmacht nicht verhüllen durch den nachträglichen Glanz über ferne Helden. In Wahrheit sind wir doch nur zu einem Widerstand gerne bereit, der nicht viel kostet – wie gerne sind wir in

Opposition, wie schwer ist es, darin zu bleiben, weil wir sehr abhängig sind von allem, was Lebensqualität ausmacht.
Im Sinne der vielfältigen Zeugen der Kirchengeschichte wird Widerstand erst dort interessant, wo er sich auch auf Lebensqualität und Gesundheit bezieht. Auf das Quantum des Schlafes und die Zeit für Ferien, auf Geldbeutel und das Bedürfnis nach Familie und Ruhe. – Ein Beispiel kann das veranschaulichen: Der junge Martin Luther lebte etwa sechs Jahre lang im Erfurter Augustinerkloster. Welten trennen uns heute von dieser klösterlichen Existenz; der Besucher gewinnt den Eindruck, in einer ganz anderen Epoche der Religionsgeschichte zu stehen. Die Kargheit der Räume, das Kasernenartige, der erzwungene Verzicht auf jeden persönlichen Lebensraum, der Mangel an Schlaf und Nahrung, vor allem aber die Kälte jedes Jahr viele Monate hindurch – und gegenüber allem diesen die einzige erlaubte Sinnlichkeit, die intensiven Farben der Kirchenfenster. Eine Existenz in dieser Weise ist – positiv wie negativ – Boden und Horizont der Theologie Luthers, die uns, den satten Nachgeborenen nur in den Schoß fällt, ohne jede Not. Uns hat es nichts gekostet, wir haben gut lachen. Aber die Rede vom Widerstand bleibt uns dabei im Halse stecken, wenn wir ehrlich sind. Wir finden solche Sätze nur schön, aber wir haben nichts dafür bezahlt und würden kaum etwas dafür bezahlen können.
Wenn wir uns in dieser Lage vorfinden angesichts solcher Sätze und solcher Zeugen, wird uns schonungslos unsere Ohnmacht deutlich. Wir sind wieder solche geworden, die nur allzuleicht Menschen gehorchen und den Mund vollnehmen, wenn die Gefahr fern ist. – Man könnte nun sagen: Die Helden, die Märtyrer und Widerstandskämpfer haben stellvertretend für uns gehandelt. Sie waren dazu begnadet, das zu tun, was wir nicht vermögen und vermochten.
Aber das Problem bei jeder Rede von der Stellvertretung ist doch die Seelenlage derer, für die Stellvertretung geübt worden ist. Die Entlasteten und Befreiten, die Beschützten und Versorgten sind vielleicht zunächst, angesichts unmittelbarer Erfahrung, noch dankbar. Aber bald erstarrt der Dank zur Formel, zum oft leblosen Bekenntnis, und später wird dieses zur Last, von der man sich befreien möchte. Stellvertretung bringt also offenkundig bestimmte Gefahren mit sich, die sich ganz eng mit dem berühren, was man die »billige Gnade« im Rahmen volkskirchlicher Situation nennt.
Dennoch finden wir solche Sätze schön: »Gott mehr gehorchen als den

Menschen«, bringen wir in aller unserer Schwäche Sympathien und Begeisterung dafür auf, und diese Zustimmung wird nichts Schlechtes sein. Es gibt eine heimliche Sehnsucht danach, ebenfalls so frei und ein »Held« zu sein. Auch hier gilt das Bild Kierkegaards von dem Geschrei der Wildgänse, das die zahmen Vögel, die in Sicherheit dahinleben, dazu bewegt, mit den Flügeln zu schlagen, als Ängstigung und als Lockung zugleich. Etwas von dem, was auch in unserem Herzen und in unseren Träumen auch und noch lebendig ist, wird anschaulich an den Zeugen des Widerstands. Etwas von uns erkennen wir in ihnen wieder. Und das ist nicht nur äußerliche Bewunderung, sondern der Wunsch, auch selbst so frei zu sein. Es geht um den Funken Sehnsucht nach Freiheit und Begeisterungsfähigkeit, der mit großer Wahrscheinlichkeit immer in unserem Herzen lebt, solange wir sind. Das ist das Unruhigsein des Herzens, das Augustinus meint.

An dieser Sympathie sollten wir ansetzen. Und dann sollten wir weiterfragen, ob Stellvertretung mit den großen Helden der Geschichte abgegolten ist – oder ob Stellvertretung nicht immer und zu jeder Zeit ein Webmuster, ein »Strukturgesetz« von Christentum ist. Es gibt wohl keinen Zweifel, daß Gott mehr zu gehorchen als den Menschen und frei zu sein immer die Sache einzelner war und sein wird. Und solange wir in der Kirche sind, werden wir immer auch Menschen folgen und gehorchen – mit allen Konsequenzen des Risikos und Verfalls der Autorität und Gültigkeit menschlicher Worte. Es wird also immer ein Wechselspiel sein zwischen Gott gehorchen und Menschen gehorchen. Immer wieder wird es Herausgerufene geben, die so frei sein dürfen, gegen vorgeschriebene Normen das gerade jetzt Notwendige zu verlangen. Und immer wird es dabei Stellvertretung und Gefolgschaft geben. Stellvertretung fortsetzen.

Doch in einer differenzierten Gesellschaft, in der jeder einzelne zu verschiedensten Bereichen, Pflichtenkreisen und Gruppen gehört, gibt es auch vielfältige Arten von Stellvertretung und ungezählte Möglichkeiten für Freiheit. So können wir uns anstecken lassen von Sokrates und Paulus, von Jesus und Stephanus, von Leuten wie Bonhoeffer und den ungezählten Zeugen der Freiheit, die die Geschichte Israels und der Kirche hervorgebracht hat. Es kommt darauf an, unsere Sympathie wirklich als unsere eigene wahrzunehmen und den Funken der Begeisterung in unseren Herzen nicht verlöschen zu lassen. Je wirklicher unsere Freiheit wird, um so glücklicher werden wir dabei sein; das gilt auch und gerade deshalb, weil Sympathie von »sym-pathein« kommt, was »mitleiden« heißt. Denn Glück und Opfer sind auf geheimnisvolle Weise identisch. »Löscht den Geist nicht aus«, sagt Paulus.

Der Engel Europas und der Engel des Friedens
Apg 16,8-15

8: *Da zogen sie durch Mysien und kamen hinab nach Troas.*
9: *Und Paulus sah eine Erscheinung bei Nacht: Ein Mann aus Mazedonien stand da und bat ihn: Komm herüber nach Mazedonien und hilf uns!*
10: *Als er aber die Erscheinung gesehen hatte, da suchten wir sogleich nach Mazedonien zu reisen, gewiß, daß uns Gott dahin berufen hatte, ihnen das Evangelium zu predigen.*
11: *Da fuhren wir von Troas ab und kamen geradewegs nach Samothrake, am nächsten Tag nach Neapolis*
12: *und von da nach Philippi, das ist eine Stadt des ersten Bezirks von Mazedonien, eine römische Kolonie. Wir blieben aber einige Tage in dieser Stadt.*
13: *Am Sabbattag gingen wir hinaus vor die Stadt an den Fluß, wo wir dachten, daß man zu beten pflegte, und wir setzten uns und redeten mit den Frauen, die dort zusammenkamen.*
14: *Und eine gottesfürchtige Frau mit Namen Lydia, eine Purpurhändlerin aus der Stadt Thyatira, hörte zu; der tat der Herr das Herz auf, so daß sie darauf achthatte, was von Paulus geredet wurde.*
15: *Als sie aber mit ihrem Hause getauft war, bat sie uns und sprach: Wenn ihr anerkennt, daß ich an den Herrn glaube, so kommt in mein Haus und bleibt da. Und sie nötigte uns.*

Paulus ist seinen Weg nicht allein gegangen. Ein Engel erscheint ihm als Makedonier und ruft: Komm herüber nach Makedonien und hilf uns! Paulus wird seinem Ruf folgen und damit das Christentum in Europa begründen. Ab jetzt gibt es christliches Abendland. Die Vision eines Engels bestimmt diesen Weg. Noch unmittelbar zuvor, bei der Mission in Kleinasien, hatte der Geist immer wieder gewehrt, das Wort zu reden. So hatte er förmlich dahin gedrängt, Paulus dahin getrieben, den Schritt nach Europa zu wagen. Komm, hilf uns – das ist die einzige Begründung für Mission seitdem.

Es ist der Engel des Fortschreitens der Mission, der uns hier begegnet, der Engel des Fortschritts. Wir meinen oft, daß wir schon lange am Ende des Weges stehen, der hier begonnen hat. Denn die Hoffnungsträger für das Christentum leben heute in der Dritten Welt, 30% Afrikas sind christlich, und die Zahl ist steigend. Der Fortschritt der Mission nach Europa damals – was hat er gebracht?
Im Jahre 1921 hatte Walter Benjamin ein Aquarell von Paul Klee erworben. Es zeigt frontal einen Engel mit erhobenen Armen und Schwingen. Benjamin führte dieses Aquarell immer in der Brieftasche mit sich. Er schrieb über dieses Bild: »Es gibt ein Bild von Klee, das angelus novus heißt. Ein Engel ist darauf dargestellt, der aussieht, als wäre er im Begriff, sich von etwas zu entfernen, worauf er starrt. Seine Augen sind aufgerissen, sein Mund steht offen, und seine Flügel sind ausgespannt. Der Engel der Geschichte muß so aussehen. Er hat das Antlitz der Vergangenheit zugewendet. Wo eine Kette von Begebenheiten vor uns erscheint, da sieht er eine einzige Katastrophe, die unablässig Trümmer auf Trümmer häuft und sie ihm vor die Füße schleudert. Er möchte wohl verweilen, die Toten wecken und das Zerschlagene zusammenfügen. Aber ein Sturm weht vom Paradiese her, der sich in seinen Flügeln verfangen hat und so stark ist, daß der Engel sie nicht mehr schließen kann. Dieser Sturm treibt ihn unaufhaltsam in die Zukunft, der er den Rücken kehrt, während der Trümmerhaufen vor ihm zum Himmel wächst. Das, was wir Fortschritt nennen, ist dieser Sturm.«
Am 27. September 1940 beging der Philosoph und Publizist Walter Benjamin den Selbstmord mit Tabletten, unweit der kleinen Grenzstadt Port Bou in den Pyrenäen. Einen Tag zuvor war auf Druck der faschistischen Herren der Geschichte jene letzte kleine Grenzpforte geschlossen worden, die den Verfolgten und Exilierten für ihre Flucht noch zur Verfügung stand. Als man seine Brieftasche öffnete, fehlte das immer von ihm mitgeführte Bild des Angelus Novus, des Engels der Geschichte von Paul Klee.
Der Engel kommt vom Paradies und möchte heilen. Er möchte die Toten wecken und das Zerschlagene zusammenfügen. Aber er ist starr vor Entsetzen. Und Fortschritt heißt: Die Geschichte der Katastrophen und der Engel können nicht zusammenkommen. Fortschritt entsteht durch die Reibung, die Verhinderung, den Aufschub des Zusammenkommens von Engel und Geschichte. Der Engel ist entsetzt, sonst nichts – der Sturm, der ihn treibt, macht die Geschichte zur Geschichte unerfüllter

Hoffnung. Die Katastrophen und das Paradies – wie könnte das zusammenkommen?
Nur dadurch, sagt Benjamin, daß dieser schreckliche sogenannte Fortschritt unterbrochen wird. Das ist das Eingedenken, in dem die Zeit stillsteht.
In der französischen Revolution wurde, so berichtet die Legende, in verschiedenen Stadtteilen etwa zur gleichen Zeit nach den Turmuhren geschossen, um die Zeit zu unterbrechen. Dieses Eingedenken ist der Strohhalm der Geschichte. Denn fortschreitend ist nur die Katastrophe. Statt dessen innezuhalten und etwas sehr anderes zu tun. Auch nicht über die Zukunft zu forschen, denn jede Sekunde ist, so sagen es die Juden, die Pforte, durch die der Messias treten könnte.
In der Apostelgeschichte wie bei Benjamin geht es um den Engel des Fortschritts. Der Engel steht voran, an ihm wird das Fortschreiten gemessen, Geschichte vollzieht sich zu seinen Füßen. Der Engel steht für Heil, aber was zu seinen Füßen geschieht, ist anders. Doch der Engel, der Paulus rief – er ist längst zum fliehenden Engel geworden, der Fortschritt wurde Grauen. Der Engel kann nicht nahe bei uns sein, der Engel flieht vor uns. Die Flucht des Engels könnten wir stoppen, wenn wir einen Augenblick aufhörten, Katastrophe zu produzieren. Und dann Geschmack an diesem Innehalten fänden. Wie der Landfrieden im Mittelalter. Wenigstens Inseln schaffen, die Innehalten sind. Wo der Engel zusammenfügen und heilen könnte.
Von einer solchen Insel berichtet dann unser Text: Eine jüdische Frau wird bekehrt und lädt Paulus und Begleiter in ihr Haus ein. Hausgemeinden und Gastfreundschaft sind elementarste Grundlagen frühchristlicher Mission. Entsprechend groß ist auch in dieser Zeit die Bedeutung von Frauen für die Gemeinde. Erst später, als man sich nicht mehr in Häusern versammeln kann, übernehmen ganz die Männer das Regiment. Was wir aus dieser Zeit des Christentums noch immer bewahrt haben, ist der Tisch als Mitte unserer Kirchen. Die Bezeichnung Altar ist irreführend, aber Tischtuch und Leuchter sind erhalten geblieben. Auf diese frühe Gemeindepraxis hin sagt der Hebräerbrief: Gastfrei zu sein vergeßt nicht. Denn dadurch haben etliche ohne ihr Wissen Engel beherbergt. Es kann also sein, daß das Mahl mit dem Gast ein Ort der Berührung mit dem Engel ist.
Aber schon das Neue Testament ist voll von den Berichten über den Streit beim Essen: Wer mitessen darf, was und wie gegessen wird, das

beschäftigt fast jede Schrift des Neuen Testaments. Vom Essen Jesu mit den Sündern über das Essen von Götzenopferfleisch, über die Diskriminierung von Vegetariern in Rom und von Armen in Korinth bis zum Streit bei der Agape im Judasbrief. Petrus und Paulus entzweien sich endgültig über dem Essen, und noch heute besteht der sichtbarste Konflikt zwischen den Konfessionen in der Verweigerung der Abendmahlsgemeinschaft.

Über den Mahlstreitigkeiten der Christen steht seit Anbeginn der Engel, der flieht. Dabei könnte das Mahl der Ort des Eingedenkens sein, der Ort, die Insel des Friedens, wo der Engel für eine Sekunde lang anwesend ist, um eine Ahnung des Paradieses zu geben. Die Mitte des Hauses ist der Tisch. Hier streitet man sich, hier versöhnt man sich.

Eine Widerspiegelung dieser Situation liefert auch Logion 48 des Thomasevangeliums: Jesus sprach: Wenn zwei Friede machen in einem Haus miteinander, dann werden sie sagen zum Berg: Fall um! Und er wird umfallen. Der Frieden miteinander im Haus, das wäre eine unglaubliche Macht. Eine Macht, die die Welt verändern könnte. Und gleichzeitig gilt: Wer sich am Tisch streitet, ist sich auch sonst nicht eins. Doch Paulus denkt umgekehrt in 1 Kor 11: Hier anfangen Frieden zu stiften.

Aber da kein Friede von selber kommt, fragen wir: Was können wir tun? Wir haben zuwenig Ahnung von Liturgie. Wir leben nicht damit. Ich erlebte es wieder bei meinem Sohn, als er zum erstenmal zum Abendmahl »mußte«: Der Ernst von Mannbarkeitsriten, Feierlichkeit schwarzer Anzüge und Kostüme, Zerknirschung und Überlastung mit Glaubensartikeln stehen in seltsamer Spannung zu dem ganz Schlichten, zur Unschuld von Brot und Wein.

Unser Verhältnis zur Liturgie kann man nur als merkwürdig bezeichnen. Wahrhaft preußische Ordnungsliebe, Tendenz zum Gleichschritt, Krampf und Bewegungslosigkeit, schwer wie Kleieboden und eine entsprechende Liebe zum Detail. Unsere Ernsthaftigkeit in der Kirche, unsere Verkrampftheit und unsere Perfektionslust, das ist die wahre neue Werkgerechtigkeit.

Ein Stück der vielgeschmähten italienischen Leichtigkeit täte uns gut: Frömmigkeit als Teil des Lebens wie Atemholen. Ein Besuch in der Kirche, ein Kreuzzeichen gehören dazu, wie man zwischendurch einen Espresso nimmt. In der Kirche schauen wir meist auf den Boden oder nach oben oder ins Gesangbuch. Haben Sie schon einmal einem Menschen ganz normal ins Gesicht geschaut in der Kirche, ohne Jenseits-

blick? Einem Mädchen, einem Jungen zugelächelt, die Sie mögen? Wir legen unser Menschlichsein ab, wenn wir die Kirche betreten.
Wie soll ich Ihnen das nur beibringen, daß unsere Liebe zur Perfektion unmenschlich und damit auch ungöttlich ist? In den ersten Jahrhunderten durfte nach der Predigt noch geklatscht oder gepfiffen werden, im Mittelalter wurden zu Ostern auf der Kanzel Witze erzählt nach der langen düsteren Zeit des Fastens. Und das hatte vielleicht vielmehr mit Ostern zu tun als gelehrte Auseinandersetzungen über das leere Grab. Und wenn man lange und ernst gesungen hatte, in der Karwoche, war es üblich, daß man mit den Notenbüchern zum Entspannen in ohrenbetäubendem Spektakel auf das Chorgestühl schlug. Man nannte das Rumpelmette.
Die Sakramente sind Vorgänge des menschlichen Lebens, Waschen und Essen. Nur wenn diese Vorgänge in ihrer schlichten Menschlichkeit erhalten bleiben, können sie Zeichen sein. Erhalten wir diese Zeichen als menschliche Zeichen, wie Atemholen und Sprudeltrinken. Weil es Grundhandlungen sind, elementar und alltäglich, dürfen wir sie nicht überfrachten: Jesus ist wie Brot, sein Tod ist wie Wein. Das ist alles.
Gelassenheit, Selbstverständlichkeit des Vollzugs – erst das macht den Blick frei für den, den das bedeuten soll. Wo die Gelassenheit fehlt, entsteht unser normaler protestantischer Liturgiekrampf. Wenn ich in die Kirche komme, möchte ich auch nicht immerzu alles bedenken müssen. Wie schrecklich diese Angespanntheit. Alle Anstrengung in der Liturgie ist genau das Gegenteil von Gnadenreligion. Wenn ich in die Kirche gehe, möchte ich nicht immerzu total angesprochen sein, ich möchte auch träumen, irgendwo die Dinge ihren Gang gehen lassen, auf norddeutsch nennt man das auch dösen. Vielleicht ist diese Art von Dabeisein, frei und ganz mühelos, über zwei Drittel des Gottesdienstes, sowieso viel sinnvoller. In der Kirche leben, Freiraum spüren dürfen.
Das allein wäre eine evangelische Antwort: Die menschliche Schwachheit nicht ausgerechnet in der Liturgie übertünchen wollen, uns so zu geben wie wir sind. Liturgie will freies und schönes Spiel sein, das einzige Spiel, in dem es keine Verlierer, sondern nur Gewinner gibt. Wenn der Engel aus dem Paradies hier wirklich sein soll, wenn dieses eine Insel des Friedens sein soll, dann müßten wir hier eingedenken, aufhören, Katastrophen zu produzieren. Krampf und Krieg hängen zusammen, ebenso auch Gelassenheit und Frieden. Vielleicht gelingt es so, die Flucht des Engels der Geschichte aufzuhalten, für eine Atempause.

Jesus sprach: Wenn zwei Frieden machen miteinander in einem Haus, dann werden sie sagen zum Berg: Fall um, und er wird umfallen. Welch ungeheure Chance. Es wäre unglaublich.

Paulus der Außenseiter

2 Kor 11,23-29

23: *Sie sind Diener Christi – ich rede töricht: ich bin's weit mehr! Ich habe mehr gearbeitet, ich bin öfter gefangen gewesen, ich habe mehr Schläge erlitten, ich bin oft in Todesnöten gewesen.*

24: *Von den Juden habe ich fünfmal erhalten vierzig Geißelhiebe weniger einen;*

25: *ich bin dreimal mit Stöcken geschlagen, einmal gesteinigt worden; dreimal habe ich Schiffbruch erlitten, einen Tag und eine Nacht trieb ich auf dem tiefen Meer.*

26: *Ich bin oft gereist, ich bin in Gefahr gewesen durch Flüsse, in Gefahr unter Räubern, in Gefahr unter Juden, in Gefahr unter Heiden, in Gefahr in Städten, in Gefahr in Wüsten, in Gefahr auf dem Meer, in Gefahr unter falschen Brüdern;*

27: *in Mühe und Arbeit, in viel Wachen, in Hunger und Durst, in viel Fasten, in Frost und Blöße;*

28: *und außer all dem noch das, was täglich auf mich einstürmt, und die Sorge für alle Gemeinden.*

29: *Wer ist schwach, und ich werde nicht schwach? Wer wird zu Fall gebracht, und ich brenne nicht?*

Wenn es einem von uns so erginge: Bei Bewerbungen zehnmal abgelehnt, fünf Jahre arbeitslos, zweimal fristlos gekündigt, mehrmals wegen kritischer Äußerungen im Gefängnis. Sein Sozialprestige wäre gleich Null.

Nur nachher, manchmal, wenn alles vorüber ist, hat man dann bisweilen Glück: Nach der Nazizeit wurden die hochgeehrt, die solches während dieser Zeit als Christen erlitten hatten oder die im Widerstand gewesen sein wollten. Ein wenig Scheinheiligkeit ist dann auch immer dabei, als ob die Zeit danach sich so grundlegend unterschieden hätte und unterscheiden könnte. Aber mich interessiert das Ansehen, das diese Leute während der Nazizeit bei ihren Mitbürgern hatten, das Ansehen der

Mitglieder dieser Himmelfahrtskommandos. Nicht das Ansehen jetzt, da man den Widerstand verklärt, um sich selbst damit ein Alibi zu schaffen. Nein damals: Die Aussichtslosigkeit des Widerstandes, die ziemliche Gewißheit, daß dieses Reich tausend Jahre dauern könnte.

Der Vorwurf, gegen das eigene Volk zu operieren, noch dazu in Kriegszeiten. Die unwahrscheinliche Kraft, auf Sozialprestige zu verzichten. Nein, Paulus stellt sich nicht als Heiliger dar, sondern als Untermenschen, als Verfolgten und Geächteten.

Nehmen wir etwas von dem Goldglanz des Märtyrers weg, der diese Gestalt umgibt. Denn noch hatte man sich in der jungen Kirche nicht an Märtyrer gewöhnt. Und der Märtyrer selbst kann sich auch kaum daran gewöhnen. Nein, Paulus stellt schonungslos dar, wie dreckig es ihm ergangen ist. Und er weiß, daß das alles keine Ehre ist. Denn wenn jemand zu uns sagt: Ich war dreimal arbeitslos, ich habe im Knast gesessen wegen meiner Überzeugung, bin von der Polizei verprügelt worden: Wir würden einem solchen sofort sagen: Na, irgendwo bist du auch ein wenig selbst schuld daran. Genau das. Wir distanzieren uns von diesem auswurfartigen Menschen, der es einfach nicht versteht, in seiner Gesellschaft halbwegs Ansehen zu erlangen. Und für das Ansehen eines Heiligen kann man sich nichts kaufen. Nein, es bleibt die Erfahrung von Einsamkeit und Schmerz und Verfolgtsein.

Hier redet ein einsamer und leidender Mensch von Dingen, die man ihm alle zum Nachteil anrechnen kann. Er macht sich ungeschützt. Keine ehrwürdige kirchliche Institution, keine Confessio Augustana sagt ihm, daß er recht hat. Angesichts der überwältigenden Geschlossenheit des Judentums und der Opposition der großen Mehrheit damaliger Christen gegen Paulus – denn das sind die Gegner – ist es nach menschlichem Ermessen auch außerordentlich unwahrscheinlich, daß er recht hat. Mir liegt sehr daran, daß wir ein Gespür dafür bekommen, wie schwach die Position des Paulus ist. Wie sehr er mit seinem Leiden sich für alle, fast alle Zeitgenossen selbst als Ungerechten erweist. »Jeder bekommt das, was er verdient hat«, hörte ich neulich jemanden aus meiner Verwandtschaft (übrigens zur Judenvergasung) sagen. Meinen das nicht auch wir: Wem es in einer im übrigen doch scheinbar kreuznormalen Welt so ergeht, der ist selbst schuld daran, jedenfalls zum größten Teil. Und die große Mehrheit eines Volkes und einer Gesellschaft hat doch irgendwie recht, nicht wahr? Nein, alles spricht gegen Paulus in dieser Situation.

Er ist ein Außenseiter, der das Unglaubliche will. Nichts außer ein paar

verdrehten Schriftbeweisen kann ihn legitimieren. Keiner von uns hätte für ihn gestimmt und so ein lebendes Sicherheitsrisiko als Pfarrer akzeptiert.
In dieser Lage wagt Paulus die Flucht nach vorn und legt noch schonungsloser dar, was ihm abträglich ist, was ihn dem Verdacht aussetzt. Er wagt die Flucht in die totale Offenlegung aller Schwächen. Ich bin so einer, sagt er. Und wenn irgend jemand schwach ist, sagt er, bin ich mit ihm schwach: Das heißt doch: Keine Schwäche ist mir fremd. Und wenn irgend jemand angefochten ist, dann brenne ich auch: Keinen anfechtenden Schmerz habe ich nicht auch verspürt. Mein Weg ist ein fortgesetzter Marsch durch die Talsohle menschlicher Existenz. Nicht in den Höhen, aber in den Tiefen kenne ich mich aus.
Paulus als der, der überall rausfliegt. Ohne den Strahlenkranz des Heiligen und des beschaulichen Verfassers literarischer Briefe sieht das nämlich alles ziemlich dürftig aus.
Seine Lehre hat nachher gesiegt. Aber wo und um welchen Preis? Und mit Sicherheit bei Leuten, die zum allergrößten Teil seine Theologie zwar schön finden und hoch und geistig, die aber nie sein Leben hätten teilen wollen. Wenn man heute fragt, welches Wagnis es bedeutet, paulinische Theologie zu vertreten, dann kann man nur lachen. Nur den Paulus vergißt man darüber. Ich habe gerade deshalb dieses Kapitel des 2Kor gewählt, weil es wenig von hoher Spekulation, um so mehr aber von Paulus selbst spüren läßt, von dem Menschen, der dahintersteht. Denn hier, etwa in unserem Text, schließt er selbst die Lücke zwischen Lehre und Leben, verzichtet er auf Sozialprestige, indem er Enthüllungen über sein Vorleben macht, ein zweifelhaftes Dossier über sich abgibt. Einheit von Lehre und Leben. Wagnis totaler Ungeschütztheit, ohne den Weg sicher zu kennen, nur um so der Macht des einen und einzigen Gottes eine Chance zu geben.
Der bedingungslose Verzicht auf Prestigestreben als Konsequenz paulinischer Theologie. Die Überwindung der Kluft zwischen Lehre und Leben, indem wir uns auf Ungewißheit und Wagnis einlassen und sorgsam dem nachspüren, was sich zeigt, wenn wir auf Prestigestreben so verzichten. Die Kraft, auf Sozialprestige zu verzichten, auf das positive Renommée, ist die stärkste denkbare Kraft, das ist am schwersten zu bewerkstelligen. Wer je mit der Mehrheit ist, wird bald sehr angesehen sein. Wer dem Instinkt für Freiheit und Hingabe folgt, wird dieses nicht sein oder hat falsche Freunde. Woher die Kraft nehmen, das durchzuhal-

ten? Ihr Geheimnis möchte ich hier nicht in unserer Berufssprache als »Glauben« bezeichnen, sondern als die Fähigkeit, eine Ahnung zu bewahren von überhaupt etwas anderem.
Mit Verzicht auf Sozialprestige meine ich auch das Verhalten untereinander. Daß heute fleißiger gelernt wird als früher, ist nicht böse noch gut, sondern kann so oder so verwendet werden. Aber versuchen wir wenigstens, die scheinbar zwangsläufige Verkettung von Druck und Angst nicht selbst auch noch weiterzugeben. Warum gibt es das nicht: prestigefreie Zonen? Wenn wir uns schon auf schärferen Wettbewerb einstellen müssen, dann wenigstens nicht nach unten und den Nachbarn treten. Nur so wird auch Wahrheit nicht vergewaltigt. Schaffen wir Räume, in denen die Einheit von Lehre und Leben systematisch eingeübt wird, um ein wenig glücklicher zu sein, alle miteinander. Schon oft habe ich gedacht: Was kann man tun, damit wir nicht alle Kleinbürger werden, welches neuen Mythos bedarf es? Welcher Vision und großer Konzeption? Als Christen sind wir da sehr streng: Es bedarf des Mythos, der Konzeption, von der naiven Reinheit des Herzens, von der Integrität im Umgang mit Macht, von der großen und vorbehaltlosen Liebe, von der Ehrlichkeit im Umgang mit Sprache, von Leidensfähigkeit – aber ohne allzuviel Klage, wie schlecht es einem selber geht, denn das erinnert zu sehr an Interessenverbände –, von Mut und von der Fähigkeit, die Kette von Druck und Angst bei sich selbst wie in einem Gully verschwinden und enden zu lassen. Die Fähigkeit, nicht immer nur nach dem Nutzen zu fragen, vielmehr an die Sache hingegeben sein können: Denn auch das ist Liebe. Der Mut zur Einsamkeit. – Und daß Glück etwas mit der Radikalität des Glaubens zu tun hat. So sagt es jedenfalls der streitbare und umstrittene, der einsame und zerlumpte Paulus.

Ihr Männer, liebt eure Frauen

Eph 5,21-33

21: *Ordnet euch einander unter in der Furcht Christi.*
22: *Ihr Frauen, ordnet euch euren Männern unter wie dem Herrn.*
23: *Denn der Mann ist das Haupt der Frau, wie auch Christus das Haupt der Gemeinde ist, die er als seinen Leib erlöst hat.*
24: *Aber wie nun die Gemeinde sich Christus unterordnet, so sollen sich auch die Frauen ihren Männern unterordnen in allen Dingen.*

25: *Ihr Männer, liebt eure Frauen, wie auch Christus die Gemeinde geliebt hat und hat sich selbst für sie dahingegeben,*
26: *um sie zu heiligen. Er hat sie gereinigt durch das Wasserbad im Wort, damit er*
27: *sie vor sich stelle als eine Gemeinde, die herrlich sei und keinen Flecken oder Runzel oder etwas dergleichen habe, sondern die heilig und untadelig sei.*
28: *So sollen auch die Männer ihre Frauen lieben, wie ihren eigenen Leib. Wer seine Frau liebt, der liebt sich selbst.*
29: *Denn niemand hat je sein eigenes Fleisch gehaßt; sondern er nährt und pflegt es, wie auch Christus die Gemeinde.*
30: *Denn wir sind Glieder seines Leibes.*
31: *»Darum wird ein Mann Vater und Mutter verlassen und an seiner Frau hängen, und die zwei werden ein Fleisch sein« (1 Mose 2,24).*
32: *Dies Geheimnis ist groß; ich deute es aber auf Christus und die Gemeinde.*
33: *Darum auch ihr: ein jeder habe lieb seine Frau wie sich selbst; die Frau aber fürchte den Mann.*

Ein chinesisches Märchen »Warum es keinen Krieg geben kann«: »Als der Krieg zwischen den beiden benachbarten Völkern unvermeidlich war, schickten die feindlichen Feldherrn Späher aus, um zu erkunden, wo man am leichtesten in das Nachbarland einfallen könnte. Und die Kundschafter kehrten zurück und berichteten ungefähr mit den gleichen Worten ihren Vorgesetzten: Es gäbe nur eine Stelle an der Grenze, um in das andere Land einzubrechen. ›Dort aber‹, sagten sie, ›wohnt ein braver kleiner Bauer in einem kleinen Haus mit seiner anmutigen Frau. Sie haben einander lieb, und es heißt, sie seien die glücklichsten Menschen auf der Welt. Sie haben ein Kind. Wenn wir nun über das kleine Grundstück in Feindesland einmarschieren, dann würden wir das Glück zerstören. Also kann es keinen Krieg geben‹. Das sahen die Feldherrn denn auch wohl oder übel ein, und der Krieg unterblieb, wie jeder Mensch begreifen wird.«
Der Anblick des Glücks ließ die Waffen sinken, weil das friedliche Zusammenleben dieser kleinen Familie, weil dieser Friede ansteckend war. Die Keimzelle jedes Friedens in der Welt liegt in jeder Familie. Denn hier lernen die Menschen alle Regeln des Miteinanderseins, den Gebrauch von Macht und Gewalt, von Rollenspiel und Kompromiß. – Zwei Dinge sind für uns an diesem Märchen wichtig: Einmal ist es der Zusam-

menhang von Glücklichsein und Gewaltverzicht. Und Macht und Gewalt sind das genaue Gegenteil von Frieden in der Ehe. Der Verzicht auf Gewalt war es, der ansteckend wirkte. Nichts ist der Ehe und ihrem Glück mehr zuwider als Machtfragen, nichts ist so zerstörerisch – und so häufig. Schon die Antike ist voll von Anweisungen an den Mann wie »Herrsche über die Frau«, und über die Jahrhunderte hin erzählt man sich Schwänke über herrschende Frauen und Pantoffelhelden. Der christliche Weg ist, solche Fragen nicht über die Schwelle gelangen zu lassen: »Seid einander untertan.«

Und das zweite ist: Die Militärs empfinden angesichts des Glücks, das sie zerstören könnten, eine fast religiöse Scheu. Solches Glück darf man nicht zerstören, es ist etwas Heiliges. Und umgekehrt würde ich das religiös nennen, wo eine derartige Selbstverständlichkeit gegeben ist, die nicht in Frage gestellt werden darf, wo eine nicht mehr zu diskutierende Evidenz gegeben ist. Der Text aus dem Epheserbrief verbindet ausdrücklich Religion und Ehe. Die Ehe selbst ist hier überhaupt kein weltlich Ding. Und wenn es heißt, die Frau solle den Mann fürchten, so wird mit »fürchten« ein Wort verwandt, das sonst Gott gegenüber gilt, heilige Scheu bezeichnet.

Heute wie zur Zeit seiner Entstehung steht der Text in einer von Männern beherrschten Gesellschaft; der Verfasser des Textes war ebenso sicher ein Mann wie die meisten und auch dieser Ausleger, und deren Rollenverhalten hat sich in Jahrhunderten kaum merklich geändert. War dieser Text mit daran schuld? Oder verlangt er zu viel?

Der Text richtet sich fast ausschließlich an Männer, hält sie für der Ermahnung und Veränderung bedürftig. Dreieinhalb kurze Verse gelten Frauen, achteinhalb längere den Männern. Sie vor allem müssen zurechtgewiesen werden, auch wenn es vielleicht vor allem Frauen waren und sind, die hier zuhörten und zuhören werden; denn sie leiden vieles, und jedes Signal der Kursänderung ist wie ein Morgenrot.

Ich finde es erstaunlich und beunruhigend, was hier den Männern zugemutet wird: So wie Christus die Kirche geliebt und sich für sie hingegeben hat, damit sie rein und schön sei, so soll der Mann seine Frau lieben und sich hingeben für sie. Drei Dinge finde ich hier bemerkenswert: Einmal ist der Verfasser offenbar kein weltfremder Geist. Er weiß, was eine Frau begehrenswert macht. Denn wenn er sagt: Christus hat seine Braut als herrliche für sich erstellt, ohne Makel und Falten oder etwas davon, damit sie vollkommen sei und ohne Tadel, dann gibt er zu erkennen, daß er etwas von Schönheit versteht. Denn »herrlich« kann man mit »strahlend« übersetzen, »ohne Makel und Falten« kann man übersetzen mit »von guter Figur und jugendlichem Aussehen, hübsch und schick« und »vollkommen und ohne Tadel«, mit »eine tolle Frau wie aus dem Märchenbuch«. – Erstaunlich und bedenkenswert ist nur: Diese Attribute sind nicht etwa Bedingung der Heirat wie Wunschzettel in Annoncen für Partnersuche, sondern sie sind Folge des Tuns des Ehemannes. Er selbst ist verantwortlich für alle diese Qualitäten seiner Frau. Aus dem Miteinander ergibt sich, was der eine für den anderen sein kann. Jeder ist für die Qualitäten des anderen ganz wesentlich selbst verantwortlich.

Zum anderen muß bemerkt werden, daß es dem Verfasser sicher nicht darauf ankommt, hier für damals oder gar für ewig eine Rollenverteilung festzulegen, so als sei die Rolle der Frau schön zu sein und den Mann zu fürchten, die Rolle des Mannes die Hingabe und das Lieben wie sich selbst. Das alles wird doch nur deshalb gesagt, weil die Männer ermahnt werden sollen. Ihre Aufgabe und Verantwortung, nicht ihre Rolle wird beschrieben.

Zum dritten aber ist auch in der Wirkungsgeschichte dieses Briefes ganz unbewältigt, was hier den Männern zugemutet wird: Wie Christus sich hinzugeben für ihre Frau, zu ihren Gunsten. Mit dem Wort »Hingabe« wird die gesamte Existenz des Christus zusammengefaßt, sein Dienst, sein ungeteiltes Dasein für andere, die Lauterkeit im sich Verschwenden für andere ohne Rücksicht auf eigenen Gewinn oder Verlust.

Mit dem einen Wort »Hingabe« wird Jesus als ein Messiaskönig gezeichnet, der überhaupt nichts für seine königliche Ehre und alles für andere tat und der gerade darin Messiaskönig war.

Mit dem Wort Hingabe ist auch das Leiden gemeint. Das vor allem ist wichtig: Während sonst in aller Regel Frauen vieles leiden, nicht nur um Kinder auf die Welt zu bringen, sondern auch und vor allem in der Ausbeutung und zugleich Verachtung durch jede Sorte Männer, während also sie sonst die Leidenden sind, wird das Leiden zugunsten eines anderen Menschen hier eindeutig dem Mann zugemutet. Damit werden die Verhältnisse in der Tat umgekehrt. Der Christus, der hier vor Augen tritt, ist eine besondere Art von Mann, und jeder wird zugeben: eine bleibende Provokation für jeden Mann.

Denn »Hingabe« kennen wir Männer wohl, doch nicht in dem Sinne, wie es der Brief hier meint. Sexuelle Hingabe, um glücklich zu sein, Hingabe, bis man eine Frau erobert hat, die man begehrt, man nennt das auch Minnedienst. Und schließlich kennen wir Hingabe in sehr hohem Maße, wenn es um den Erwerb von Besitz oder Macht oder Ansehen geht. Für unseren Ruf sind wir fast unser ganzes Leben hindurch zu jedem Einsatz bereit; gegenüber unseren heidnischen germanischen Vorfahren ist dieser Punkt, daß Ehre das wichtigste Gut jedes Mannes sei, von jedem Christentum völlig unberührt erhalten geblieben. Alle diese Arten von Hingabe aber meint unser Text ganz offensichtlich nicht, denn mit Christus sind sie nicht zu verbinden. Vielmehr geht es in fast allen Punkten um eine gegensätzliche Art von Hingabe, die uns sehr unangenehm ist. Also nicht für die Ehre oder den Sexualgenuß, sondern für die eigene Frau alles das tun, was man tut, nicht nur theoretisch natürlich. Christus als Mann: Da geht es offenbar auch nicht um partnerschaftlichen Macht- und Interessenausgleich, sondern um Hingabe, um eine Ganzheit mit Phantasie und Leidensbereitschaft.

Ungeteiltes Dasein für die Frau, Verzicht auf jegliches Prestige dabei, eine Hingabe, die ganz dazu dient, die eigene Frau herrlich und attraktiv sein zu lassen – doch wohl, indem man sie glücklich dabei macht –, dieses wird von dem Mann gefordert, der wie Christus ist. Ein Ziel außerhalb dieser Existenz zugunsten seiner Frau wird für den Mann in diesem Text überhaupt nicht genannt. Gewiß geht es nicht um Bemutterung und Bedienen rund um die Uhr, sondern um Phantasievolleres.

Auch für mich sind dieses unangenehme Sätze, und ich stelle dieses als Meinung des Textes nur mit schlechtem Gewissen fest und ohne den Zeigefinger zu erheben. Die Art von Mann, den Christus darstellt, widerstrebt dem alten Adam in uns sehr erheblich.

Zugleich habe ich als Ausleger des Textes die Pflicht, ein Stück Konkretion vorzuschlagen, um nicht den Text im Jenseits unerfüllbarer und ebenso schöner wie utopischer Ideale zu belassen. Hingebungsvolle Existenz ist vielleicht so denkbar, daß wir uns bei vielen kleinen Entscheidungen daran erinnern, eine wie große Rolle bei allen unseren Entscheidungen männlicher Stolz spielt, Prestige und Anerkennung innerhalb und außerhalb der Familie.

Auch der Verfasser unseres Briefes kannte offenbar diese männliche Schwäche, denn er beginnt seinen Abschnitt über den Mann mit der einladenden Bestätigung, der Mann sei das Haupt der Frau. Das hört jeder Mann gern. Daß dann aber die Konsequenz eine Hingabe des ganzen Lebens ohne jedes Wenn und Aber und ohne jedes Ziel außer-

halb ist, das ist die Folge der Parallelsetzung des Mannes mit Christus. Wie Jesus der Menschensohn nach den Evangelien nur als Diener aller ist, so ist der Mann nur Haupt der Frau als der, der sich für sie hingibt. Wie der Christus sein Königtum nur innehat wie ein König in einem orientalischen Märchen, der sein ganzes Leben lang inkognito nur verschwenderisch Gaben verteilt und Menschen hilft, als unbekannter Wohltäter immer dort auftaucht, wo die Not am größten ist, und der gerade so und nicht anders der größte König aller Zeiten ist – ebenso ist männliches Prestige christlich nur noch als phantasievoller Dienst glaubwürdig. Etwas davon ist in einem altertümlichen Ideal aus der Kreuzzugszeit erhalten, das man Ritterlichkeit nannte und das im Gentleman fortlebt, eine modernere deutsche Wiedergabe dieses Ideals fehlt bezeichnenderweise. Soviel zum Thema Prestige und Stolz.
Ein anderer Punkt der Konkretion wäre die Frage des Zeithabens. Damit kann nicht gemeint sein, daß man den ganzen Tag zusammen ist, wohl aber eine prinzipielle Priorität. Ich stelle mir das ähnlich vor wie den sog. Kommunismus der Urgemeinde. Auch dabei ging es ja nicht so zu, daß alle besitzlos waren und alle Habe aufgaben, sondern so, daß prinzipiell und wann immer es nötig war, jeder ein Stück seiner Habe aufgeben konnte. Dabei bleibt, was Nötigsein konkret bedeutet, das Urteil der Sensibilität überlassen.
Alle diese Entscheidungen, auch und besonders die über das Verhältnis von »Beruf« und »Kindern«, die zu lösen mir hier am allerwenigsten ansteht, sind im Sinne dieses Christusbildes von jedem Mann nur mit äußerstem Widerwillen zu vollziehen. Das wußte wohl auch der Autor unseres Briefes, wenn er hier und nirgends anders in seinen Mahnreden Christi gesamtes Sein aufbietet. Das will sagen: Die hier genannte Art von Hingabe ist wohl nur unter religiösen Vorzeichen und kaum anders als aus der Motivation eines lebendigen Glaubens möglich. Aus diesem Grunde galten die Ideale der mittelalterlichen männlichen Krankenpflegeorden, in denen Männer das taten, was das Geschäft von Frauen alle Tage war, als der Inbegriff glühender Christusnachfolge. Aber es ist der einzige Weg zum Frieden.
Unser Autor wußte wohl, wie umstürzend seine Vorschläge waren, und eben das erklärt die merkwürdige Mahnung an die Frau zum Schluß, sie solle den Mann fürchten – und das, obwohl er den üblichen Teil über die Frau zum Beginn des Abschnittes schon geboten hatte. Hier aber wird an dieser Stelle die Mahnung zum Fürchten nachgeliefert, fürchten – eben

wie man Gott fürchtet, mit religiöser Scheu. Auch direkt vorher schon steht etwas, das eigenartig genug ist: Die Stelle aus dem 1. Buch Mose über das Verlassen von Vater und Mutter und das Ein-Fleisch-Sein, die jedermann natürlich auf Mann und Frau und Ehe bezog, wird gegen jede Erwartung plötzlich nur noch auf Christus und die Kirche gedeutet. Nur von diesen gelte der Text.

Und alles übrige Einswerden von Mann und Frau ist nur noch Abbild dieses einen grundsätzlichen Geschehens. Es ist, wie wenn dieses Geschehen Frau und Mann trägt und bei und in aller Überforderung stützt. Mann und Frau sind nicht für sich, sondern stehen in dem Rhythmus eines größeren Geschehens darin. So sagt die Aufforderung zum Fürchten eher etwas über das Tun des Mannes im Zeichen Christi, als daß es eine zusätzliche Verpflichtung für die Frau bedeuten sollte. Das soll heißen: Was geschieht, wenn man einander untertan ist und auf Macht verzichtet, wenn der Mann alles darangibt wie der messianische König, das ist so neu und so staunenswert, daß es wie Gegenwart Gottes selbst in der Welt ist, der man mit religiöser Scheu begegnen soll. Scheu heißt auch: Nicht richten, weil es sich um ein christusartiges Geschehen handelt, wenn es geschieht, sollte es auch zaghaft und unsicher und förderungs- und ermunterungsbedürftig sein.

Beide, Mann und Frau, sind als Christen in ein neues Rollenspiel eingestiegen. Seine Spielregeln sind durch den gewaltlosen Messiaskönig selbst gegeben. Bedienen ist gut, Sich-bedienen-lassen ist unpassend. Nur auf Vorschuß könnten eigentlich Mann und Frau einander dieses Sichunterordnen geben. Doch der Briefautor will zeigen, daß dieses neue Tun auf einer sicheren, schon von der Schrift bezeugten Basis ruht: auf der Ordnung des Heils selbst. Ihr Rhythmus, ihr Gesetz gilt auch für die Ehe. Damit gilt aber auch ihre Verheißung.

Denn immer gibt man an andere weiter, wodurch man selbst geprägt wurde. Wenn wir uns heute oft wundern über die Erbarmungslosigkeit mancher feministischer Positionen, dann wird doch dort nur spiegelbildlich zurückgegeben, was Frauen von Männern zu leiden hatten. Das wäre in der Tat der eine revolutionäre Ausweg aus einer langen Geschichte der Unterdrückung: Auge um Auge, Machtkampf mit gleichen Waffen, Ausschluß von Männern, Geprägtsein durch erlittene Gewalt und jetzt so auch handeln.

Der andere revolutionäre Ausweg wäre der von Eph 5. Auch hier geht es um Handeln nach Geprägtsein. Nur hier soll die Tat des Christus prägen,

die empfangene Hingabe, nicht die erlittene Gewalt. Die Männer selbst sollen sich ändern. So geht es hier nicht um die Waffen von Gewalt und Ausschluß, sondern um die Revolution durch Hingabe. Sie schlummert seit fast zweitausend Jahren in diesem Text.
Die Existenz des »harten« Feminismus gemahnt uns, daß es für das Ergreifen dieses revolutionären Weges höchste Zeit ist oder war. Denn sonst, und damit kehren wir zum Anfang zurück, kann es niemals Frieden geben.
Und: Bert Brecht läßt eine Frau sagen: »Der, den ich liebe, hat mir gesagt, daß er mich braucht. Darum gebe ich auf mich acht, sehe auf meinen Weg und fürchte von jedem Regentropfen, daß er mich erschlagen könnte.«

Als Auserwählte Flagge zeigen
Kol 3,9-17

9: *Belügt einander nicht; denn ihr habt den alten Menschen mit seinen Werken ausgezogen*
10: *und den neuen angezogen, der erneuert wird zur Erkenntnis nach dem Ebenbild dessen, der ihn geschaffen hat.*
11: *Da ist nicht mehr Grieche oder Jude, Beschnittener oder Unbeschnittener, Nichtgrieche, Skythe, Sklave, Freier, sondern alles und in allem Christus.*
12: *So zieht nun an als die Auserwählten Gottes, als die Heiligen und Geliebten, herzliches Erbarmen, Freundlichkeit, Demut, Sanftmut, Geduld;*
13: *und ertrage einer den anderen und vergebt euch untereinander, wenn jemand Klage hat gegen den anderen; wie der Herr euch vergeben hat, so vergebt auch ihr!*
14: *Über alles aber zieht an die Liebe, die da ist das Band der Vollkommenheit.*
15: *Und der Friede Christi, zu dem ihr auch berufen seid in einem Leibe, regiere in euren Herzen; und seid dankbar.*
16: *Laßt das Wort Christi reichlich unter euch wohnen: lehrt und ermahnt einander in aller Weisheit; mit Psalmen, Lobgesängen und geistlichen Liedern singt Gott dankbar in euren Herzen.*
17: *Und alles, was ihr tut mit Worten oder mit Werken, das tut alles im Namen des Herrn Jesus und dankt Gott, dem Vater, durch ihn.*

Der neue Mensch. Darin sind sich alle einig: Der neue Mensch muß her. Von rechts her und von links her will jeder den neuen Menschen. Der neue Mensch von rechts her muß sein: leistungsstark, technologiefreudig, elegant, schön, witzig, zielstrebig, aktiv und charmant, ein Glücksfall soll er sein und ohne Feinde. Und der neue Mensch von links her soll sein: feministisch, ökologisch, tolerant, therapeutisch, etwas unordentlich und musisch, lieb und ein Glücksfall soll er sein und ohne Feinde. – Überall, von rechts her und von links her wird der neue Mensch in Katalogen von Eigenschaften beschrieben wie in unserem Text. Jede Reform, Reformation und Revolution wollte ihn, den neuen Menschen. Nur die Programme, die man aufstellt, erreichen immer ungewöhnlich schnell das Ruhestandsalter. Wenn man bedenkt: vor kurzem noch Wahlkampf. Voll von herrlichen Programmen, geistige Führung von jedem, neue Menschen im Sonderangebot. Wie schnell veraltet die sogenannte Zukunft, wie schnell hat der Beste für Deutschland die Nase voll.

Wie Schnee von gestern ist auch das, was sehr häufig die sogenannte aufstrebende junge Führung unserer Kirche produziert. Liest man aufmerksam, worin sich oft mit wenigen Ausnahmen die Generation jüngerer und mittlerer evangelischer Theologen artikuliert, was ihr Programm ist und ihre Hoffnung, was sie als ihr Selbstverständnis äußern, dann wundert man sich auch nicht über das Desinteresse der Menschen daran. Ich möchte immer gerne wissen, ob es das irgendwo gibt, was »die« Theologiestudenten, Vikare, die Religionslehrer meiner Kinder, Kirchentagsbesucher, Pfarrer bis 50 denken, und ich stoße immer auf Programme von vorgestern, die ich schon bei deren Müttern und Vätern las. Das reizt keinen mehr, findet nur so geringes Echo, weil der neue Mensch, der da vorgestellt wird, irgendwie langweilig ist, immer dieselben bekannten Schlagworte von Ökologie, Dritter Welt und Feminismus. Es sind ja auch immer nur die wenigen selben Leute, die als Willensbilder auftreten. Wo die Mehrheit steht, weiß niemand. Sicher: Mit den Schlagworten Ökologie, Dritte Welt, Feminismus, arm und reich, Weltwirtschaftsordnung, Fasten für Nicaragua verbinden sich hehre Ideale. Und Gewaltfreiheit und Bekämpfung der konstantinischen Wende und Basisgruppen. Doch irgend etwas macht die Sache so langweilig, daß die Intelligenz und die Leute, die auf sich achten, vor diesen Programmen davonlaufen. Denn man hört die Schlagworte und weiß schon. Und hakt ab und geht seiner Wege. In Wahrheit wissen wir nicht, wo die schweigende Mehrheit steht, beziehungsweise, was noch schlimmer ist, die wissen es selbst nicht. Ratlos sind wir in Wahrheit, die plakativen Programme, die es genauso gibt, seitdem ich studierte, sind nur das Feigenblatt vor unserer Ratlosigkeit. Wir wissen nicht, wo es hingeht. Und dann greifen wir zu den bewährten Schlagworten, die schemenhaft sind und beleidigend in ihrer Langweiligkeit, in der eingebürgerten Phantasielosigkeit vor allem. So hinterlassen wir ein paar gespaltene Gemeinden und eine langsam zerfließende Evangelische Kirche. Der neue Mensch läßt *nicht* grüßen.

Einen Katalog bietet auch unser Text. Nur ein paar vielleicht unwichtige Dinge unterscheiden ihn von anderen Programmen über den neuen Menschen. Es sind die Begründungen, die garantiert fremd in unseren Ohren klingen: Ich zitiere »als auserwählte Heilige Gottes«, »wie der Herr euch vergeben hat«, »ihr seid gerufen in einem Leib«, »alles im Namen des Christus tun und Gott danken durch ihn«. Vielleicht sind unsere Programme nicht nur beleidigend wegen ihrer Langweiligkeit. Vielleicht sind sie auch enttäuschend wegen ihrer Gottlosigkeit. Ihnen fehlt jener Pfeffer, der davon ausgeht, wenn man sich einem lebendigen Gott gegenüber weiß. Der uns jederzeit, ich betone: jederzeit, aus allen liebgewordenen Programmen herausruft.

Wie auch sonst, so reizt mich auch hier als Exegeten am meisten der fremdeste Ausdruck: »als auserwählte Heilige Gottes«. Das ist der neue Mensch, den wir anziehen können. Das Wort »Auserwählte« hören wir nicht gern. Ich weiß auch warum: Weil wir dann Farbe bekennen müßten. Die Auserwählten sind nie die dumpfe Mehrheit, die sich um Stellungnahmen herumdrückt. Es sind die wenigen, die dann aber auch durchsichtig sein müssen wie der berühmte »gläserne Abgeordnete«. Als Heilige Gottes. Das bedeutet zu deutsch: Als Eigentum Gottes, als solche, die er radikal beansprucht. Die er zugleich herausgenommen hat und befreit hat von den Gesetzen der dumpfen Masse. Der heilige Gott, der uns beansprucht, ist wie Feuer, das nichts Undurchsichtiges und Halbes bestehen läßt. Daher erscheint er Mose im brennenden Dornbusch, und Mose muß die Schuhe ausziehen, weil es heiliges Land ist. Von Gott beansprucht zu sein bedeutet zugleich die ganz große Freiheit. Der neue Mensch ist ganz gefordert, er wird durch ein lebendiges Feuer kritisiert, und zugleich ist er ganz frei. Das bedeutet: Er darf nachdenken, er darf originell sein, kritisch sein gegenüber allem, vor allem gegenüber sich selbst.

Konkret heißt das: Als Heilige Gottes Flagge zeigen zum Beispiel durch Gotteslob. Indem wir auf dem unverwechselbar Eigenen *bestehen*, das uns und nur uns verbindet, uns Christen und Juden. Als Heilige Gottes die Freiheit haben, sich zu verhalten wie das Kind in dem Märchen »Des Kaisers neue Kleider«, das den Mut hatte zu sagen, der Kaiser sei nackt. Als Heilige Gottes immer wieder erfahren wollen, daß es Phantasie zu wirksamer Liebe (und nicht nur zu guten Absichten) nur dort gibt, wo man dem geheimnisvollen und vergebenden Geheimnis Gott begegnet ist. Das ist keine Flucht in neue Frömmigkeit, sondern die Freiheit derer, die wissen, daß sie hier nichts zu verlieren haben. Wir sind die, die nichts zu verlieren haben, denn wir sind geliebt für immer, teuer erworbenes Eigentum Gottes. Und nichts zu verlieren haben ist das Gegenteil von nichts zu suchen haben. Das Neue ist etwas differenzierter, etwas komplizierter zu erkämpfen. Das hält nur der durch, der im Glauben geborgen und durch Vergebung getröstet ist. Deshalb müssen *wir* uns darum kümmern, wo es hingeht, inständig und mit Sachkenntnis.

Kraft und Gelassenheit
2 Tim 1,7

7: *Denn Gott hat uns nicht gegeben den Geist der Furcht, sondern der Kraft und der Liebe und der Besonnenheit.*

Das Wohn- und Arbeitszimmer meiner Urgroßeltern, dort wurde auch mein Großvater geboren, war der Kapitelsaal des ehemaligen Zisterzienserklosters Chorin in der Mark Brandenburg. Die Bilder davon haben sich mir seit meiner Kindheit eingeprägt: Der Chor der Kirche ist noch erhalten und wird beherrscht durch die schmalsten und steilsten himmelanragenden Fenster zisterziensischer Backsteingotik, Zeugnisse von Arbeit und Schweigen. Und daneben Bilder des Klostergartens neben den Mauern und zwischen ihnen, üppig wuchernde bunte Blumen, windgeschützt durch die Mauern, Sonne, Vögel, Farben, Wärme und zeitloser Sommer. Beides scheint entgegengesetzt: Die Fenster nehmen den Blick gefangen und lassen ihn in die Höhe gehen, gestatten nur diese eine Richtung. Und der wilde Garten scheint nur auf den Augenblick bezogen, auf das Lebendigste. Aber da beides so zusammen besteht, gehört es vielleicht auch zusammen, ist es nicht trennbar: Die strengste Orientierung und die Fähigkeit, sich wärmen und erfreuen zu lassen. Am Ende gibt es auch eine ganz wichtige Gemeinsamkeit zwischen beiden: Beide Bilder sind je für sich und zusammen Ausdruck des Verzichts auf alles Beiwerk, Zeichen für das allein Wichtige. Beide Bilder haben deshalb etwas mit Reinheit und Eindeutigkeit zu tun, mit Teilhaben-Können an einer bestimmten Atmosphäre gefüllter Stille, in der man nachdenken kann und hören kann, wie Herzen klopfen und Bienen summen.

Beide Bilder kamen mir in den Sinn, als ich mich gestern fragte, in welcher Situation wir sind, wenn wir das Wort vom Geist der Kraft und nicht der Verzagtheit hören. Was fehlt, ist helle, klare Orientierung, auch ein rechtes Zueinander unserer Arbeit und unserer Wünsche zum Genießen und Fühlen. Und hier ist wieder das Bild von den strengen gotischen Fenstern und von dem blühenden Garten. Was uns fehlt, ist die Fähigkeit zur Arbeit wie zur Freude, und beides gehört zusammen. Statt dessen leben wir undefiniert zwischen Wünschen und Ängsten, ohne Klarheit und ohne ein Ziel, ohne Wesentliches vom Unwesentlichen scheiden zu können. Ferien machen können ist genauso eine Kunst wie Freude an der Arbeit zu haben. Kraft braucht man dazu, aber es ist doch nur die Kraft zum Einfachen und Ungeteilten, der Mut, sich auf etwas einzulassen.

Verzagtheit oder Mut – darum geht es auch bei unseren Kontakten mit der Kirche. Man muß es auch einmal ganz ehrlich als Theologe sagen: Scheu und verzagt sind wir gegenüber Kontakten mit der Kirche. Zu oft haben wir erfahren, daß man uns mit irgend etwas abgespeist hat. Wir können das nicht alles glauben, was die Kirche zu glauben verlangt. Die vielen unverständlichen Dogmen, vom Glaubensbekenntnis angefangen, wo wir kaum noch einen Satz ehrlich unterschreiben können.

Und fromme Leute, die davon sprechen, daß man bekehrt sein muß, empfinden wir oft als unangenehm befremdlich. Sind das die Heerscharen, auf die sich der Pfarrer stützt? Wollen die uns nicht alle bekehren, überreden zu einer Sache, die wir nicht wollen? Besteht der schöne Spruch nicht zu Recht: Ach lieber Gott, mach die bösen Leute gut und die frommen Leute nett!?

Die Angst vor der Kirche ist die Angst vor der moralischen Vollkommenheit ihrer Apostel und vor dem Zwang, der auf das Denken ausgeübt wird. Schon wie wir in der Kirche aufgereiht nebeneinander sitzen und alle dasselbe tun müssen und dasselbe hören müssen. Die Kirche ist eine Meisterin darin, Konformität, Gleichschaltung zu erreichen – und wir haben immer das Gefühl, unsere Freiheit würde kassiert dabei. Oft hört man Menschen sagen: Ich kann das nicht leisten, das alles glauben und mein Denken so gleichschalten lassen und fromm sein. Abgesehen davon, daß die frommen Leute in ihrem Alltagsverhalten dann oft ganz anders sind.

Man hat Fragen – aber die Kirche sagt, man müsse von irgendeinem Punkt an eben einfach glauben. Wäre doch die Kirche ehrlicher! Könnte sie es übers Herz bringen, uns nicht immer für dumm zu halten! Könnte sie doch offen zugeben, daß es für fast alles in der Bibel Parallelen in der antiken Religion im Umkreis der Bibel gibt. Die Kirche, und das sind in diesem Fall die Pfarrer und ihre Heerscharen, sie ist offenbar selbst viel zu ängstlich, zu verzagt, sie traut uns nichts zu, und daher immer wieder das autoritäre Konformitätsdenken. So fühlen wir uns abgestoßen und verstoßen, und damit ist genau das Gegenteil erreicht von dem, was das Evangelium will.

Alles, was uns verzagt macht, sind Dinge, auf die es überhaupt nicht ankommt im Christentum. Und umgekehrt: Wenn uns etwas verzagt und beklommen macht, wenn wir uns ausgeschlossen und abgestoßen fühlen, dann können wir mit Sicherheit annehmen, daß hier vielleicht auf beiden Seiten, bei uns wie bei der Kirche, der Blick für das Wesentliche fehlt.

Das biblische Wort »glauben« hat überhaupt nichts mit Dogmen zu tun, sondern bedeutet: seinen Halt in Gott finden. Und darin Gott ähnlich werden, daß man verläßlich und treu ist wie er. Und schauen Sie doch nach in den Evangelien: Wieviele Dogmen verlangt Jesus von denen zu glauben, die ihm nachfolgen? Ich bin nicht für ein dogmenfreies Christentum, die Glaubensbekenntnisse haben einen guten Sinn, aber einen begrenzten. Sie sind entstanden als Zaun nach außen hin, nicht gegenüber anderen Lehren an und für sich, sondern gegenüber anderen Lehren, die jeweils Ausdruck verfehlter Lebenspraxis waren. Das sollte abgewehrt werden. Wer sich ständig an den Dogmen reibt, ist einem Weidevieh zu vergleichen, das sich ausschließlich für den Zaun aus Holz oder Metall interessiert und sich dabei die Zähne wundbeißt, denn der Zaun ist in der Regel zu hart für seine Zähne – und das darüber das Weiden und die schöne Wiese vergißt.

Der Geist der Kraft, den ich uns wünsche, heißt: Seien Sie gelassener gegenüber dem, was in all dem, was man in der Kirche hört, als nicht ohne weiteres nachvollziehbar erscheint. Vielleicht werden Sie erstaunt sein, wenn ich Ihnen sage: Das alles nachzuvollziehen ist gar nicht in erster Linie der Sinn des Christentums. Der Sinn des Christentums ist in erster Linie: Daß wir den Geist der Kraft empfangen, die Motivation und die Geduld, um intensiver und glücklicher leben zu können. Das Glaubensbekenntnis und die Liturgie sind wie eine überfüllte Speisekarte: Niemand kann das alles wirklich verdauen. Suchen Sie sich davon das aus, von dem Sie leben können, mit dem Sie glücklicher lieben und sterben können.

Wenn ich sage: Es kommt nicht vor allem darauf an, alles nachvollziehen zu müssen, so widerstreitet das nicht der Ehrlichkeit. Im Gegenteil: Ehrlich sein heißt ja gerade: Nur das wirklich behaupten, wovon man auch leben kann. Das andere kann man doch gelassen an seinem Ort belassen. Denn es stünde nicht da, wenn nicht irgend jemand damit etwas anfangen könnte. In jedem Teil ist aber auf irgendeine Weise das Ganze. Und wenn Sie das Glaubensbekenntnis mitsprechen, so erwartet niemand von Ihnen, daß Sie das alles im Augenblick glauben. Wir sind doch keine Inquisition. Ich spreche es auch ganz mit, obwohl ich nicht davon überzeugt bin, daß Maria bei der Geburt Jesu Jungfrau war. Ich sehe es nicht als meine Pflicht an, bei jedem Satz abzuhaken, ob ich das auch buchstäblich so meine. Ich spreche das mit, weil es nicht nur mich und meine Ehrlichkeit auf der Welt gibt, sondern auch noch viele andere Menschen und deren Ehrlichkeit – Christentum ist schließlich weltweit und zweitausend Jahre alt. Und indem ich das mitspreche, gestehe ich den anderen Menschen ihr Christsein zu, bekenne ich ausdrücklich: Wir gehören zueinander, ihr, die ihr dies für wesentlich hieltet, und ich, der ich anderes für wichtig halte. Und in jedem Teil ist das Ganze. Und nicht nur: Einer trage des anderen Last – sondern auch: Einer stütze des anderen Glauben. Weil die Liebe und die Gemeinschaft über Kontinente und Jahrhunderte wichtiger ist als meine Ehrlichkeit allein. Es hat doch alles ein und dasselbe Ziel.

Daher sollte die Kirche, was die Vielfalt der Lehrmeinungen anbetrifft, ganz großzügig sein. Aber verbindlich sollte sie sein, wenn es um das Handeln, um die Liebe geht. Denn bei der Frage, ob man Ausländer mißhandeln soll, da hört die Toleranz auf. Einheit in der Liebe ist wichtiger als die in der Lehre, das sagt auch schon das Neue Testament. Und was die Konformität im Gottesdienst angeht, so bin ich ein leidenschaftlicher Anwalt dafür, daß man im Gottesdienst auch träumen darf, auch bei der Musik, weil man Recht auf einen Freiraum hat. Weil man durch die anderen ja mitgetragen wird und deshalb sich nicht verkrampft überkonzentrieren muß, sondern eben gelassen sein darf. Es geht doch nicht um Werke, sondern um Gnade. Einer trägt den anderen mit, und niemand braucht Angst zu haben, daß er etwas nicht leisten kann.

Gelassenheit – das ist uns Pfarrern zu wünschen, ohne Angst andere Standpunkte in der Kirche gelten zu lassen. Und Gelassenheit ist den normalen Christen zu wünschen gegenüber der ihnen bedrohlich gegenüberstehenden Kirche. Daß Sie Mut haben, Ihren persönlichen Einstiegspunkt ins Christentum, den Punkt, der Sie dabei interessiert, auch zu vertreten und daß Sie darauf vertrauen, auch Gleichgesinnte zu finden. Und auch wenn Sie den Eindruck haben, der Pfarrer glaube einfachhin alles und wolle Sie dazu auch zwingen – lassen Sie ihn. Das Christentum ist zu schade, als daß es an der Kirche scheitern dürfte. Nehmen Sie solchen Menschen durch Ihre Liebe die autoritäre Ängstlichkeit.

Unter dieser, nur unter dieser Bedingung ist der Geist der Verzagtheit durch den Geist der Kraft überwunden worden: Daß einer dem anderen durch seine Liebe die Angst nahm, ihn tröstete. Und daß dieses etwas mit Gott zu tun hat. – Wo aber ist dieser Geist der Kraft, den wir brauchen und der allein verändern kann? Ein jüdisches Wort heißt: In der Schale des Vergessens wächst die Macht der Erinnerung, und das ist die Macht der Erlösung. Nur wenn wir gelassen vergessen können, nicht wenn wir verkrampft etwas wollen, können wir erlöst werden. Was wir wollen, bekommen wir nur über einen Umweg, der mit Freiheit und Nicht-mehr-Wollen zu tun hat. Vielleicht wird es mit den Menschen und mit dem Zustand unserer Welt nur quer zu unserem Wollen besser, vielleicht geschieht es ganz anders, nicht mit großen Zahlen, Perfektion und Erfolgsbilanzen. Gott hat seine eigenen Wege, und die Liebe ihre auch.

Ist diese verborgene Kraft eine Illusion? In jeder Nacht wiederholt sich auf dieser Erde vieltausendmal derselbe Vorgang: Ein Kind wacht aus dem Schlaf auf und weint, vor Angst, vielleicht. Und die Reaktion ist vieltausendmal dieselbe: Die Mutter steht auf und tröstet das Kind und sagt: Es ist doch alles in Ordnung, ich bin doch da. Ist das eine Illusion? Ich meine: Dort, wo der eine für den anderen da ist, ist Liebe und nicht illusionäre Sicherheit; wo einer den anderen liebhat. Und daß die Macht der Erinnerung wächst in der Schale des Vergessens, das gilt besonders von aller Liebe, die wir je und je empfangen haben: Im Augenblick erinnern wir uns nicht. Und doch ist dieses und nichts anderes die geheime Kraft, die uns trägt. Die scheinbar vergessene, in Wirklichkeit

aber präsente Zuwendung, das ist der Geist der Kraft. Von dort her allein können wir die Kraft nehmen, und die Deutschen sollten das für ihre Kinderfreundlichkeit wohl bedenken.
Nicht vergessen werde ich einen Mitstudenten, der im zweiten Semester einen qualvollen Tod sterben mußte, und als es zum Sterben kam, unter Schmerzen immer wieder den Vers aus dem Kindergartenlied wiederholte: Kennt auch dich und hat dich lieb.
Am Ende ist es also etwas ganz Einfaches. Ein Stück Paradies, wie ein Fetzen aus fernen Kindertagen, dort, wo dann Menschen nicht weiter können. Wo unsere Wege zu Ende sind. Wo endgültig das Nichtmachbare deutlich wird und wir uns endgültig beschenken lassen müssen – warum nicht auch schon vorher? Wo endgültig auf die Probe gestellt wird, was wesentlich und was Glück war und die Orientierung und die Kraft zum Leben: Kennt auch dich und hat dich lieb.

Freiheit und Martyrium

2 Tim 2,8-9

8: *Halt im Gedächtnis Jesus Christus, der auferstanden ist von den Toten, aus dem Geschlecht Davids, nach meinem Evangelium,*
9: *für welches ich leide bis dahin, daß ich gebunden bin wie ein Übeltäter; aber Gottes Wort ist nicht gebunden.*

Paulus in einem römischen Gefängnis, gefesselt, nur einer hat ihn in seiner Einsamkeit besucht. Alle aus seinen Gemeinden in Kleinasien haben sich von ihm zurückgezogen. So stellt ihn uns der Verfasser dieses Briefes vor Augen. Jesus wurde wie ein Verbrecher gekreuzigt und Paulus wie ein Verbrecher gefesselt. Doch mitten darin der Satz: »Das Wort Gottes ist nicht gefesselt«, es ist nicht in Fesseln zu legen.
Vielleicht beneiden wir Paulus ein wenig, der so eindeutig mit seinem Glauben glücklich sein kann, der so unangefochten triumphieren kann. In der Tat: So ist seiner Botschaft nicht beizukommen. So schafft man nur Märtyrer. Wir könnten neidisch sein, weil unsere Lage keine so eindeutige Konfrontation von Recht und Unrecht zuläßt, weil wir nicht im Aushalten glücklich sein können mit dem triumphierenden Wort Gottes. Bei uns ist das alles viel unanschaulicher, uneindeutiger. Manchmal denke ich: Zeuge, Märtyrer sein ist leicht bei so klaren Fronten. Wo

die gegnerische Front immer nur durch die blöde Art ihrer Gegnerschaft den Widerstand und den Triumph der Opposition steigern muß.

Darum geht es bei Paulus und darum ging es im Widerstand im Dritten Reich und überall in der Welt: Triumph von Geist gegen Macht, Aufstand letzter Freiheit gegen die Übermacht von Gewalt, von Gesetzlichkeit und Borniertheit, von Starre und angemaßter Macht, Establishment, Eigennutz und noch einmal Gewalt. Wer gegenüber diesen äußerlich unterliegt, hat die Chance zu siegen, wenn ein Funke lebendigen Geistes in ihm ist. Denn der ist nicht durch Gewalt und Starrheit auszulöschen. Gerade lebendiger Geist aber hat nach der Erfahrung aller Christen des Anfangs etwas mit Gottes Geist zu tun.

Die Erfahrung dieser letzten Freiheit, der Triumph gegen die reale Übermacht der Dummheit, ist eine spezifisch religiöse Erfahrung. Denn wie sollte ein Mensch aus sich selbst heraus so viel Kraft zum Widerstand gegen eine Übermacht besitzen? Es ist wie bei David gegen Goliath. Diese Kraft und diese unbesiegliche Freiheit schafft Gott in ihm. Wenn es um dieses geht, können Menschen buchstäblich auf die Barrikaden gehen und alles, bis hin zum Leben, daran setzen.

Mit Verboten ist dieser Art Leben nicht beizukommen. Wer das ausrotten will: das Gewissen, eine wirkliche Liebe, den Glauben an Gott, das Evangelium selbst – wer diese ausrotten will, muß immer wieder erfahren, daß jeder solcher Versuch eher in das Gegenteil umschlägt. Denn hier wird etwas Schwaches, Unsichtbares bedroht, das im Handumdrehen zum Stärksten wird. In diesem innersten Kern unseres Herzens wächst uns dann eine Kraft zu, die man schon immer als die Kraft Gottes aufgefaßt hat. Hier ist uns Gott am nächsten. Von hierher besteht die einzige Hoffnung, aller Tyrannei der Erde zu entgehen.

Deshalb bin ich Christ, weil der Glaube an Gott und an Jesus Christus als den ersten befreiten Menschen die einzige Chance und Hoffnung ist, menschlicher Tyrannei und Gewalt zu entrinnen. Von diesem Punkt aus, wo keine Macht der Welt mehr greift, von diesem »archimedischen Punkt« aus sich selbst zu finden und anderen eine Ahnung von Freiheit zu geben, das ist der Sinn der Rede vom Messias.

Ursprung unglaublicher Kraft zum Durchhalten ist dieser Funke in uns, durch den und in dem Gott uns liebt und durch den verhindert werden kann, daß wir irgend jemandes Sklaven werden müßten. Weil wir so geliebt sind, können wir nicht beherrscht werden. Das ist der Sinn von Messiasglaube, und der Messias heißt in jüdischer Überlieferung auch

der »Geliebte«, und deshalb ist er der erste, der Prototyp aller Befreiten. Und diese Kraft der letzten Freiheit macht auch aus denen, die sich darin einig sind, eine verschworene Gemeinschaft.
Doch bei uns ist alles viel schwerer als bei Paulus und bei den meisten Märtyrern. Bei uns wird im Augenblick Christentum nicht verfolgt. Die klare Konfrontation fehlt. Und wo sie sein könnte, in der Kirche selbst, da sind vielfältige Mechanismen entwickelt worden, unangenehme Dinge aus der Botschaft des Neuen Testaments zu verdrängen und zu »interpretieren«. Alle und alles sind im Übermaß tolerant geworden. Wir haben nicht das Gefühl, daß es irgendwo um diese letzte Freiheit geht. Ist es nicht unendlich schwer und ist nicht dieses vielleicht die wirkliche Überforderung, die Freiheit in vielen tausend Kleinigkeiten verteidigen zu müssen?
So sollen wir nicht zuerst nach Märtyrern und offenen Verboten Ausschau halten, sondern nach den raffinierteren und heimlichen Tyrannen fragen. Werden nicht genügend totale Ansprüche auf uns erhoben? Schon immer war das der Trend, die Meinung über das, was schick ist, so etwa die Art, in der jetzt überall der Wettbewerb angeblich verschärft werden muß, etwas, das zum Beispiel selbst in vorgeblich weltentrückten akademischen Prüfungsgremien so voll durchschlägt, daß es sie in Zensurengebung und Festsetzung der Durchfallquote einfach aus der Bahn wirft. Opfer des Trends werden wir so, ungewollte Vollstrecker gerade jener Unmenschlichkeit, die wir an anderen lauthals tadeln. Heimlich bauen wir alle, im Osten und im Westen, links und rechts, mit an derselben umfassenden Versklavung. Die Tyrannen sind nicht mehr einfach zu enttarnen. Es geht nicht mehr um Statthalter und Polizei wie im römischen Staat zur Zeit des Paulus. Vielleicht waren Martyrien eine einfache Sache angesichts der verzwickten Art von Tyrannei, der wir jetzt folgen. Widerstand ist nicht mehr eindeutig, wird, da es viele Aspekte gibt, notwendig diskutierbar und leichter zerredet. Die Meinungsmacher, die uns tyrannisieren, sind zu anonymen Tyrannen gewordene Bedürfnisse unserer selbst.
Vielleicht ist dennoch unsere Lage von der des 1. Jh. nicht in jedem Punkt verschieden. Wie käme Jesus sonst darauf, anstelle differenzierterer Gesetzesauslegung, die ja den Sinn hätte haben können, das Alltagsleben immer weiter und tiefer für Gott zu gewinnen, anstelle dessen immer wieder nur von Wachsein und von Wachsamkeit zu reden? Wo Anweisungen nicht mehr gegeben werden können, wo Klarheit nicht

mehr möglich ist, da die Verhältnisse undurchschaubar und vielschichtig sind, spricht Jesus von Wachsein. Und das ist: Sensibilität für das, was jeweils verspielt wird, wirkliche Unabhängigkeit. Hier liegt die Chance, auch in der härtesten und subtilsten Tyrannei dem Netz des Vogelfängers zu entwischen und frei zu sein.

Wachsamkeit, um der Tyrannei zu entgehen und messianische Freiheit zu bewahren – der Zusammenhang mit dem Liebesgebot, das Jesus für die Summe des Gesetzes erklärte, ist offenkundig. Denn wachsam sind wir, wo wir lieben. Im Verkehrsgewimmel einer großen Stadt ist jeder Autofahrer extrem wachsam, wenn er sein Auto und sich selbst liebt. Wachsam sind wir, wenn wir jemanden sehr lieben, damit dieser Liebe nichts geschieht. Wenn Jesus uns zum Wachsein aufruft, meint er Liebe zu anderen wie zu uns selbst. Aber wach sein können, sensibel sein können geschieht nicht von heute auf morgen, sondern ist eine Sache langer Erziehung. Hier fallen die Würfel, besonders im Alter zwischen zehn und zwölf Jahren. Deshalb müssen wir darauf achten, daß unsere Kinder Lehrer bekommen, die vor allem dieses sie lehren, damit sie später erträgliche Mitmenschen werden.

Und andererseits sind Nachlässigkeit und Gedankenlosigkeit auch immer wieder gewohnheitsmäßiges Unterdrücken spontan empfundener Hilfsbereitschaft, spontan geäußerten Protestes. Auch das bedeutet Wachsamkeit: Zu der unmittelbar sich äußernden Mitmenschlichkeit stehen, sie nicht verdrängen und vergessen. Häufig denke ich: Da müßte ich doch an unseren Bürgermeister schreiben, und dann vergesse ich es.

Die Mahnung zur Wachsamkeit ergänzt Jesus um die Mahnung zum Beten: »Wachet und betet, damit ihr nicht in Versuchung fallt«. Zum Beten ist hier nur dieses zu sagen, daß es die gründlichste Ablenkung von sich selbst und damit auch die gründlichste Hinführung zu sich selbst ist. Kraft zum Widerstand gegen jede Tyrannei, weil Beten gegen den Trend und gegen das Sozialprestige ist, auch schon zur Zeit Jesu.

Weil Jesus vom Wachen und Beten redet, weil Wachsein die Art der Liebe ist, die Jesus sich denkt, deshalb ist er der Messias und Befreier auch dort, wo es um den Widerstand gegen die unheimlichen heimlichen Tyrannen geht. Ist es nicht bekannt, daß Guerillakrieg ungleich aufwendiger und verlustreicher ist als ein großer umfassender Schlag? In der Notwendigkeit dieses hinhaltenden, beständigen, ausdauernden Widerstandleistens gegen vielfältige, namenlose und undurchsichtige Tyrannen befinden wir uns.

Jeder kleine Sieg bedeutet aber auch ein Stück Freiheit, und jedes Stückchen Freiheit ist ein Teil der glückseligen messianischen Zeit, die Jesus nicht nur dem Namen nach, sondern wirklich gebracht hat. Sein Name steht für Freiheit von jeder nur denkbaren Tyrannei. Das wird jederzeit wahr, wenn seine Freunde auch die unseren sind.

Der Schritt aus der Traurigkeit

1 Petr 1,18-25

18: *Denn ihr wißt, daß ihr nicht mit vergänglichem Silber oder Gold erlöst seid von eurem nichtigen Wandel nach der Väter Weise,*

19: *sondern mit dem teuren Blut Christi als eines unschuldigen und unbefleckten Lammes.*

20: *Er ist zwar zuvor ausersehen, ehe der Welt Grund gelegt wurde, aber offenbart am Ende der Zeiten um euretwillen.*

21: *Die ihr durch ihn glaubt an Gott, der ihn auferweckt hat von den Toten und ihm die Herrlichkeit gegeben, damit ihr Glauben und Hoffnung zu Gott habt.*

22: *Habt ihr eure Seelen gereinigt im Gehorsam der Wahrheit zu ungefärbter Bruderliebe, so habt euch untereinander beständig lieb aus reinem Herzen.*

23: *Denn ihr seid wiedergeboren nicht aus vergänglichem, sondern aus unvergänglichem Samen, nämlich aus dem lebendigen Wort Gottes, das da bleibt.*

24: *Denn »alles Fleisch ist wie Gras und alle seine Herrlichkeit wie des Grases Blume. Das Gras ist verdorrt und die Blume abgefallen;*

25: *aber des Herrn Wort bleibt in Ewigkeit« (Jes 40,6-8). Das ist aber das Wort, welches unter euch verkündigt ist.*

Viel gekostet haben wir und teuer erkauft sind wir. Wenn ein Gegenstand besonders teuer war, muß man überlegen, ob man ihn besonders hochschätzen und lieben kann. Daran sollten auch wir uns selbst gegenüber denken. Denn der Preis war hoch: Ein Mensch, der höchste Mensch, mußte dafür sterben. Er mußte nicht wegen Gott sterben, sondern wegen uns. Wegen unserer Schuld, wegen unserer übergroßen Schuld hat es schon lange dazu gereicht, daß Gottes liebster Mensch sterben mußte. Denn natürlich mußte es den Besten und Heiligsten treffen, wie immer. Unter Bäumen regnet es zweimal, sagt das Sprichwort. Das ist die Theo-

logie dieses Briefes: Den armen Gerechten trifft zusätzlich auch noch die Wut und die Schuld der anderen. Wie sollte man da noch Mut haben zum Weitermachen?
Unser Text erzählt von Vergänglichkeit – vom Welken des Grases und der Blumen. So ergeht es uns, wenn wir ein Jahr vor uns haben: Bald ist Frühling. Aber die Kirschbaumblüte ist nur ein paar Tage, und der Sommer ist nur ein paar Wochen. Dann ist der Zauber wieder vorbei.
So haben wir zwei Nieten in der Hand: daß es dem Gerechten dreckig geht und daß sowieso alles vergeht. Wer dagegen von Unvergänglichkeit redet, bleibt unbegreiflich für uns. Aber der Schlüssel dazu liegt irgendwie in dem Tod des fehlerlosen Lammes. Wie kann das sein?
Wenn wir diesen Schlüssel ergreifen, kommen wir vielleicht über die Trauer hinaus, die uns wie magisch bannt, über den Regen und über die Sucht der Natur zu vergehen. Hier ist jemand, der das durchbricht. Er trauert nicht für sich selbst. Er hat das nicht nötig gehabt. Denn er war der glücklichste Mensch.
Er sprengt den Ring, indem er sein Glück für andere gibt. Das ist dasselbe Sprengen, das die Mythen und Märchen schon immer erzählt haben: Der Ritter, der sein Leben wagt im Kampf gegen den Drachen. Endlich kommt einer, der wagt. Und der so endlich den Schatz befreit von der magischen Umzingelung. Aber mutig mußte er sein, die Trauer zu lösen, das Schweigen zu lösen, für die anderen verantwortlich zu werden. Einer muß es immer sein.
Eine mittelalterliche Plastik das Bild des Lieblingsjüngers an der Seite des Herrn. Er ruht, der Herr wacht. Einer muß wachen. Aber genügt es ein für allemal, daß nur dieser eine wacht? Unser Brief sagt es anders: Darum gürtet die Lenden, indem ihr nüchtern seid. Denn wir sind ja gekauft von Gott, Gottes Eigentum.
So ist die Verantwortung der Schritt aus der Trauer heraus; sie ist immer mit Mut verbunden. Und zugleich ist dieser Sprung auch das Abstreifen der Traurigkeit, das Ende des Schweigens. Jesus als das Urbild dessen, der Mut hatte und uns zum Muthaben schon befreit hat. In der Tat: Was kann uns schon passieren? Daher ist Mut praktizierte Befreiung.
Nach Ansicht unseres Textes ist das dann auch Unvergänglichkeit. Denn der Gegensatz zu Trauer ist Jubel. Und Unvergänglichkeit ist nicht bloßes Dasein, sondern ist dann, wenn man nicht weiß, wie die Zeit vergeht, so wie wenn man verliebt ist. Das ist Jubel und gefüllte Zeit. So ist Ewigkeit.

Zugegeben: Trauer und Isolation sind handgreiflichere Realität. Christentum hat es demgegenüber mit luftigeren Dingen zu tun: Phantasie, Mut, Hoffnung, einfach Springenkönnen. Nicht weil uns alles egal ist, sondern weil wir selbstvergessen sein können. Selbstvergessen sein können, das gehört für mich zu den einprägsamen Bildern christlicher, gelungener Existenz. Aber Sie sagen, daß Sie einsam und traurig sind, daß Sie im Regen stehen. Vielleicht sind wir beim nächsten Mal mutiger, wenn es darum geht, mit Verantwortung zu übernehmen. Das trainiert dann auch für den Mut, den man braucht, um einen Partner zu finden und für die große, für die größte Verantwortung, die man dann hat, wenn man Kinder aufzieht.
Ich rede hier nicht von der neuen Weltwirtschaftsordnung oder von der Startbahn West, sondern von der allernächsten Verantwortung für den Alltag. – Wenn Sie Student sind oder in der Lehre: Nehmen Sie doch Ihr Dasein als Lehrlinge, als Studenten ernst, schielen Sie nicht immer auf den Beruf, in den Sie jetzt noch nicht hingehören. Ihre Verantwortung liegt bei dem Schweiger neben Ihnen, bei der Schweigerin von nebenan. Die kleinen realen Sprünge sind viel schwerer als die großen Gedankensprünge in die Zeit nach der Revolution. Denn gekauft und befreit zum Mut sind wir.

Leibhaftige Ausnahmen machen
1 Joh 1,1-4

1: *Was von Anfang an war, was wir gehört haben, was wir gesehen haben mit unseren Augen, was wir betrachtet haben und unsere Hände betastet haben, vom Wort des Lebens –*
2: *und das Leben ist erschienen, und wir haben gesehen und bezeugen und verkündigen euch das Leben, das ewig ist, das beim Vater war und uns erschienen ist –,*
3: *was wir gesehen und gehört haben, das verkündigen wir auch euch, damit auch ihr mit uns Gemeinschaft habt; und unsere Gemeinschaft ist mit dem Vater und mit seinem Sohn Jesus Christus.*
4: *Und das schreiben wir, damit unsere Freude vollkommen sei.*

Seit wann kann man das Christentum sehen und anfassen? Ist es nicht doch eine höchst geistige Sache? Sind nicht gerade und erst im Christen-

tum alle möglichen ungeistigen Vorstellungen über Messias und Himmelreich vergeistigt worden? Und wir leben doch in einer Kirche des Wortes, nicht in einer Kirche des Sehens und Anfassens.
Außerdem spricht unser Text von Freude: »Auf daß unsere Freude vollkommen sei.« Ist nicht der Herbst des Mittelalters, da man in den Kirchen Freß- und Saufgelage und Schlimmeres feierte, längst vorbei? Und unsere theologischen Lehrer haben uns gesagt, das Christentum sei die Religion des Kreuzes. Freude ist dann höchstens als Vorwegnahme denkbar, also unzeitgemäß und offenbar schon wieder etwas nur höchst Geistiges.
Und schließlich spricht unser Text von Gemeinschaft. Haben wir nicht gelernt, das Christentum sei die Religion des einzelnen und seiner Entscheidung und Verantwortung? Ist, wo jeder vor seinem Herrgott allein steht, Gemeinschaft nicht immer erst sekundär, was auch dadurch bestätigt wird, daß sie häufig lästig ist? Und sind nicht die Christen immer die einzelnen im Gegensatz zur Masse?
Unser Text aber sagt, daß man das Christentum sehen und anfassen kann, daß es Gemeinschaft ist und vollkommene Freude. Vor allem aber soll es Leben sein. Denn in Wahrheit nimmt Christentum nicht nur das Materielle ernst, wie wir beschönigend sagen könnten, vielmehr ist es überhaupt nicht wahr und wirklich, wenn es nicht Erlösung, Befreiung, Versöhnung und Beanspruchung aller lebendigen Körper und aller bestehenden Materie ist. Das gilt auch und gerade, weil wir es hier mit dem »Wort des Lebens« zu tun haben. Denn – so heißt es etwa auf einem Plakat für eine Heidelberger Kunstausstellung – »Sprache ist fürwahr ein Körper«.
Wenn Sprache ein Körper ist, dann können auch Körper Sprache sein. So wird oftmals der ganze Kosmos als Sprache und Anrede Gottes an die Menschen und Tiere aufgefaßt. Dann können körperliche Kunstwerke Sprache sein. Dann ist auch Jesus als ganzer Mensch, mit Herz und Haut und Haaren Wort Gottes. Er ist das leibhaftige Wort, in dieser Kontaktperson ist Gott uns zum Greifen nahe gekommen. Christentum ist deshalb eine Sache zum Sehen und Anfassen, weil es auf diesem konkreten Menschen gründet. Es geht nicht um eine neue Lehre oder Theorie, sondern um einen Menschen dabei. Nur so können wir Gott ertragen. Daher geht es nicht um eine Vielzahl von Worten, sondern um dieses eine Ja, um Gott zum Anfassen hier und immer wieder bei denen, die von Jesus als Zeugen durch sich selbst Kunde geben.

Wenn wir daher gegenüber christlicher Lehre und Verkündigung immer wieder auf Glaubwürdigkeit bestehen, das schlechte Vorbild der Kirche und die Heuchelei sogenannter frommer Leute anklagen, dann haben wir den richtigen Instinkt dabei, dann geht es um das erste und wichtigste christliche Merkmal bei dieser Kritik.
Doch wir fragen noch immer wie unerlöste, vorchristliche Menschen, wie man denn nun die Lehre in die Tat, die Theorie in die Praxis umsetzen könne. Und es sieht noch immer nach einem weiten und schwierigen Weg aus zwischen Wort und Wirklichkeit. Und wir resignieren immer wieder auf diesem Weg mit dem unerreichbaren Ziel. Christlich aber ist von Anfang an und prinzipiell etwas anderes: Denn am Anfang steht nicht eine neue, bessere Lehre, die über irgendwelche Motivationen, Tricks und Lernhilfen nun endlich umzusetzen wäre, am Anfang steht bei uns der in Jesus Christus mit Händen zu greifende Gott. Man kann das auch weniger theologisch sagen: Am Anfang steht ein überaus glücklicher Mensch. Er bleibt überaus glücklich auch in dem aus Neid ihm verabreichten Martyrium. Worte, Theorien können nicht glücklich sein, nur ein Mensch kann es sein, und zwar auf irgendeine Weise immer mit anderen. Das meint unser Text: Anfassen, Gemeinschaft, Leben, Freude. Und Glücklichsein kann ansteckend wirken. Christentum wirkt durch Abgucken, Anteilhabe, Ausstrahlung. Aber doch nicht dadurch, daß man darüber grübelt, wie Theorie in Praxis umzusetzen sei. Das bedeutet auch eigentlich die Rede von Gnade: Daß einem etwas zufällt, daß er und andere dabei froh sind. Daß etwas geschieht im Kreis der Gemeinschaft derer, die im Banne der Ausstrahlung Jesu stehen und seiner Jünger, an denen manchmal etwas davon im Widerschein aufleuchtet.
Auch unser Zweifeln, die vielen Fragen, ob wir glauben sollen und können oder nicht, bewegen sich in der falschen Fragestellung der Kluft zwischen Soll und Haben. Mit Jesus sollte die Rede von Soll und Haben vielmehr aus der Welt geschafft sein. Hier geht es nicht um die Kluft zwischen Soll und Haben, sondern um Entdecken, um Angerührtsein im Herzen, um Mitmachenwollen, weil man das schön und sinnvoll findet. Welche Illusion daher, wenn man meint, man dürfe Kinder erst taufen, wenn sie sich in voller Klarheit für das Christentum entscheiden können. Glaubenkönnen ist nicht das Ergebnis einer isolierbaren gedanklichen Entscheidung – ich könnte mich dann nie entscheiden, sondern würde nur, »weise«, Autoritäten dafür und Autoritäten dagegen sammeln, mich

selbst aber heraushalten. Unser Text dagegen spricht von Leben, das in einer Gemeinschaft geschenkt wird. Leben, unser Leben ist von Anfang an, schon bei der Zeugung und Entstehung wie ein Wort, leibhaftiges Wort zwischen Personen, zwischen Vater und Mutter und Gott. Aus dem Zeichen der Körper wurde ein lebendiger Körper.

Christ wird man durch Einbezogenwerden in eine Lebensgemeinschaft. Weil und insofern wir das verkennen, kann es dazu kommen, daß vielerorts der Feuerwehrverein wesentlich attraktiver ist als die Kirchengemeinde.

So geht es bei Jesus um einen konkreten Menschen. Und immer in der Folge kommt Christentum nur an, wenn man es an Menschen sich abgucken kann. Es geht immer und nur um eine vollständig untrennbare Einheit von Tun und eben darin erkennbarer Überzeugung. In Wahrheit sind unsere Taten wie Worte, in denen die anderen viel deutlicher als je in Worten lesen. Keine Art von Leben kommt aus meiner theoretischen Entscheidung. Wahrheit ist immer, daß es vermittelt wurde.

Wer dagegen meint, das Christentum sei vor allem rein geistig und innerlich und »Privatsache«, für den wird Kirche zwangsläufig zu einer Kirche der Worte und der endlosen Diskussionen, der Scheinverbrüderung mit allen möglichen Weltansichten, jenseits aller Verbindlichkeit. Das gilt ebenso für wohlgemeinte christliche Ökumene wie für den Dialog zwischen Christentum und Judentum. In der Ökumene macht man oft die Rechnung ohne den Wirt, im Dialog zwischen Christentum und Judentum unter Absehen von fast zweitausend Jahren Progromen und Völkermord. Gegenüber der Härte gewordener, leidvoll erworbener Identität ist Small-talk-Mentalität nur wie ein Wölkchen.

Eigenartig ist: Wo immer einer Gemeinschaft ihre eigenen Märtyrer, die Blutzeugen ihrer Geschichte lebendig und unvergeßlich vor Augen stehen, dort ist Identität mit klarerem Profil gegeben. Der Blutzeuge, der Märtyrer aber ist genau die reinste und deutlichste Wirklichkeit der messianischen Einheit von Lehre und Tat. Daher das Wort: »Blut der Märtyrer ist Same neuer Christen.« Jesu Tod ist selbst seine deutlichste Predigt. Vor jeder leichtfertigen Verknüpfung von Weltanschauungen sollten wir daher nach dem Gewicht fragen, das diese Art von Zeugnis auf beiden Seiten hat. Und wer könnte dem Judentum da gleichkommen? Wer um seiner Eigenart willen gelitten hat, wird nicht zu vereinnahmen sein. Nicht um Worte, sondern um Zeugen dieser Art geht es seit Jesus im Christentum.

Dieser Art von Zeugnis entspricht auch ein anderer, wie der Begriff des Märtyrers ebenfalls altmodischer biblischer Grundbegriff: Heiligkeit. Heilig sind immer bestimmte Bereiche und Zeiten. Heilig ist etwas immer im Unterschied zu anderem. Wie farblos und konturenlos ist unsere Religion geworden, da wir alles nivellieren, alle Unterschiede beschönigen. Da wir keine Feste mehr feiern können, denn diese sind heilige Zeiten. Und da wir meinen, zwischen Getauften und Ungetauften gebe es im Grunde keine Unterschiede. Natürlich bedeutet Heiligkeit kein moralisches Bessersein, aber Heiligkeit ist auf sehr Bestimmtes bezogen, auf Aussparungen und Besonderungen und damit auf Leiblichkeit. Heilig sind nur ausgegrenzte, schon befreite Gebiete.

So geht es immer um die Ausnahme: Das Wort ist die Ausnahme im großen Schweigen der Welt, das Leben ist die Ausnahme im Kosmos, Gottes Ja ist die Ausnahme angesichts aller hoffnungslosen Vergänglichkeit, und die Ausnahme sind die Glücklichen.

Auch unser Christentum könnte glaubwürdiger sein, handelten wir häufiger nach dem Prinzip der Ausnahme. Wenn wir ausnahmsweise heute oder morgen einmal anders reagieren, als es erwartbar war, wenn wir im üblichen Kreislauf der Revanche eine Ausnahme machen. Regelbetrieb und Schulbetrieb sind notwendig, doch die Ausnahmen bringen uns weiter. Und auch Heiligkeit ist noch immer die Ausnahme. Und der christliche Charakter selbst des mittelalterlichen Kirchenrechts wird sichtbar an der aequitas canonica, denn hier geht es um die Ausnahmen, die christliches Handeln immer wieder machen muß.

Die Regel, das Theoretische, das Prinzip, das Abstrakte ist das Allgemeine. Aber das einzelne, das Konkrete, das, was man allein lieben kann, ist immer irgendwie Ausnahme. Wenn Christentum weitergegeben wird, dann immer so: durch sichtbare, einzelne Handlungen, im Rahmen konkreter Gemeinschaft, über lebendige Zeugen wie über Brückenpfeiler hin mit Jesus Christus verbunden, dem wahrhaft seligen Menschen.

Opfer des Lebens
Apk 5,1-6

1: *Und ich sah in der rechten Hand dessen, der auf dem Thron saß, ein Buch, beschrieben innen und außen, versiegelt mit sieben Siegeln.*
2: *Und ich sah einen starken Engel, der rief mit großer Stimme: Wer ist würdig, das Buch aufzutun und seine Siegel zu brechen?*
3: *Und niemand, weder im Himmel noch auf Erden noch unter der Erde, konnte das Buch auftun und hineinsehen.*
4: *Und ich weinte sehr, weil niemand für würdig befunden wurde, das Buch aufzutun und hineinzusehen.*
5: *Und einer von den Ältesten spricht zu mir: Weine nicht! Siehe, es hat gesiegt der Löwe aus dem Stamm Juda, die Wurzel Davids, aufzutun das Buch und seine sieben Siegel.*

Alle reden vom Frieden. Wir reden vom Sieg. Alle reden von grenzenloser Toleranz, wir reden von Parteilichkeit. Die anderen möchten die Menschheit umarmen, wir rechnen mit Teilung; andere reden von Selbstverwirklichung, wir von Gehorsam. Von Freizeitgestaltung, wir von Opfern, die an die Substanz gehen.
Wir kennen das alle: Venceremos: Wir werden siegen. Das Wort trägt den Zauber der Verheißung des Sieges, Warten auf das Kommen des Siegers. Denn wer siegt, der kann jubeln, der ist frei und der kann ausgelassen feiern. Wo immer wir zusammenkommen, feiern wir seinen Sieg. Die Kerzen des Altares sind die Fackeln, die für den Sieger brennen, mit ihrem Glanz den seinen einzufangen.
Wie wäre es, wenn Krieg ist und keiner geht hin? Wie wäre es, wenn einer gesiegt hätte und alle gingen hin? Gesiegt über den Tod und alle gingen hin? Einer für alle und mit allen. Was ist das für ein Sieger? Und: Was kostet der Sieg?
Beide Fragen werden zugleich beantwortet: Der Sieger ist der Geschlachtete. Der Sieg spielt auf dem Schlachthof. Seit Abel ist die Weltgeschichte der Schlachthof von Übermacht zermalmter Menschen. Kirche ist seit Abel Solidarität der Verfolgten und Gepeinigten über alle Grenzen hinweg. »Rache ist Blutwurst«, rufen die Kinder, und wenn sie groß sind, tun sie es dann. An Jesus haben sie sich gerächt, weil sie vor ihm ein schlechtes Gewissen bekamen. Rache trifft den, der anders ist. – Hier ist nicht interesseloser Austausch der Geister, die Rede von der grenzenlo-

sen Liberalität ist reine Lüge. Hier herrscht kein Markt der Möglichkeiten, sondern nur das eine: Wer siegen will, muß opfern. Was kostet der Sieg? So wie die Welt ist, kostet er alles, sagt das Christentum: unsere Emanzipiertheit, unser Leben, unser Herz, unsere Gesundheit. Opfer – das hat keinen guten Klang. Wegen des Opfertodes fürs Vaterland, weil Herren immer von Opfer redeten, wo sie Ausbeutung meinten. Aber diesen Mißbrauch nehmen wir dann ganz schön zum Vorwand, um die Sache selbst aus der Welt zu schaffen. Denn dies ist ganz schön unangenehm. Was Christsein und Theologe-Sein bedeutet, habe ich zuerst bei den Arbeiterpriestern gelernt, bei ihrem schweren Einsatz ohne Rücksicht auf Verluste. Wie sie nach der schweren Arbeit und nicht während die anderen arbeiten ihr Amt als Pfarrer wahrnahmen. In der vollständigen und nicht nur besuchsweisen Übernahme der Situation der anderen. Dabei geht es nicht um Konsumverzicht. Konsumverzicht ist doch nur die Ausnahme zwecks Bestätigung der Regel. Konsum und Konsumverzicht sind nur Zwillingsgeschwister. Hier aber geht es um drastische Einschränkung von Lebensmöglichkeiten selber: Verzicht auf elementare Möglichkeiten der Selbstverwirklichung. Unwiederbringliches Leben, unwiederbringliche Zeit wegzugeben. Der Verzicht auf ein gutes Quantum Schlaf zum Beispiel, auf Ferien, Freizeit und Hobbies, auf die Gewohnheiten der Dinge, die das Leben angenehm machen, aber Zeit kosten. Denn entscheidend ist immer die Zeit, die wir nicht haben, um das zu tun, was weiterbringt, was den Karren aus dem Schlamm ziehen könnte. Der Sieg ist nicht billig zu haben. Das geht an die Gesundheit. Gewiß, man kann sich immer und grundsätzlich so in den Türrahmen drücken, daß man nicht auffällt, sich nicht überanstrengt, rechtzeitig zu seinem Recht kommt, standesgemäß lebt, nichts Übermenschliches leisten kann und will, daß man die angenehmen Seiten des Lebens nicht zu kurz kommen läßt. Oder man gehört zu den armen Dummen, die sich engagieren und ihre Freizeit drangeben. Aber all dieses Mehr, das den Betrieb nicht nur aufrechterhält, kostet unheimliche Energien. Das können alle bestätigen, von der Kindergärtnerin, die ein Fest besonders sorgfältig vorbereitet, bis hin zum Studenten, der sein Referat nicht einfach abhakt. Wer wirklich etwas ändern will, der muß erhebliche Teile seines eigenen Lebens dafür hergeben. Das war die Täuschung der Generation, die vor rund 19 Jahren zu großen Reformen aufbrach: Ohne Engagement im Übermaß, ohne Engagement, das nicht totzukriegen ist, ist nichts zu gewinnen. Die Reformen von 1968 sind erstickt worden durch den üppigen Genuß all der Freiheiten, die sich boten oder die man gerade erkämpft hatte. Aber ein Volk, das tiefgreifende Reformen anstrebt, kann nicht gleichzeitig immer schon genießen wollen. In der Zeit des Widerstands kann man nicht schon die Früchte genießen. Wer die Saat aufißt, hat keine Ernte.

Wirklich gefährlich sind dagegen diejenigen unbequemen Menschen, die für das eigene Wohlleben nicht sorgen. Ich erinnere an all die kleinen Gruppen, die einfach besessen waren von ihrem Ziel und die trotz ihrer zahlenmäßigen Lächerlichkeit Großes bewirkten. So hat, ob wir das sympathisch finden oder nicht, der Orden der Jesuiten mit einer verschwindend kleinen Truppe einst innerhalb weniger Jahrzehnte halb Europa von den Protestanten zurückerobern können.

So steht an der Heidelberger Universitätsbibliothek, direkt gegenüber unserer Kirche, eine Sprühdoseninschrift, über die es sich lohnt zu predigen: Liebe statt Arbeit. Wir wollen nicht gleich sagen, daß sich beides nicht ausschließt. Ich weiß: Jedes faschistische System redet von harter Arbeit. Ebenso die berühmten alten Herren, die uns empfehlen, wir sollten erst einmal hart arbeiten. Und es gibt auch immer Leute, die zuviel arbeiten, aus Radfahrerei. Opfer und Arbeit – beides ist sehr doppeldeutig. Aber der Mißbrauch ist doch nur das negative Spiegelbild dessen, was sein muß. Denn Opfer ist immer der erste Schritt zur Befreiung. Weil das natürliche und alltägliche Leben sich immer wieder mit jedem System arrangieren wird. Essen und Trinken, Schlafen und Kinder bekommen werden die Menschen unter jeder Herrschaft. Und immer, wenn Menschen das alles wieder tun, besteht für die Herrschenden Grund zur Beruhigung. Ebenso wie Grund zur Beunruhigung besteht, wenn es irgendwo Menschen gibt, die das nicht tun. Menschen, die dann Widerstand leisten gegen die – eigentlich clevere – Fähigkeit des Lebens, sich zu arrangieren, die Anpassungstaktik des Lebens überlisten. Ziel und Warum dieses Opfers ist der Widerstand gegen das natürliche Gefälle der Macht in Richtung Verblödung und Blindheit, gegen Faulheit, gegen Stumpfheit und Herzlosigkeit, gegen Paragraphenrittertum, wo eindeutig Menschlichkeit bevorrechtigt wäre. Gegen das Sichverschanzen hinter Lehre und Argument, wo Mut und über den Schatten springen gefordert wäre.

Und: Wenn Sie wirklich etwas ändern wollen, dann genügt es nicht, daß Sie ein guter Spezialist werden in Ihrem Gebiet. Studenten sollten zum Beispiel die großartige Chance der Interdisziplinarität nutzen, die die

Universität ihnen gibt. Wer studiert schon Philosophie und Medizin zusammen, um den völligen Mangel an philosophisch-ethischer Grundlegung in der Medizinerausbildung zu überwinden? Wer kombiniert schon wirklich ernsthaft Theologie und Jura oder Theologie und Psychiatrie, um ganz notwendige Vermittlerdienste leisten zu können? Dort, an den Scharnieren zwischen den Berufen und Wissenschaften fallen heute die Entscheidungen. Und wer Politiker werden will, sollte nicht nur Finanzrecht studieren, sondern vielleicht auch noch Ethik oder Sozialmedizin, um wirklich kompetent etwas ausrichten zu können.

Wer das tut, nimmt unverhältnismäßig viele Opfer an Zeit, Geld und Examina auf sich. Solche Opfer meine ich. Sie stehen in der Tradition jenes Verzichts auf Leben und Zeit und schneller Karriere und schnelles Geldverdienen, für die Maßhalten im Engagement schon immer ein Greuel war. Was wollen Sie denn mit Liebe, wenn Sie nichts von der Sache verstehen? Nicht Liebe statt Arbeit, sondern: Liebe durch ein Übermaß an Arbeit hindurch. Auch über der Arbeit dieses Ziel nicht vergessen, zu allem fähig sein, Liebe als Maßlosigkeit. Das meint Religion. Von Elite rede ich hier nicht, wohl aber davon, daß Sie alles Mehr, das Sie tun, um den Karren eine Richtung zu geben, immer stellvertretend für die anderen tun. Leben für Leben. Leben nur im Windschatten des Opfers. Albert Camus: »Die eigentliche Großzügigkeit gegenüber der Zukunft besteht darin, daß wir alles, was unser ist, der Gegenwart schenken.«

Und darin weist jedes Opfer auf das Geheimnis unserer Erlösung. Der Sieg geschieht nur unter der Bedingung der Weggabe von Leben. Das ist die Kirche seit Abel. Und Sieg ist immer schon da, wenn Menschen von ihrem Leben selbst für andere abgeben. Ich weiß, diese Menschen sind selbst für sich die Dummen. Christentum siegt hier über die schlaue Anpassungstaktik des Lebens und stellt sich so als dumm dar. Und ohne Hoffnung wäre dieses Opfer sinnlos, ohne den, der schon gesiegt hat. Ohne den, der in Gottes Auftrag sein Leben abgegeben hat. Die Jahre des Widerstands werden immer graue Jahre sein und ohne viele schöne Ferienerlebnisse, weil Ferien ausfallen.

Und Sie werden fragen, warum das nicht sinnlos ist, warum es überhaupt sinnvoll ist, Leben wegzugeben, warum dieser Weg überhaupt eine Chance hat. Warum es sich lohnt, daß trotz des Schlachthofcharakters der Weltgeschichte jeder einzelne sein Stück beiträgt. Warum das alles

am Ende schön und gut sein soll. Und ich antworte Ihnen mit einer Geschichte, die in Amerika, am Ufer des Mississippi spielt:
Eine Gruppe von Menschen eilte in der Abenddämmerung durch kaltes und unwirtliches Gelände der Stadt zu, von der der Raddampfer abfahren sollte, um sie wieder in ihre Heimat zu bringen. Es wurde immer später, kälter und dunkler, bis sie schließlich ans Ufer des Mississippi kamen. Zu dieser Menschengruppe gehörte auch ein Junge. – In der Ferne hörten sie alle das Tuten des Schiffes, das in der Stadt vom Pier abgelegt hatte. Sie waren also offenbar zu spät. Jeder überlegte voller Angst: Wie sollen wir jetzt, bei zunehmender Dunkelheit überhaupt weiterkommen, wie sollen wir überleben, umringt von Gefahren, wilden Tieren, räuberischen Horden und sumpfigem Gelände? Schließlich tauchte in der Abenddämmerung aus dem Nebel der Raddampfer auf und zog seine Bahn in voller Fahrt. Die Gruppe der Menschen war in der Nähe eines Stegs, an dem nur kleine Boote festmachen konnten.
Der Raddampfer naht, ist auf gleicher Höhe in voller Fahrt – da hält der Junge seine Hände an den Mund und ruft und ruft. Und dann winkt er mit beiden Händen und mit beiden Armen. Die Menschen in ihrer Verzweiflung sagen: »Hör auf! Das ist sinnlos. Du machst uns nur noch verrückter und verzweifelter!« Aber der Junge ruft und winkt weiter. Da dreht der Dampfer bei, wendet, setzt ein Boot aus und nimmt die Gruppe verängstigter Menschen auf. Sie sind gerettet und fahren zurück in die Heimat. Die Menschen der Gruppe in großer Aufregung fragen den Jungen: »Wie konnte denn das geschehen?« Und der Junge antwortete nur mit einem Satz: »Der Kapitän des Schiffes ist mein Vater.«

Bauruinen vermeiden
Thomas-Evangelium 98

98: *Jesus sprach: Das Königreich des Vaters gleicht einem Menschen, der einen Vornehmen töten will. Er zog das Schwert aus seiner Scheide und durchbohrte die Wand, um zu erkennen, ob seine Hand stark (genug) wäre. Dann tötete er den Vornehmen.*

So ist also das Reich Gottes. Ein Bild aus der Welt der politischen Gewalttat, der Attentäter und Gewaltverbrecher. Der »vornehme Mann« ist ein »megistan«, ein Mann am Hofe, ein Regierungsmitglied. Es geht also um den Mord an einer politisch wichtigen Figur. Das war damals an der Tagesordnung, da die Juden ein armes, durch Fremdherrschaft unterdrücktes Volk waren. Ein solcher Attentäter macht zuvor eine Art Schießübung: Er prüft die Festigkeit seines Griffs und die Härte seines Dolches. Die Wände waren aus Lehm oder Backsteinziegeln. Wir sehen den Attentäter vor uns, wie er den entscheidenden Stoß an der Wand zuvor ausprobiert.

Jesus verwendet auch sonst anstößige Bilder. So in dem Gleichnis vom ungerechten Verwalter (Lk 16,1-9). Da veruntreut ein Angestellter Gelder und gibt sie an Leute, mit denen er auf diese Weise gute Beziehungen schafft. Für die Zeit nach seinem bevorstehenden Rausschmiß. Eine besondere Art von Geschäftsfreunden entsteht hier also. Jesus sagt: So klug muß man es machen. Betrug und Veruntreuung sind Bild für das Verhalten von Christen: Sie sollen klug und geschickt auf ihren wahren zukünftigen Vorteil bedacht sein, auf das Reich Gottes. Beides sind Gleichnisse, die Erzählung vom veruntreuenden Verwalter und die vom Attentäter. Bei einem Gleichnis kommt es auf den Vergleichspunkt an, auf den springenden Punkt. Der ist zunächst bei beiden anstößigen Geschichten: So intensiv, wie man zweifelhafte Dinge tut, ebenso intensiv soll man sich um das Gottesreich kümmern. Jesus kennt die Menschen; er weiß, wo sie Phantasie und Energie entwickeln. Bei uns selbst kennen wir das von zwei Punkten im Leben: Wenn wir verliebt sind und einen Partner zu gewinnen versuchen und andererseits wie in den Gleichnissen, wenn es um etwas Verbotenes geht, von dem wir Vorteile erhoffen. Wie aktiv werden wir, wenn es darum geht, das Finanzamt zu betrügen, wie viele Entwürfe machen wir für einen Brief, wenn unsere Rechtslage oder unsere Unschuld nicht ganz eindeutig sind. Dann reizt es uns zu handeln, dann sind wir plötzlich ganz mobil, achten auf alles und auf uns selbst, setzen wir alles ein für unser Ziel und sichern wir auf jedem Schritt unseren Weg. Solcher Art Aktivität fasziniert uns, verwandelt uns, weckt uns auf. Wie sorgfältig und mit wieviel Phantasie organisieren Verbrecher ihren Weg. Mit wieviel Einsatzfreude sind sie dabei. Sie kennen das aus Krimis, aus dem alten Film Rififi etwa. Von den Terroristen, die sich für einen einzigen Zugriff monatelang in Lagern zuvor ausbilden lassen und dann monatelang ihr Opfer observieren. Jesus weiß um den Reiz des moralisch Zweifelhaften. Er weiß auch offensichtlich, wie langweilig demgegenüber bloße Moral sein kann. Daher hält er, im Gegensatz zu uns Pastoren, wenig Moralpredigten.

Aber er sieht sich die Menschen an, und er weiß: An bestimmten Stellen sind plötzlich alle Lebensgeister geweckt. Dann sind wir ganz da. Diese Art wach zu sein, ganz dabei zu sein ohne Aufschauen, steht auch sonst in der Mitte der Verkündigung Jesu: als Wachsamkeit. Und die Leidenschaft, die wir beim Bösen entwickeln, überträgt er auf das Verhältnis zum Gottesreich. Er sagt: Diese Kraft, die nötig ist, ihr habt sie in euch. Verwendet sie nur für euer wahres eigentliches Interesse: für euer Leben im Reich, das heißt in der Zukunft. Laßt euch doch davon faszinieren.
Aber unser Gleichnis sagt noch mehr: Der Attentäter, der klug ist, übt den Griff und erprobt die Waffe, um nicht in der entscheidenden Minute am Technischen zu scheitern. Denn wer etwas Großes und Faszinierendes vorhat, soll zuvor prüfen, ob er dazu imstande ist. *Das* ist der Vergleichspunkt, darauf kommt es hier an: Zuvor prüfen, ob man das überhaupt leisten kann, was man will. So redet Jesus auch sonst: Wer einen Turm bauen will, überschlägt vorher die Kosten, ob das Geld reicht. Und wer einen Feldzug führen will, überlegt vorher, ob er genug Soldaten hat. Denn wenn er selbst nur 10 000, der andere aber 20 000 hat, bittet er lieber rechtzeitig um Frieden. Jesus kennt sich gut aus in den Realitäten der Welt. Beides, sagt Jesus, ist ein Bild für das Christsein: Zuvor prüfen, ob man das leisten kann, etwa den Verzicht auf Geldstreben. So prüft unser Attentäter zuvor, ob seine Hand geschickt und ob seine Waffe scharf genug ist für das, was er will.
So ist das gemeint: Bevor wir uns Christen nennen, bevor wir auf der Steuerkarte unsere Konfession eintragen, jemanden zur Taufe bringen und uns damit für die christliche Erziehung entschließen, bevor wir den Pfarrer bei der Hochzeit um seinen Segen bitten, vor allem diesem sollen wir uns prüfen, ob wir dem gewachsen sind, was uns erwartet. Es ist keine harmlose Sache: Wenn einem beim Bauen das Geld ausgeht, bleibt eine Bauruine. Wenn man nicht genug Soldaten hat, gibt es einen Zusammenbruch, und wenn man beim Attentat keine richtige Waffe hat, wird man selbst das Opfer.
Und wenn man als Christ die Kraft, die man durch Gottes Gnade hat, nicht einsetzt, ist man eine lächerliche Karteileiche mit einem großen Namen für eine jämmerliche Ruine. Dann soll man es lieber bleiben lassen, sich Christ zu nennen, meint Jesus. Was vom Christen verlangt wird, ist nicht irgend etwas, ist nicht nur viel, sondern eigentlich: alles. »Aus ganzem Herzen und aus ganzer Seele und aus ganzer Kraft« sollen wir lieben, sagt Jesus. Sonst sagt Jesus erstaunlicherweise nicht viel

Konkretes. Denn wenn wir wirklich aus ganzem Herzen dabei sind, dann haben wir auch Phantasie. Dann macht es Spaß, selber die Wege zu finden.

Vom Christen wird alles verlangt, so wie ein Verliebter oder ein Bösewicht alles daransetzt und immerzu nachsinnt über seinen Weg. Und wir sind jetzt nicht so dumm, daß wir fragen: Was haben wir denn davon, daß wir alles daransetzen? Wir sind so dumm nicht. Denn wir wissen sehr genau: Eigentlich möchten wir das sogar, im Grunde unseres Herzens haben wir alle den Wunsch: So engagiert sein, daß wir Raum und Zeit und das kleine Ich darüber vergessen, weil die Sache so groß und so faszinierend ist. Bei dem, was wir als Hobby betreiben, ist das manchmal so. Jesus weiß das: Wir möchten gerne engagiert sein. Er weiß um den Zauber des Ganz-dabei-Seins.

Wozu übrigens auch gehört: Daß wir uns den Blick für die Größe der christlichen Aufgabe nicht durch eine kleinliche Kirche und manchmal etwas beschränkte Pfarrer verstellen lassen. Denn weil es eine große Sache ist, die alles fordert, sagt er: Man muß sich vorher prüfen. Aber damit sagt Jesus doch zugleich: Es ist eine Sache, die gerade dadurch fasziniert, daß sie alles fordert. So fordert diese Sache auch jetzt unsere ganz persönliche Phantasie, in welcher Weise wir jeder einzeln den Bereich finden, in dem wir uns engagieren können. Was Christentum ist, habe ich bei den französischen Arbeiterpriestern gelernt, Pfarrern, die die Arbeit mit normalen Schwerarbeitern teilten und sich dann nach der Arbeit mit ihnen trafen, um dort mit dem Christentum ganz von vorne anzufangen, wo kein gewöhnlicher Pfarrer mehr hinkommt. Im Gegensatz dazu die bürgerlichen Pastoren meiner Heimatstadt, die meinten, sie seien immer überarbeitet, aber eigentlich gar nicht wußten wofür, und die oft sorgfältig auf ihre Freizeit achteten. Christliches Handeln geschieht dagegen ohne Rücksicht auf Verluste, mit klarem Blick für das wirklich Überzeugende. Ohne Rücksicht auch auf kirchenamtliche Schwierigkeiten. Solches Christentum gibt es immer wieder. Es ist keine finstere Sache, sondern hängt im Gegenteil mit Glück zusammen. Denn glücklich sind wir da, wo die Sache uns so fasziniert, daß wir uns selbst vergessen können.

Die hohe Schranke, die Jesus aufbaut (jeder soll sich zuvor gründlich prüfen), wird so zur Aufforderung, nach dem Bereich zu suchen, in dem wir, je nach unseren Gaben, alles daransetzen können. Im Unterschied zum bloßen Hobby, oder zu den meisten Hobbies, hat dieses aber irgendwo etwas mit Liebe zu den Menschen zu tun, mittelbar oder unmittelbar. Denn nur durch die Selbstvergessenheit in Liebe kann man auch die Angst vor dem Tod vergessen, selbst diese Grenze. Und da sehen wir, daß dieses Engagement etwas mit Gott zu tun hat.

Machen wir uns doch nicht lächerlich vor uns selbst mit einem Christentum, das wir uns selbst nicht abnehmen und das erst recht nicht andere uns abnehmen. Und ein solches Christentum wollen wir ja auch gar nicht. Halbheiten kritisieren wir ja bei anderen, also wollen wir sie selbst auch nicht. Und für ein wenig Scheinbarkeit zahlen wir doch auch nicht im Ernst jeden Monat einen ganz schönen Teil unseres Gehaltes an die Kirche. Nein, wir wollten es eigentlich anders, wir möchten begeistert bei der Sache sein, und wir haben die Kraft zu diesem Engagement auch in uns. Denn Kraft, Böses auszuhecken, haben wir ja auch. Oft hindert uns die Kirche selbst, so wie sie ist, an diesem Engagement. Sie besteht ja zum großen Teil selbst aus Bauruinen. Jesus sagt, daß wir uns da nicht irritieren lassen sollen. Denn wir müssen da in jedem Falle schon selber suchen und Phantasie und Kreativität entwickeln. Wie ein Maler, der nicht mehr loskommt von dem Bild, das er begonnen. Entscheidend ist, daß wir einmal darüber nachdenken und die Frage herausfinden, auf die wir selbst, so wie wir sind, eine Antwort finden könnten. Christentum ist nicht eine finstere Sache, es kann Spaß machen als ein Dienst oder ein Spiel nach strengen Regeln, bei dem man sich engagieren kann. Das glücklich machen kann.

Zuvor prüfen heißt dann: Sich darüber klar sein, daß es um alles geht. Um die Aufgabe, bei der ich alles daran setzen kann. Um den Punkt, an dem ich als Christ glücklich sein kann. Und mich selbst und meine Zweifel und meine Sorgen und selbst meinen Tod vergessen kann.

Bibelstellenregister

Literaturhinweise

Berger, Klaus: *Einführung in die Formgeschichte* (Uni-Taschenbücher 1444), Tübingen 1987.

Literaturhinweise des Verlages:

Blail, Gerhard: *Meine Bibel.* Inhalt – Aufbau – Entstehung. Stuttgart ^{3}1987.

Blail, Gerhard: *Meine evangelische Kirche.* Was jeder von ihr wissen muß. Stuttgart ^{8}1987.

Fischer, Manfred: *Einmischung in innere Angelegenheiten.* Worte Jesu in Variationen und Meditationen für unsere Zeit. Stuttgart ^{2}1981.

Fischer, Manfred: *Gräser sprengen den Asphalt.* Biblische Texte – wahrgenommen und weitergedacht. Stuttgart 1983.

Fischer, Manfred: *Niedergefahren zur Erde.* Biblische Texte zum Glaubensbekenntnis – weitergeschrieben in unsere Zeit. Stuttgart ^{3}1980.

Girock, Hans-Joachim (Hg.): *Kirche soll sich ändern – aber wie?* Gegen den Abwärtstrend im Protestantismus. Stuttgart 1987.

Gössmann, Wilhelm: *Glücklichpreisungen.* Die Bergpredigt meditieren. Stuttgart 1986.

Hehl, Werner: *Johann Albrecht Bengel.* Leben und Werk. Stuttgart 1987.

Hummel, Reinhart: *Gurus in Ost und West.* Hintergründe, Erfahrungen, Kriterien. Stuttgart 1984.

Hutten, Kurt: *Seher, Grübler, Enthusiasten.* Das Buch der traditionellen Sekten und religiösen Sonderbewegungen. Stuttgart ^{12}1982.

Kehr, Otto/Rommel, Kurt: *Vom Annehmen bis Zuhören.* Gemeinde als Seelsorgerin. Stuttgart 1987.

Kuhn, Johannes (Hg.): *Frauen und Männer der Bibel* – gesehen von Männern und Frauen heute. Stuttgart 1987.

Linnewedel, Jürgen: *Meister Eckharts Mystik.* Zugang und Praxis für heute. Stuttgart 1983.

Schultz, Hans Jürgen: *Liebhaber des Lebens.* Stuttgart 1986.

Strunk, Reiner: *Feste des Friedens.* Erzählungen zu christlichen Festzeiten. Stuttgart 1983.

Strunk, Reiner: *Menschen am Kreuzweg.* Erzählte Porträts von Menschen der Bibel. Stuttgart 1987.
Strunk, Reiner: *Vertrauen.* Grundzüge einer Theologie des Gemeindeaufbaus. Stuttgart ²1987.
Thielicke, Helmut: *Das Gebet, das die Welt umspannt.* Reden über das Vaterunser aus den Jahren 1944/45. Stuttgart 1980.
Thielicke, Helmut: *Glauben als Abenteuer.* Unsere Lebensfragen im Lichte biblischer Texte. Stuttgart 1983.
Vonhoff, Heinz: *Geschichte der Barmherzigkeit.* Stuttgart 1987.
Wahlert, Gerd von: *Verantwortung für die Schöpfung.* Berichte aus der Umwelt- und Entwicklungsarbeit. Stuttgart 1987.